U0855420

国家出版基金项目
NATIONAL PUBLICATION FOUNDATION

中國第一歷史檔案館
福建省林則徐研究會
編

# 清宮林則徐檔案匯編

17

海峽出版發行集團
海峽文藝出版社

# 第一七册 目録

| | | | | |
|---|---|---|---|---|
| 一七 | 上諭 | 林則徐奏江南營員不敷著兵部揀員引見候旨發往 | 道光十六年九月初八日<br>一八三六年十月十七日 | 二三八 |
| 一七 | 署理兩江總督林則徐等奏摺 | 汛弁滋事釀命請將都司德雲交部議處千總張梓材解任備質 | 道光十六年九月初八日<br>一八三六年十月十七日 | 二三九 |
| 一七 | 署理兩江總督林則徐等奏摺 | 拏獲行搶謀命拒捕重犯丁朋鈴等審明分別定擬 | 道光十六年九月初十日<br>一八三六年十月十九日 | 二四四 |
| 一七 | 署理兩江總督林則徐等奏摺 | 請以周岱齡陞補蘇州府督糧同知 | 道光十六年九月初十日<br>一八三六年十月十九日 | 二六三 |
| 一七 | 署理兩江總督林則徐奏片 | 奏報江蘇各屬驅捕過境飛蝗禾稼無傷情形 | 道光十六年九月初十日<br>一八三六年十月十九日 * | 二六九 |
| 一七 | 署理兩江總督林則徐等奏摺 | 節交霜降黃運河湖普慶安瀾 | 道光十六年九月十四日<br>一八三六年十月二十三日 | 二七一 |
| 一七 | 署理兩江總督林則徐等奏摺 | 請以李國瑞署理江蘇按察使並請迅賜簡放 | 道光十六年九月十五日<br>一八三六年十月二十四日 | 二七八 |
| 一七 | 上諭 | 著照林則徐所請以張應雲陞補泗州知州 | 道光十六年九月十八日<br>一八三六年十月二十七日 | 二八二 |
| 一七 | 上諭 | 著准林則徐所請開復甘泉知縣盧元良頂帶 | 道光十六年九月十八日<br>一八三六年十月二十七日 | 二八三 |
| 一七 | 署理兩江總督林則徐等奏摺 | 奏報安徽宿州等州縣衛借款挑築河埝江壩攤徵未完民欠各數 | 道光十六年九月十八日<br>一八三六年十月二十七日 | 二八四 |

| | | | |
|---|---|---|---|
| 署理兩江總督林則徐等奏摺 | 拏獲疊次行劫之糧船水手夏名輝等審明分別定擬 | 道光十六年十月二十六日<br>一八三六年十二月四日 | 三八九 |
| 署理兩江總督林則徐等奏摺 | 查明江蘇各州縣衛秋禾被歉情形各屬新舊錢糧請分別緩徵 | 道光十六年十月二十六日<br>一八三六年十二月四日 | 三九九 |
| 署理兩江總督林則徐等奏片 | 新選昭文縣知縣續掄陞請暫留省垣練習察看 | 道光十六年十月二十六日<br>一八三六年十二月四日　* | 四〇八 |
| 署理兩江總督林則徐等奏片 | 委令趙廷熙兼署江蘇揚州府事 | 道光十六年十月二十六日<br>一八三六年十二月四日　* | 四一〇 |
| 南河總督麟慶署理兩江總督林則徐題本 | 署徐州府銅沛河務同知田寶裔試署期滿請循例實授 | 道光十六年十月二十六日<br>一八三六年十二月四日 | 四一二 |
| 署理兩江總督林則徐題本 | 題參臨江營千總袁光炳等疎防命案限滿兇犯無獲 | 道光十六年十月二十七日<br>一八三六年十二月五日 | 四一九 |
| 署理兩江總督林則徐等奏片 | 委令李鵾接署鹽道 | 道光十六年十月二十八日<br>一八三六年十二月六日 | 四二五 |
| 署理兩江總督林則徐奏摺 | 請將江蘇金匱縣知縣胡兆蓉與江西吉水縣知縣李彭齡對調 | 道光十六年十月二十八日<br>一八三六年十二月六日 | 四二六 |
| 署理兩江總督林則徐奏摺 | 遵旨審查江寧府知府善慶負欠京債情形請先行開缺 | 道光十六年十月二十八日<br>一八三六年十二月六日 | 四二九 |
| 署理兩江總督林則徐等奏摺 | 查明江蘇省各屬借辦工程攤徵未完民欠銀兩請蠲免 | 道光十六年十月二十八日<br>一八三六年十二月六日 | 四三九 |

| | | | |
|---|---|---|---|
| 署理兩江總督林則徐等奏摺 | 漕費概禁洋錢以速漕平價 | 道光十六年十一月初九日 一八三六年十二月十六日 | 四七八 |
| 署理兩江總督林則徐奏摺 | 審明沭陽縣民婦王滕氏京控命案分別定擬 | 道光十六年十一月初九日 一八三六年十二月十六日 | 四八四 |
| 上諭 | 著林則徐等查造安徽道光十一年以前民欠錢糧等清册報部覈覆 | 道光十六年十一月初十日 一八三六年十二月十七日 | 四九五 |
| 上諭 | 林則徐奏江蘇秋禾被歉各州縣地漕等項錢糧著准緩徵 | 道光十六年十一月十二日 一八三六年十二月十九日 | 四九七 |
| 上諭 | 林則徐奏負債之江寧知府善慶著先行開缺候查 | 道光十六年十一月十二日 一八三六年十二月十九日 | 五〇一 |
| 上諭 | 著照林則徐所請將吉水知縣李彭齡與金匱知縣胡兆蓉對調 | 道光十六年十一月十二日 一八三六年十二月十九日 | 五〇二 |
| 署理兩江總督林則徐等奏摺 | 審明邳州兇棍吴當運立正典刑餘犯分別定擬 | 道光十六年十一月十三日 一八三六年十二月二十日 | 五〇三 |
| 署理兩江總督林則徐等奏摺 | 遵旨查明吴當運案失察各員請敕部議處 | 道光十六年十一月十三日 一八三六年十二月二十日 | 五二五 |
| 署理兩江總督林則徐等奏片 | 吴當運案出力各員請加奬叙 | 道光十六年十一月十三日 一八三六年十二月二十日 * | 五三一 |
| 署理兩江總督林則徐奏片 | 摺片漏字寬免處分謝恩 | 道光十六年十一月十三日 一八三六年十二月二十日 * | 五三四 |

江蘇巡撫林則徐題本

**題報署理揚州府揚河通判裘傑病故日期**

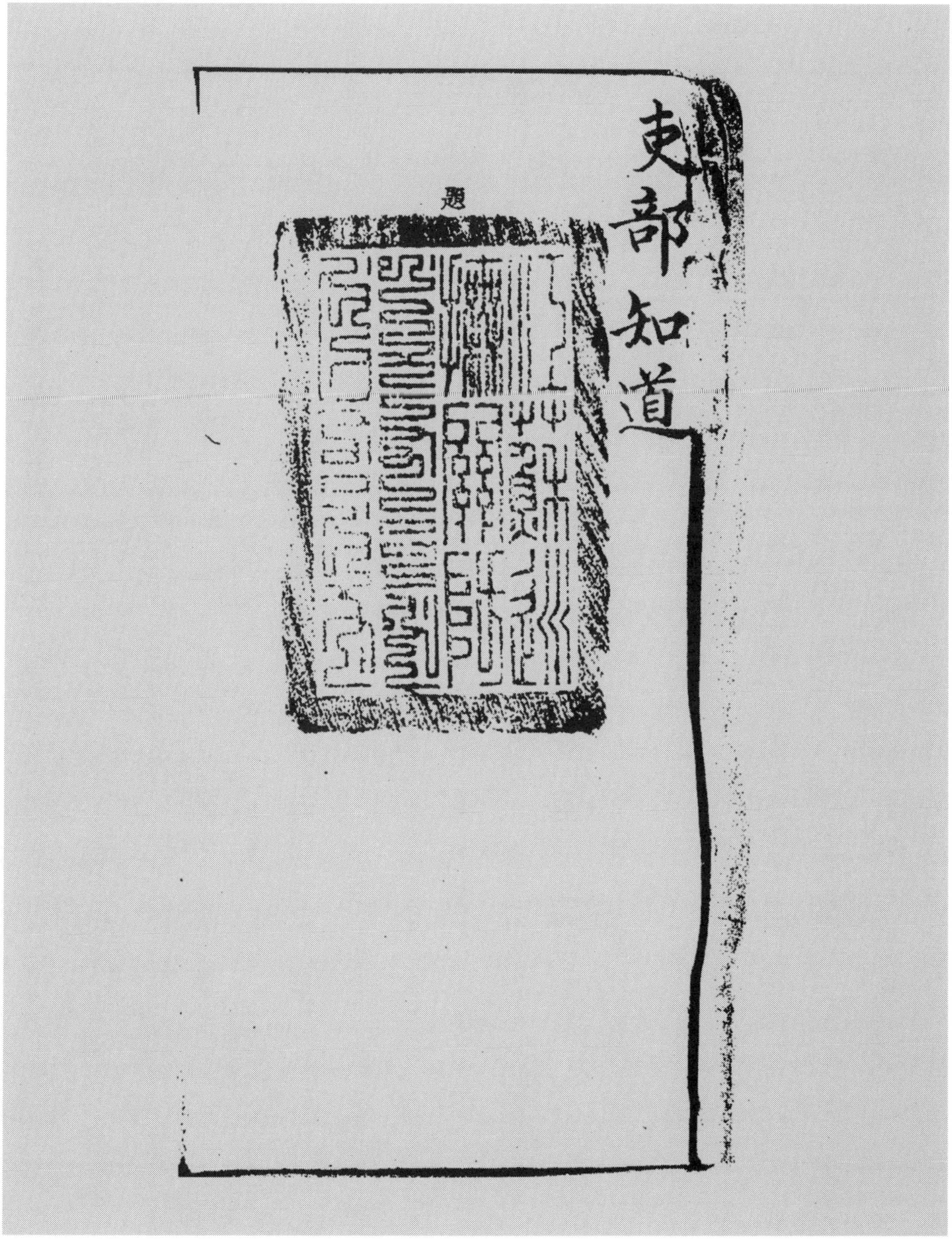
吏部知道
題

## 江蘇巡撫林則徐題本　題報署理揚州府揚河通判裘傑病故日期
道光十六年七月十九日

兵部侍郎兼都察院右副都御史巡撫江蘇等處地方提督軍務總理糧餉臣林則徐謹
題爲報明病故事道光拾陸年柒月拾貳日准江
南河道總督臣麟慶咨稱陸月貳拾伍日據淮
揚道李國瑞詳據高郵州知州馮思澄詳據署
揚州府揚河通判裘傑家人袁升稟稱家長裘
傑江西新建縣人由捐納通判投効南河委挑
馬港口引河出力
奏留南河補用丁嫡母憂回籍服滿到工道光柒
年給咨赴部引
見奉
旨裘傑准其留於南河補用欽此是年拾壹月回工
拾年安瀾出力

## 江蘇巡撫林則徐題本　題報署理揚州府揚河通判裘傑病故日期

道光十六年七月十九日

奏准賞加運銜

題署邳宿運河通判拾貳年丁生母憂回籍服滿

到工委署揚州府揚河通判道光拾伍年拾月

貳拾貳日到任家長因偶感風寒醫藥罔效於

道光拾陸年陸月貳拾日在任病故准江南河

道總督臣麟慶咨會

題報前來臣謹恭疏具

題伏乞

皇上聖鑒勅部查照施行謹具題

聞

## 一七 江蘇巡撫林則徐題本 題報署理揚州府揚河通判裘傑病故日期

道光十六年七月十九日



道光……處地方提督軍務總理糧儲臣林則徐

兵部侍郎兼都察院右副都御史巡撫江蘇等處地方提督軍務總理糧儲臣林則徐謹

題爲報明病故事該臣查得署揚州府揚河通判

裘傑因偶感風寒醫藥罔效於道光拾陸年陸

月貳拾日在任病故准江南河道總督臣麟慶

咨會

題報前來謹具題

聞

江蘇巡撫林則徐題本

# 請以大挑試用知縣景昌署理奉賢縣知縣

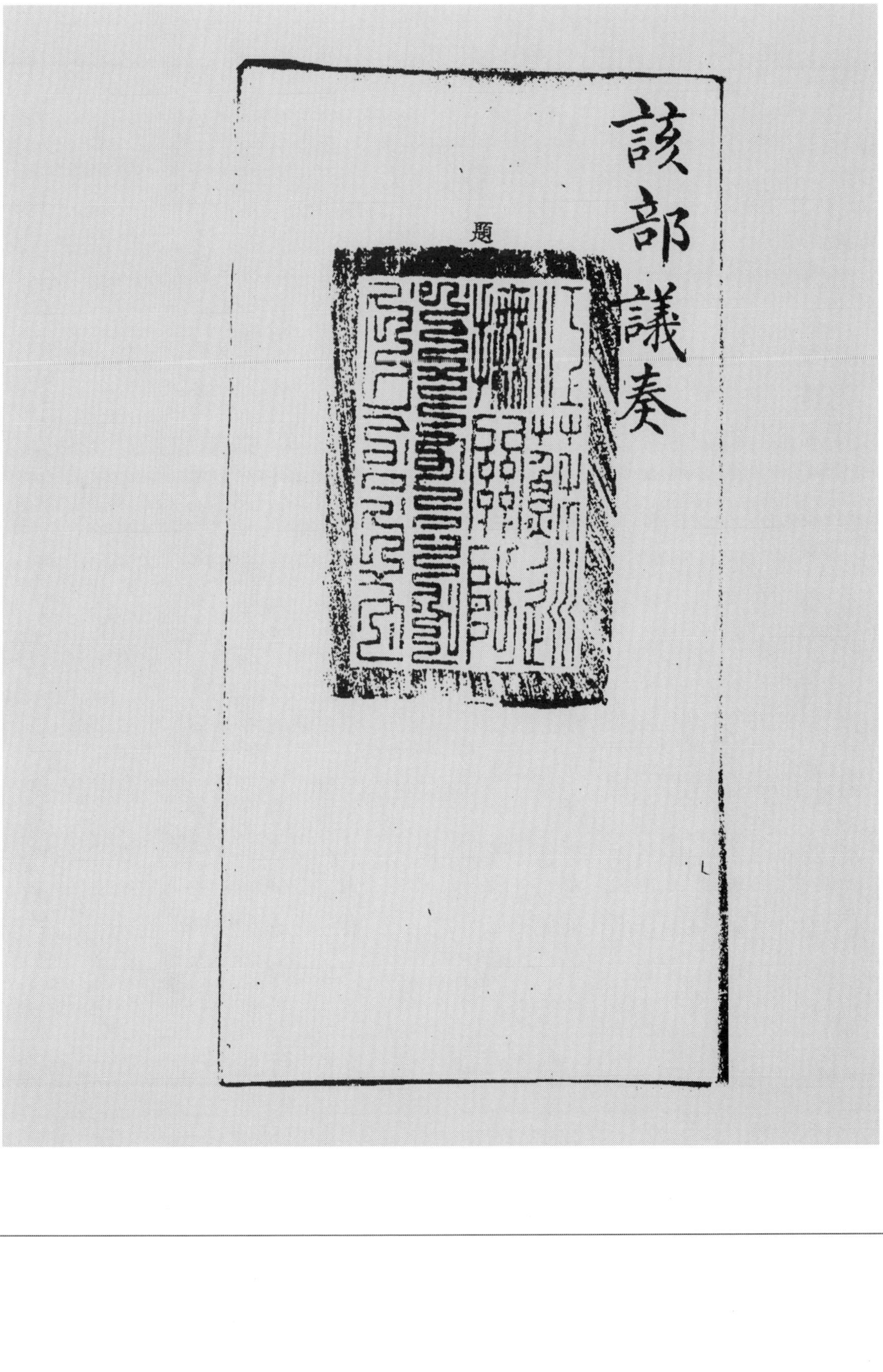
該部議奏

題

兵部侍郎兼都察院右副都御史巡撫江蘇等處地方提督軍務總理糧儲臣林則徐謹

題爲詳請

題署事據署蘇州布政使裕謙會同署江蘇按察使積拉明阿詳稱竊照奉賢縣知縣楊本初調補華亭縣知縣奉於道光拾陸年正月貳拾日

會

題開缺所遺奉賢縣知縣係疲難中缺雖應歸部選江蘇現有應補人員例得補用業經聲明留外請補在案查定例知縣陞調所遺缺出應用候補壹人委用壹人大挑前先壹人大挑本班壹人候補壹人委用壹人議敘前先壹人議敘本班壹人候補壹人委用壹人捐納前先壹人

江蘇巡撫林則徐題本　請以大挑試用知縣景昌署理奉賢縣知縣
道光十六年七月十九日

捐納本班壹人拔貢壹人兩週之後用敎習壹人等四上次六合縣知縣雲茂琦調補碭山縣知縣遺缺係補大挑儘先知縣朱恭壽而止今奉賢縣員缺輪應大挑本班人員請補查有該班內科分名次在先之大挑試用知縣景昌年肆拾柒歲廂紅旗滿洲塔芬阿佐領下人由監生順天鄉試中式庚午科第柒拾伍名舉人丙戌科會試後大挑壹等以知縣用簽掣江蘇道光陸年拾月貳拾貳日到省試用期滿甄別以知縣補用覆查該員年壯才明辦事勤奮以之請署奉賢縣知縣與例相符仍照例試看期滿如果稱職另請實授相應詳候會

## 一七　江蘇巡撫林則徐題本　請以大挑試用知縣景昌署理奉賢縣知縣
道光十六年七月十九日

題再該員係大挑知縣請署知縣銜缺相當無庸
送部引
見合並聲明等情到臣據此該臣查得奉賢縣知縣
楊本初調補華亭縣知縣臣在署理總督任內
會同前護撫臣陳鑾於道光拾陸年正月貳拾
日具
題開缺所遺奉賢縣知縣係疲難中缺難應歸部
選江蘇現有應補人員業經聲明留外請補在
案茲據署蘇州布政使裕謙等會詳查有大挑
科分名次在先之試用知縣景昌年肆拾柒歲
廂紅旗滿洲塔芳阿佐領下人由監生順天鄉
試中式庚午科第柒拾伍名舉人丙戌科會試

江蘇巡撫林則徐題本　請以大挑試用知縣景昌署理奉賢縣知縣
道光十六年七月十九日

後大挑壹等以知縣用發學江蘇道光陸年拾
月貳拾貳日到省試用期滿甄別以知縣補用
覆查該員年壯才明辦事勤奮以之請署奉賢
縣知縣與例相符詳請會
題前來臣查景昌年力富強心地明白請署奉賢
縣知縣洵堪勝任與例相符仍俟試看稱職另
請實授該員係大挑知縣請署知縣銜缺相當
無庸送部引
見謹會同兩江總督臣陶澍合詞具
題伏乞
皇上聖鑒勅部議覆施行謹題請
旨

江蘇巡撫林則徐題本 請以大挑試用知縣景昌署理奉賢縣知縣
道光十六年七月十九日

兵部侍郎兼都察院右副都御史巡撫江蘇等處地方提督軍務總理糧儲臣林則徐謹
題爲詳請
題署事該臣查得奉賢縣知縣楊本初調補華亭
縣知縣臣在署理總督任內會同前護撫臣陳
鑾於道光拾陸年正月貳拾日具
題聞缺所遺奉賢縣知縣係疲難中缺雖應歸部
選江蘇現有應補人員累經聲明留外請補在
案茲據署蘇州布政使裕謙等會詳查有大挑
科分名次在先之試用知縣景昌年肆拾柒歲

## 江蘇巡撫林則徐題本　請以大挑試用知縣景昌署理奉賢縣知縣
道光十六年七月十九日

廂紅旗滿洲塔芳阿佐領下人由監生順天鄉
試中式庚午科第柒拾伍名舉人丙戌科會試
後大挑壹等以知縣用籤掣江蘇道光陸年拾
月貳拾貳日到省試用期滿甄別以知縣補用
覆查該員年壯才明辦事勤奮以之請署奉賢
縣知縣與例相符詳請會
題前來臣查景昌年力富強心地明白請署奉賢
縣知縣洵堪勝任與例相符謹會題請
旨

江蘇巡撫林則徐題本　題報試用知縣龔潤森繼母在寓病故例應丁憂

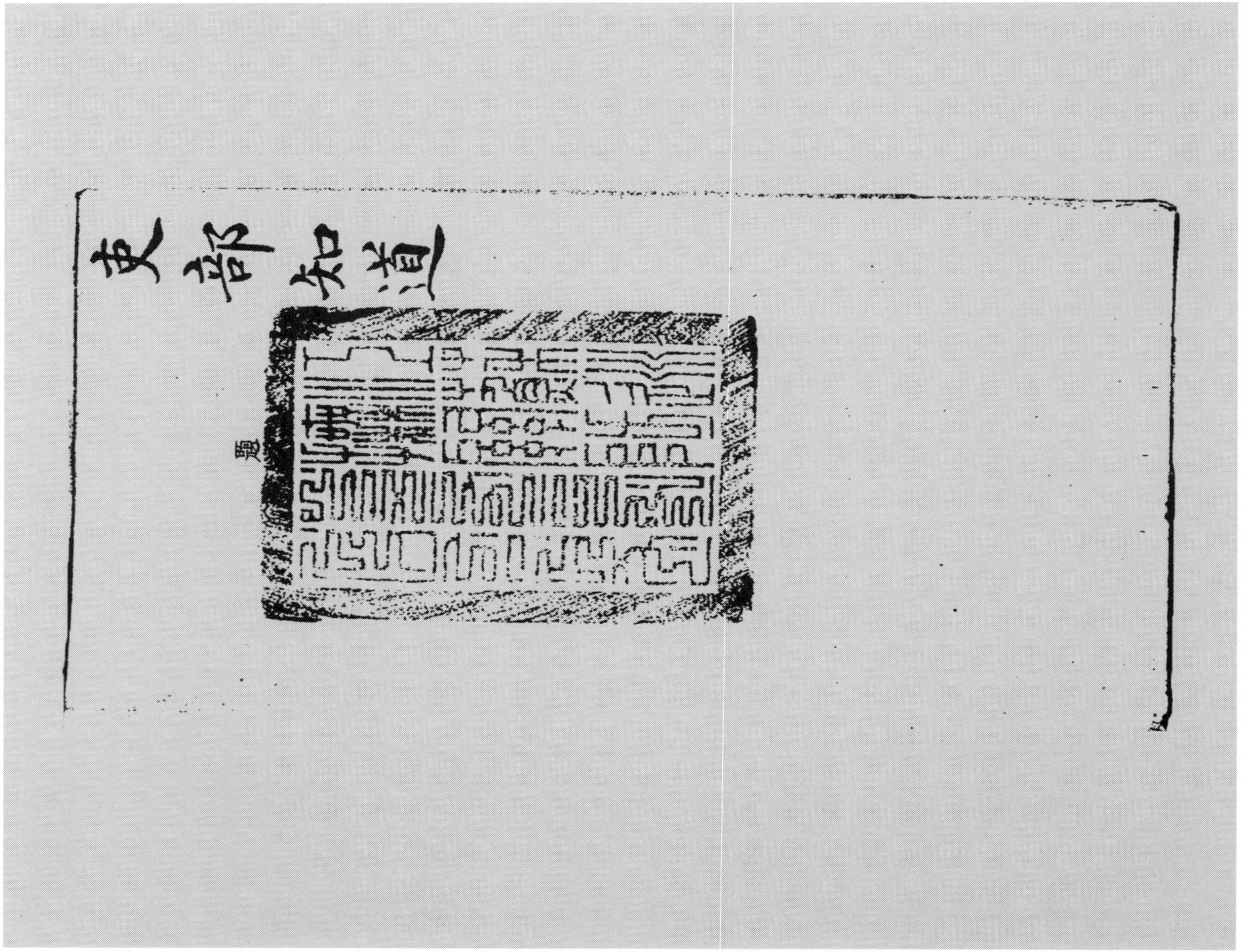
吏部知道
題

## 一七　江蘇巡撫林則徐題本　題報試用知縣龔潤森繼母在寓病故例應丁憂

道光十六年七月十九日

兵部侍郎兼都察院右副都御史巡撫江蘇等處地方提督軍務總理糧儲臣林則徐謹
題爲報明丁憂事道光拾陸年柒月拾壹日據蘇
州布政使怡良詳稱柒月初柒日據署蘇州府
知府周岱齡申據署元和縣知縣沈炳垣申據
家屬盧燴稟稱家長龔潤森湖北監利縣人由
廩生考取拔貢
朝考後就職直隸州州判遵酌增常例捐納知縣
加捐分發籤掣江蘇試用道光叁年拾貳月
貳拾陸日到省因督催劉河工程出力保
奏奉
旨著以本班儘先補用等因欽此嗣奉委總辦海塘
工程茲家長繼母段氏於道光拾陸年陸月貳

拾捌日在蘇州省寓病故例應丁憂稟乞轉報
等情到縣由府申司據此除飭查明該員有無
過繼並有無次丁及次丁有無官職取具親供
詳送補咨外合將試用知縣龔潤森丁繼母憂
日期詳候具
題等情到臣據此該臣查得試用知縣龔潤森繼
母段氏於道光拾陸年陸月貳拾捌日在蘇州
省寓病故例應丁憂據蘇州布政使怡良詳報
前來除飭取親供另行咨部並滙移部科暨湖
北撫臣外臣謹具
題伏乞
皇上聖鑒勑部查照施行謹具題

江蘇巡撫林則徐題本　題報試用知縣龔潤森繼母在寓病故例應丁憂

道光十六年七月十九日

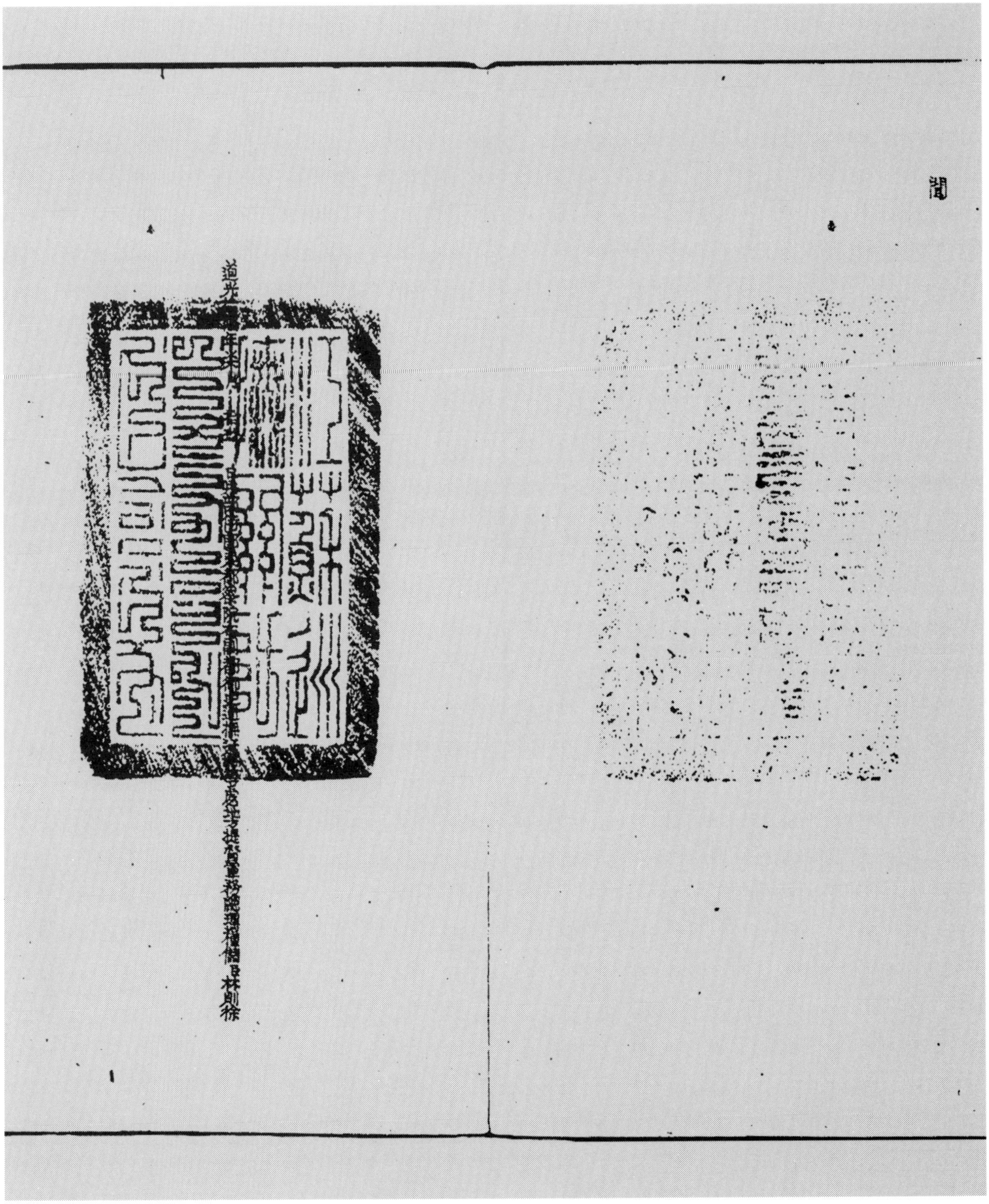
聞

道光[illegible]林則徐

一七　江蘇巡撫林則徐題本　題報試用知縣龔潤森繼母在寓病故例應丁憂

道光十六年七月十九日

兵部侍郎兼都察院右副都御史巡撫江蘇等處地方提督軍務總理糧儲臣林則徐謹

題爲報明丁憂事。該臣查得試用知縣龔潤森繼

母段氏於道光拾陸年陸月貳拾捌日在蘇州

省寓病故，例應丁憂。據蘇州布政使怡良詳報

前來，謹具題

聞。

江蘇巡撫林則徐題本

## 題報前任山東鹽運使吳篪在籍病故日期

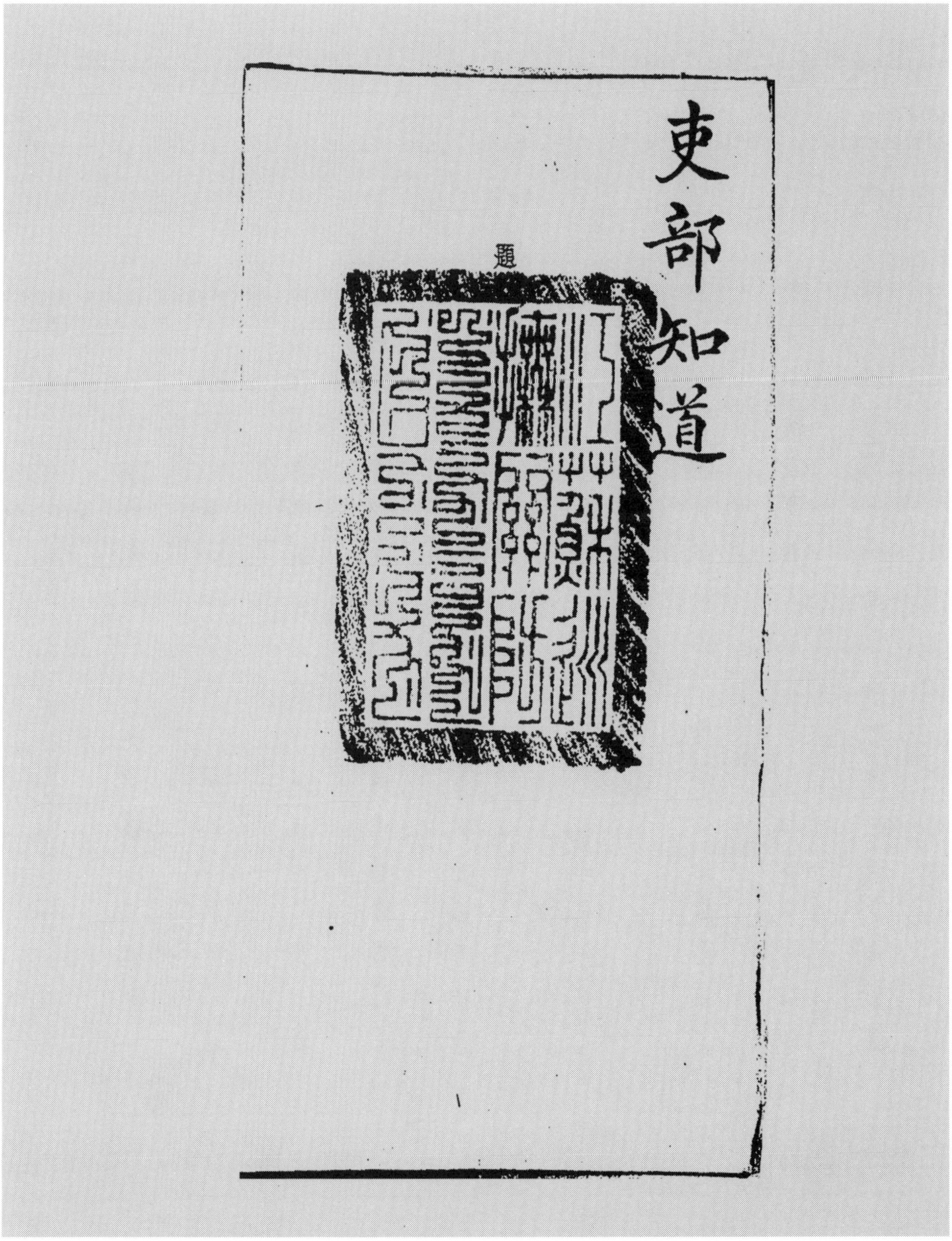
吏部知道

題

## 一七 江蘇巡撫林則徐題本 題報前任山東鹽運使吳篪在籍病故日期

道光十六年七月十九日

兵部侍郎兼都察院右副都御史巡撫江蘇等處地方提督軍務總理糧儲臣林則徐謹
題爲報明病故事據江寧布政使楊簧詳稱據如
皋縣申據家屬周常呈稱竊家長吳篪係江蘇
如皋縣人由安徽廬鳳道於道光捌年拾月奉
旨補授兩淮鹽運使調補山東鹽運使告病在籍今
家長吳篪於道光拾陸年肆月貳拾貳日在籍
病故理合報明等情到縣由州呈司據此相應
詳候核
題等情到臣據此該臣查得前任山東鹽運使吳
篪係江蘇如皋縣人告病在籍於道光拾陸年
肆月貳拾貳日在籍病故據江寧布政使楊簧
詳報前來除檄移吏部科查照外臣謹具

江蘇巡撫林則徐題本　題報前任山東鹽運使吳篪在籍病故日期
道光十六年七月十九日

題伏乞
皇上聖鑒勅部查照施行謹具題
聞

道光[illegible]地方提督軍務總理糧儲臣林則徐

江蘇巡撫林則徐題本　題報前任山東鹽運使吳箎在籍病故日期
道光十六年七月十九日

兵部侍郎兼都察院右副都御史巡撫江蘇等處地方提督軍務總理糧儲臣林則徐謹
題爲報明病故事該臣查得前任山東鹽運使吳
箎係江蘇如皋縣人告病在籍於道光拾陸年
肆月貳拾貳日在籍病故據江寧布政使楊簧
詳報前來除揭移吏部科查照外謹具題
聞

江蘇巡撫林則徐題本

**代理江寧府督糧同知邊象曾染患怔忡請開缺回籍調理**

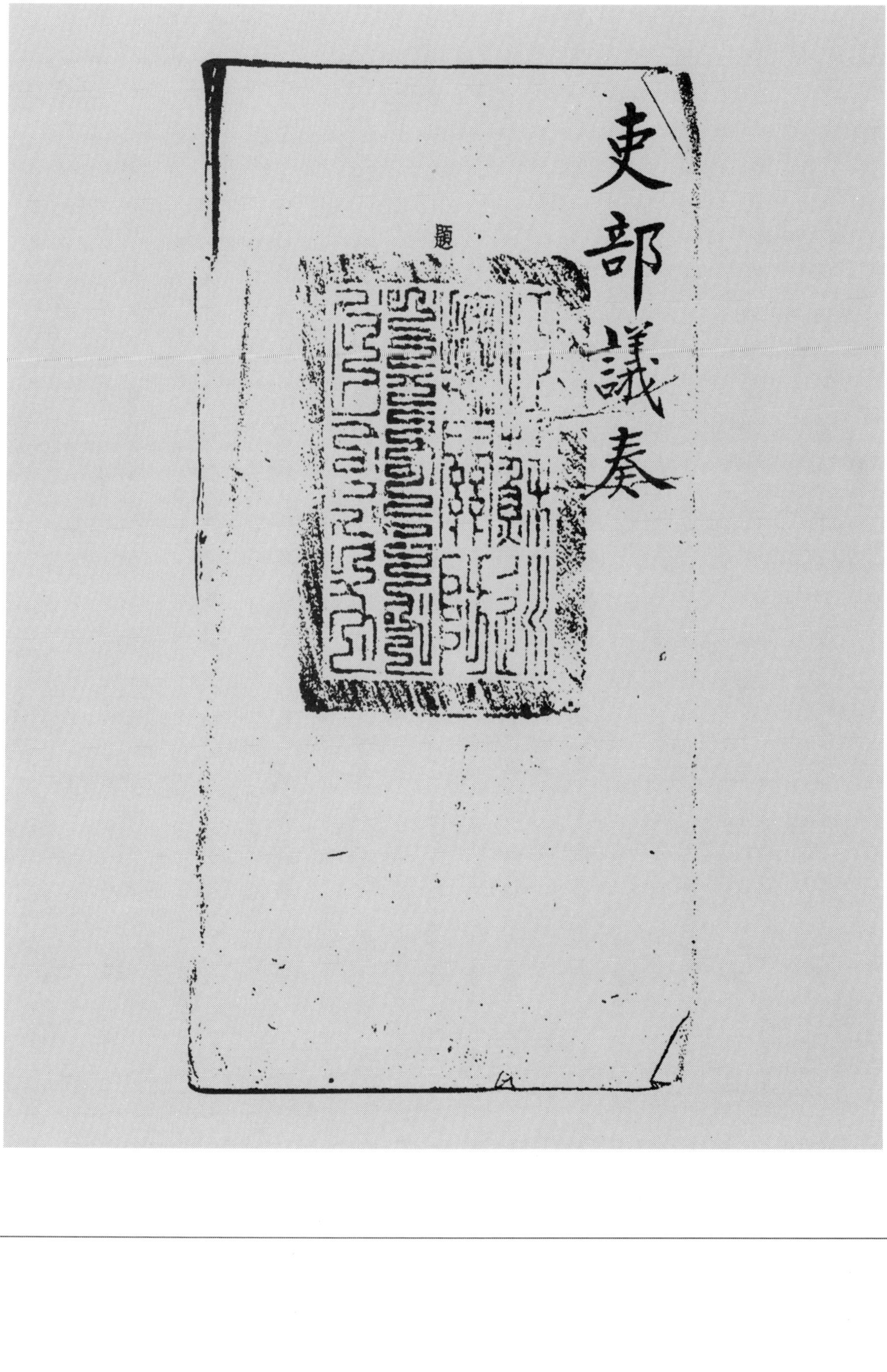

江蘇巡撫林則徐題本　代理江寧府督糧同知邊象曾染患怔忡請開缺回籍調理
道光十六年七月十九日

兵部侍郎兼都察院右副都御史巡撫江蘇等處地方提督軍務總理糧儲臣林則徐謹
題爲知縣患病詳請開缺調理事。道光拾陸年柒月拾肆日，據江寧布政使楊簧會同江蘇按察使裕謙詳稱：據代理江寧府督糧同知事阜寧縣知縣邊象曾稟稱，竊象曾現年叁拾柒歲，直隸任邱縣人，由丙子科舉人，丙戌科會試後大挑壹等，以知縣用，籤掣南河，借署海州州同，會撥後調還阜寧縣知縣。道光拾壹年拾壹月初拾日奉文准調，嗣委代理江寧府督糧同知，於拾陸年陸月貳拾日任事。惟自去秋以來，精神漸減，似近怔忡，時發時愈，未敢戀棧誤公，應請委員驗明，開缺回籍調理等情到司。該江寧布

江蘇巡撫林則徐題本　代理江寧府督糧同知邊象曾染患怔忡請開缺回籍調理
道光十六年七月十九日

政使楊簧會同江蘇按察使裕謙查得代理江
寧府督糧同知事阜寧縣知縣邊象曾因染患
怔忡病證稟請開缺調理前來除批飭江寧府
照例委驗取結詳辦外相應詳候會
題開缺至所遺阜寧縣知縣係繁疲難兼叁沿河
要缺例應在外揀選調補容另遴員請調合並
聲明等情到臣據此該臣查得代理江寧府督
糧同知事阜寧縣知縣邊象曾染患怔忡病證
稟請開缺調理據江寧布政使楊簧等詳請會
題前來臣查邊象曾年力富強才具明幹旣因患
病應請准其開缺調理然飭驗明該員患病如
果屬實照例取具經驗各結并查明將來病痊

是否尚堪起用任内有無承辦緊要未完事件
另行咨部外謹會同兩江總督臣陶澍合詞具
題伏乞
皇上聖鑒勅部議覆施行再所遺阜寧縣知縣徐繁
疲難兼參沿河要缺例應在外揀選調補容另
遴員請調合並陳明謹題請
旨

## 江蘇巡撫林則徐題本　代理江寧府督糧同知邊象曾染患怔忡請開缺回籍調理

道光十六年七月十九日

兵部侍郎兼都察院右副都御史巡撫江蘇等處地方提督軍務總理糧儲臣林則徐謹
題爲知縣患病詳請開缺調理事。該臣查得代理
江寧府督糧同知事阜寧縣知縣邊象曾染患
怔忡病症，稟請開缺調理。據江寧布政使楊簧
等詳請會
題前來。臣查邊象曾年力富強，才具明幹，既因患
病應請准其開缺調理，除飭驗明該員患病如
果屬實，照例取具醫驗各結，并查明將來病痊
是否尚堪起用，任内有無承辦緊要未完事件
另行咨部外，謹會題請
旨

道光……處地方提督軍務總理糧儲臣林則徐

署理兩江總督林則徐題本

## 題報接署兩江總督兩淮鹽政印務日期

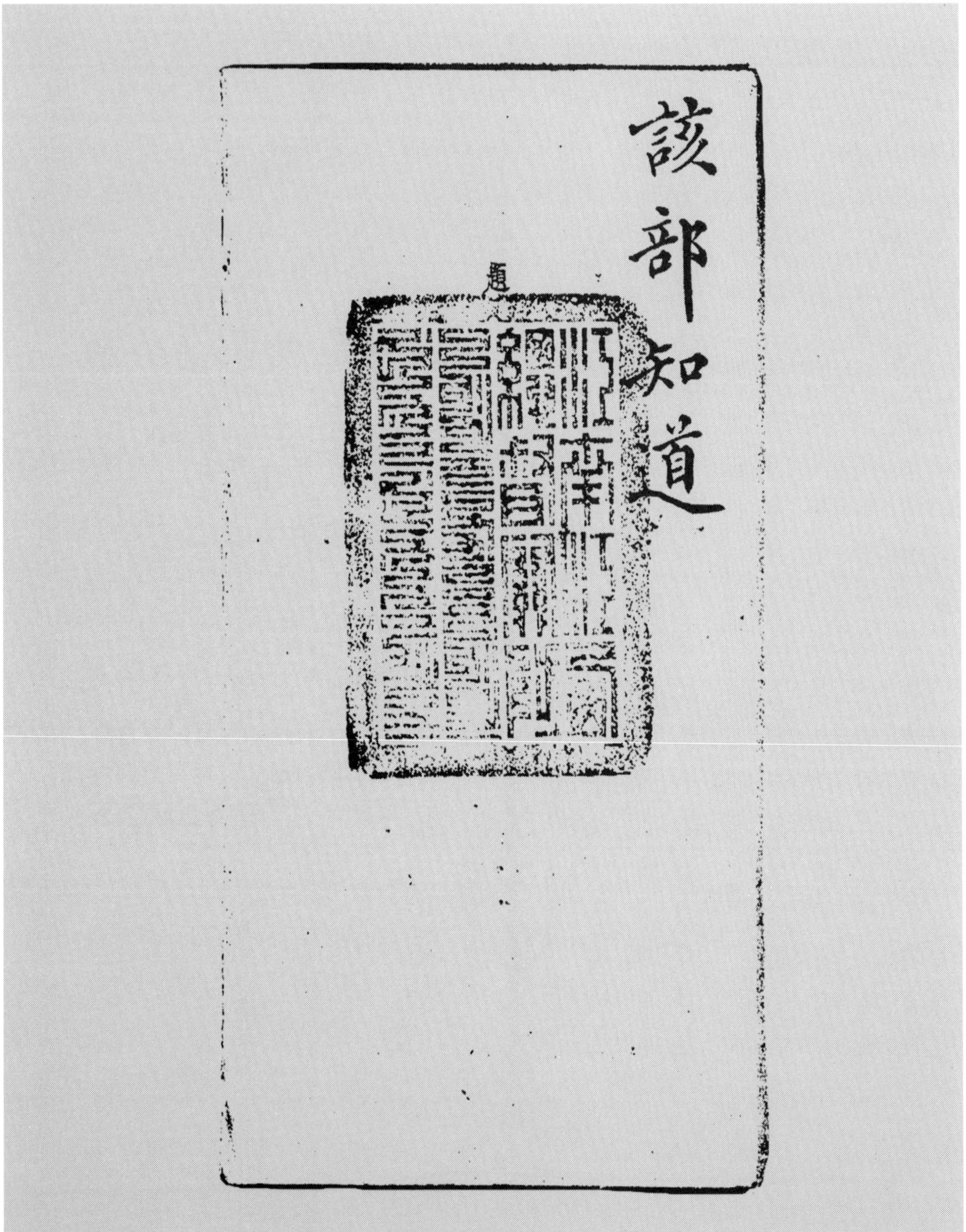
該部知道
題

兵部侍郎兼都察院右副都御史署理兩江總督江蘇巡撫臣林則徐謹

題爲恭報微臣接署總督鹽政篆務日期仰祈

聖鑒事竊照兩江總督臣陶澍

奏明前赴安徽江西一帶校閱營伍事竣遄

旨順道回籍將兩江督篆移交臣林則徐署理欽奉

硃批如所請行欽此茲准督臣陶澍飭委江寧府江

防同知周維新督標中軍副將沙彥元將

欽頒兩江總督關防壹顆

王命旗牌拾面副暨兩淮鹽政印務壹顆文卷等項

齎送前來臣當卽恭設香案望

闕叩頭謝

恩於本月拾玖日祗領署理伏念兩江總督統轄蒼

## 一七　署理兩江總督林則徐題本　題報接署兩江總督兩淮鹽政印務日期

道光十六年七月十九日

省政治管理兩淮鹽政一切事務殷繁責任綦
重臣惟有殫竭血誠倍矢勤慎斷不敢因暫時
署理稍存懈忽以期仰酬
高厚鴻慈於萬一除將應辦事件次第辦理外所有
微臣接署總督鹽政日期理合恭疏
題報伏乞
皇上聖鑒施行爲此具本謹具題
聞

署理兩江總督江蘇巡撫臣林則徐

兵部侍郎兼都察院右副都御史署理兩江總督江蘇巡撫臣林則徐謹

題爲恭報微臣接署總督鹽政篆務日期仰祈

聖鑒事竊照兩江總督臣陶澍

奏明前赴安徽江西一帶校閱營伍事竣遄

旨順道回籍將兩江督篆移交臣林則徐署理欽奉

硃批如所請行欽此茲准督臣陶澍飭委江寧府江

防同知周維新督標中軍副將沙序元將

欽頒兩江總督關防壹顆

王命旗牌拾面桿暨兩淮鹽政印務壹顆文卷等項

## 一七　署理兩江總督林則徐題本　題報接署兩江總督兩淮鹽政印務日期

道光十六年七月十九日

齎送前來臣當卽恭設香案望
闕叩頭謝
恩於柒月拾玖日祇領署理伏念兩江總督統轄三
省政治管理兩淮鹽政一切事務殷繁責任綦
重臣惟有殫竭血誠倍矢勤慎斷不敢因暫時
署理稍存懈忽以期仰酬
高厚鴻慈於萬一除將應辦事件次第辦理外所有
微臣接署總督鹽政日期理合恭疏
題報謹具題
聞

江蘇巡撫林則徐題本

## 江蘇按察司經歷陳治倖滿循例保薦

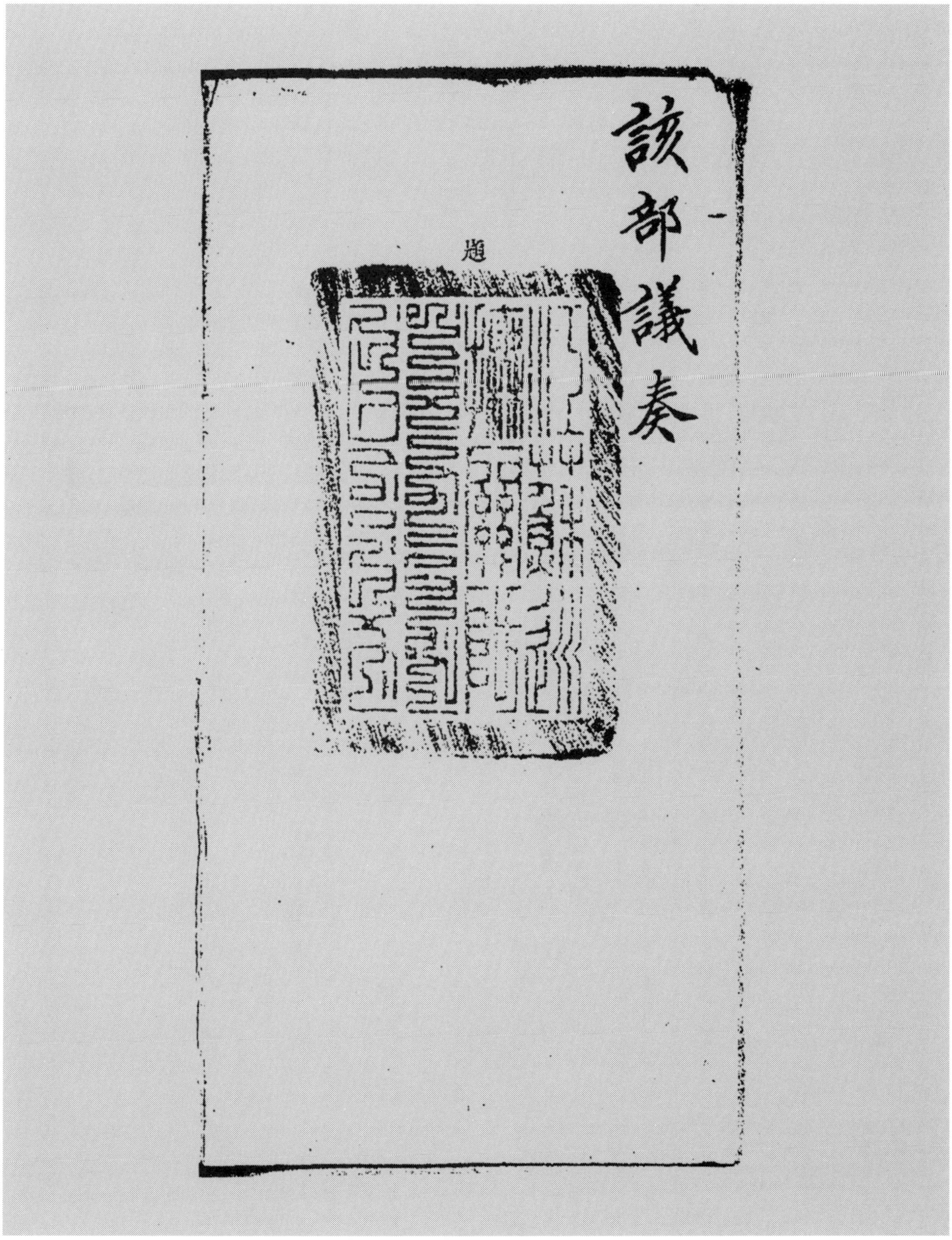
該部議奏

題

江蘇巡撫林則徐題本　江蘇按察司經歷陳治俸滿循例保薦
道光十六年七月十九日

兵部侍郎兼都察院右副都御史巡撫江蘇等處地方提督軍務總理糧儲臣林則徐謹
題爲俸滿人員循例保
題事據蘇州布政使怡良詳稱准江蘇按察使裕
謙移據按察司經歷陳治申稱竊治現年肆拾
叁歲浙江仁和縣人由監生遵衡工例捐縣丞
復遵籌增土方例加捐布政司理問分發籤掣
江蘇試用咨署今職道光拾年陸月初叁日到
任試署期滿咨准實授係理問署今職陞轉
時仍照原銜陞轉今自道光拾年陸月初叁日
到任之日起連閏扣至拾陸年肆月初叁日初
次陞年俸滿循具履歷親供申送等情到司查
經歷陳治自到任以來每逢朔望隨同宣講

七



聖諭務使家喻户曉各屬解審人犯隨即查點驗看歷
奉委署實心經理並無因循貽誤職司首領稽
察吏役亦與認真一切差使勤慎辦從無延
誤該員勤慎妥詳明白體面堪以保薦理合出
考造具事實清冊同送到親供移送等因到司
准此該蘇州布政使怡良查得按察司經歷陳
治自道光拾年陸月初叁日到任之日起連閏
扣至拾陸年肆月初叁日初次陸年俸滿准江
蘇按察使裕謙查明造具事實清冊出考保薦
前來蘇州布政使怡良到任未及叁月例不出
考相應造冊詳候驗看加考會辦等情到臣據
此該臣查得江蘇按察司經歷陳治自道光拾

## 一七 江蘇巡撫林則徐題本 江蘇按察司經歷陳治俸滿循例保薦

道光十六年七月十九日

年陸月初叁日到任之日起連閏扣至拾陸年
肆月初叁日初次陸年俸滿例應驗看甄別據
蘇州布政使怡良具詳准江蘇按察使裕謙移
稱經歷陳治自到任以來每逢朔望隨同宣講
聖諭務使家喻户曉各屬解審人犯隨即查點驗看歷
奉委署實心經理並無因循貽誤職司首領稽
察吏役亦俱認眞一切差使勤慎遵辦從無延
誤該員勤慎安詳明白體面堪以保薦造冊移
送轉詳驗看加考會辦前來臣查驗得陳治年
壯才明辦事穩慎洵係佐雜首領中出色之員
堪膺保薦除將事實供冊送部查核外謹會同
兩江總督臣陶澍合詞具

## 一七 江蘇巡撫林則徐題本 江蘇按察司經歷陳治俸滿循例保薦

道光十六年七月十九日

題伏乞

皇上聖鑒勅部議覆施行謹題請

旨

道光十六年七月十九日兵部右侍郎兼都察院右副都御史巡撫江蘇等處地方提督軍務總理糧儲臣林則徐

## 一七　江蘇巡撫林則徐題本　江蘇按察司經歷陳治俸滿循例保薦

道光十六年七月十九日

兵部侍郎兼都察院右副都御史巡撫江蘇等處地方提督軍務總理糧儲臣林則徐謹
題為俸滿人員循例保
題事。該臣查得江蘇按察司經歷陳治自道光拾
年陸月初叁日到任之日起連閏扣至拾陸年
肆月初叁日初次陸年俸滿例應驗看甄別據
蘇州布政使怡良具詳准江蘇按察使裕謙移
稱該員勤慎安詳明白體面堪以保薦造冊移
送轉詳驗看加考會辦前來臣查驗得陳治年
壯才明辦事穩慎洵係佐雜首領中出色之員
堪膺保薦除將事實供冊送部查核外謹會題
請
旨

江蘇巡撫林則徐題本　**六合縣典史吳琴泉俸滿循例保薦**

題

該部議奏

## 一七　江蘇巡撫林則徐題本　六合縣典史吳琴泉俸滿循例保薦

道光十六年七月十九日

兵部侍郎兼都察院右副都御史巡撫江蘇等處地方提督軍務總理糧儲臣林則徐謹
題為俸滿人員循例保
題事據江寧布政使楊簧會同署江蘇按察使積
拉明阿詳稱據署江寧府知府王用賓詳據署
六合縣知縣徐麟趾詳據典史吳琴泉申稱竊
職現年伍拾陸歲係浙江會稽縣人由戶部則
例館供事議敍未入流選授今職道光肆年陸
月貳拾貳日到任扣至道光拾年肆月貳拾貳
日初次陸年俸滿蒙准保薦在案今自初次俸
滿之日起連閏扣至拾陸年正月貳拾貳日貳
次陸年俸滿備具親供申送到縣該署六合縣
知縣徐麟趾查得典史吳琴泉自到任以來每

江蘇巡撫林則徐題本　六合縣典史吳琴泉俸滿循例保薦
道光十六年七月十九日

逢朔望隨同宣講
聖諭化導愚民管理監獄嚴密防範體恤罪囚寒暑適
宜巡緝匪徒設立循環簿扇按日稽查有則必
獲凡遇偏僻遞解人犯到境妥爲護送城廂内
外門柵隨時捐廉修整恪遵
功令不敢擅受民詞覆查該員辦公勤慎練達老
成堪以保薦造册詳送到府該署江寧府知府
王用賓查驗得吳琴泉才具幹練緝捕勤能實
爲佐雜中出色之員堪以保薦加考轉詳到司
該江寧布政使楊簧會同署江蘇按察使積拉
明阿查得六合縣典史吳琴泉自道光拾年肆
月貳拾貳日初次陸年俸滿之日起連閏扣至

## 一七　江蘇巡撫林則徐題本　六合縣典史吳琴泉俸滿循例保薦

道光十六年七月十九日

拾陸年正月貳拾貳日貳次陸年俸滿據該管
府縣遞行加考保薦前來驗得該員年強才裕
緝捕認真堪以保薦相應詳候驗看會
題再巡道考語俟移到另呈補咨合并聲明等情
到臣據此該臣查得六合縣典史吳琴泉自道
光拾年肆月貳拾貳日初次俸滿之日起連閏
扣至道光拾陸年正月貳拾貳日貳次陸年俸
滿例應驗看甄別茲據江寧布政使楊簧等會
詳查得該員自到任以來每逢朔望隨同宣講
聖諭化導愚民管理監獄嚴密防範體恤罪囚寒暑適
宜巡緝匪徒設立循環簿扇按日稽查有則必
獲凡遇餉鞘遞解人犯到境妥為護送城廂內

外門柵隨時捐廉修整恪遵
功令不敢擅受民詞覆查該員年强才裕緝捕認
眞堪以保薦詳請會
題前來臣查驗得吳琴泉明白幹練捕務認眞堪
以保薦除將事實供冊送部查核外謹會同兩
江總督臣陶澍合詞具
題伏乞
皇上聖鑒勅部議覆施行謹題請
旨

## 一七

### 江蘇巡撫林則徐題本　六合縣典史吳琴泉俸滿循例保薦
道光十六年七月十九日

兵部侍郎兼都察院右副都御史巡撫江蘇等處地方提督軍務總理糧儲臣林則徐謹

題爲俸滿人員循例保

題事。該臣查得六合縣典史吳琴泉自道光拾年

肆月貳拾貳日初次俸滿之日起連閏扣至道

光拾陸年正月貳拾貳日貳次陸年俸滿例應

驗看甄別。茲據江寧布政使楊簧等會詳查得

該員年強才裕，緝捕認真，堪以保薦，詳請會

題前來。臣查驗得吳琴泉明白幹練，捕務認真，堪

以保薦，除將事實供冊送部外，謹會題請

旨

江蘇巡撫林則徐題本　太湖同知甬頭司巡檢馮燿俸滿循例保薦

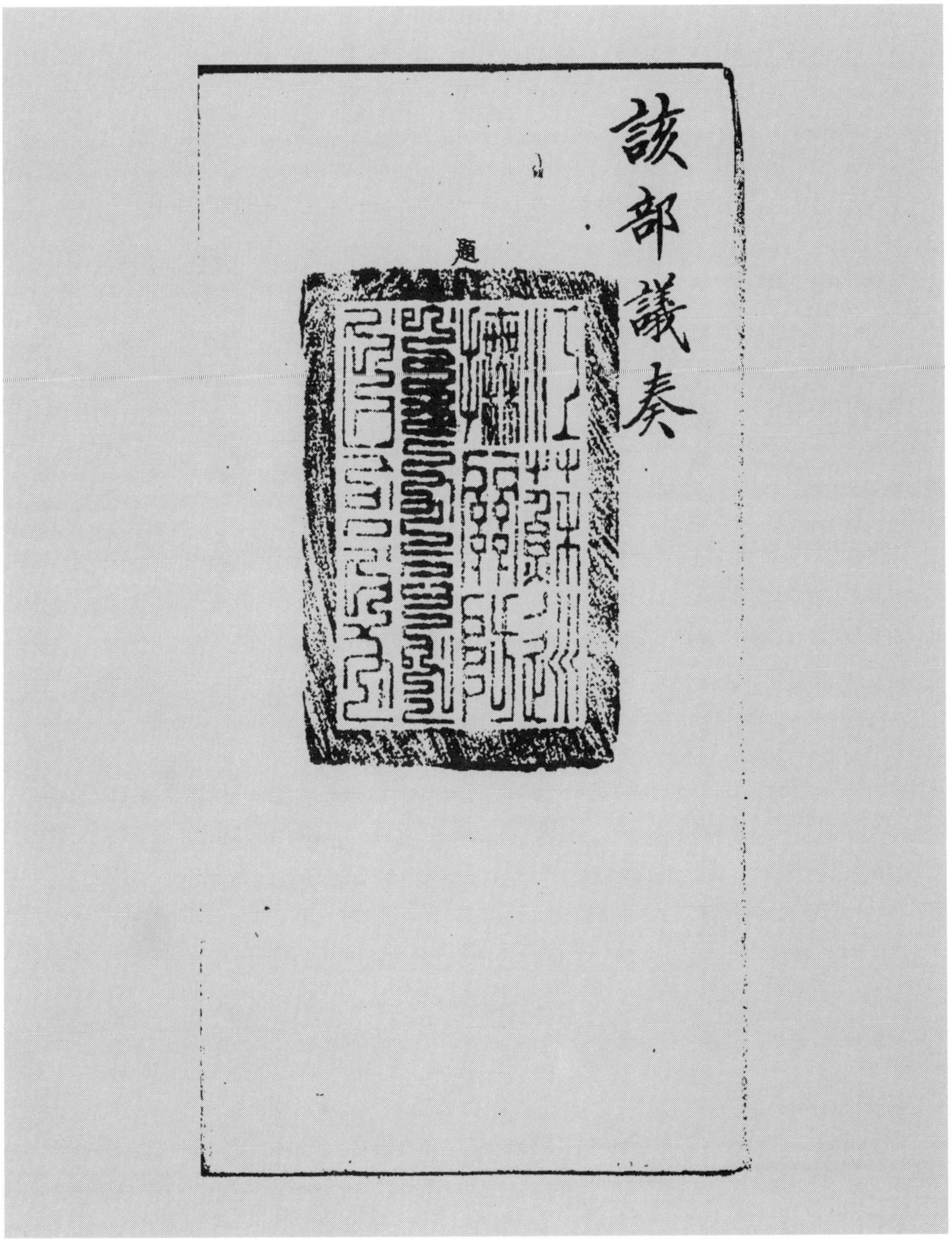
該部議奏
題

## 一七　江蘇巡撫林則徐題本　太湖同知甪頭司巡檢馮燿俸滿循例保薦
道光十六年七月十九日

兵部侍郎兼都察院右副都御史巡撫江蘇等處地方提督軍務總理糧儲臣林則徐謹
題爲俸滿人員循例保
題事據蘇州布政使怡良會同江蘇按察使裕謙
詳稱准護理分巡蘇松太道事蘇州府知府汪
忠增移據署蘇州府知府事常州府督糧通判
周岱齡詳准署太湖同知事委用通判向培茀
牒據甪頭司巡檢馮燿申稱竊燿現年伍拾肆
歲順天宛平縣人祖籍浙江桐鄉縣由供事議
敘未入流選授桃源縣典史嘉慶貳拾年拾月
拾陸日到任初次俸滿保薦又貳次俸滿保薦
奉准陞補今職道光玖年伍月初貳日先行任
事例月初陸日奉文准陞令自准陞之日起連

聞知至道光拾伍年陸月初陸日初次陸年俸
滿合具親供申送核轉等情到廳該署太湖同
知事委用通判向培茀查得該員自到任以來
每逢朔望宣講
聖諭化導愚民專司緝捕查拏私梟盜賊隨時解究駐
劄西山孤峙湖中湖面廣闊界連江浙恐有匪
徒潛匿時加嚴督弓兵晝夜巡緝稽查不敢怠
忽水陸栅欄依時啓閉宵小無從托足地方安
謐每逢差委從無貽誤格遵
功令不敢擅受民詞覆查該員歷練老成奉差奮
勇前經疊次保舉陞任後益知自重今初次俸
滿堪以保薦合將送到親供造冊由考結文投

驗等因到府該署蘇州府知府事常州府督糧
通判周岱齡到任未及叁月例不加考相應同
供冊轉詳驗看等情到道該護理分巡蘇松太
道事蘇州府知府汪忠增查太湖同知甪頭司
巡檢馮燿本係護道在蘇州府任内屬員驗得
該員才識明練辦事勤能堪以保薦相應加考
同供冊呈候驗轉等因到司該蘇州布政使怡
良會同江蘇按察使裕謙查得太湖同知甪頭
司巡檢馮燿自道光玖年捌月初陸日奉文准
陞之日起連閏扣至拾伍年陸月初陸日初次
陞年俸滿茲准據該管道府廳取具供冊遞行
加考保薦前來蘇州布政使怡良到任未及叁

## 一七　江蘇巡撫林則徐題本　太湖同知角頭司巡檢馮燿俸滿循例保薦

道光十六年七月十九日

月例不出考江蘇按察使裕謙覆查該員緝捕
勤能著有勞績堪以保薦相應加考造冊詳候
驗看會
題等情到臣據此該臣查得太湖同知角頭司巡
檢馮燿自道光玖年捌月初陸日奉文准陞之
日起連閏扣至拾伍年陸月初陸日初次陸年
俸滿例應驗看甄別茲據蘇州布政使怡良江
蘇按察使裕謙會詳該員自到任以來每逢朔
望宣講
聖諭化導愚民專司緝捕查拏私梟盜賊隨時解究駐
劄西山孤峙湖中湖面廣闊界連江浙恐有匪
徒潛蹤時加嚴督弓兵晝夜巡緝稽查不敢怠

忽水陸栅欄依時啓閉宵小無從托足地方安
靜每逢差委從無貽誤恪遵
功令不敢擅受民詞覆查該員緝捕勤能著有勞
績堪以保薦詳請會
題前來臣查驗得馮燿年強才練緝捕勤能堪以
保薦除將事實供冊送部查核外謹會同兩江
總督臣陶澍合詞具
題伏乞
皇上聖鑒勅部議覆施行謹題請
旨

## 一七　江蘇巡撫林則徐題本　太湖同知甪頭司巡檢馮燿俸滿循例保薦

道光十六年七月十九日

道光拾陸年柒月　日兵部侍郎兼都察院右副都御史巡撫江蘇等處地方提督軍務總理糧儲臣林則徐

兵部侍郎兼都察院右副都御史巡撫江蘇等處地方提督軍務總理糧儲臣林則徐謹

題為俸滿人員循例保

題事該臣查得太湖同知甪頭司巡檢馮燿自道光玖年捌月初陸日奉文准陞之日起連閏和至拾伍年陸月初陸日初次陸年俸滿例應驗看甄別據蘇州布政使怡良江蘇按察使裕謙會詳該員緝捕勤能著有勞績堪以保薦詳請

會

題前來臣查驗得馮燿年強才練緝捕勤能堪以保薦除將事實供冊送部查核外謹會題請

旨

江蘇巡撫林則徐題本

## 題參震澤縣知縣周恭壽等疏防航船被劫限滿贓犯無獲

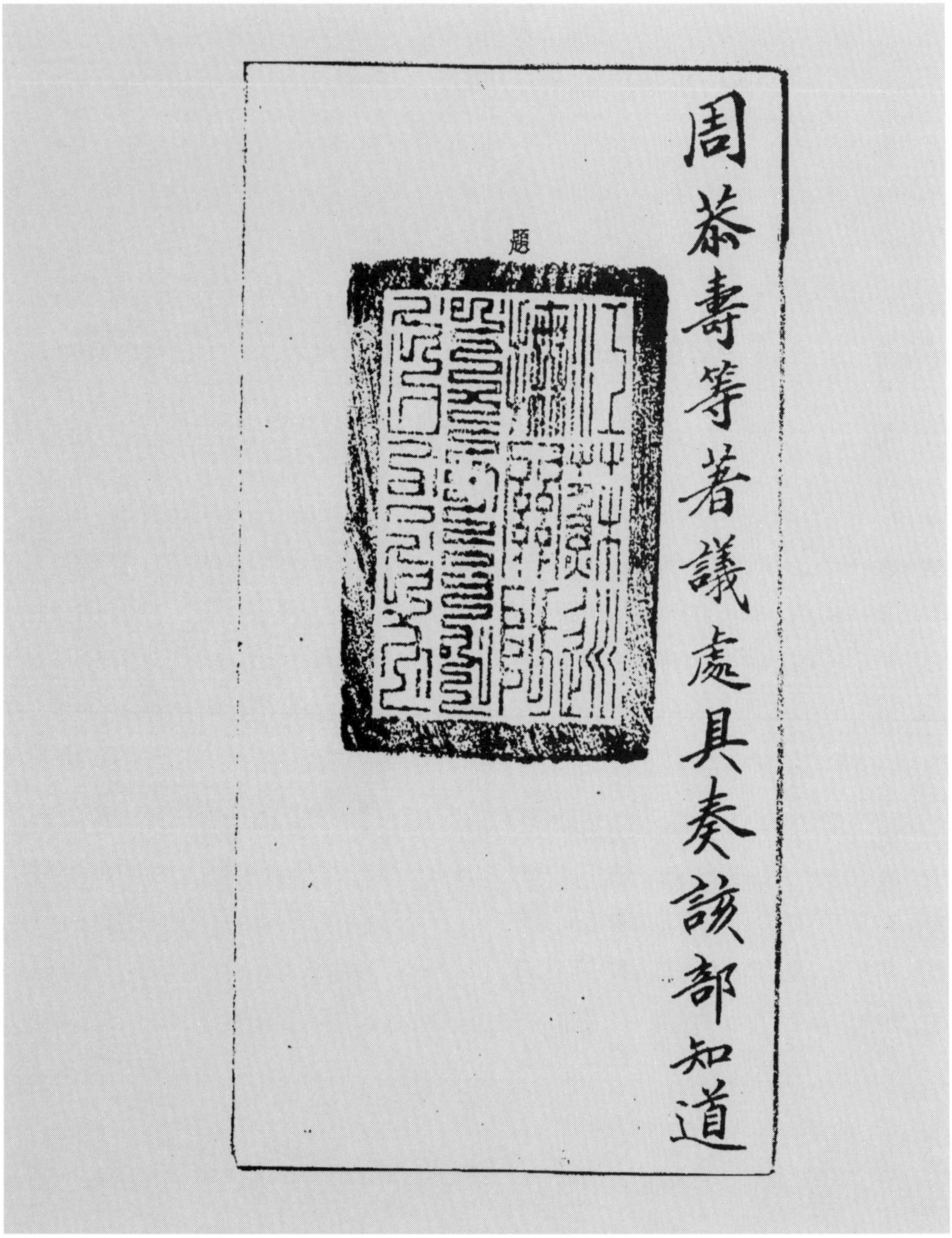
周恭壽等著議處具奏該部知道
題

一七

江蘇巡撫林則徐題本　題參震澤縣知縣周恭壽等疏防航船被劫限滿贓犯無獲

道光十六年七月十九日

兵部侍郎兼都察院右副都御史巡撫江蘇等處地方提督軍務總理糧儲臣林則徐謹

題爲詳參疏防文職事據江蘇按察使裕謙詳稱

查接管卷內據署蘇州府知府周岱齡詳據震

澤縣知縣周恭壽詳稱道光拾伍年拾貳月拾

陸日據事主汪順昌稟稱身撑駕航船裝載各

行託寄貨物錢洋至烏鎮交卸拾貳月拾叁日

貳更時分船至爛溪河任家漊北首有匪船壹

隻由船後搖來用篙鉤住身船被匪持械上船

進艙將身捺住嚇禁船夥湯開平撬木桶劫去

洋錢貨物開單報候勘緝等情到縣據即會營

前詣失事處所勘得爛溪河係南北往來水道

東係吳江縣境西係卑境兩岸並無居民據該

一七 江蘇巡撫林則徐題本 題參震澤縣知縣周恭壽等疎防航船被劫限滿贓犯無獲

道光十六年七月十九日

事主稟稱是夜盜船自北搖來由艙後上船刦
去洋錢衣物等語查驗木桶篾箍有撬損痕跡
提訊打甲人等供與報詞無異估牙估贓值銀
壹百柒拾陸兩捌錢肆分取結附卷造册通詳
奉批緝叅在案茲查疎防限屆贓盜無獲合將
印捕職名開報等情由府道遞開督捕督緝兼
轄各職名到前署司移交到司准此除飭勒緝
贓盜務獲究報外該江蘇按察使裕謙查得此
案疎防例限肆箇月應以道光拾伍年拾貳月
拾叁失事之日起扣至拾陸年肆月拾叁日滿
所有文職疎防職名印官係震澤縣知縣周恭
壽捕官係震澤縣震澤司巡檢張祖誠督捕係

江蘇巡撫林則徐題本 題參震澤縣知縣周恭壽等疎防航船被劫限滿贓犯無獲 道光十六年七月十九日

蘇州府總捕同知榮陞督辦係不同城蘇州府
知府汪忠增兼轄係分巡蘇松太道陽金城查
捕官張祖誠已於拾陸年正月初拾日丁憂卸
事不復回任應請議結署巡檢張元燮是日到
任應俟接辦限滿另詳請參督辦知府汪忠增
先於拾陸年叁月貳拾叁日護理蘇松太道卸
事兼轄道陽金城亦於叁月貳拾陸日因案卸
事均應俟回任接扣限滿另行詳參現署知府
周岱齡現護道汪忠增均係接督辦兼轄之員
例無處分相應聲明轉詳伏候核參再此案失
事處所離城捌拾里離汛拾捌里並無墩鋪防
兵合并聲明等情到臣據此該臣查得震澤縣

事主汪順昌航船被劫壹案疎防例限肆箇月
應以道光拾伍年拾貳月拾叁失事之日起扣
至拾陸年肆月拾叁日滿迄今贓盜無獲開列
文武疎防職名請參前來除飭緝贓盜務獲
究報外所有文職疎防職名印官係震澤縣知
縣周恭壽捕官係震澤縣震澤司巡檢張祖誠
督捕係蘇州府總捕同知榮匯督緝係不同城
蘇州府知府汪忠增兼轄係分巡蘇松太道陽
金城相應列參聽候部議查捕官張祖誠已於
拾陸年正月初拾日丁憂卸事不復回任應行
議結署巡檢張元揆是日到任應俟接緝限滿
另行咨參督緝知府汪忠增先於拾陸年叁月

貳拾叁日護理蘇松太道御事兼轄道陽金城
亦於叁月貳拾陸日因案卸事均應俟回任接
扣限滿另行咨參現署知府周岱齡現護道汪
忠增均係接督緝兼轄之員例無處分至失事
處所離城捌拾里離汛拾捌里並無塘鋪防兵
合並陳明臣謹具
題伏乞
皇上聖鑒勅部議覆施行謹題請
旨

一七 江蘇巡撫林則徐題本 題參震澤縣知縣周恭壽等疏防航船被劫限滿贓犯無獲 道光十六年七月十九日

兵部侍郎兼都察院右副都御史巡撫江蘇等處地方提督軍務總理糧儲臣林則徐謹
題爲詳參疏防文職事該臣查得震澤縣事主汪
順昌航船被劫壹案疏防例限肆個月應以道
光拾伍年拾貳月拾叁失事之日起扣至拾陸
年肆月拾叁日滿逾今贓盜無獲開列文職疏
防職名詳參前來除勒緝贓盜務獲究報外
所有文職疏防職名印官係震澤縣知縣周恭
壽捕官係震澤縣震澤司巡檢張祖誠督捕係
蘇州府總捕同知榮廷督緝係不同城蘇州府
知府汪忠增兼轄係分巡蘇松太道陽金城相
應列參謹題請
旨

## 江蘇巡撫林則徐題本　題參吳縣知縣湯礜光等疎防停舟被劫屆滿贓犯無獲

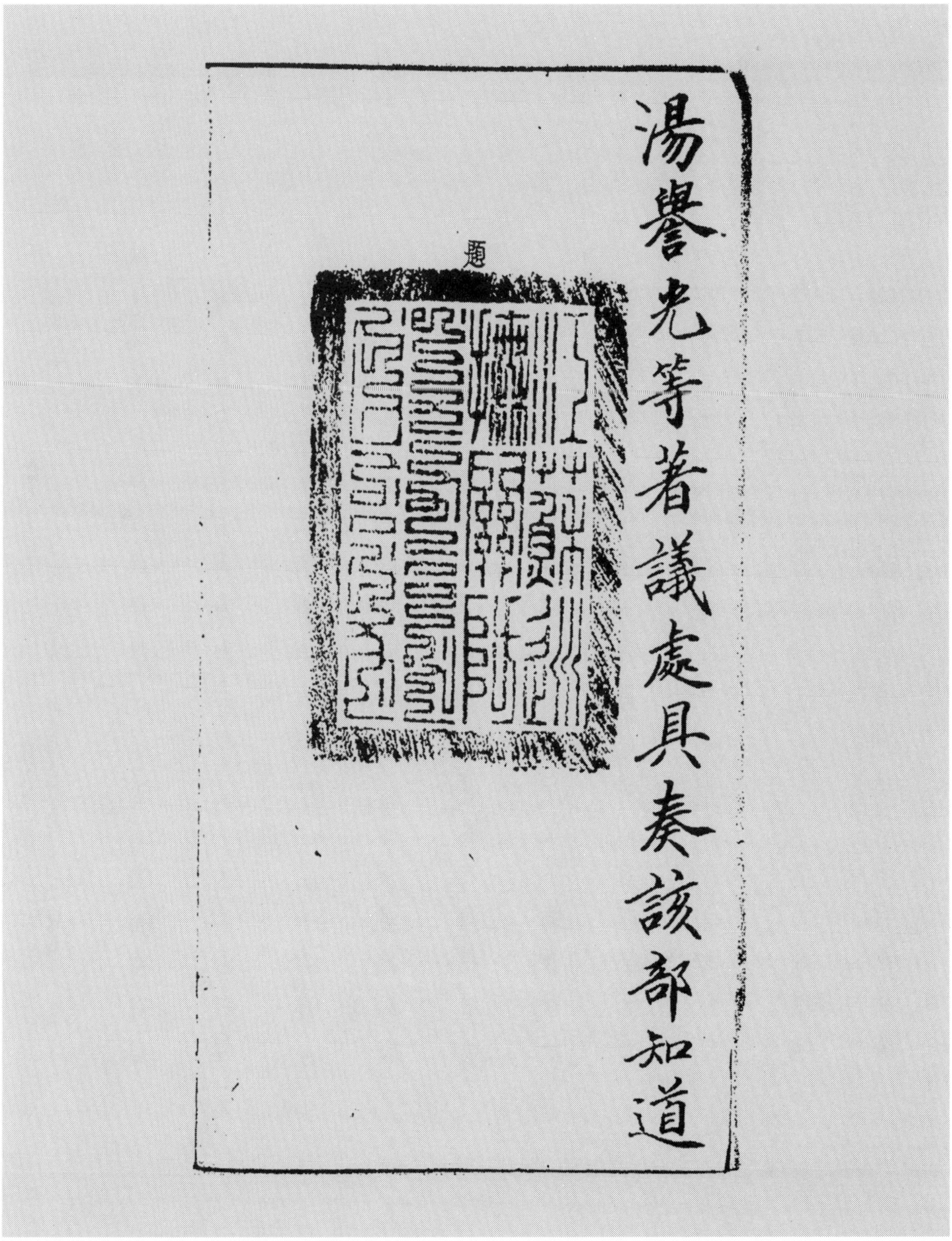
題
湯礜光等著議處具奏該部知道

江蘇巡撫林則徐題本　題參吳縣知縣湯譽光等疏防停舟被劫屆滿贓犯無獲
道光十六年七月十九日

兵部侍郎兼都察院右副都御史巡撫江蘇等處地方提督軍務總理糧儲臣林則徐謹
題爲詳參疏防文職事據江蘇按察使裕謙詳稱
查接管卷内據署蘇州府知府周岱齡詳據吳
縣知縣湯譽光詳稱道光拾陸年貳月初陸日
據地保徐士達報據浙江德清縣人曹捷投稱
伊駕新市莊船貳月初肆日夜船泊興隆橋南
首被盜上船刦去銀錢衣物報乞勘緝等情並
據事主曹捷開單同報到縣當經會營勘訊估
贓値銀貳百玖拾貳兩零造冊通詳奉批緝參
在案兹屆疏防限滿贓盜無獲合將印捕職名
開報並由府開具督捕督緝各職名詳參到前
署司移交前來准此除飭勒緝贓盜務獲究報

江蘇巡撫林則徐題本　題參吳縣知縣湯譽光等疎防停舟被劫屆滿贓犯無獲

道光十六年七月十九日

並由司移取兼轄巡道職名另文詳參外該江蘇按察使裕謙查得吳縣事主曹槐停船被劫壹案疎防例限肆箇月應以道光拾陸年貳月初肆失事之日起扣至陸月初肆日屆滿所有文職疎防職名印官係吳縣知縣湯譽光捕官係吳縣典史蔡立督捕係蘇州府總捕同知桀匯督緝係同城蘇州府知府汪忠增理合開報查督緝知府汪忠增於拾陸年叁月貳拾叁日委護蘇松太道卸事應俟回任接扣限滿再行詳參現署知府周岱齡係接督緝之員例無處分再失事處所離城貳里離汛柒里並無墩鋪防兵合并聲明等情到臣據此該臣查得吳縣

一七

江蘇巡撫林則徐題本　題參吳縣知縣湯譽光等疏防停舟被劫屆滿贓犯無獲

道光十六年七月十九日

事主曹德停舟被劫壹案疏防例限肆箇月應
以道光拾陸年貳月初肆失事之日起扣至陸
月初肆日滿迄今限屆贓盜無獲開列文職疏
防職名請參前來除飭勒緝贓盜務獲究報並
飭取巡道兼轄職名另參外所有文職疏防職
名印官係吳縣知縣湯譽光捕官係吳縣典史
蔡立智補係蘇州府總捕同知榮匯督緝係同
城蘇州府知府汪忠增相應列參聽候部議查
督緝知府汪忠增於拾陸年叁月貳拾叁日委
護蘇松太道卸事應俟回任接扣限滿另行咨
參現署知府周岱齡係接督緝之員例無處分
至失事處所離城貳里離汎米里並無墩鋪防

一七 江蘇巡撫林則徐題本 題参吳縣知縣湯譽光等疎防停舟被劫屆滿贓犯無獲

道光十六年七月十九日

兵合並陳明臣謹具

題伏乞

皇上聖鑒

旨

道光

地方提督軍務兼理糧餉臣林則徐

## 一七　江蘇巡撫林則徐題本　題參吳縣知縣湯譽光等疏防停舟被劫屆滿贓犯無獲

道光十六年七月十九日



兵部侍郎兼都察院右副都御史巡撫江蘇等處地方提督軍務節制通省營務臣林則徐謹

題為詳參疏防文職事。該臣查得吳縣事主曹進

停舟被劫壹案，疏防例限肆箇月，應以道光拾

陸年貳月初肆失事之日起，扣至陸月初肆日

滿。茲今限屆，贓盜無獲，開列文職疏防職名，請

參前來。除飭勒緝贓盜務獲究報，並飭取巡道

兼轄職名另參外，所有文職疏防職名，印官係

吳縣知縣湯譽光，捕官係吳縣典史蔡立，督捕

係蘇州府總捕同知葉歷奄滿，係同城蘇州府

知府汪忠增，相應列參，謹題請

旨。

江蘇巡撫林則徐題本　題參震澤縣知縣周恭壽等疏防竊案屆滿贓犯無獲

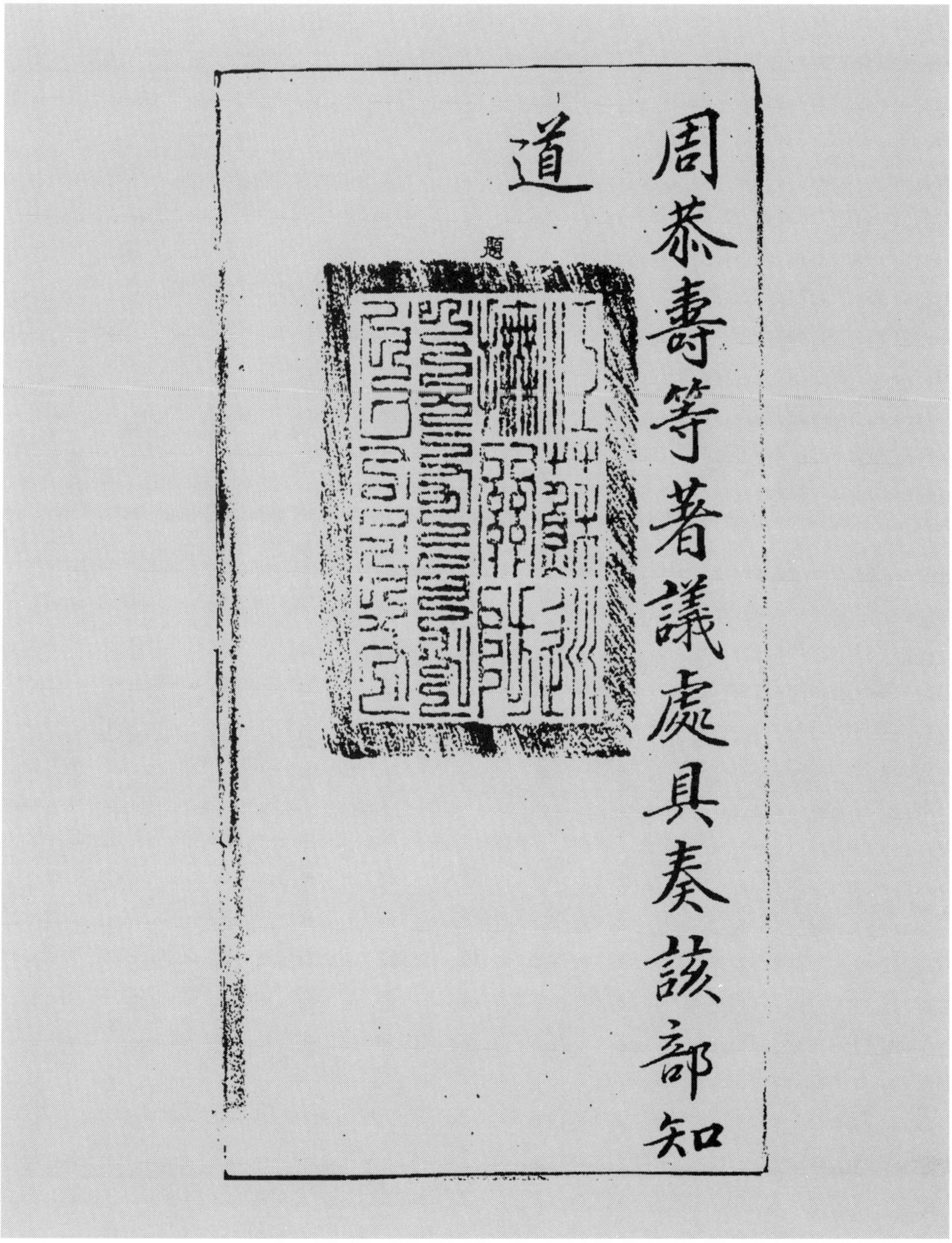
周恭壽等著議處具奏該部知
道
題

## 一七　江蘇巡撫林則徐題本　題參震澤縣知縣周恭壽等疏防竊案屆滿贓犯無獲

道光十六年七月十九日

兵部侍郎兼都察院右副都御史巡撫江蘇等處地方提督軍務總理糧儲臣林則徐謹
題為詳參疏防文職事據江蘇按察使裕謙詳稱
查核管卷內據署蘇州府知府周岱齡詳據震
澤縣知縣周恭壽詳稱道光拾陸年正月初捌
日據圩甲吳璟九報據事主趙鼎受投稱正月
初柒日夜被匪掘牆進內竊去衣物伊同母趙
沈氏起捕向奪均被拒傷等語往查屬實報候
勘緝等情到縣據即會營前詣失事處所勘明
被竊情形提訊地鄰人等供與報詞無異飭仵
驗得趙鼎受右手戳指有尖頭鐵器帶傷壹條
趙沈氏右手腕有尖頭鐵器帶傷壹條填單附
卷傳牙估計失贓值銀壹百捌拾柒兩柒錢捌

一七　署理兩江總督林則徐等奏摺　請以戴鳳翔署理廬州府知府

道光十六年八月初六日

仍照例試署期滿如果稱職另請實授該員係
試用知府請署知府銜鈌相當毋庸送部引
見據署藩臬兩司會詳前來臣等往返札商意見相
同謹合詞恭摺具
奏伏乞
皇上聖鑒再安徽省尚有試用知府胡元煒一員該
員係於道光十五年十月十九日到省現在試
用未滿一年應行扣補合併陳明謹
奏

吏部議奏

一七 署理兩江總督林則徐等奏摺 請以戴鳳翔署理廬州府知府 道光十六年八月初六日

# 上諭　著林則徐將邳州匪徒吳當運等按名查拏務獲究辦

上諭　著林則徐將邳州匪徒吳當運等按名查拏務獲究辦
道光十六年八月初十日

軍機大臣　字寄
署兩江總督林　道光十六年八月初十日奉
上諭有人奏江蘇徐州府邳州地方有兇棍吳當運
向在洪澤湖清江浦河口一帶地方聚衆爲匪曾
經睢寧縣拏獲起解被其黨要截劈開木籠毆
差刦去近將十年疊經該督撫飭令地方官捕拏
無獲上年十一月間該犯在舊邳州鎮砍廢任三
大漢又於睢南廳衙門前支解田二田三抛入黄
河現在盤踞邳州境内碾灣鎮其謀主有訟師姚
宣信係山西太谷人其爪牙有草上飛徐可宗白
面宋三天不怕王同並現充邳州捕役魏大漢等
其器械有抬槍數桿重二百餘斤鳥槍數十桿長槍

上諭 著林則徐將邳州匪徒吳當運等按名查拏務獲究辦
道光十六年八月初十日

數十桿勾結亡命數百餘人出没於皂河堰頭汜
車龍池等鎮有薛佩玉被訛大錢一百五十千羊
皮襖三十件王名載被訛大錢二百千又閻姓丁
姓楊姓張姓莊姓等家道稍為殷實皆被訛索不
敢呈控惟王森一案吳當運欺其孤寡於上年十
二月夜間帶領天不怕王同將王森捆至磘灣鎮
鎮勒贖大錢三百千王森但敢呈控王同並不敢
指控吳當運等語此等兇犯膽敢擾害良民實屬
大干法紀必應嚴行懲辦著林則徐遴委明幹妥
負按名嚴密查拏務獲究辦毋令聞風遠颺是為
至要將此諭令知之欽此遵
旨寄信前來

南河總督麟慶署理兩江總督林則徐題本

## 徐州府豐北河務通判萬醇試署期滿請循例實授（首缺）

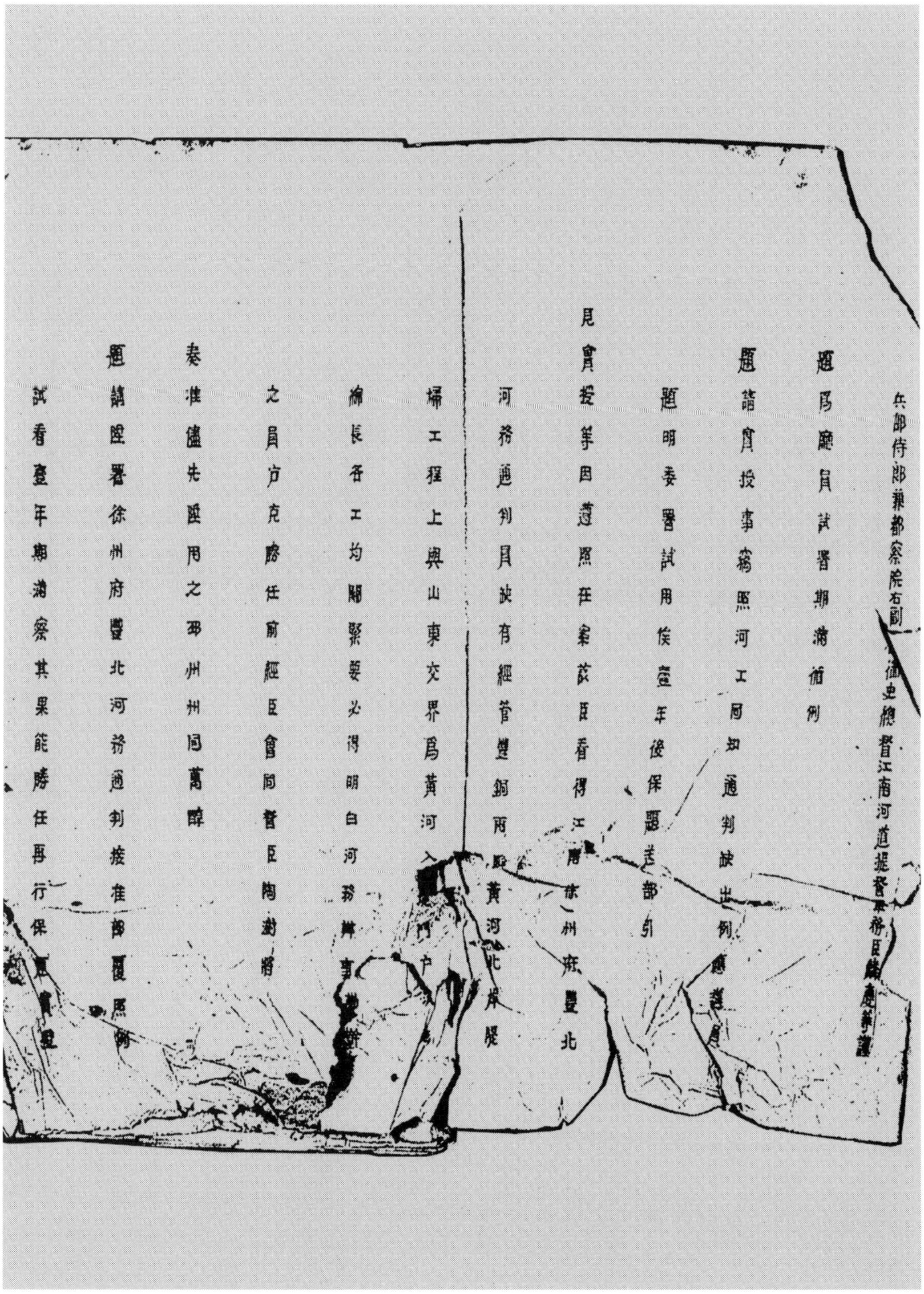
兵部侍郎兼都察院右副都御史總督江南河道提督軍務臣麟慶等謹
題爲廳員試署期滿循例
題請實授事竊照河工同知通判缺出例應遴員
題明奏署試用俟壹年後保題送部引
見實授等因遵照在案茲臣看得江南徐州府豐北
河務通判員缺有經管豐碭兩廳黃河北岸堤
埽工程上與山東交界爲黃河入[illegible]門户
綿長各工均關緊要必得明白河務并事[illegible]辦
之員方克勝任前經臣會同督臣陶澍將
奏准儘先題用之邳州州同萬醇
題請暨署徐州府豐北河務通判接准部覆照例
試看壹年期滿察其果能勝任再行保題實授

## 一七 南河總督麟慶署理兩江總督林則徐題本 徐州府豐北河務通判萬醇試署期滿請循例實授

道光十六年八月十四日

等因遵照在案今查署江南徐州府豐北

通判萬醇現年伍拾柒歲江西南昌府南昌

人由附監生捐納州同投効南河防汛出力

奏留南河補用嘉慶貳拾年拾月拾陸日到工道

光元年防汛出力

奏准儘先補用貳年承挑銅山縣荊山橋河出力

奏准以應陞之缺儘先陞用柒年玖月內丁憂回

籍守制拾年叁月服滿來工是年防汛出力

奏准不論班次遇缺即補拾貳年咨署邳州州同

拾肆年肆月實授拾伍年伍月

題請陞署豐北河務通判是年捌月初叁日准署

任事該員自署事以來經歷桃伏秋叁汛所管

南河總督麟慶署理兩江總督林則徐題本　徐州府豐北河務通判萬醇試署期滿請循例實授
道光十六年八月十四日

本任工程事宜盡心料理實力修防並無貽悮
甫詳加察看萬醇才具老幹明白修防堪以勝
任理合循例出具考語保
題仰懇
聖恩俯准將萬醇實授江南徐州府豐北河務通判
洵屬人地相宜俟
命下之日咨臣照例給咨送部引
見恭候
欽定再查該員現任內並無違礙參罰案件亦無應
賠未完銀兩合併陳明臣謹會同署理兩江總
督臣林則徐合詞恭疏保
題伏乞

一七　南河總督麟慶署理兩江總督林則徐題本　徐州府豐北河務通判萬醇試署期滿請循例實授　道光十六年八月十四日

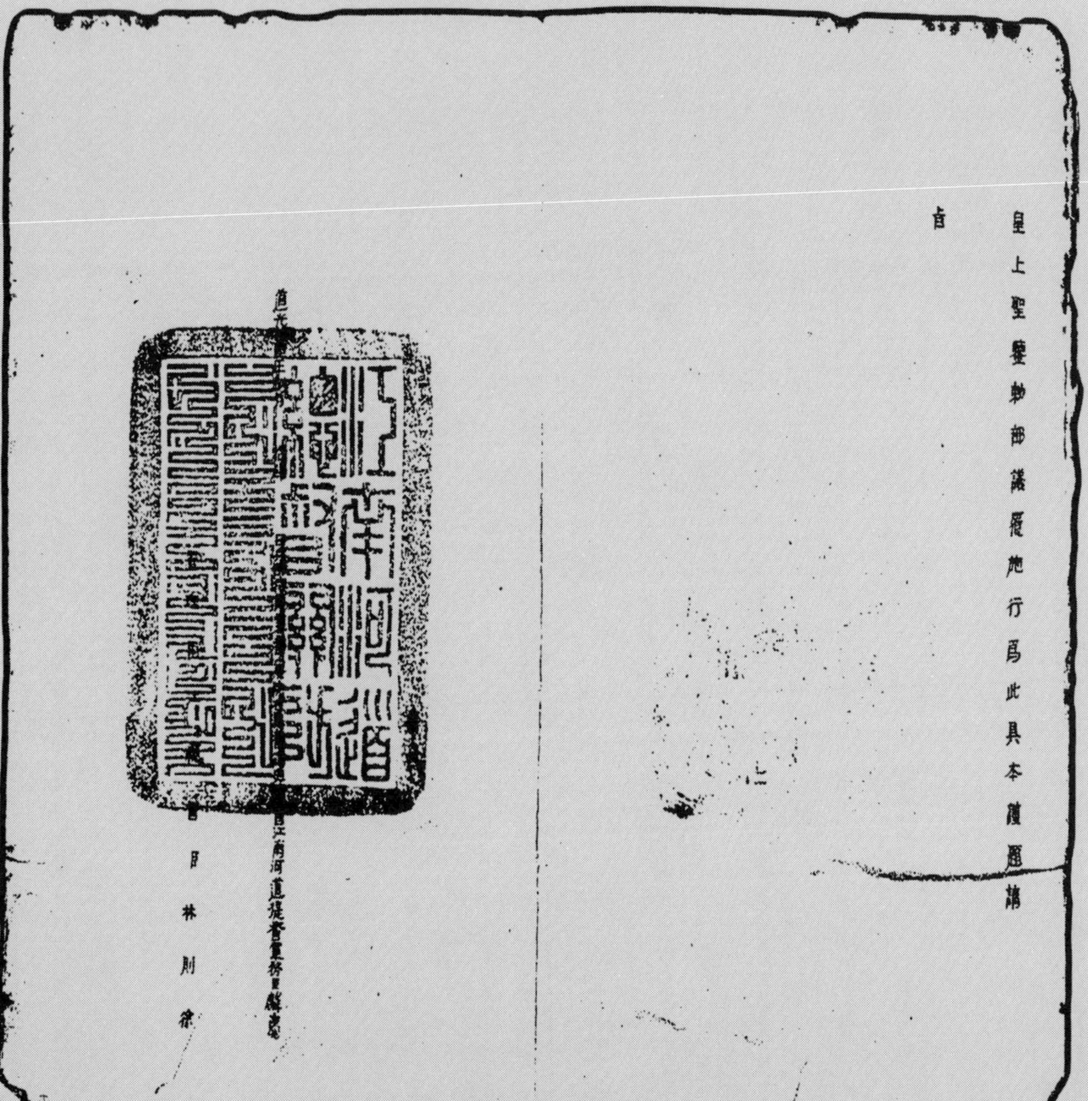

皇上聖鑒勅部議覆施行爲此具本謹題請

旨

道光……江南河道提督軍務臣麟慶

臣林則徐

## 一七 南河總督麟慶署理兩江總督林則徐題本 徐州府豐北河務通判萬醇試署期滿請循例實授

道光十六年八月十四日

兵部侍郎兼都察院右副都御史總督江南河道提督軍務臣麟慶等謹
題爲廳員試署期滿循例
題請實授事。該臣看得江南徐州府豐北河務通
判員缺，有經管豐、銅兩縣黄河北岸隄埽工程，
上與山東交界，爲黄河入境門户，汛地綿長，各
工均關緊要，必得明白河務、辦事勤幹之員，方
克勝任。前經臣會同督臣陶澍
奏准儘先歷用之邳州州同萬醇
題請歷署徐州府豐北河務通判，按准部覆，照例
試看壹年，期滿察其果能勝任，再行保題實授
等因，遵照在案。今查署江南徐州府豐北河務
通判萬醇自署事以來，經歷桃、伏、秋、凌汛，所管
本任工程事宜，盡心料理，實力修防，並無貽悮。
臣詳加察看，萬醇才具老幹，明白修防，堪以勝
任，理合循例出具考語保
題，仰懇
聖恩俯准將萬醇實授江南徐州府豐北河務通判，
洵屬人地相宜。臣謹會
題請
旨。

## 一七　署理兩江總督林則徐等奏摺　進士即用知縣李登才力不勝請改教職

道光十六年八月二十日

署理兩江總督林則徐等奏摺　**進士即用知縣李登才力不勝請改教職**

## 一七　署理兩江總督林則徐等奏摺　進士即用知縣李登才力不勝請改教職

道光十六年八月二十日

署兩江總督江蘇巡撫臣林則徐
護理江蘇巡撫蘇州布政使臣怡良跪

奏為進士即用知縣陳請改教恭摺具
奏仰祈
聖鑒事竊據署蘇州藩司裕謙詳據進士即用知縣
李登臬稱現年三十九歲山西交城縣人由附
生中式嘉慶戊寅科舉人道光乙未科會試中
式進士引
見奉
旨以知縣即用欽此籤掣江蘇本年四月初三日到
省自揣才力不勝知縣之任情愿改就教職等
情由司具詳前來臣等查李登由進士分發江
蘇以知縣即用尚未補缺自揣才力不勝知縣

之任情愿改就教職核與定例相符理合循例
恭摺具
奏請
旨將進士即用知縣李登准改教職由部照例選用
除分咨部籍外謹合詞恭摺具
奏伏乞
皇上聖鑒謹
奏
另有旨

一七

署理兩江總督林則徐等奏摺　進士即用知縣李登才力不勝請改教職

道光十六年八月二十日

道光十六年八月　二十　日

署理兩江總督林則徐等奏摺　**拏獲江陰縣越獄重犯許六罄張阿幅審明分別定擬**

## 一七 署理兩江總督林則徐等奏摺 拏獲江陰縣越獄重犯許六罄張阿幅審明分別定擬

道光十六年八月二十日

署兩江總督江蘇巡撫臣林則徐
護理江蘇巡撫蘇州布政使臣怡　良跪
奏為拏獲越獄重犯審明定擬恭摺具
奏仰祈
聖鑒事竊照江陰縣絞犯許六罄徒犯張阿幅越獄
同逃一案經臣林則徐前在巡撫任內會同督
臣陶澍將玩視監獄之管獄有獄各官恭摺
奏參奉
旨這所參玩視監獄之江蘇江陰縣典史王慶佑江
陰縣知縣陳希敬于監候絞犯許六罄徒犯張阿
幅並不督率刑禁加意防範致令越獄同逃實屬
疎玩管獄官王慶佑著革職拏問交該督等提同
刑禁人等嚴審有無鬆刑賄縱情弊按律辦理有

## 一七

署理兩江總督林則徐等奏摺　拏獲江陰縣越獄重犯許六罄張阿幅審明分別定擬

道光十六年八月二十日

獄官陳希敬著先行革職留任勒限緝拏如無弋
獲即行嚴參欽此遵即飭司行提革員王慶佑及
刑禁人等來省審辦一面嚴緝逃犯許六罄等
務獲解究旋據該縣陳希敬先後詳報四月二
十三日該縣兵役協同革員王慶佑家丁及刑
禁家屬並太倉州鎮洋縣兵役在鎮洋地方將
張阿幅拏獲解省六月十五日該縣丁役協同
王慶佑家丁並城守營弁兵暨武進陽湖兩縣
捕役在武進地方拏獲許六罄一併押解來省
等情隨飭司委員嚴審解勘茲據署蘇州府知
府周岱齡審明由署臬司積拉明阿會同署蘇
州藩司裕謙覆審招解前來臣怡良親提研鞫

緣許六䃁籍隸江陰張阿幅籍隸鎮洋許六䃁
於道光十五年因糾竊江陰縣事主李正彩家
犯案計贓逾貫擬絞監候解勘發田張阿幅於
道光十二年因聽從在逃之陳大麻子夥竊江
陰縣事主陳鎔家計贓擬徒監候待質均收禁
江陰縣監十六年三月二十四日夜典史王慶
佑進監收封督同刑禁陳照等將該犯等如法
鎖銬收入籠房五更時分風雨交作更夫崔幅
受等進屋避雨與提牢書陳照禁卒王保等俱
因巡守夜深困倦睡熟詎許六䃁起意乘閒脫
逃與張阿幅商允俱摔斷手銬扭脫左脚鐐將
鐐拴縛右腿許六䃁扳折籠木與張阿幅一同

## 一七 署理兩江總督林則徐等奏摺 拏獲江陰縣越獄重犯許六罄張阿幅審明分別定擬 道光十六年八月二十日

鑽出由涼篷竹竿攀溜上屋越牆逃走各將腳
鐐敲脫撩棄分路逃逸經王保等查知喊同陳
照等追拏無踪稟縣勘訊詳緝經臣林則徐會
同督臣陶澍恭摺叅
奏將該典史王慶佑革職拏問提省委審該縣陳
希敬革職留任勒緝旋經該縣等丁役先後拏
獲該犯等解省委審供認前情不諱詰非豫謀
脫逃刑禁人等亦無鬆刑賄縱情弊案無遁飾
查例載犯罪囚禁在獄僅止一二人乘間穿穴
踰牆脫逃並無豫謀糾夥情事者原犯絞監候
應入緩決者入於秋審情實原犯徒罪律應加
等問擬者為從改發極邊足四千里充軍又監

犯越獄如獄卒果係依法看守一時疎忽偶致
脱逃並無賄縱情弊依律減囚罪二等治罪仍
給限一百日限内能自捕得准其依律免罪各
等語此案許六罄因糾竊事主李正彩家逾貫
擬絞監候應入秋審緩决輒敢起意糾同張阿
幅越獄脱逃實屬玩法自應按例問擬許六罄
合依犯罪囚禁在獄僅止一二人乘間穿穴踰
牆脱逃原犯絞監候應入緩决者入於秋審情
實例仍擬絞監候入於秋審情實張阿幅原犯
擬徒聽從同逃合依原犯徒罪律應加等問擬
者為從改發極邊足四千里充軍例改發極邊
足四千里充軍到配折責安置該犯原案僅認

行竊為從擬徒是以監候待質令聽從越獄脫
逃即原案罪應擬流亦同一充軍毋庸監候待
質禁卒王保徐玉提牢書陳照訊無鬆刑故縱
情弊雖經該家屬等於百日限内將犯協獲例
得免罪惟收禁重犯並不小心防範致被越獄
潛逃究屬疎忽未便竟置不議王保徐玉陳照
及更夫崔幅受唐穗子均照不應重律杖八十
折責發落王保等仍革役唐穗子年逾七十照
律收贖該犯許六罄等逃後並無另犯不法及
知情容留之人應毋庸議已革典史王慶佑獲
犯已在五日限外免其拏問仍照例革職該縣
陳希敬原參革職留任例應以獲犯之日起扣

滿一年無過再行核辦除備錄供招咨部外所
有獲犯審擬緣由謹繕摺具
奏伏乞
皇上聖鑒謹
奏
刑部議奏
道光十六年八月　二十　日

署理兩江總督林則徐題本 **淮北監掣同知陳在文親母在籍病故例應丁憂**

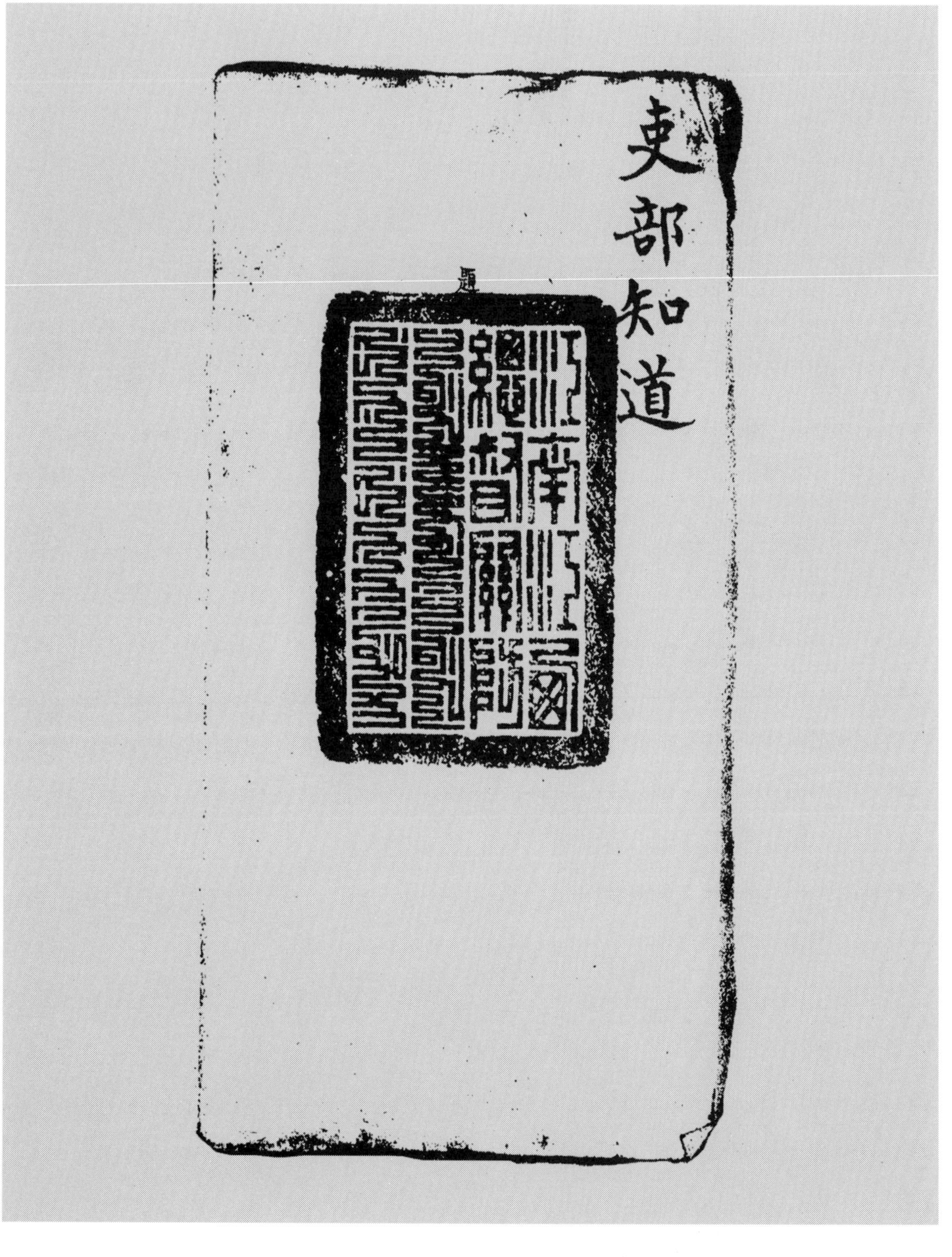

## 一七

## 署理兩江總督林則徐題本　淮北監掣同知陳在文親母在籍病故例應丁憂

道光十六年八月二十二日

兵部侍郎兼都察院右副都御史署理兩江總督江蘇巡撫臣林則徐謹

題爲題報同知丁憂日期事據兩淮鹽運使劉萬

程詳稱據淮北監掣同知陳在文呈稱卑職係

順天大興縣監生祖籍浙江山陰縣遵豫東例

捐納運判分發兩淮嘉慶貳拾壹年到淮道光

伍年

題補泰州分司運判員缺奉准部覆於拾壹月貳

拾陸日到任拏獲梟犯賀三虎等案內

奏奉

上諭泰州運判陳在文著以應陞之缺陞用欽此拾

年

題陞淮北監掣同知接奉部覆飭令赴部引

## 一七 署理兩江總督林則徐題本 淮北監掣同知陳在文親母在籍病故例應丁憂 道光十六年八月二十二日

見因經理督運官鹽事件
奏准展限於拾伍年柒月赴部引
見奉
旨陳在文准其陞署兩淮淮北監掣同知欽此拾陸
年叁月初貳日到任茲於捌月初陸日聞訃親
母余氏於柒月貳拾柒日在祖籍病故職係親
子例應丁憂報明轉詳等情相應詳請具
題等情該臣看得淮北監掣同知陳在文係順天
大興縣監生遵例捐納運判分發兩淮嘉慶貳
拾壹年到淮道光伍年
題補泰州分司運判員缺奉准部覆於拾壹月貳
拾陸日到任因拏獲梟犯

## 一七　署理兩江總督林則徐題本　淮北監掣同知陳在文親母在籍病故例應丁憂　道光十六年八月二十二日

奏奉
上諭泰州運判陳在文著以應陞之缺陞用欽此拾
年
題陞淮北監掣同知奉准部覆於拾伍年柒月赴
部引
見奉
旨陳在文准其陞署兩淮淮北監掣同知欽此拾陸
年叁月到任茲據兩淮鹽運使劉萬程詳稱據
淮北監掣同知陳在文呈報親母余氏在籍病
故該員係屬親子例應丁憂據情詳請會
題前來臣覆查無異除丁憂各結另文咨部查核
并將所遺員缺另行揀員請補外臣謹會同護

一七　署理兩江總督林則徐題本　淮北監掣同知陳在文親母在籍病故例應丁憂

道光十六年八月二十二日

理江蘇巡撫印務蘇州布政使臣怡良合詞具

題伏乞

皇上聖鑒勅部查照施行爲此具本謹具題

聞

道光……兩江總督江蘇巡撫臣林則徐

## 一七 署理兩江總督林則徐題本 淮北監掣同知陳在文親母在籍病故例應丁憂

道光十六年八月二十二日

兵部侍郎兼都察院右副都御史署理兩江總督江蘇巡撫臣林則徐謹
題爲題報同知丁憂日期事。該臣看得淮北監掣
同知陳在文係順天大興縣監生，遵例捐納運
判分發兩淮。嘉慶貳拾壹年到淮。道光伍年
題補泰州分司運判員缺，奉准部覆，於拾壹月貳
拾陸日到任。因拏獲梟犯
奏奉
上諭：泰州運判陳在文著以應陞之缺陞用。欽此。拾
年
題陞淮北監掣同知，奉准部覆，於拾伍年柒月赴
部引
見。奉
旨：陳在文准其陞署兩淮淮北監掣同知。欽此。拾陸
年叁月到任。茲據兩淮鹽運使劉萬程詳據淮
北監掣同知陳在文呈報，親母佘氏在籍病故。
該員係屬親子，例應丁憂。據情詳請會
題前來。臣覆查無異，謹會同
題
聞

署理兩江總督林則徐題本

**題報江西袁州營都司楊得秀在署病故日期**

## 一七　署理兩江總督林則徐題本　題報江西袁州營都司楊得秀在署病故日期

道光十六年八月二十二日

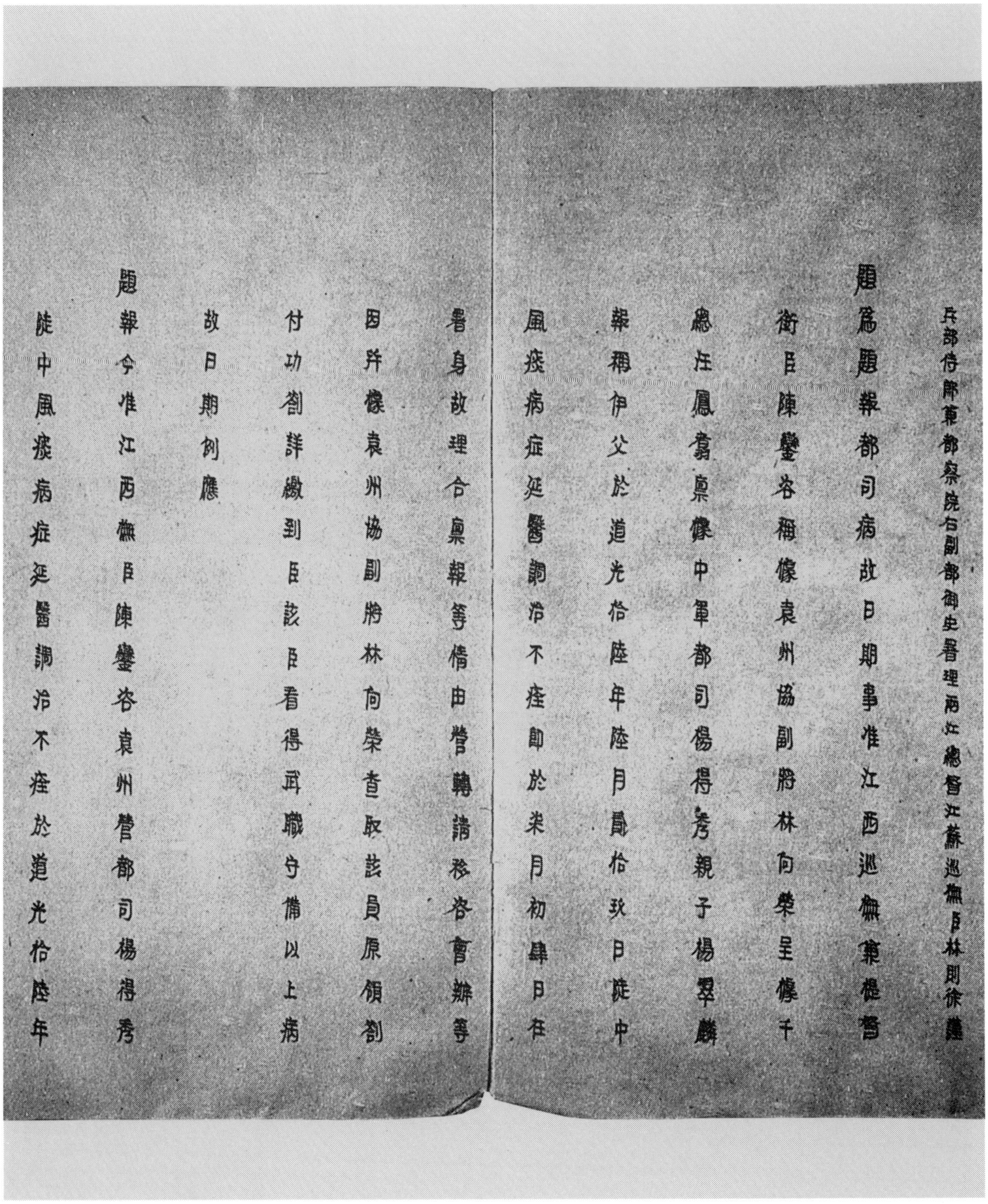

兵部侍郎兼都察院右副都御史署理兩江總督江蘇巡撫臣林則徐謹
題爲題報都司病故日期事准江西巡撫兼提督
銜臣陳鑾咨稱據袁州協副將林向榮呈據千
總任鳳翥稟據中軍都司楊得秀親子楊翠麟
稟稱伊父於道光拾陸年陸月貳拾玖日陡中
風痰病症延醫調治不痊即於柒月初肆日在
署身故理合稟報等情由營轉請移咨會辦等
因并據袁州協副將林向榮查取該員原領劄
付功劄詳繳到臣該臣看得武職守備以上病
故日期例應
題報今准江西撫臣陳鑾咨袁州營都司楊得秀
陡中風痰病症延醫調治不痊於道光拾陸年

署理兩江總督林則徐題本　題報江西袁州營都司楊得秀在署病故日期
道光十六年八月二十二日

柒月初肆日在署身故移咨前來除委員接署
并將繳到原領劄付功劄咨部查銷外臣謹會
同江西巡撫臣陳鑾合詞具
題伏乞
皇上聖鑒勅部查照施行爲此具本謹具題
聞

道光……署理兩江總督江蘇巡撫臣林則徐

署理兩江總督林則徐題本　題報江西袁州營都司楊得秀在署病故日期

道光十六年八月二十二日

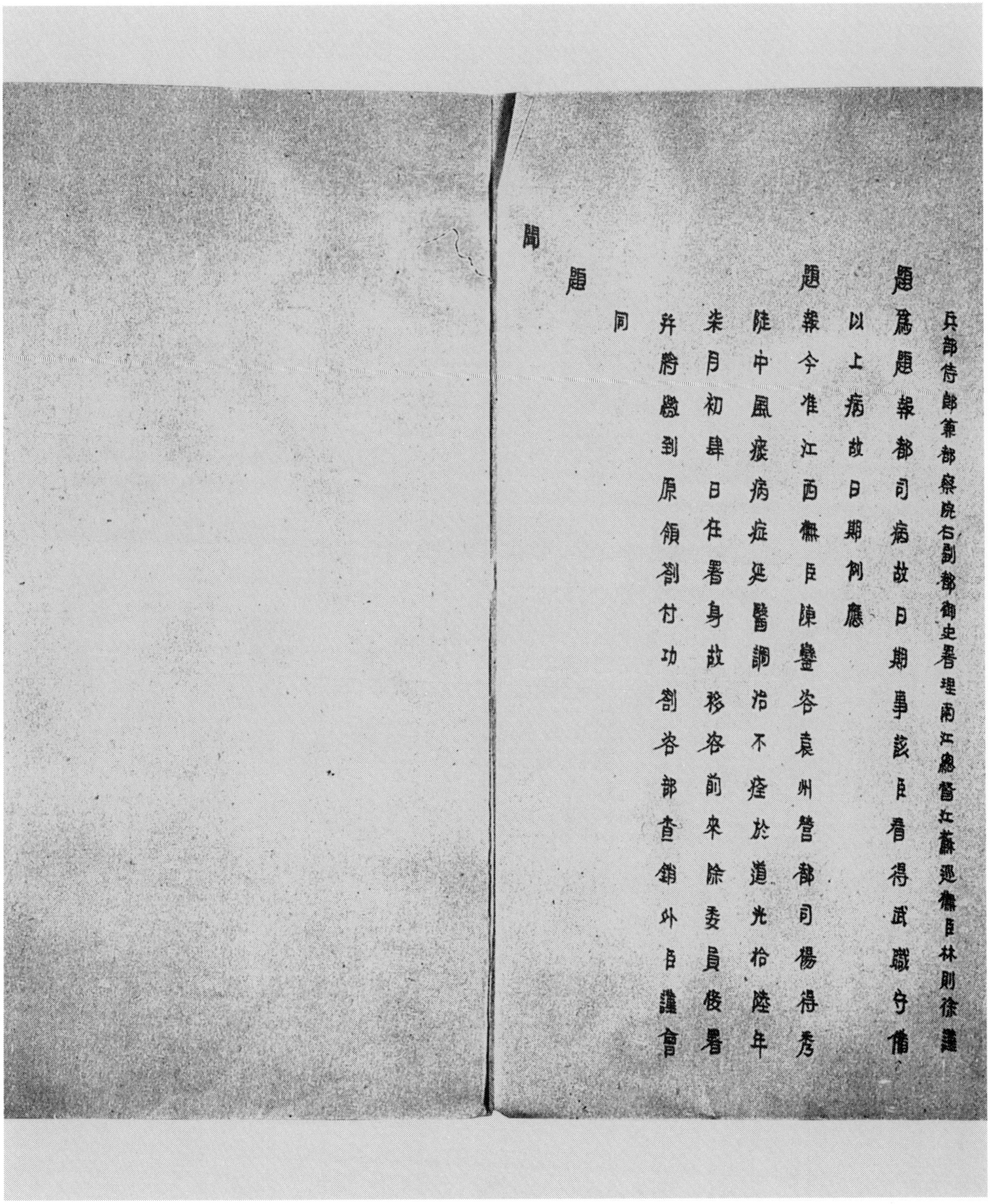
兵部侍郎兼都察院右副都御史署理兩江總督江蘇巡撫臣林則徐謹
題為題報都司病故日期事。該臣看得武職守備
以上病故日期例應
題報。今准江西撫臣陳鑾咨：袁州營都司楊得秀
陡中風痰病症，延醫調治不痊，於道光拾陸年
柒月初肆日在署身故。移咨前來，除委員接署
并將繳到原領劄付、功劄咨部查銷外，臣謹會
同
題
聞

上諭 章芝亭著解交林則徐歸案審辦

道光十六年八月二十三日奉
旨章芝亭著解交署兩江總督林則徐歸案審辦欽
此

署理兩江總督林則徐奏摺 **請揀發參將遊擊來江南差委**

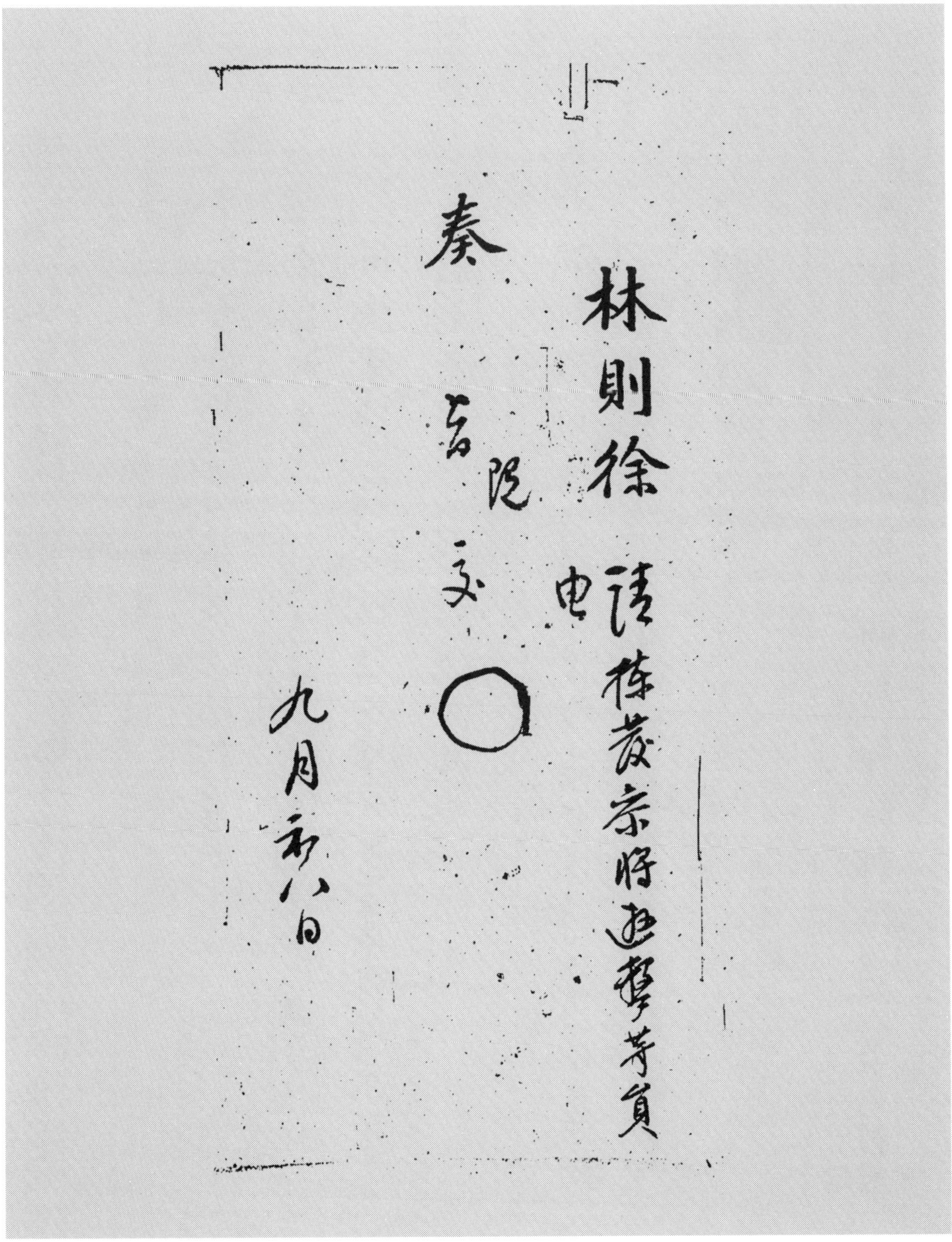

林則徐
奏
請揀發參將遊擊等員由
旨
限
文
○
九月初八日



署理兩江總督林則徐奏摺 請揀發參將遊擊來江南差委
道光十六年八月二十五日

署兩江總督江蘇巡撫臣林則徐跪

奏爲江南營員不敷委用請

旨揀發參將遊擊以資差委恭摺奏祈

聖鑒事竊照上下兩江地方遼闊營汛綿長且多係沿江

沿海要地巡緝操防在在均關緊要查歷屆揀發

武職人員俱已補授實缺現在遇有引

見升調即恐遞署乏員而查拏匪犯及尋常一切差委

又未便概令實缺之員離營遠出自須揀員豫備以

期指臂有資相應循例具

奏請

旨敕部于曾任實缺出師在部候補候選人員內揀發

參將一員遊擊二員來江差委並使隨同訓練俟有

相當缺出照例請補理合恭摺具

奏伏乞

皇上聖鑒謹

奏

道光十六年九月初八日奉

硃批　欽此

八月二十五日

# 遵旨查拏吳當運夥犯情形

署理兩江總督林則徐奏片

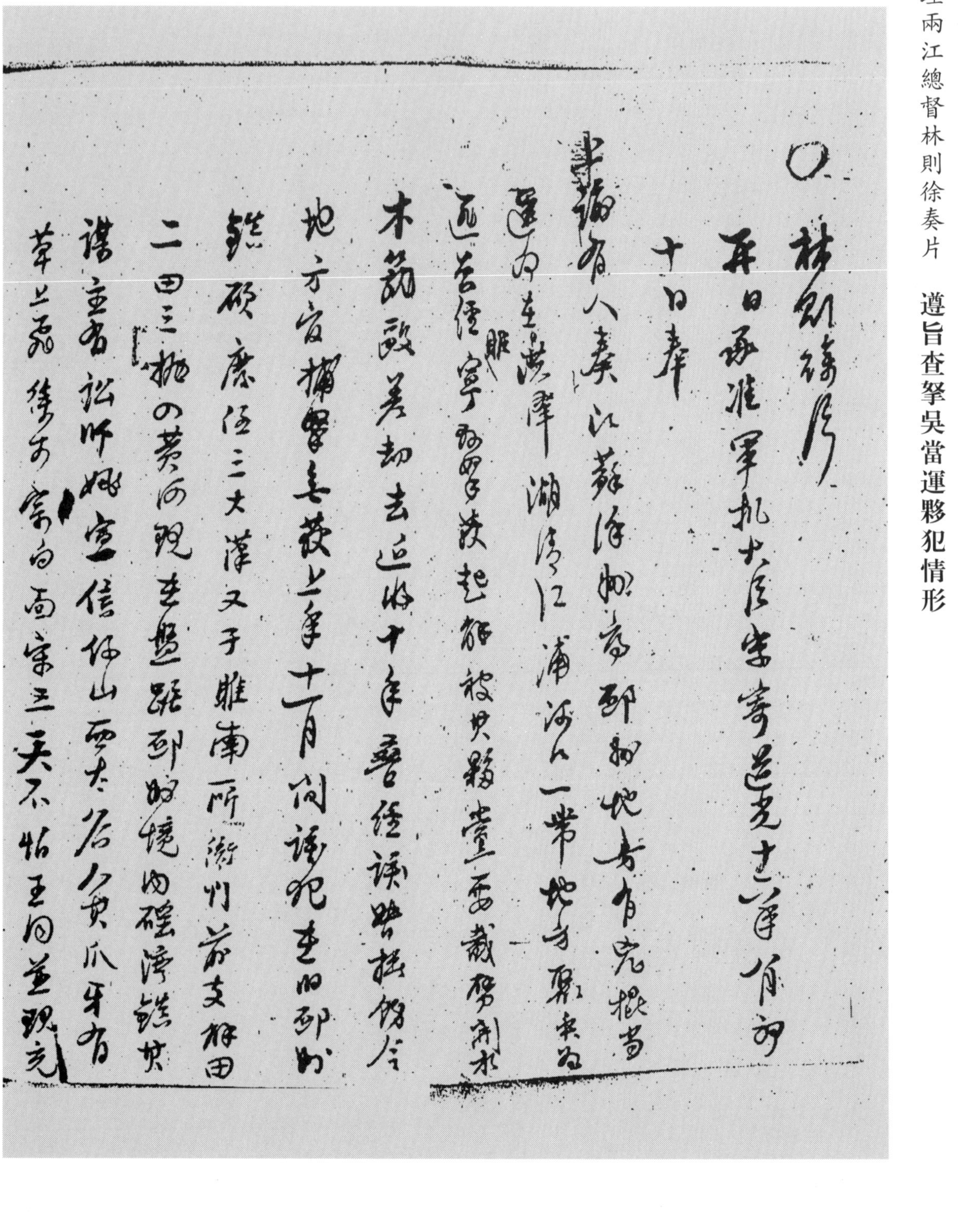

即如捕役魏大洋等與崇楸同搶銃數桿重
二百餘斤自於數十斤長鏈數杆均係亡命
數百餘人出沒于宝山塭所泊車船池蕩等
有薛佩玉被訛大錢一百四千千羊皮襖三十件
又名戴被訛大錢二百千又周姓丁姓楊姓陸
姓花姓等家並稍為殷實皆被訛索不敢呈
控惟王森一案吳當運夥與孫寡子上年十二
月夜間帶領夥天不怕王阿四將王森捆至磕潭鎮
勒贖大錢三百千王森但放至於王同華家報控
控吳當運等語此其兇犯肆擾害良民實屬
大干法紀必須嚴辦經臣林則徐遴委所
轄安東縣知縣完善生年訪獲完母任閣風遠

一七　署理兩江總督林則徐奏片　遵旨查拏吳當運夥犯情形

道光十六年八月二十五日

飛咨各省要隘訪拿，知之。欽此。查吳當運即
吳臺運，本係著名要犯，久經臣等嚴飭拿緝
逸，來蘇本年二月間曾經通飭嚴拿，業已七次
聖鑒，如奉附片
奏明湖南一帶逸犯，現惟吳臺運在逃，仍責
令長沙府知府劉長清會督兵役，並督標
硃批：知道了。欽此。茲查該犯吳當運即吳臺運
先年道光八年夥同蔡某等十八人，以
有軍器私挑，照例問擬發遣，九年罪
越獄在逃，即經湖北方被在逃之趙誰傑等
持械奪犯，拒傷差役，十二年十月間，湖南人
王勉齋票差被拒，並被擄人勒贖，拒傷捕犯

署理兩江總督林則徐奏片　遵旨查拏吳當運夥犯情形
道光十六年八月二十五日

金文潔供係吳當運夥若通飭會同嚴拏者
在案緣該匪徒逃竄既未擒拿其出沒向係
之夥黨自必多人於劫殺害之案亦必多起
欽此
聖諭必應嚴行緝拿現又通飭淮徐廬鳳等屬文
武一體嚴緝並委現署南捕通判之同知任
家梭馳往邳州睢寧一帶偵探確蹤會合
兜捕務將吳當運及匪夥等速獲懲辦無令
一名漏網以期仰副
聖主戢暴安良至意謹先附片覆
奏伏祈
聖鑒謹

一七

署理兩江總督林則徐奏片　遵旨查拏吳當運夥犯情形
道光十六年八月二十五日

奏
道光十六年九月初八日奉
硃批：究速緝拏，斷不准致令逃竄。欽此。

署理兩江總督林則徐奏摺

## 飭屬稽查防範回空糧船水手情形

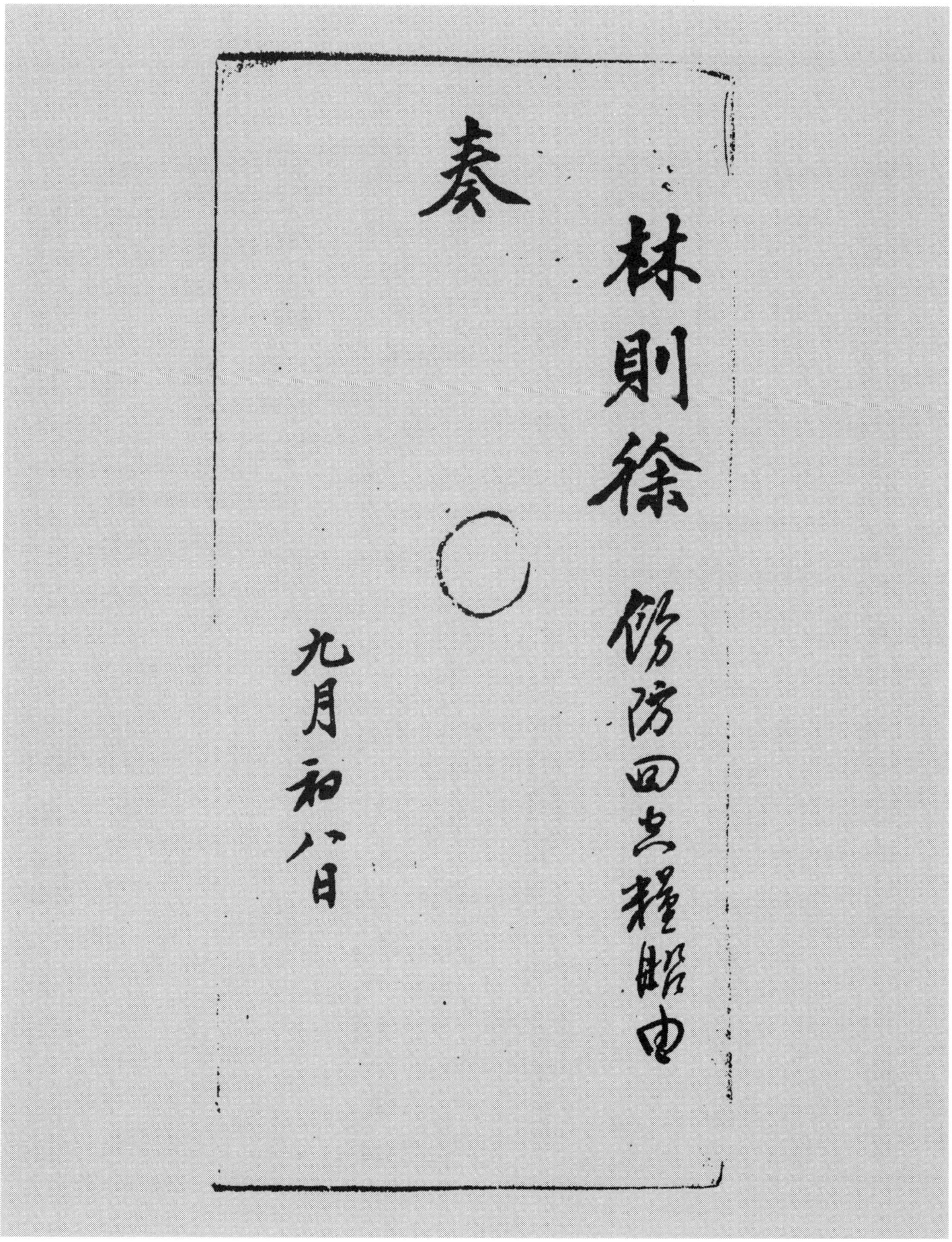
林則徐 飭防回空糧船由
奏
九月初八日

署兩江總督江蘇巡撫臣林則徐跪

奏為回空糧船漸次行抵江境遵

旨飭屬稽查防範恭摺覆

奏事竊臣承准軍機大臣字寄欽奉

上諭糧船水手人等類皆無業游民積悍性成懸不

畏法沿河沿河及地方文武員弁如果認真稽察遇有

印將有犯必懲該水手人等自當聞風斂跡乃本

年甫經議定章程又復屢有起獲兇械及在事

滋事之案此時重運經過地方沿河水武員弁即著

催趲前進嚴拏水手人等有犯鎖拏日後卸空回

空稽查稍懈更恐不肯遵達究現值尤為吃緊

接防諸達總督約束水手是其專責其糧船種

道地方各督撫飭屬責成文武員弁不分畛域一體
通飭所屬於漕船回空加意稽查實心防範毋稍
鬆懈倘稍有疏虞或致別釀事端惟該督撫等
是問將此各諭令知之欽此遵查南漕約計一百
幫其船數在四千左右無一不由江南經過而渡黃
渡江雖設催提尤貴機宜妥協是以江南文
武各員以漕事為兢兢加以水手獷悍性成無惡
不作近年來其風愈熾惟有嚴密懲辦庶乎
斂戢兇頑前經臣等議立章程仰蒙
聖明敕部覆准辦理計本年漕事之水手已經挐
獲者如王大韓老閣大漢丁明鈴等俱問擬斬
梟等情

奏命先行正法劉瀅泊嘉王老劉洸大汪添順張四高
蕭城等俱問擬斬決王富貴問擬絞決孫得生
張恩名吳得彰瑞安孫富倉吳發等俱問擬
外遣孫贊盤錢占元繆彩福倪發祥等俱問擬充軍張
殿奎王灶戴忠林陳兆奎李懷泰張隆山戴
張添山吳朝雲傅二薛擴康傅保家張亦林
丁永祥吳金貴胡占彬黃義王太富等問擬流徒
孫秀蔡義詹頂楊叔三萬順輝殷得喜戴添貴
孫馬九小沙田馬炳源張第芳楊闌秦沈二邱小朱
王倫山趙跪兒李興信邱李老李兆華陳小劉三
李添春邱大杜邱四王三朱老等二十犯亦已審訊明
實即責令分別懲辦以做本年糧船自本次
開行以及渡江後無虞在江南境上較之往年

顚覓安靜惟自東省閘河以至北壩水路尤長人
數既多難保別無滋事如一船之中在舟水手以十名
爲率合十數船計即有百餘人必分幫結黨經
縴雖擄在岸隨行先食若更不嚴管任其詭譎
青皮散匪之類即難盡其向雜以數計每
出於之毒遂更易滋事生端列幫回空每幫等
貨多合售賣計少爭多再則聯攬次年出運
之頭縴篙頭縴必不遂意即相殘殺謂之爭窩若
遇淮陽水淺江面多行數里則又加索頂腳
費別之有田措命錢不特此也積仇之幫每
相遇則必相下重運先後開行尚有別幫阻
隔若回空則此幫前船之水次即彼幫過路

經由糾約滋事亦在此際臣於近數年來均將
到次在前之鎮江前後兩幫
飭先泊河邊魚貫挨俟浙船過完再令開
次以免互擠生事此次仍責循舊辦理督
令遄入境以至黃河北岸之楊莊已派委將都
守帶兵四隊分駐催提自南岸至清江過下之平
河橋又駐四隊淮城高寶以至揚州酌駐三隊
揚州城外分設南北兩廠攔截催攢放洲兵數多
及出瓜洲則由一路由長江西上一路下京口南行
又皆逐段分駐文武員弁与各船當伙相
為稽閱此皇雖具有布似足以數彈壓
而究未盡如有水手會合起意藉勢亦

皆聯絡仍將新定章程刊刷簡明
告示多頒交糧道轉飭船幫粘貼俾相警
覺以期各船水手私帶器械原責搜查並不敢謂一
搜之後便無餘剩即如前項強悍之糧船前
歲兩幫前歲回空經臣親駐鎮江督催進
口時逐船搜獲亦不過刀械不多數百件尚經
奏聞
聖鑒此次續經購製者仍難保其必無容藏撥
查各械多係鐵貨所出之地則各幫先有準備亦難
硃是
頓隱藏逆時過境還仍不免碍其餘乃現擬
劉切示諭以革船各論何處倘有誰敢
再交武員會同搜查一經搜出即照新例重辦則

署理兩江總督林則徐奏摺　飭屬稽查防範回空糧船水手情形
道光十六年八月二十五日

各一案之時，如有一定之刑章，凡在幫僱傭之人皆有
搜查之責，逐之不勝其逐，賭之亦不勝其賭，其勢
即不敢停留，既不停留，即無從事其總理之相
因而見者也。總之水手之所以逞強，在於恃衆，而所以
其之長蒐實恐僕，漕令自嚴，定之章程以來
罪皆有犯必懲，有懲必重，亦未有不畏法犯
者。現據各幫報稱，江南境內船內有二十餘幫。
臣已函商河臣麟慶，相度機宜，早籌灌放。
尾幫營塘之期，臣即親赴清江，督催渡黃，
務使速南下，安靜安心，以仰副
聖主諄諄誥誡至意。所有稽查防範緣由，臣謹會同
護撫臣怡良合詞恭摺具

一七



奏伏乞

皇上聖鑒謹

奏

道光十六年九月初八日奉

硃批一力認真辦理勿蹈始勤終怠之

習也勉之欽此

八月二十五日

署理兩江總督林則徐奏片 **遵旨查拏捕役楊成情形**

○林則徐片

再，臣承准軍機大臣字寄道光十六年七月十一日奉

上諭：瑞善奏訊據現獲之鎮江幫水手李鳳陽

陳玉堂等供稱江蘇江都縣人楊成向充河標捕

快，在卯伯一幫往來，與水手嘉相交好，本年重運

抵淮，鎮江前後兩幫均將兵械交給楊成代藏，俟

攔查之後，仍復取回等語。楊成以在官人役膽敢

將糧船私帶兵械代爲隱匿，遇淮甚屬藐法。

著林則徐即將該犯嚴速查拏，務獲解

交恩特亨額嚴行究辦。將此諭令知之。欽此。

臣當即欽遵，委江防同知閔維新馳赴揚州會同

揚州府知府劉源灝嚴拏該犯楊成務獲

飭先後據劉濬等拿獲查江都縣各班差
役並無楊成其人因又細查甘泉縣捕役內有楊
承宗即楊成姓同名異亦非江都縣人平時屢
經緝獲鹽船犯事水手及隣境行竊等犯
本年六月間經江浦縣借文移借代緝要犯
案遣赴山東一帶查緝尚未回揚銷差是
否楊承即楊成須提到楊承訊究方可得其
實在已飭甘泉縣盧元良另差幹役趕赴山
東各處找尋楊承一俟獲到即行飭審並據
該縣盧元良將江浦縣移借捕役公文及該役
緝案卷宗呈前來臣復加查訪該捕役楊承曾
於嘉慶年間充當糧船水手旋即投充服役

署理兩江總督林則徐奏片　遵旨查拏捕役楊成情形
道光十六年八月二十五日

道光三年拿獲戕差越獄逸犯薛三麻子，任
甘泉縣捕充捕役已閱二十有餘年，歷獲行劫
拒殺事主之斬梟逸犯周大刀、姜三、高三頭、蘇
長洲、金匱、鎮洋、高郵等處劫案之趙璧、
閔位(?)、杜七、王小指子、孫四、馬九、馬炳源、小沙四等
要(?)案等犯共千，即為現充糧廠水手之人被
其帶同獲是楊添平時緝捕者屬得力，如果有
代匿盜械情事，識出
聖諭甚屬嚴切(?)，臣等必嚴行懲辦。但楊添與楊
成姓同名異，是否即係楊成，並須提到研審
方能得其實在。業已批飭該府縣嚴限找尋楊
添務獲拿解去後，茲據該在已越兩日尚未解案

## 一七 署理兩江總督林則徐奏片 遵旨查拏捕役楊成情形

道光十六年八月二十五日

查在官人役，自應一體即到即候。先經奉差
緝拏，如出示須星夜趕回嚴拏，延宕，（雖）現在奉
旨飭拏之犯係楊成，而非楊添，並楊成實無其人，
楊添既係捕役，又未遠年，若竟將其即難保無
移代現充，於子之人藏匿若械實（事）情，乃該犯
出未拏獲，到案實難發踪跡之咎，相應請
旨將甘泉縣知縣盧元良先行摘去頂戴，勒限
一月，如能將楊添獲到，再請開復，倘仍
無獲，即行撤任參辦，並將該府劉源灝一
併參處。至楊添實係先經緝拏，是否出緝，
責成嚴拏到案審辦，不至日久遠颺，謹先將籌辦
緣由附片覆陳。

聞伏乞
聖鑒謹
奏
道光十六年九月初八日奉
硃批　欽此
兩江總督江蘇巡撫林則徐
八月廿五日

署理兩江總督林則徐等奏摺

**勘明鹽城豐縣隄工請借項挑築分年攤還**

林則徐等 請借項挑築鹽城等

縣隄工由

奉

旨 已交◯

九月初八日

## 一七 署理兩江總督林則徐等奏摺　勘明鹽城豐縣隄工請借項挑築分年攤還

道光十六年八月二十五日

署兩江總督江蘇巡撫臣林則徐跪
護理江蘇巡撫布政使臣怡良

奏為鹽城豐縣兩處河道堤工勘明淤墊殘缺循案借
一項挑築分年攤徵還款恭摺奏祈
聖鑒事竊淮安府屬鹽城縣境內皮大河一道即皮岔河
上承高郵寶應興化泰州諸河蕩之水下注天妃閘歸
新河洋港入海為淮揚兩屬自西至東洩水歸海要道
因年久失浚河身淤高尚成平陸遇水則不能暢洩
逢旱則灌溉無資又徐州府屬豐縣順堤河一
道上接山東單縣交界起下至沛縣交界止向係宣
洩條河兩岸上下數百里民田之水歸入昭陽湖濟
運又該河迤北有太行堤一道係保障順堤河要工
因嘉慶年間豐汛六堡黃水漫溢河身間段淤墊

堤工漸形卑矮並多沖成缺口不能攔禦每逢
夏秋大雨特川河水漲發由太行堤各缺口橫流北
注漫淹堤北遠近民田以致連遭災歉歷年以來節
據各該縣士民紛紛呈請借項挑築屢經批飭
從緩近來河淤堤缺較前更甚經藩司先後委員
分詣該處逐一履勘復由道府覆勘委係必不可緩
之工查鹽城縣皮大河計長七千八十六丈按段之高
下一律配平河底共估挑土二十五萬一千三百三十六方
四分一厘每方連岸水工實需銀一錢九分並工頭工尾
及兩旁港汊分別酌估樁壩土壩查照海防廳漕規
例價統共確估銀四萬八千三百九十三兩一錢三分八
厘一毫鹽邑順堤河挑土六萬零三百一十二方乾於

不一每方價銀三兩及二兩七錢二分一兩六錢不等
合銀一萬二千二百六十八兩八錢八分又大行堤一道
估土十萬二千二百七十方九分八厘每方價銀一兩二
錢五分合銀一萬二千七百八十三兩八錢七分二厘五毫
二共確估銀二萬五千五十二兩七錢五分二厘五毫
造冊具結詳由藩道遞議查淮徐兩屬均係屢
歉之區民力實在拮据不能自行措辦請照豐縣
借項挑築事分攤徵由江寧布政使楊簧詳請具
奏前來臣等伏查道光七年同御史錢儀吉條奏
河湖漕運情形案内欽奉
諭旨飭委妥員將興化鹽城等州縣湖蕩詳細履
勘應於何處築隄導水早與小從湖一律深通

方有裨益等因欽此當經前署臣蔣攸銛欽遵行
司委勘即據府縣印委各員以鹽城縣瀕大河洼
墊勘估，若祇僅用或因春水方生或因堤埝下注
是以近來無如其豐縣順堤河太行堤工程亦于
道光九年經前督臣等彙同條屬河堤等工酌議
動支開河經費銀兩次第請辦奏奉
諭旨允准嗣因開河經費一款不敷動撥是以暫緩今據
、先後勘明實係河淤堤缺頻年被災挑築各工刻
不可緩經督臣陶澍批准辦理尚未具
奏現在水勢已落自應乘時趕緊挑辦以資蓄泄而
衛田廬所有鹽城縣土方夫工銀四萬八千三百九十三
兩一錢三分八厘一毫豐縣土方夫工銀二萬五千[illegible]

二兩七錢五分二厘五毫均已核實無浮合無仰懇
聖恩俯准于司庫蘆課雜稅漕價等款內照數借給
責令各該縣分別督董乘此農功事畢赶緊集
夫挑築工竣委員核實驗收實于水利民生均有裨益
至所借民兩請從道光十七年起鹽城縣分作五年
豐縣分作六年各于受益民田攤征还款除飭
取攤征估計各冊另行詳
題外謹會同江南河道總督臣麟慶合詞恭摺具
奏伏乞
皇上聖鑒訓示謹
奏。
道光十六年九月初八日奉

硃批

欽此

八月二十五日

署理兩江總督林則徐奏摺　**審明江寧縣徐炳和被賊傷斃案分別定擬**

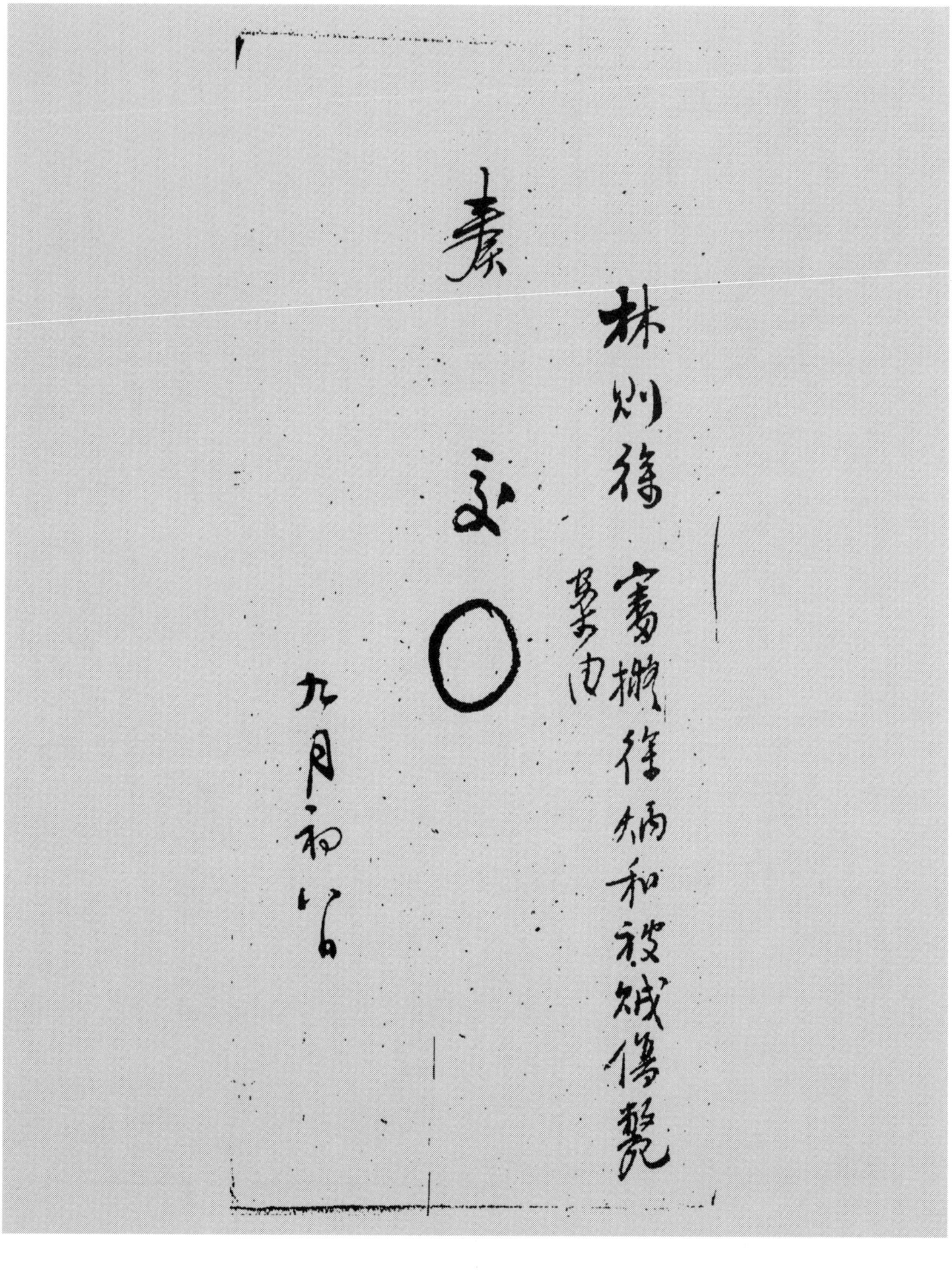
奏
林則徐　審擬徐炳和被賊傷斃
案由
奏　〇
九月初八日

一七 署理兩江總督林則徐奏摺 審明江寧縣徐炳和被賊傷斃案分別定擬

道光十六年八月二十五日

署兩江總督江蘇巡撫臣林則徐跪
奏爲遵
旨審明定擬恭摺奏祈
聖鑒事。竊照江寧縣城內事主徐炳和被賊推傷
身死，獲犯潘二病故，賊證未明一案，先經臣
會同署臣陶澍恭摺奏
奏請將江寧縣知縣李金芝暫行革職審辦，欽奉
上諭：陶澍等奏參疏防城內失事獲犯病故賊證未
明之知縣請革職審辦一摺。此案江寧縣知縣李
金芝於城內徐炳和家被賊行竊推傷身死，並不
速表研鞫，率行錄供通詳，現在案情真僞莫
辨，犯已病斃，賊證未明，實屬草率，李金芝著

搶竊事賊史陶尉等，將周象亮、裕蓮殺提案內
犯證悉心研鞫，務得確情，按律定擬，以成信讞。欽此。
欽遵飭提犯卷解蘇，審與印據及妻徐氏
氏以伊家寔已被竊，布被、錫壺、衣裳各件原報
所開衣物，已在箱內尋獲等情，先後赴江寧府
暨督臣陶澍衙門具呈，並卷查賊犯潘二被獲
之後，據地保劉濤等在該二處家起獲二寄
存布褲一條，是否案內贓物，事主尚未認定，稽
提解來蘇，札委署蘇州府知府周岱齡訊供
由臬司績枉明，阿提案明確，會同江寧藩司
楊賓詳解前來。臣親提犯證悉心研鞫。緣潘
二即畢德李喜子、徐小辮子，均籍隸江寧，潘

二先於道光十三年行竊事主譚高家木椅
被獲，訊供因病取保，脫逃。李喜子先於道光
十一年行竊事主劉陳氏等〔林怀湘等，杖責刺臂；又於十三年八月竊事主〕家刺面，物未旋即
脫枷潛逃，均經差緝未獲。孫小辮子素未為
匪。犯等道光十六年正月二十九日，該犯等
因道貧難，潘二起意行竊，李喜子、孫小辮子
允從。是夜四更，潘二帶刀，李喜子攜鈍鏨，孫小
辮子徒手，同夥三人偕抵事主徐炳和屋後，
孫小辮子在外等候，潘二、李喜子由屋牆撬園
扒上。徐炳和在廚屋，由李喜子在屋上接贓。潘
二跳下天井至房屋內，竊得錫茶壺遞交李喜
子接放牆頭。李喜子順將壺蓋塞在腰邊。潘二

後撥門上樓，至徐炳和臥房，竊得白布單褲擋被
懷內，徐炳和驚起喊捕，諸二下樓逃跑，李妻子在
外聞喊，不及攜取錫壺，與徐小辮子先逃。徐炳
和追至天井，將諸二扭住，諸二掙不脫身，即拔
身帶小刀，砍傷徐炳和右肩甲、右臂膊。徐炳
和仍不放手，轉身喊叫，其時徐炳和之妻徐陳
氏、弟徐振邦亦聞喊趕下樓，諸二情急，復用
刀向徐炳和頸項疊砍，致傷顙顴、咽喉、腦後、
耳根、項頸等處，鬆手倒地，諸二棄刀逃逸。徐
陳氏等趕至，徐炳和已不能言語，指進屋內
救治。詎徐炳和傷重，延至次早殞命。報縣
勘驗差傳，徐陳氏因有馬褂等物找尋未

只認爲被竊稟開後依職通詳隨之進後因見
身穿衣褲鞋襪沾有血跡洗刷未淨即將中衣
典當布褲攜交表姊鄧李氏將褲洗淨被鄧李
氏看出血跡盤向潘二告知行竊拒捕情由囑
勿聲張又因所竊布褲係屬新製尚無褲腰
隨令縫窮婦人潘做成褲腰寄存趙二庚家內

旋經捕役劉傳等緝獲潘二起出血衣傳同鄧
李氏解縣究出前情續獲李喜子徐小辣子
訊供通詳後經江寧府遣丁督同捕役起獲趙
二庚家所寄布褲是將訊據潘二供係屈認經查
查認褲腰係該氏同乙做有褲腰稍非原贓未經認領
已據潘二變訊向據稟該犯患病飭差收管醫治旋

## 一七 署理兩江總督林則徐奏摺 審明江寧縣徐炳和被賊傷斃案分別定擬

道光十六年八月二十五日

病故，本府飭委上元縣驗詳，督臣陶澍暨臣林則徐以該
縣李金芝疏防城內失事，獲犯病斃，贓跡未明，以致案
情真偽莫辨，
奏請將李金芝暫行革職審辦，行提人卷至蘇發審，即據
徐張氏呈明實止被竊布褲、錫壺蓋，其餘原報所開馬
褂等物，已在箱內尋獲。該署府周岱齡查前起布褲
是否實係原贓，未經訊究明確，且據屍姪徐德昌供
稱被竊之褲，伊嬸母徐張氏原做有兩條，大小尺寸相
同，一條現存家內，即令經委員馳赴江寧查傳徐
張氏提同布褲解蘇，當堂比對，前起贓褲與該事
主家存之褲布幅粗細長短闊狹悉屬相符，即鍼
痕線跡亦據徐張氏認明係伊一手裁做，確係原贓

害供不諱，臣恐尚有不實，復加研詰，據徐張氏堅供，前本認布褲，因已做有褲腰，未及細看，是以不認，今提到同時所做之褲比對，明白，委係伊被竊原褲，至原報所失贓衣現在家內尋出，實因當時匆忙誤報，委無別故。又據李喜子等僉供：聽從潘二行竊，委止在外接贓，聞喊先逃，潘二如何拒傷事主，並未在場目擊。追潘二向述：因被事主追獲，圖脫，用刀拒砍多傷，伊等實未幫同拒捕。錫壺並因逃跑匆忙失落，亦無窩夥窩劫別案。再三究詰，加以刑嚇，矢口不移，是潘二行竊拒捕，致傷事主身死，業已眾供確鑿，且贓經主認，正賊無疑。查例載：竊盜被事主追逐拒捕，因而殺人者，首犯擬斬監候。又律載

一七　署理兩江總督林則徐奏摺　審明江寧縣徐炳和被賊傷斃案分別定擬

道光十六年八月二十五日

竊盜贓一兩以下杖六十為從減一等又犯罪事發
逃走于本罪上加二等各等語此案潘二行竊事主
徐炳和家被獲圖脫用刀砍傷徐炳和身死該犯
雖竊有贓祇在收贓甚輕微因被事主扭獲不及
棄贓拒傷致斃是意在圖脫並非護贓格鬥自
應照逃避拒捕問擬潘二即果永合依竊盜被事
主逃避拒捕因而殺人者首犯擬斬監候例擬斬監候業
已病故應毋庸議李喜子徐小辣子聽從行竊在外
接贓先逃並未幫同拒捕應仍按竊盜本律問擬李
喜子于犯竊責刺之後復行犯竊雖已刺字第枷限
未滿載罪脫逃今又夥同行竊應仍以再犯科斷現
在夥竊事主徐炳和家計贓一千零罪止擬笞前犯

一七　署理兩江總督林則徐奏摺　審明江寧縣徐炳和被賊傷斃案分別定擬　道光十六年八月二十五日

原案計贓四十兩罪應滿杖未經拿獲自應從重問
擬李喜子應於原犯竊盜贓四十兩杖一百律上加逃
罪二等擬杖七十徒一年半定地拿獲配折責充徒
徐小辮子係初犯合依竊盜贓一兩以下杖六十為從
減一等律笞五十折責拿獲李喜子前刺面字首
抵徐小辮子照例刺字鄧李氏詢知潘二行竊拒捕
未經首告究屬婦女無知免其置議徐張氏誤報
失贓並因起到贓褲做有布腰先未認領今已據實
供明亦毋庸議寄贓之趙二庚訊不知情與捕葉凱馬
順劉勇並無教供妄認及裝點血衣左証情事潘二在
監病故看役人等亦無凌虐情弊均毋庸議犯兄徐
錦幅飭縣提案責懲餘無同居親屬知情分贓牌

## 一七　署理兩江總督林則徐奏摺　審明江寧縣徐炳和被賊傷斃案分別定擬

道光十六年八月二十五日

係得規包庇情事亦毋庸議起贓給主未起追賠等
干省釋該縣李金芝獲犯潘二訊認行竊拒捕因
事主未認贓據犯即病斃以致案情游移是以前
請暫行革職今訊明潘二實係拒捕正犯原審並無
錯誤該犯亦在疏防限內所有原參革職應懇
皇上天恩俯准開復原官仍留江蘇補用至李金芝未
將潘二收禁例有應得處分仍請
敕部照例議處除供招咨部外所有審明定擬緣由謹
會同蘇撫臣怡良合詞恭摺具
奏伏乞
皇上聖鑒敕部核覆施行謹
奏

署理兩江總督林則徐奏摺 審明江寧縣徐炳和被賊傷斃案分別定擬

道光十六年八月二十五日

道光十六年九月初八日奉

硃批刑部議奏欽此

八月二十五日

## 一七

### 署理兩江總督林則徐奏片　江蘇飛蝗過境已撲滅秋成無礙

道光十六年八月二十五日

署理兩江總督林則徐奏片　**江蘇飛蝗過境已撲滅秋成無礙**

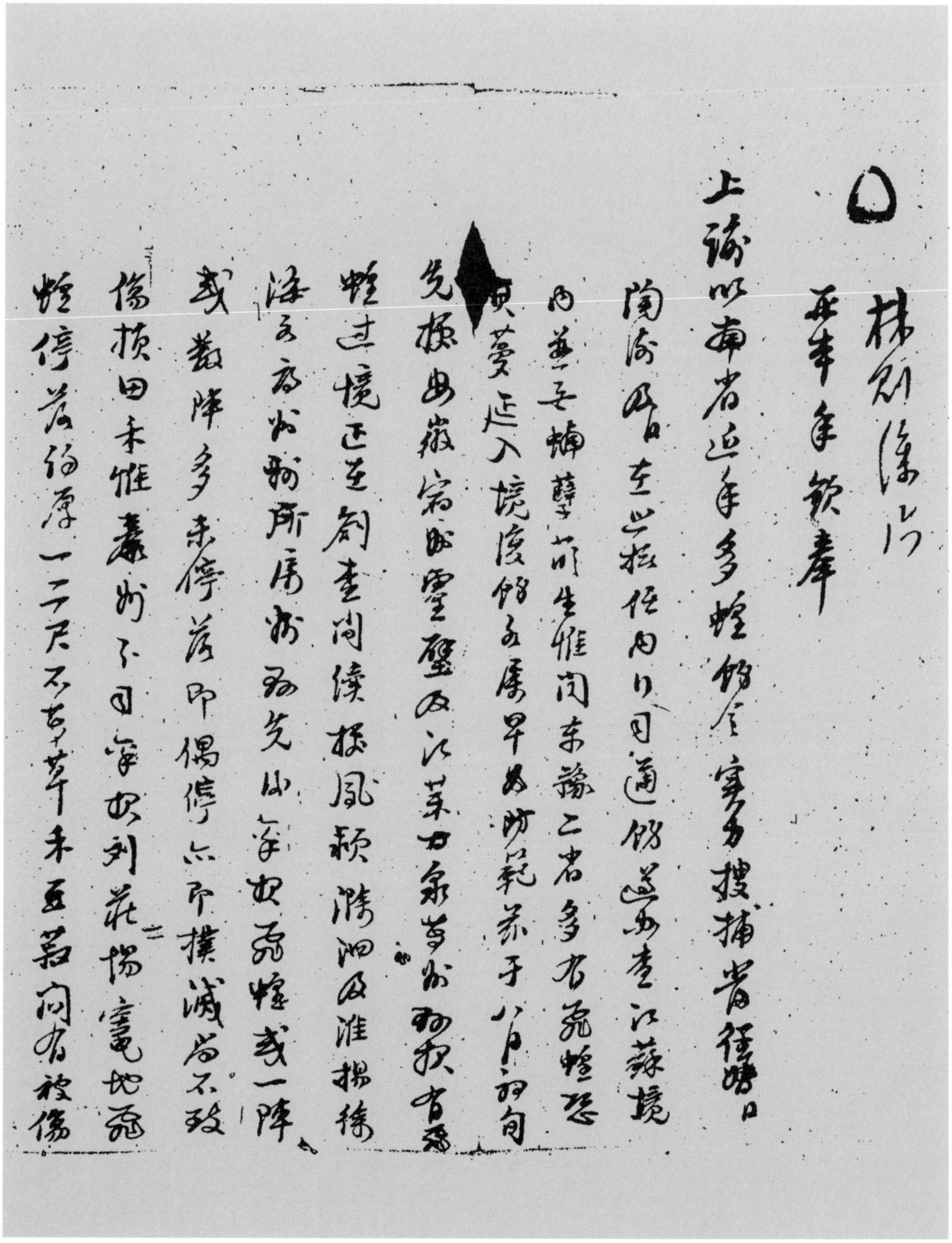
林則徐片
再本年欽奉
上諭以南省近年多蝗飭令實力搜捕當經轉行
闔屬查照在案仍隨時飭遵茲查江蘇境
內並無土生蝻孽惟山東豫二省多有飛蝗恐
其蔓延入境復飭各屬早為防範茲于八月初旬
先據安徽宿州靈璧及江[illegible]等州縣稟報有飛
蝗過境正在飭查間續據鳳潁滁泗及淮揚徐
海等府州所屬州縣先後稟報飛蝗或一陣
或數陣多未停落即偶停亦即撲滅尚不致
傷損田禾惟蕭縣[illegible]毗連亳地飛
蝗停落稍厚一二尺不等草禾豆葉間有被傷

## 一七 署理兩江總督林則徐奏片 江蘇飛蝗過境已撲滅秋成無礙

道光十六年八月二十五日

現已收捕淨盡，于秋收尚無妨礙，日即分飭屬
道兩日來責駐往確查，務得實情，以候酌辦。
茲據上元、六合、丹徒、江都等縣稟報，蝗蝻均已撲
滅，其過境者未傷禾稼，萃情以查此次飛蝗來蹤
鄰省，因北而南，凡經過之處，立即驅除，尚不致
其停落。但江北一帶秋成較早，目下皆登倉，農佃
趕緊刈穫，以免被傷；而江以南則晚稻居多，
正在結穗升漿之際，一不慎始慢延種除，又
以目下飭業搖太多，當如意派稽何日，仍隨時
訪察，如地方有驅捕不力致害田禾之州縣，立即參
辦。所有撲收大概情形，謹依章計議，可籌為
未穩，其有低窪田畝積水未消，稍形歉薄

一七

署理兩江總督林則徐奏片　江蘇飛蝗過境已撲滅秋成無礙
道光十六年八月二十五日

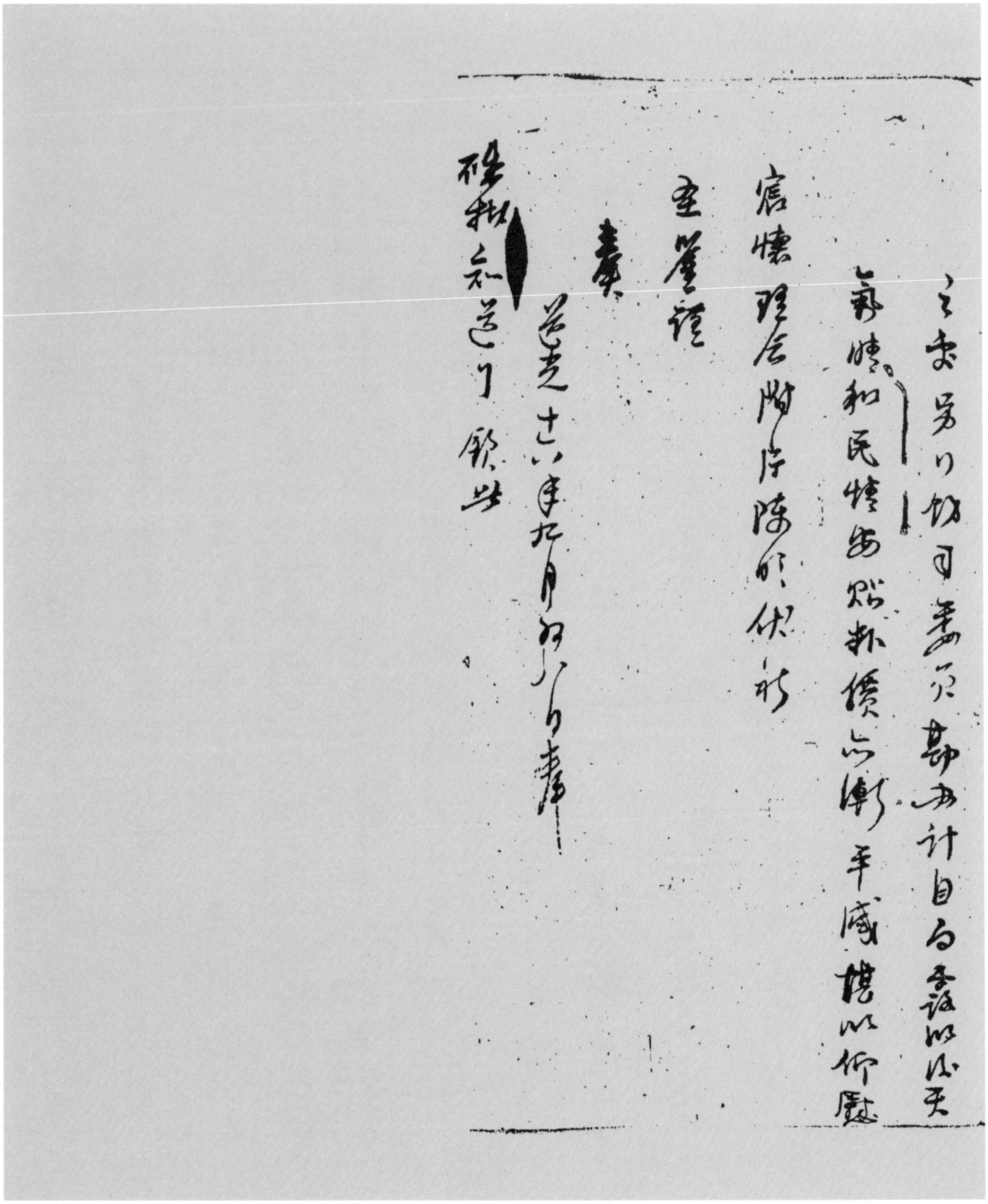
之害，另行收買盡行，計自爲害以來
無礙，和民情安然如常，年歲堪以仰慰
宸懷。理合附片陳明，伏祈
聖鑒。謹
奏。
道光十六年九月初八日奉
硃批：知道了。欽此。

大學士管理户部事務潘世恩等題本　林則徐題通泰海三州屬産鹽缺溢之員分別依例議處議叙

一七　大學士管理户部事務潘世恩等題本　林則徐題通泰海三州屬産鹽缺溢之員分别依例議處議叙　道光十六年八月二十八日

户部等部大學士管理户部事務臣潘世恩等謹
題爲查議等事。户科抄出前署兩江總督林則徐
題通州泰州海州三屬産鹽缺溢分數一案。道
光拾伍年拾貳月拾玖日題，拾陸年貳月貳拾日
奉
旨：該部議奏。欽此。欽遵於本日抄出到部。
該臣等會議得前署兩江總督林則徐疏稱：通
州泰州海州三分司查明各場實産鹽數，核計
缺溢分數，將督産正署各官職名開送册揭前
來。該兩淮鹽運使俞德淵查得兩淮通州泰州
海州三分司所屬各場原額産鹽並甬斜餘束

一七　大學士管理户部事務潘世恩等題本　林則徐題通泰海三州屬產鹽缺溢之員分別依例議處議叙

道光十六年八月二十八日

草堰三場㳺明增額人栟茶金沙餘西呂四梁
垛伍祐新興廟灣八場亦經㳺明增減產額計
自道光拾肆年捌月拾捌日起至道光拾伍年
捌月拾柒日止連閏共應該產鹽貳百伍萬壹
千貳拾引叁分玖釐伍毫今實產鹽貳百叁拾
貳萬陸百叁拾伍引貳分壹釐貳毫玖絲內豐
利掘港梁垛東臺何垛丁溪草堰劉莊新興廟
灣等十場共缺產鹽拾伍萬玖千壹百拾叁引
陸分叁釐伍毫伍絲又角斜栟茶石港金沙餘
東餘西呂四富安安豐伍佑板浦中正臨興等
十三場共溢產鹽肆拾貳萬捌千柒百貳拾捌
引肆分伍釐叁毫肆絲所有缺產不及一分之

一七 大學士管理户部事務潘世恩等題本 林則徐題通泰海三州屬産鹽缺溢之員分別依例議處議叙

道光十六年八月二十八日

豐利場經管正任大使福壽缺産不及一分之
掘港經管正任大使錢同謨缺産不及一分之梁
栟場經管正任大使江景紱缺産三分以上之
東臺場經管正任大使童寶善缺産一分以上
之何栟場經管正任大使康綵鈺缺産一分以
上之何栟場接管署任大使候補批驗所大使
陳錫勳缺産二分以上之丁溪場經管正任大
使朱光悳缺産三分以上之草堰場經管正任
大使武文斌缺産二分以上之劉莊場經管正
任大使裴紳之缺産三分以上之劉莊場接管
署任大使候補知事王亨缺産不及一分之伍
佑場經管署任大使候補知事王鏞缺産不及

一分之新興場經管正任大使蔡傳聲缺產二分之廟灣場經管署任大使候補大使陳向離缺產一分以上之廟灣場接管正任大使韓倬章缺產一分以上之廟灣場接管署任大使候補知事王士奇缺產一分以上之中正場經管正任大使張師等均難辭咎又溢產各官除不及一分及非一年一官毋庸開列所有溢產五分以上之角斜場經管正任大使閔廷楷溢產一分以上之栟茶場經管正任大任黃閎溢產一分以上之餘東場經管正任大使徐慶咸溢產十一分以上之板浦場經管正任大使慶仁溢產十二分以上之臨興場經管正任大使王

## 一七　大學士管理户部事務潘世恩等題本　林則徐題通泰海三州屬産鹽缺溢之員分別依例議處議叙

道光十六年八月二十八日

汝銀理合開列缺産溢産分數職揭詳請具題
分別議處議叙再板浦臨興二場溢額因改行
票鹽鹽池尚未丈定所致現奉委員清丈其
溢額考成分數應請聲明俟查大鹽池案定再
行查照辦理合併聲明等情臣覆核無異除冊
揭分送吏部都察院外臣謹恭疏具題等因前
來　查先據前任兩淮鹽政信山奏請酌定
各場産鹽額數分別溢缺嚴定處分案内聲明
各場産鹽定額角斜等二十三場每年共産鹽
貳百萬壹千壹百陸拾壹引捌分經吏部會同
户部查與該處年額行銷數目有盈無絀自應
即照此數定額統以十分計算收鹽溢缺分數

一七　大學士管理户部事務潘世恩等題本　林則徐題通泰海三州屬産鹽缺溢之員分別依例議處議叙

道光十六年八月二十八日

分別議叙議處自嘉慶玖年捌月拾捌日奉
旨之日起按年造冊請題又據該鹽政呈報草堰等場
應增額鹽貳萬柒百肆拾貳引陸分又據兩江
總督陶澍咨報餘西等場應增額鹽貳萬叁千
捌拾玖引伍分又栟茶等場應減額鹽拾叁萬
壹千肆百貳拾叁引伍分按照現定額數造報
考核等因各在案據前署兩江總督林則徐疏
稱各場産鹽自道光拾肆年捌月拾捌日起至
道光拾伍年捌月拾柒日止已屆一年限滿所
有缺産不及一分之豐利場經管正任大使福
壽等職名題參等語吏部查定例兩淮各場産
鹽額數以十分計算按年題報如該場員等不

大學士管理户部事務潘世恩等題本 林則徐題通泰海三州屬產鹽缺溢之員分別依例議處議叙 道光十六年八月二十八日

實力奉行以致缺額不及一分者罰俸六個月
一分以上者罰俸一年二分三分者降一級留
任等語除掘港場大使錢同謨劉莊場大使裴
紳之均例止罰俸俱經休致及病故之員毋庸
議外應將缺產不及一分之豐利場大使福壽
栟茶場大使江景紱署伍佑場大使事試用鹽
知事王鏞新興場大使蔡傳聲均照例罰俸六
個月缺產一分以上之署何垛場大使事候補
批驗所大使陳錫勲廟灣場大使韓倬章署廟
灣場大使事候補鹽知事王士奇均照例罰俸一
年缺產二分以上之丁溪場大使朱光悳署廟
灣場大使事試用鹽大使陳向離缺產三分以

## 一七　大學士管理户部事務潘世恩等題本　林則徐題通泰海三州屬産鹽缺溢之員分別依例議處議叙　道光十六年八月二十八日

上之東臺場大使武文斌
署劉莊場大使事試用鹽知事王亨均照例降
一級留任王鏞應於補官日罰俸六個月陳錫
勳王士奇均於補官日罰俸一年陳向離王亨
均應於補官日降一級留任朱光恴有錢糧紀
録八次應銷去錢糧紀録四次抵降一級武文
斌有錢糧議叙加一級應銷去錢糧加一級抵
降一級均免其降級又疏稱溢産五分以上之
角斜場經管正任大使閔廷楷等題請議叙等
語又定例兩淮各場産鹽額數如能於正額之
外溢額一分以上者紀録一次五分以上者加
二級等語除溢産之板浦場大使慶仁臨興場

大使王汝錕據兩江總督聲稱該二場因改行
票鹽鹽池尚未丈定其溢額考成分數聲請免
議等語毋庸議外應將溢産一分以上之栟茶
場大使黄閣餘東場大使徐慶咸均照例准其
紀録一次溢産五分以上之角斜場大使閔廷
楷照例准其加二級此本係户部主稿於道光
拾陸年貳月拾日科抄到部叁月拾陸日會
吏部柒月拾叁日吏部議結送回兹於捌月貳
拾捌日辦理具
題合併聲明臣等未敢擅便謹
題請
旨

道光拾陸年捌月 貳拾捌日

[illegible]臣潘世恩

[illegible]臣宗室奕顥

[illegible]臣王鼎

[illegible]臣宗室奕紀

左侍郎臣龔守正

右侍郎兼管錢法堂事務 武英殿總裁管理光祿寺 國子監事務稽察左翼覺羅學正白旗滿洲副都統臣文慶

署右侍郎兼管錢法堂事務臣宗室敬徵

右侍郎兼管錢法堂事務臣程恩澤

山東清吏司郎中臣多齡

郎中臣英炆
郎中臣福盛
郎中臣沈拱長
郎中臣湯俊
員外郎臣恒景
員外郎臣陳奉曾
主事臣齊斌達
主事臣吳曾愉
額外主事臣馬沅
額外主事臣王璪
額外主事臣劉良駒
吏部尚書臣宗室耆英

尚書臣湯金釗
左侍郎臣桂輪
左侍郎臣卓秉恬
右侍郎臣宗室恩桂
右侍郎臣陳官俊
考功清吏司主事臣慶安
主事臣吳珩

南河總督麟慶署理兩江總督林則徐題本

**請以婁全實授通濟閘閘官姚祖培實授白駒閘閘官**

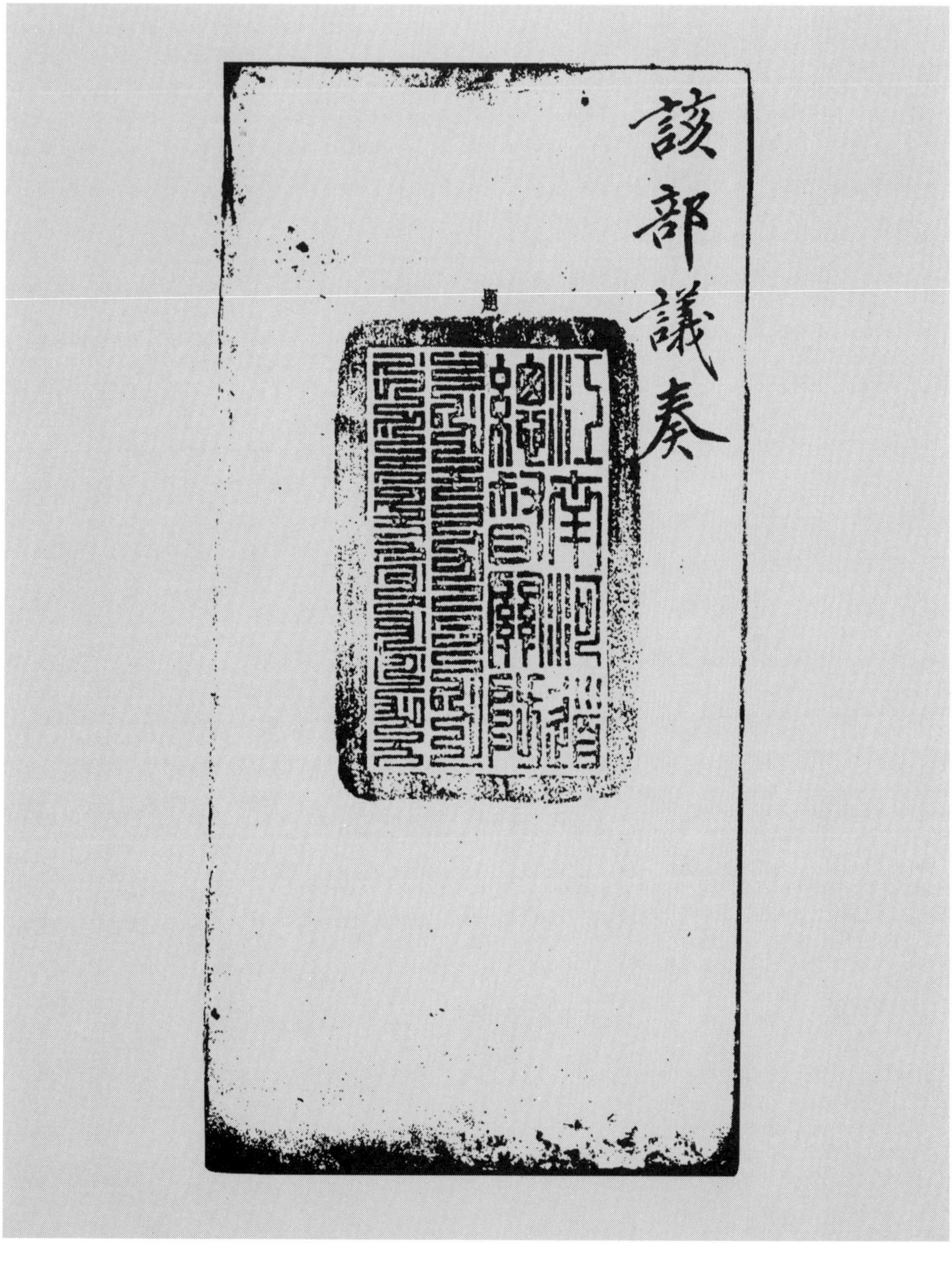

## 一七　南河總督麟慶署理兩江總督林則徐題本　請以婁全實授通濟閘閘官姚祖培實授白駒閘閘官

道光十六年九月初二日

兵部侍郎兼都察院右副都御史總督江南河道提督軍務臣麟慶等謹
題爲請補河員以重汛防事竊照定例河工佐雜
等官缺出揀選諳練河務之員先行咨部署理
俟壹年後保題實授等因遵照在案茲臣看得
江南淮安府清河縣通濟閘閘官江南揚州府
興化縣白駒閘閘官各員缺有經管河道工程
并啓閉事宜在在均關緊要必得明白河務辦
事勤幹之員方克勝任前經臣將先儘未入流
婁全咨請署理清河縣通濟閘閘官先儘未入
流姚祖培咨請署理興化縣白駒閘閘官均經
奉部覆准仍俟試看壹年期滿察其果能勝任
再行保題實授等因在案今查署清河縣通濟

一七

南河總督麟慶署理兩江總督林則徐題本　請以婁全實授通濟閘閘官姚祖培實授白駒閘閘官

道光十六年九月初二日

閘閘官婁全現年伍拾歲順天宛平縣人祖籍
浙江由監生遵武陟例捐納未入流投効東河
分別河工識學南河於道光伍年拾貳月拾捌
日到工捌年委辦清查局務事竣
奏准儘先補用拾伍年叁月咨署清河縣通濟閘
閘官於是年柒月拾捌日准署任事署興化縣
白駒閘閘官姚祖培現年肆拾捌歲浙江錢塘
縣人由監生遵土方例捐未入流分發南河於
道光元年叁月拾柒日到工叁年防汛出力
奏准儘先補用陸年柒月聞訃丁親父憂回籍守
制捌年拾貳月服闋到工拾叁年叁月聞訃丁
本生父憂回籍拾肆年拾月起復到工拾伍年

一七

南河總督麟慶署理兩江總督林則徐題本 請以婁全實授通濟閘閘官姚祖培實授白駒閘閘官

道光十六年九月初二日

伍月咨署興化縣白駒閘閘官是年捌月初拾
日准署任事查婁全辦事勤幹姚祖培年富才
明該員等自署事以來經歷桃伏秋叁汛所管
各本任工程并咨閘事宜均無貽悮應請將婁
全補授清河縣通濟閘閘官姚祖培補授興化
縣白駒閘閘官均屬人地相宜再查該員等任
內並無違礙參罰事件無應賠未完銀兩合
併聲明臣麟會同署兩江總督臣林則徐合詞
恭疏保
題伏乞
皇上聖鑒勅部議覆施行爲此具本謹題請
旨

## 一七　南河總督麟慶署理兩江總督林則徐題本　請以婁全實授通濟閘閘官姚祖培實授白駒閘閘官

道光十六年九月初二日

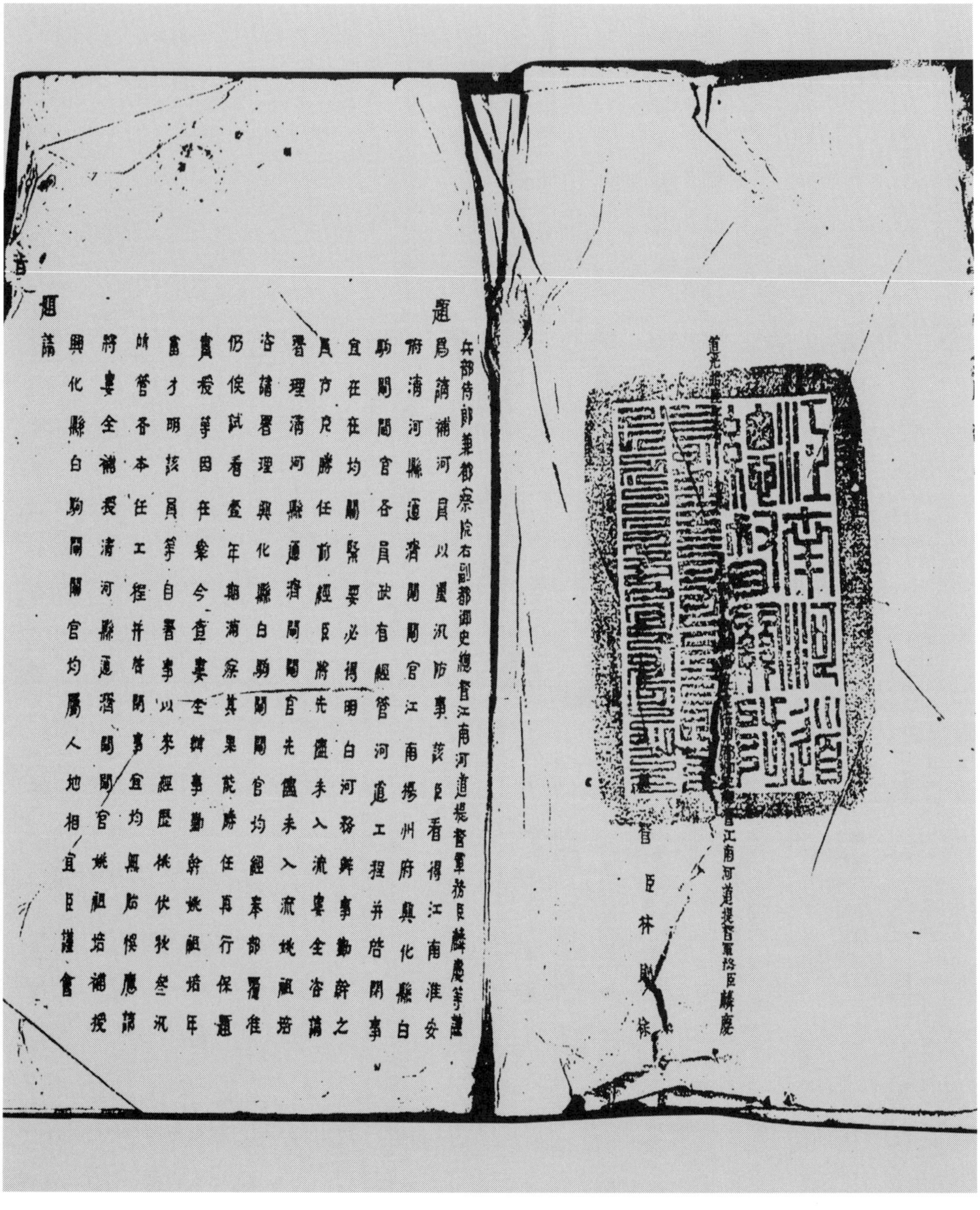

兵部侍郎兼都察院右副都御史總督江南河道提督軍務臣麟慶等謹

題爲請補河員以重汛防事。竊臣等查得江南淮安府清河縣通濟閘閘官、江南揚州府興化縣白駒閘閘官各員缺，有經管河道工程并啟閉事宜，在在均關緊要，必得明白河務、諳事勤幹之員方克勝任。前經臣等將先盡未入流婁全咨請署理清河縣通濟閘閘官，先盡未入流姚祖培咨請署理興化縣白駒閘閘官，均經奉部覆准，仍俟試看壹年期滿，察其果能勝任，再行保題實授等因在案。今查婁全辦事勤幹，姚祖培年富才明，該員等自署事以來，經歷桃伏秋汛，所管各本任工程并啟閉事宜均無貽誤，應請將婁全補授清河縣通濟閘閘官，姚祖培補授興化縣白駒閘閘官，均屬人地相宜。臣謹會

題請

旨。

道光拾陸年[illegible]

[illegible]總督江南河道提督軍務臣麟慶

[illegible]督　臣林則徐

上諭　著准林則徐所奏江蘇即用知縣李登改就教職

道光十六年九月初六日内閣奉

上諭林則徐等奏知縣陳請改教一摺江蘇即用知縣李登自揣才力不勝民社願就教職該員係進士出身著准其改就教職由部照例選用該部知道欽此

署理兩江總督林則徐等奏摺 **請以張應雲陞補泗州直隸州知州**

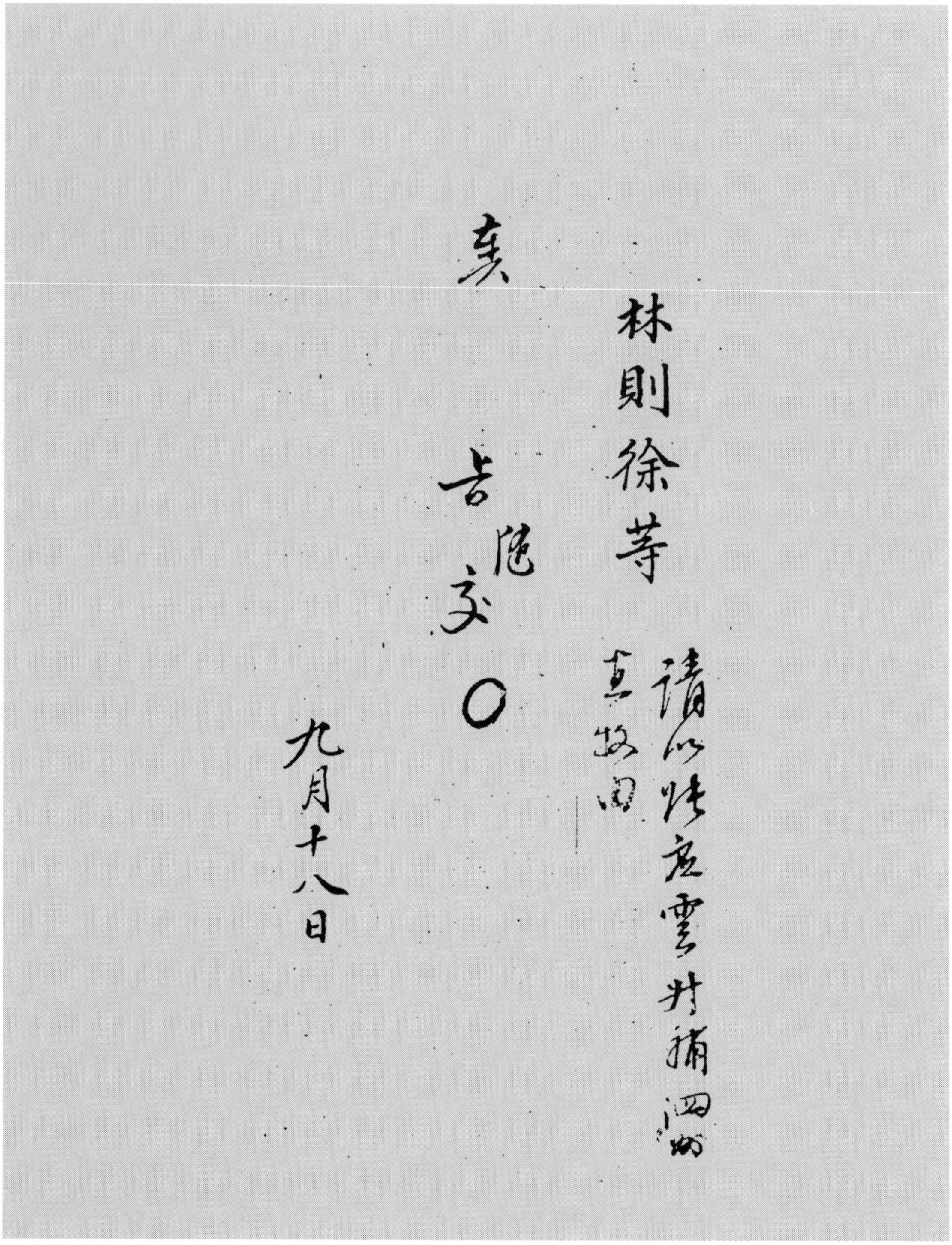

## 一七

署理兩江總督林則徐等奏摺　請以張應雲陞補泗州直隸州知州
道光十六年九月初六日

署兩江總督江蘇巡撫臣林則徐跪
安徽巡撫臣色卜星額
奏為沿湖直隸州要缺恭懇
聖恩俯准揀員陞補以裨地方事竊照泗州直隸州知州劉
耀樁欽奉
諭旨補授潁州府知府所遺員缺係繁疲難兼三沿湖要缺
例應在外揀選調補該州界連兩省地廣事繁且逼
近洪湖為私梟出沒之區並有堰盱一帶隄防攸關
緊要必得精明強幹結實可靠之員方足以資治
理臣等與藩臬兩司于現任直隸州知州內逐加遴
選非員缺緊要即人地未宜而候補直隸州知州安省
現有又無人實無合例堪以調補之員惟查有宿
州知州張應雲現年四十一歲河南進士即用知縣

發學山東補昌邑縣調歷城縣丁父憂服滿揀發安徽
奏補阜陽縣知縣道光十年三月到任因拏獲馬大代旺
等犯並獲要犯李甫
欽加知州銜升補宿州知州十二年十二月到任十四年三月引
見奉
旨張應雲准其升補宿州知州欽此是年五月到任因拏獲
匪犯陳萬容等案奏奉
諭旨以應升之同知直隸州升用欽此該員才具優長辦事
幹練現在委署泗州篆務于修守緝捕事宜皆能認
真經理以之升補泗州直隸州知州實堪勝任惟歷俸
未滿五年且調缺請升與例亦稍有未符但人地相需且
係奉

旨以同知直隸州知州用之員例得專摺
奏請升補據署安徽布政使周天爵署按察使胡調元
會詳請
奏前來臣等往返札商意見相同合無仰懇
天恩俯念員缺緊要准以張應雲升補泗州直隸州知州洵
于治湖地方有裨如蒙
俞允另行給咨送部引
見恭候
欽定再該員由阜陽縣知縣升補宿州知州今請升泗州直隸州知州
係屬再升所有任內一切因公處分遵例毋庸核計率
議罰俸良月現飭依限完繳咨部銷案所遺宿
州員缺係衝繁疲難四項兼全要缺容臣等另行

遴員請補謹會同江南河道總督臣麟慶合詞恭
摺具
奏伏乞
皇上聖鑒訓示謹
奏
道光十六年九月十八日奉
硃批
欽此
九月初六日

署理兩江總督林則徐奏摺　**拏獲捕役楊泳訊明即係楊成解淮審辦**

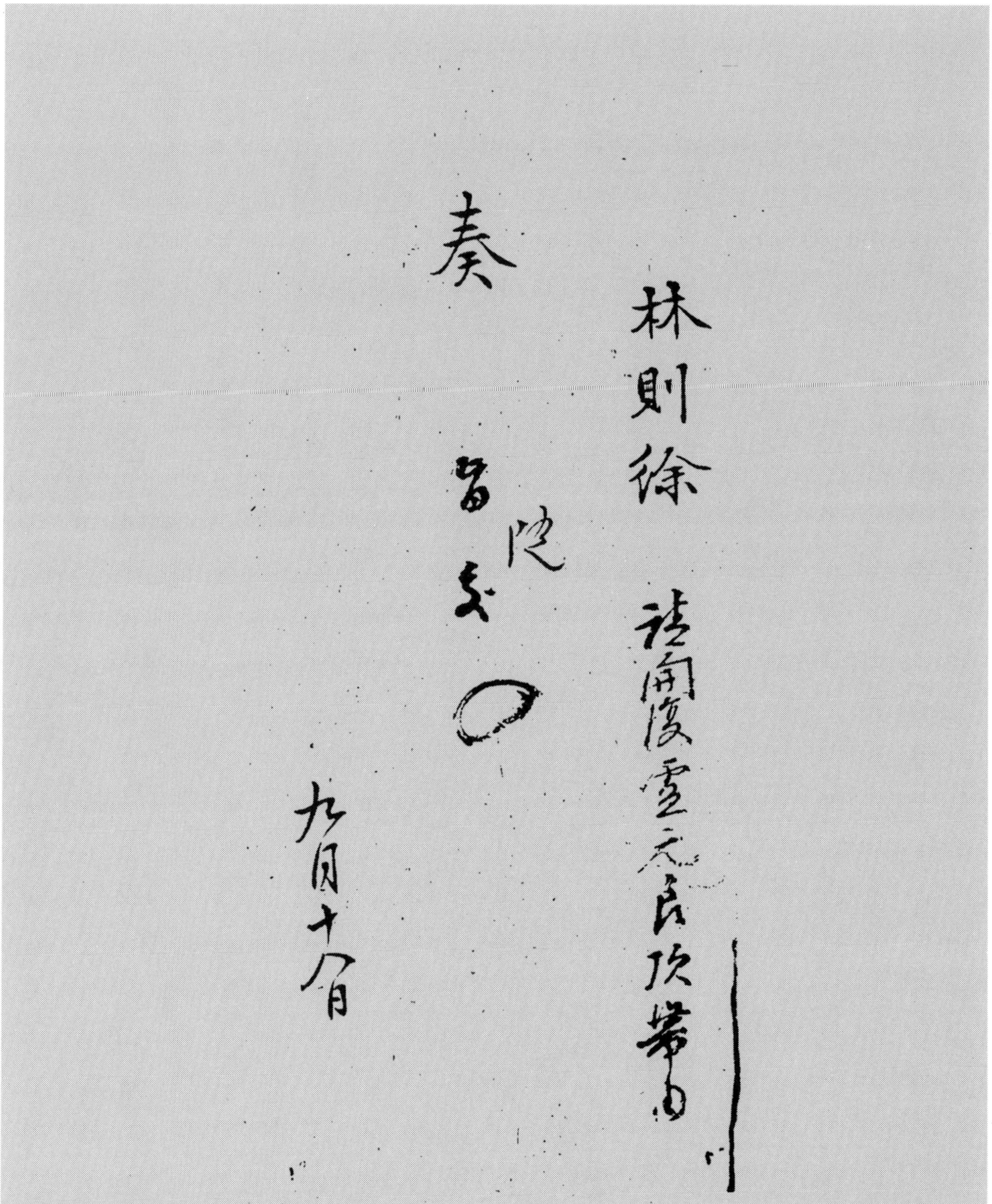

## 署理兩江總督林則徐奏摺　拏獲捕役楊泳訊明即係楊成解淮審辦

道光十六年九月初六日

署兩江總督江蘇巡撫臣林則徐跪
奏為拏獲甘泉縣捕役楊泳訊明即係楊成解淮審
辦恭摺奏祈
聖鑒事竊臣欽奉
諭旨飭拏江都縣油快楊成解交恩特亨額究辦臣當
即飭委員馳往揚州會同查拏旋據揚州府
知府劉源灝稟拏獲江都縣差役並無楊成其人惟甘
泉縣捕役內有楊泳一名與楊成姓同名異本年三月
間經江都縣備文移借遣赴山東一帶緝拏未回
甘縣臣當以楊泳是否即係楊成亟須提到研審方
能得實批令速即找尋楊泳務獲拏解因該犯業
經立時就獲附片請

旨將甘泉縣知縣盧元良摘去頂戴勒限一月內緝拏
楊泳獲解再行開復在案茲據揚州府知府等先後
等將楊泳于八月二十五日回揚投案經該府列犯嚴提
訊據供直隸宛平縣人乳名楊成于嘉慶二十二年來
揚住居伊伯代為道光三年間投充甘泉縣捕役伊
名楊泳歷年奉差緝拏屢獲盜犯史盤五周大刀
姜喬三王公指任杜又開陸朱志趙混兒孫大肚馬九
馬炳源小沙四等犯黃等犯本年三月奉派訪拏江浦等
縣盜案當往安徽一帶五月二十六日在山東濟寧地方拏
獲鎮洋縣以前劫案內孫幗一犯交縣先解回揚仍向
北路訪緝八月初八日在東昌奉諭趕回隨即投案
供該府當以李泳隱匿供代器械之事向其詰

一七　署理兩江總督林則徐奏摺　拏獲捕役楊泳訊明即係楊成解淮審辦

道光十六年九月初六日

究復挨供稱歷年拏獲各要盜犯多係糧艘水手及拉幫匪
徒素挾仇恨鎮江幫水手李鳳陽即係伊前所拏盜犯史盤
五表兄李鳳陽因常欲報仇曾叫捕役家尋聞伊該幫
水手陳麻子陳潮勸散等語究之系本年四月間因該幫
路過宿遷適值桃源典舖投呈命案該縣差役赴同幫
併聞呈殷登艦李鳳陽典去內追至臨清地方獲住殷登
魁解赴桃源審辦李鳳陽以此陡生北路不料其叫官役代
藏器械以為挾仇詐陷捕役家住即伯係其陡衝金糧
船經過時逐西派有委員催攢彈壓如有藏匿器械情
事豈能逃衆人耳目況即伺距淮上向有教匪糧
船盤驗過淮之後焉能復匿教匪之處所器械回與
左無世代藏情所再三推鞫楊泳枉口呼冤堅供實與

李鳳陽有隙，且因屢獲案犯皆係糧船水手，因此挾仇誣
扳等情，當經前署臣查該捕役楊泳既經訊明即係楊成，
雖據供稱屢獲糧船水手盜犯多起，致獲之李鳳陽素
與有隙，因而挾仇誣扳，實屬代獲器械，情節難保無情弊，
質証狡飾避就，自應革
旨解交漕臣，提同李鳳陽暨陳庸之陳潤等徹底質訊，以確
按律從嚴辦，以炯戒，杜其弊。所有甘泉縣知縣盧之良今已
將該犯楊泳獲案，合懇
皇上天恩，准其開復頂戴，俾知勸懲。除發給咨牌，飭將該犯
楊泳解赴漕臣衙門審辦，并令將緝獲甘泉縣捕
役楊泳訊明即係楊成解淮審辦緣由，恭摺具
奏，伏乞

皇上聖鑒謹

奏

道光十六年九月十八日奉

硃批

欽此

九月初六日

署理兩江總督林則徐等奏片

## 拏獲傳習羅祖教郭蘊得等犯情形

硃 6

臣林則徐
臣桂良　跪

再江蘇每年糧船南北往來，幫衆人多匪類，易于潛匿。臣等訪有直隸山東邪教之犯隨幫南下，遞相傳習，當飭地方官留心訪拏。茲據署蘇州府同知[illegible]會同署元和縣知縣廷璞詳開，蘇州城外山塘地方有開勝軒茶館之山東人郭蘊得形跡詭秘，往查拏獲，並查拏之郭蘊得之親黨陳廣得、張周氏三名，並拏獲於李姓孝(?)內搜出經卷，向經內訊據郭蘊得供：山東汶上縣人，又名郭萬祥，年五十歲，向隨糧船幫販賣東生理，有已故之安山嶽含肥人黎雲戚傳習羅祖大乘教，該犯與陳廣得、張周氏同

打鬥，遇盛為師，並無素念經意圖斂錢作會。因
查拏嚴緊，各自逃散，不復來往。嗣後與陳廣得等
互薛如槿逃，該犯起意傳徒，逃回開張茶館
收屋，供奉如來彿陀及太子佛像，名為合智金，誘
人投師習教，斂取香燭錢文，擇期建作道場
歛教，每遇有力者送錢數千至數十千文不等，
無力者不限，所傳徒弟多係興武幫永上水手
暨陳廣得係湖南巴陵人，陳國秀係江西新建
人，始[redacted]回亦充當糧艘綱司水手。訊據供認先與郭
蘊得一[redacted]同習教，現又合開茶館，同係念經，並未傳
徒。旋與郭蘊得因大醉相爭，即等查拏，尚一帶同
無習教之風，今郭蘊得等由粮艘傳習羅祖

## 一七 署理兩江總督林則徐等奏片 拏獲傳習羅祖教郭蘊得等犯情形

道光十六年九月初六日

衣服殺于離城數里之地，殊屬傳徒大爲風

俗人心之害。現又查有不法情事，務須再行從嚴

研訊，並究明傳徒若干，按名嚴拿務獲，依法

懲辦，以絕根株。臣謹先附片奏

聞。伏乞

皇上聖鑒。謹

奏。

道光十六年九月十八日奉

硃批：欽此。

兩江總督　江蘇巡撫

九月初六

署理兩江總督林則徐奏摺　**奏請陛見**

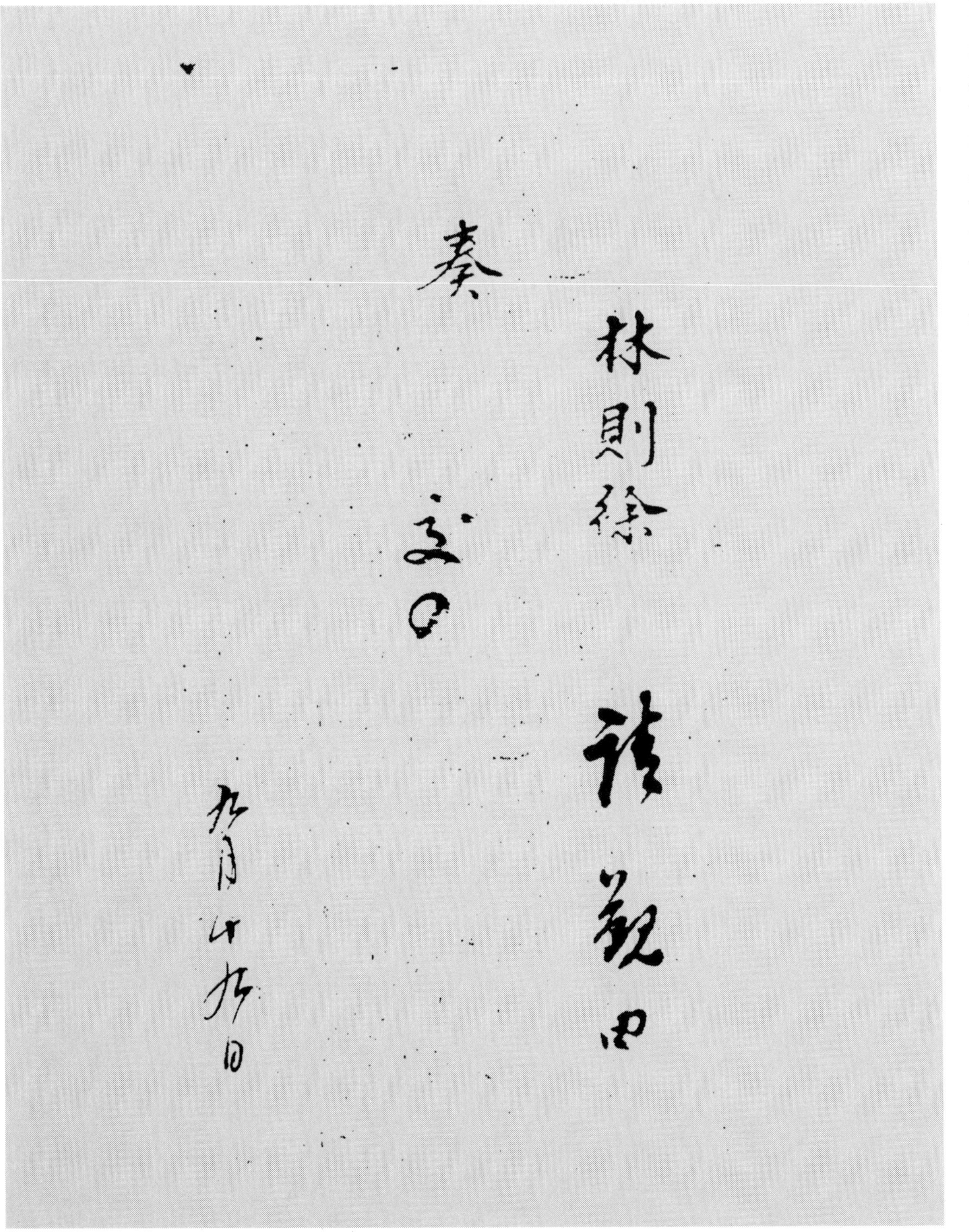
奏
林則徐請覲由
九月廿九日

署兩江總督江蘇巡撫臣林則徐跪
奏為敬陳微臣瞻戀下忱籲懇
天恩俯准進京
陛見請俟交卸督篆印信起程恭摺奏祈
聖鑒事竊臣於道光十二年二月蒙
恩補授江蘇巡撫欽奉
諭旨赴新任毋庸來京請訓欽此遵即到蘇任事
未敢瀆請進京至十三年秋間距上屆十年
陛見之時計已三週寒暑當經具摺請
覲欽奉
硃批暫緩前來下屆再請欽此自十三年冬至今又
閱三載猶以駑庸之質仍居繁要之區雖隨

署理兩江總督林則徐奏摺　奏請陛見
道光十六年九月初六日

時勉竭愚誠而自顧難勝重任且兩次署理督篆
尤以隕越為虞仰蒙
聖諭周詳俾得鼓謹遵循幸無隕越茲自前次跪聆
恩訓已隔六年之久犬馬戀
主之忱久已積諸寤寐且地方應辦事務實有愚慮所不
能及奏牘所不能詳者尤欲親稟
宸謨庶免措施失當現在臣陶澍由安徽江西閱
兵事竣順道請假回籍一俟假限屆滿自即回
至江寧計臣卸署督篆之時巡撫印務尚係藩
臣護理惟有仰懇
皇恩俯准臣于交卸後命以進京瞻覲
天顏慶聆

訓誨不特欽瞻
聖日藉傾葵藿向之誠更可遵奉
訏謨下罄葵心之蘊曷勝翹切待
命之至謹繕摺具
奏伏乞
皇上聖鑒謹
奏
道光十六年九月十九日奉
硃批著來見所有巡撫印務仍著怡良護
理欽此
九月初六日

署理兩江總督林則徐奏摺

**奏報兩淮各場秋收分數**

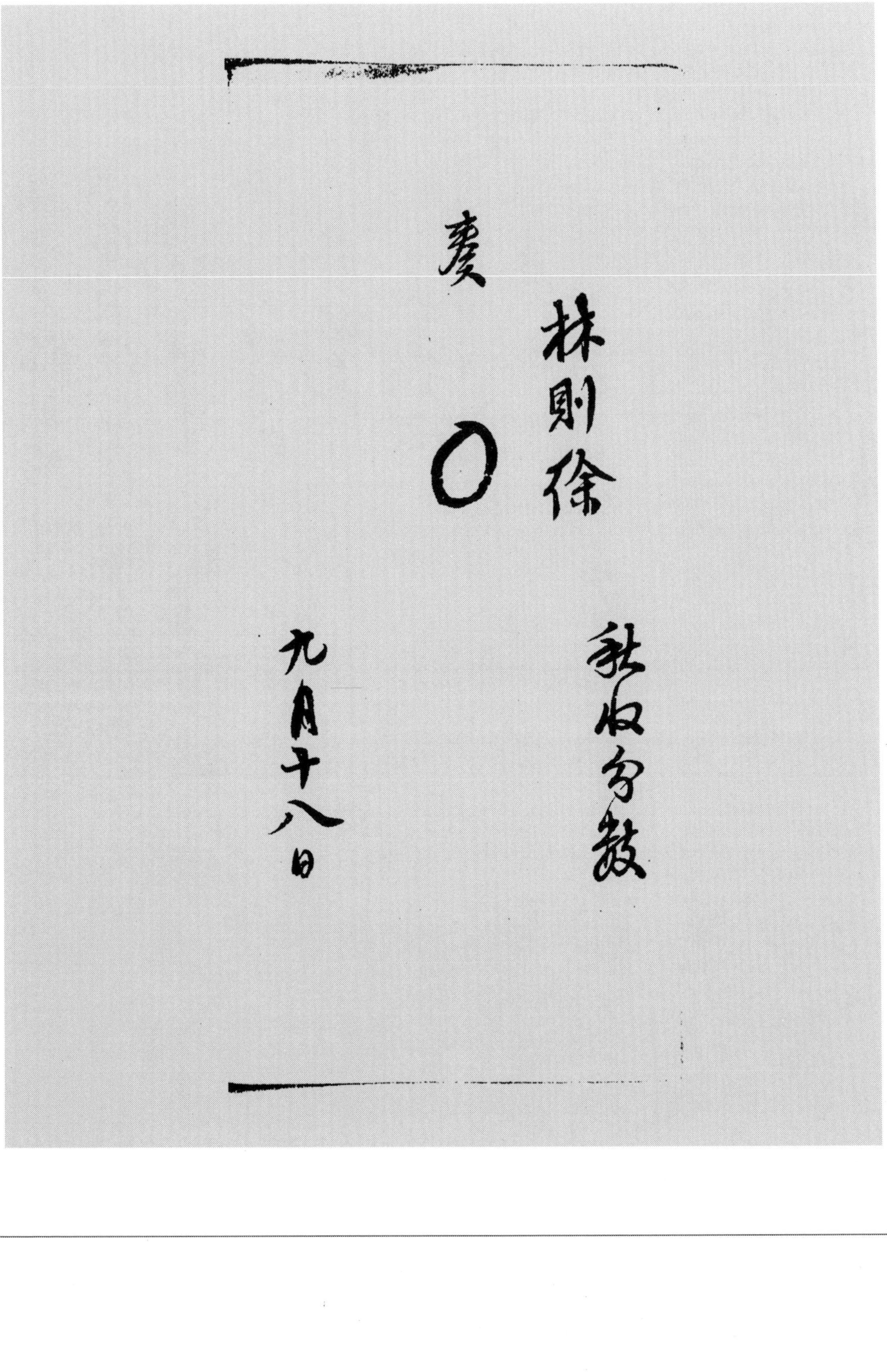

林則徐 秋收分數

奏 ○ 九月十八日

署理兩江總督林則徐奏摺　奏報兩淮各場秋收分數
道光十六年九月初六日

署兩江總督兼管兩淮鹽政臣林則徐跪
奏為循例奏報場產秋收分數仰祈
聖鑒事。竊照兩淮通州、泰州、海州三分司所屬各
場秋收分數，例應奏摺
奏報。茲據通州分司運判章濬文等報稱：所屬
九場坐落通州、如皋、東臺三州縣境內，本
年夏間雨澤較多，高地俱資利賴，惟低
窪之處，水難宣洩，致被淹浸，收成不無減
薄，高低牽算，約計七分有餘。又據泰州分司
運判朱沆等報稱：所屬十一場坐落東臺、興化、鹽
城、阜寧四縣境內，所有亢熟地畝，高低肥瘠不
等，闔屬秋禾雜糧牽算收成約有七分。又據署

海州分司運判童錫翰、謝元淮等稟稱各
三場生養，海州境內專以煎掃為業，地既斥鹵
不成頃畝，其蕩地種植秋禾雜糧，先因雨澤
愆期，未能暢發，迨夏間大雨連綿兼旬，西水下注，
低窪處所間被淹損，高阜處仍計收成五分
有餘，與上年情形比較無異。所有通泰海
三分司所屬各場秋收分數，理合循例恭摺具
奏，伏乞
皇上聖鑒，謹
奏。
道光十六年九月十八日奏
硃批：知道了。
九月初六日

署理兩江總督林則徐奏片

**奏報離省赴清江會河臣籌辦回空日期**

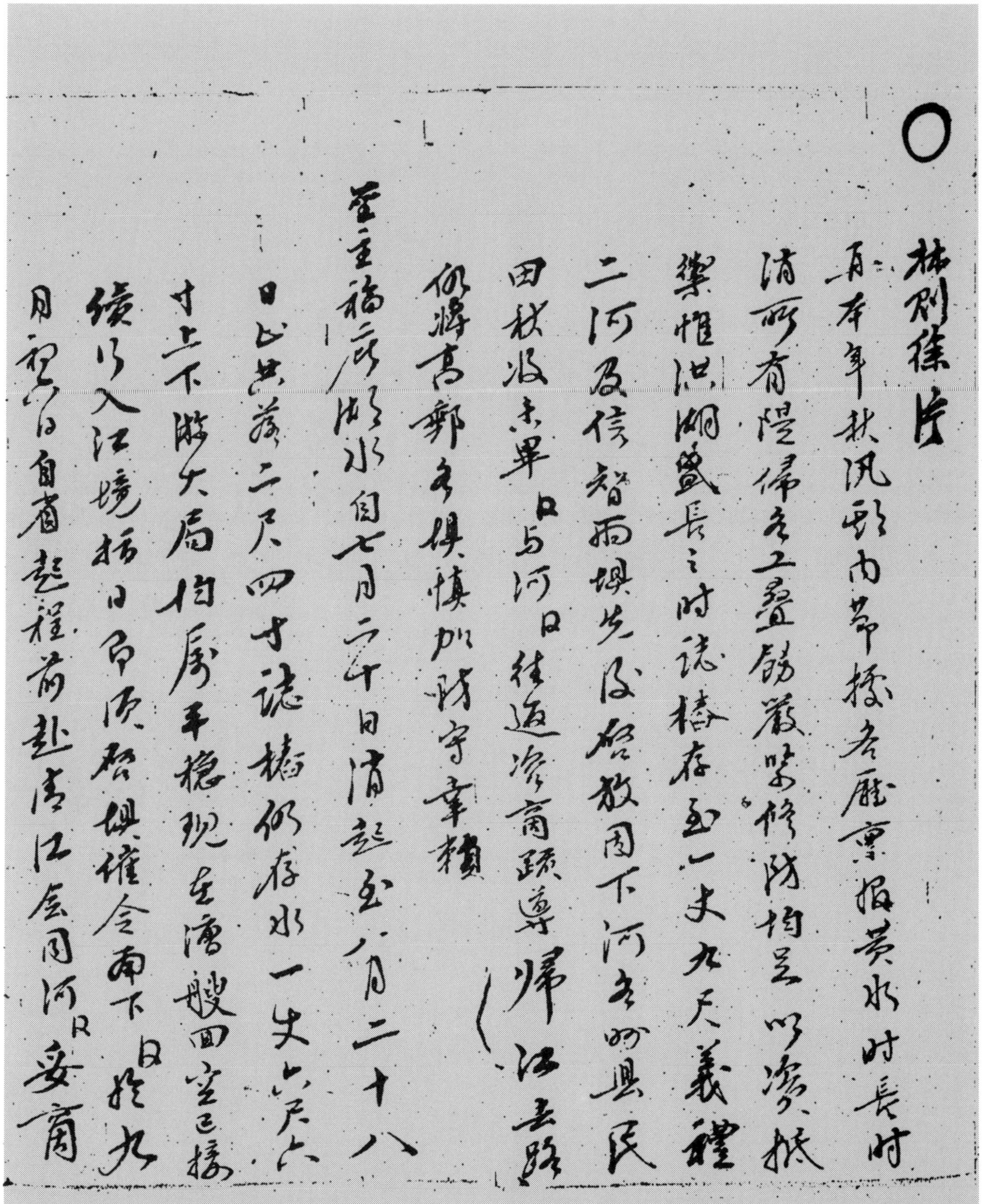
林則徐片
再，本年秋汛節內節次接各廳禀報，黄水時長時
消，所有隄埽各工疊飭嚴緊修防，均足以資抵
禦。惟洪湖盛長之時，誌樁存至一丈九尺，義禮
二河及信智兩壩先後啓放，因下河各州縣民
田秋收未畢，臣與河臣往返咨商，疏導歸江去路，
仍將高郵各壩慎加防守，奏牘。
聖主福庇，湖水自七月二十日消起，至八月二十八
日止，共落二尺四寸，誌樁仍存水一丈六尺六
寸上下，湖大局俱屬平穩。現在漕艘回空已接
續行入江境，指日即須啓壩催令南下。臣擬於九
月初六日自省起程，前赴清江，會同河臣妥商

等事，所有督署衙門日行事件，循照向例，繳行江寧布政使楊簧代拆代行，至應行題奏及一切緊要事宜，仍包封清江，聽臣辦理。合附片陳明，伏乞

聖鑒。謹

奏。

道光十六年九月十一日奉

硃批：覽。欽此。

署理兩江總督林則徐題本　**請以錢兆麟補授阜寧縣知縣**（尾缺）

該部議奏

題

## 一七　署理兩江總督林則徐題本　請以錢兆麟補授阜寧縣知縣

道光十六年九月初六日

兵部侍郎兼都察院右副都御史署理兩江總督江蘇巡撫臣林則徐謹

題爲沿河要缺知縣需員揀選

題補以裨地方事據江寧布政使楊簧署江蘇按

察使江寧鹽巡道積拉明阿會詳稱竊照阜寧

縣知縣邊象曾告病業奉具

題開缺所遺員缺係繁疲難兼沿河要缺例應

在外揀選調補該縣民刁俗悍素稱難治必得

精明强幹之員方足以資治理於見任知縣內

逐加遴選非見居要缺即人地亦宜惟查有繁

缺改簡留省酌補之句容縣知縣錢兆麟年伍

拾陸歲直隸清苑縣人由廩膳生應順天丁卯

科鄉試挑取謄錄充補文穎館謄錄嘉慶拾肆

年繕辦
宫史天祿琳瑯告竣奉
旨議敘籤掣正九品拾伍年繕辦文穎續編告竣議敘
縣丞貳拾貳年選授崑山縣縣丞道光肆年調
補長洲縣縣丞陸年辦理海運出力保
奏奉
旨著儘先陞用欽此拾年
奏請陞補句容縣知縣赴部引
見奉
旨錢兆麟准其陞補江蘇句容縣知縣欽此拾陸年
奏請將句容縣知縣繁缺改爲衝難中缺見任知
縣錢兆麟撤回留省遇有相當缺出酌量請補

署理兩江總督林則徐題本 請以錢兆麟補授阜寧縣知縣
道光十六年九月初六日

等因奉部覆准在案該員持躬謹飭辦事樸誠
本係繁缺知縣因改缺另候酌補以之
題補阜寧縣知縣實堪勝任與例亦屬相符詳請
會
題等情該臣看得阜寧縣知縣邊象曾告病遺缺
係繁疲難兼濱沿河要缺例應在外揀選調補
茲據江寧布政使楊簧等會詳稱該縣民刁俗
悍素稱難治必得精明強幹之員方足以資治
理於見任知縣內逐加遴選非見居要缺即人
地未宜惟查有繁缺改簡留省酌補之句容縣
知縣錢兆麟年伍拾陸歲由廩膳生應順天丁
卯科鄉試挑取謄錄充補文穎館謄錄嘉慶拾

一七 署理兩江總督林則徐題本 請以錢兆麟補授阜寧縣知縣

道光十六年九月初六日

肆年繕辦
宮史天祿琳瑯告竣奉
旨議敘簽掣正九品拾伍年繕辦文穎續編告竣議敘
縣丞貳拾貳年選授崑山縣縣丞道光肆年調
補長洲縣縣丞陸年辦理海運出力保
奏奉
旨著儘先陞用欽此拾年
奏請陞補句容縣知縣赴部引
見奉
旨錢兆麟准其陞補江蘇句容縣知縣欽此拾陸年
奏請將句容縣知縣繁缺改爲衝難中缺見任知
縣錢兆麟撤回留省遇有相當缺出酌量請補

## 一七 署理兩江總督林則徐題本 請以錢兆麟補授阜寧縣知縣

道光十六年九月初六日

等因奉部覆准在案該員特躬謹飭辦事樸誠
本係繁缺知縣因改缺另候酌補以之
題補阜寧縣知縣實堪勝任與例亦屬相符詳請
會
題前來臣查該員老成謹飭克儉克勤以之
題補阜寧縣知縣實與地方有裨與例亦屬相符
該員係見任繁缺知縣因缺改簡留省酌補今
請補知縣銜缺相當毋庸送部引
見亦毋須查造參罰臣謹會同護理江蘇巡撫印務
蘇州布政使臣怡良江南河道總督臣麟慶合
詞具
題伏乞

一七

署理兩江總督林則徐題本　請以錢兆麟補授阜寧縣知縣
道光十六年九月初六日

皇上聖鑒勅部議覆施行爲此具本謹題請

旨

道光十六年九月初六日兵部侍郎兼都察院右副都御史署理兩江總督江蘇巡撫臣林則徐

一七　署理兩江總督林則徐題本　請以錢兆麟補授阜寧縣知縣
道光十六年九月初六日

兵部侍郎兼都察院右副都御史署理兩江總督江蘇巡撫臣林則徐謹
題爲沿河要缺知縣需員揀選
題補以裨地方事該臣看得阜寧縣知縣邊象曾
告病遺缺係繁疲難兼沿河要缺例應在外
揀選調補據江寧布政使楊簧等會詳稱該縣
民刁俗悍素稱難治必得精明强幹之員方足
以資治理於見任知縣内逐加遴選非見居要
缺即人地未宜准查有繁缺改簡留省酌補之
句容縣知縣錢兆麟年伍拾陸歲直隸清苑縣
人由廪膳生應順天丁卯科鄉試挑取謄錄充
補文穎館謄錄嘉慶拾肆年議辦
宫史天祿琳瑯告竣奉
旨議敘籤掣正九品拾伍年議辦文穎續編告竣議敘
縣丞貳拾貳年選授崑山縣縣丞道光肆年調
補長洲縣縣丞陸年辦理海運出力保
奏奉
旨著儘先陞用欽此拾年
奏請陞補句容縣知縣赴部引
見奉
旨錢兆麟准其陞補江蘇句容縣知縣欽此拾陸年
奏請將句容縣知縣繁缺改爲衝難中缺見任知
縣錢兆麟撤回留省遇有相當缺出酌量請補

上諭　林則徐等奏鹽城豐縣河隄借項興工著准借款趕緊挑築

道光十六年九月初八日内閣奉
上諭林則徐等奏請借項挑築河道隄工一摺江蘇鹽城縣境内皮大河年久淤墊豐縣境内順隄河及迤北之太行隄間段淤缺據該署督等委勘俱係必不可緩之工自應乘時趕緊挑築所有鹽城縣估需土方夫工銀四萬八千三百九十三兩零豐縣估需土方夫工銀二萬五千五十二兩零著准其於司庫蘆課雜税漕價等款銀内照數借給所借銀兩著自道光十七年起鹽城縣分作五年豐縣分作六年各於受益民田攤徵還款該署督等務當責令各該縣趕緊集夫挑築工竣覈實驗收該部知道欽此

上諭　林則徐奏江南營員不敷著兵部揀員引見候旨發往

道光十六年九月初八日内閣奉
上諭林則徐奏江南營員不敷委用請揀發叅將一員遊擊二員以資差委著兵部于曾任實缺出師在部候補候選人員内照例揀選帶領引見候旨發往欽此

署理兩江總督林則徐等奏摺

# 汛弁滋事釀命請將都司德雲交部議處千總張梓材解任備質

## 一七 署理兩江總督林則徐等奏摺　汛弁滋事釀命請將都司德雲交部議處千總張梓材解任備質

道光十六年九月初八日

署兩江總督臣林則徐
安徽巡撫臣色卜星額跪

奏為失察汛弁滋事釀命之都司及牽涉之千總
先行請
旨分別議處解任恭摺
奏祈
聖鑒事竊據廬州營都司德雲禀據署無為州汛千
總張梓材禀稱本年六月十八日更餘時分有
竹客楊立松等撑駕竹簰至襄安鎮河下停泊
經兵丁畢良柱查係漏稅報知襄安汛外委曹
占敎帶同畢良柱及地保孫才廣等前往查拏
當將幫撑竹簰之楊道德王大拏獲楊立松落
水淹斃業經屍弟楊立柱赴無為州具報畢良

柱避不到案等情並據無為州驗報前來臣等
以汛弁曹占敖越分妄拏漏稅致釀人命有干
法紀亟應嚴審究辦當將該弁斥革委員前往
守提人證曹占敖行至中途畏罪自戕經該委
員仍將曹占敖押解到省驗傷調治由臣色卜
星額督同署藩司周天爵署臬司胡調元親提
該革弁及現到人證連日研訊據曹占敖供稱
伊被兵丁畢良柱州役郭貴地保孫才廣捏稱
河下泊有匪船慫慂往拏不料行至河下畢良
柱等趕上竹簰將楊道德王大鎖拏以致楊立
松被擠落河淹斃伊已將畢良柱送交千總張
梓材收管不知張梓材如何將畢良柱放走等

語質之郭貴等堅不承認臣等查曹占敖所供
係誤聽兵役之言往查匪船並非越分妄拏漏
稅斷難憑信應俟勒緝畢良柱並飭提未到人
證來省再行徹底研訊按擬究辦惟汛弁滋事
釀命皆由該管上司平日約束不嚴未便緩俟
定案後再行叅處至張梓材有無縱放畢良柱
情弊亦須歸案備質相應先行請
旨將盧州營都司德雲交部議處署無為州汛千總
張梓材解任備質以成信讞謹合詞恭摺具
奏伏乞
皇上聖鑒訓示遵行謹
奏

另有旨

道光十六年九月　初八　日

署理兩江總督林則徐等奏摺　**拏獲行搶謀命拒捕重犯丁朋鈐等審明分別定擬**

## 一七 署理兩江總督林則徐等奏摺 拏獲行搶謀命拒捕重犯丁朋鈴等審明分別定擬

道光十六年九月初十日

署兩江總督江蘇巡撫臣林則徐
護理江蘇巡撫蘇州布政使臣怡良跪

奏為拏獲疊次行刦搶竊殺傷事主挾嫌謀命各
重犯審明定擬恭請
王命先行正法以儆兇頑奏祈
聖鑒事竊照淮海一帶地方毗連山東匪徒最易出
沒歷經嚴拏懲辦不容漏網臣林則徐在巡撫
任內查有糧船水手丁朋鈴與匪徒張耀先結
夥為匪犯案纍纍當經督同臬司裕謙飭屬嚴
密偵拏期在必獲旋據宿遷縣詳報恊同沭陽
縣兵役及該前縣張志遂家丁拏獲張耀先訊
認竊刦殺傷事主各案又據洪湖營都司劉長
清稟報訪得丁朋鈴踪跡跟追緝至吳江縣境

協同吳江震澤等縣兵役將該犯丁朋鈴拏獲
解縣訊認搶刦謀命各案又先據桃源縣詳報
該縣典史繆彬會同營弁帶領兵役拏獲丁朋
鈴案內夥犯王連張小麻李加所周小十子四
名王連張小麻被拏持械拒捕均被兵役格傷
訊供收禁先後因傷身死又該縣另獲案犯王
瀛英唐前川二名唐前川訊供後提禁病故均
經分別驗訊詳報各等情臣林則徐因丁朋鈴
張耀先等均係疊次搶刦重犯且案多牽涉飭
司提省一併委審茲據委員署蘇州府周岱齡
等審明按擬由臬司覆審招解前來臣怡良親
提各犯逐加研鞫緣丁朋鈴籍隸桃源寄居安

署理兩江總督林則徐等奏摺 拏獲行搶謀命拒捕重犯丁朋鈴等審明分別定擬 道光十六年九月初十日

東張耀先籍隸沭陽王濶英李加所周小十子
吳萬盛胡丁保均籍隸桃源丁朋鈴向係遊幫
水手在運河一帶遇有糧船經過即以幫拉短
縴為名藉向勒索滋鬧各幫船畏其兇惡給錢
隱忍張耀先等與丁朋鈴素識先未為匪犯案
道光十三年正月初六日丁朋鈴在沭陽縣地
方有朱石匠諗知左鶴松家道殷實起意行刦
糾邀該犯丁朋鈴及已獲擬結之解如江宋小
麻蔡旺蓀王幗庭潘廣得王禮楊三在逃之潘
九淋潘廣春孫要堂胡茂唐前樹入夥是夜同
夥十四人偕至事主左鶴松家門首朱石匠唐
前樹均在路口把風宋小麻等在門外接贜王

一七 署理兩江總督林則徐等奏摺 拏獲行搶謀命拒捕重犯丁朋鈴等審明分別定擬 道光十六年九月初十日

幗庭與丁朋鈴解如江楊三潘九淋撞門進院
事主左鶴松出院喊捕用叉戳傷王幗庭胷膛
丁朋鈴等將左鶴松扭按在地用繩細縛喝問
藏銀不吐楊三用木棍毆傷其左腳面丁朋鈴
用笆竹燃火燎傷其右腮肷左腿右臀兩腿肚
入室搜刦衣物錢文遞交解如江等運回俵分
而散道光十五年五月十六日夜丁朋鈴在桃
源地方聽從唐成奎與唐前見及已獲之王瀶
英李加所周小十子監斃之王連張小麻唐前
川在逃之鄭登科竊得事主徐又華家驢頭唐
前見將贓驢賣錢侵用丁朋鈴等屢向索討唐
前見出言挾制丁朋鈴忿恨起意將唐前見致

死與王連王瀶英唐成奎商允閏六月初十日
起更時分丁朋鈴等前往適唐前見在屋旁割
菜丁朋鈴乘其不備用刀砍傷其兩眼胞右肩
甲倒地王連亦用刀砍傷其右肐肘左腿左脚
踝左膁肕左脚面因唐前見並無聲息料為已
死而散迨唐前見延至七月初五日因傷殞命
報縣驗訊詳緝八月十六日經汎弁帶同兵丁
劉維榮將王瀶英唐前川拏獲解縣劉維榮仍
赴鄉查緝十七日遇見丁朋鈴張小麻李加所
周小十子上前捉拏丁朋鈴起意拒捕乭瞎劉
維榮兩眼即喝令張小麻等將劉維榮架至僻
處李加所周小十子按住手脚丁朋鈴用手掐

窆瞎其右眼張小麻用手指窆瞎其左眼而散
又丁朋鈴張耀先先於道光九年正月二十八
日夜在桃源地方丁朋鈴起意糾允張耀先吳
萬盛胡丁保及另案擬結之孫愛堂孫如堂在
逃之董洪剴傅五孫潮選同夥九人行竊事主
李懷義家董洪剴用鑿撬門正欲進竊事主工
人李金山平安等驚覺出捕吳萬盛等先逃丁
朋鈴被追拒捕用刀劃傷李金山左胳膊平安
左腮肤董洪剴亦用鑿將工人姚殿魁毆傷均
各逃逸事主之子李必庭出捕將張耀先追獲
揪扭張耀先見李必庭身披袍襖馬褂臨時起
意行强即用鑿毆傷李必庭左胳膊右肐肘跌

地剥取衣服而逸事主報縣勘詳差緝旋於是
年九月拏獲張耀先吳萬盛胡丁保因犯供與
原報不符詳咨展限張耀先由府發回在途脫
逃叅緝在案又張耀先於道光十三年二月初
四日在宿遷地方起意糾同已獲擬結之陸小
得林小四許沅通凌何方郭成凌桂玲監候待
質之胡老已故之葉大即葉鮮生在逃之董六
王三凌三沙五管大科及不識姓名三人一共
十七人行竊事主蔡茲寒家胡老等在屋旁用
鑿空洞與張耀先進内竊得糧食衣物開門遞
交許沅通等接收復進内行竊事主蔡茲寒驚
覺起捕胡老許沅通等先逃張耀先逃出門外

一七 署理兩江總督林則徐等奏摺 拏獲行搶謀命拒捕重犯丁朋鈴等審明分別定擬

道光十六年九月初十日



被追情急將帶去鐵銃點放轟傷蔡茲寒倒地
旋即殞命張耀先追及胡老等將贓俵分而散
又張耀先於道光十四年二月初三日在桃源
地方起意搶奪周萬與家是日傍晚糾同已獲
擬結之孫耀堂王步春唐小柱子張小招子陳
如堂張全兩在逃之唐前樹淩成珠共夥九人
行至事主周萬與家推門進內搶得糧食衣物
驢頭逃至空地俵分而散又丁朋鈴張耀先於
道光十三年正月初三日在桃源地方丁朋鈴
因向朱秉健索討夥販票鹽錢文被斥不甘糾
同張耀先及已獲擬結之胡茂等往毆洩忿丁
朋鈴用刀砍傷朱秉健左腿肚胡茂用刀背毆

傷其左胐脥等處並將朱秉健兩眼㧜瞎丁朋鈴復主令張耀先等搶得朱秉健家銀錢衣物俵分而散又丁朋鈴張耀先於道光十四年三月初七日夜聽從胡玉山與已獲擬結之陳如堂葛開沅等同夥十六人行竊事主張玉蘭家錢物牛驢被事主隣佑追捕陳如堂葛開沅各將隣佑石寶傳石恩科拒傷該犯等均在場助勢攜贓同逃俵分而散又丁朋鈴先於道光七年八月二十一日夜在清河地方聽從秦克長與已獲擬結之胡潊成等共夥十四人行竊事主張張氏家秦克長等臨時行強刦得銀錢衣物毆傷事主該犯丁朋鈴在外接贓不知強情

又張耀先於道光十二年五月初二日夜在桃
源地方聽從已獲擬結之孫如堂與顔全池等
共夥九人行竊事主劉擢英家攜贓逃出門外
被事主追捕顔全池護贓拒捕用鑿毆傷事主
之子劉肄九手背該犯張耀先亦用刀背拒傷
劉肄吉左膁肕而逸又張耀先於道光十四年
三月十二日傍晚在桃源地方聽從已獲擬結
之陳如堂與王瀛英等共夥十人誤搶宿遷縣
差役王開運採辦營硝及錢文布褥等物俵分
而散各案事主屍親先後報縣勘驗均經緝獲
案犯分别審擬
題咨奉准部覆在案此丁朋鈴張耀先疊次強刦

搶竊殺傷事主並挾嫌謀命之原委也道光十
五年九月初五日王連張小麻李加所周小十
子在桃源張家庄草棚潛匿經該縣訪聞飭委
典史會營督飭兵役前往查拏王連張小麻持
刀趕出拒捕撲滅兵役所攜燈火王連用刀背
毆傷兵丁陳凌魁頂心縣役張田右臂膊陳凌
魁等用腰刀抵格毆砍王連右胳膊左後肋兩
腳面張小麻用刀背拒傷兵役姬玉光孫榮肩
甲等處姬玉光等亦用腰刀抵格砍傷張小麻
偏右左腳面右後肋毆傷右胳膊隨將王連等
獲住並在棚内拏獲李加所周小十子解縣訊
供收禁王連張小麻先後在監因傷身死經縣

署理兩江總督林則徐等奏摺 拏獲行搶謀命拒捕重犯丁朋鈴等審明分別定擬

道光十六年九月初十日

驗訊通報此案犯王連張小麻持械拒捕致被
兵役格殺之情由也茲各縣營將張耀先丁朋
鈴先後拏獲到案提省委審按擬招解據各供
認前情不諱詰無搶刼不法別案矢口不移案
無遁飾查律載強盜已行而但得財者不分首
從皆斬又謀殺人造意者斬監候從而加功者
絞監候不加功者杖一百流三千里又例載竊
盜夥賊攜贓先遁後逃之賊被追拒捕殺人者
首犯擬斬監候又竊盜未經得財逃走被事主
追逐拒捕刃傷者首犯擬絞監候又有關人命
應擬斬絞各犯脫逃二三年後就獲如拒捕殺
人等類情重之犯倖逃顯戮者各依原犯科條

應監候者改為立決又身犯兩項罪名俱應斬
決者加為梟示又罪人拒捕毆所捕人至篤疾
罪在滿徒以上依律擬絞監候又搶奪贓一百
二十兩以上擬絞監候各等語此案丁朋鈴聽
從行刦左鶴松家得贓律應斬決該犯又挾嫌
起意將唐前見謀斃罪應斬決其被拏拒捕空
瞎營兵劉維榮兩眼成篤行竊李懷義家拒捕
刃傷工人兩案俱罪應絞候又糾毆朱秉健搶
奪得贓行竊張玉蘭家拒捕夥竊張張氏家逾
貫三案俱罪止流徒自應按律從重問擬丁朋
鈴一犯合依強盜已行而但得財者不分首從
皆斬律擬斬立決該犯入室搜贓燒傷事主係

屬法所難宥張耀先夥竊事主李懷義家臨時
起意行強毆傷事主刦得衣服按律應擬斬決
該犯又行竊蔡玆寒家被追圖脱拒殺事主脱
逃二年有餘始行就獲按律亦應斬決係兩犯
斬決罪名並不同律同例其糾搶周萬興家計
贓逾貫罪止絞候行竊劉擢英張玉蘭拒捕二
案搶奪朱秉健王開運二案俱罪止軍徒亦應
從重問擬張耀先一犯合依身犯兩罪俱應斬
決者加擬梟示例擬斬立決梟示該二犯一係
糧船水手一係地方匪棍均屬著名兇惡疊次
搶刦殺傷事主為害已久值此糧艘回空南下
之際尤宜速正典刑俾俱觸目警心未便稍稽

顯戮臣於審明後即恭請
王命飭委署臬司積拉明阿撫標中軍叅將吉祥保
將丁朋鈴張耀先綁赴市曹先行處斬傳首犯
事地方懸竿示衆以昭炯戒王瀰英夥同搶竊
王開運徐又華等家又聽從謀殺唐前見並未
加功王瀰英除搶竊為從罪止徒杖不議外合
依謀殺人從而不加功者杖流律杖一百流三
千里仍盡本法面刺搶奪二字李加所周小十
子夥竊徐又華家復聽從丁朋鈴拒捕空瞎營
兵劉維榮兩眼除行竊計贓擬杖輕罪不議外
合依罪人拒捕毆所捕人至篤疾擬絞例為從
減一等杖一百流三千里仍盡竊盜本法刺臂

均到配折責安置胡老夥竊事主蔡兹寒家攜
贓先逃張耀先拒殺事主該犯並不在場前依
竊盜贓一兩以上杖七十為從減一等擬杖六
十監候待質今已獲犯質明應照擬折責刺臂
發落交保管束吳萬盛胡丁保夥竊事主李懷
義家計贓二兩零至丁朋鈴等圖脫拒捕張耀
先臨時行強該犯等並不在場均合依竊盜贓
一兩以上杖七十為從減一等律杖六十事犯
到官在道光十一年
恩
詔以前應請援免並免刺字王連聽從謀殺唐前
見下手加功又與張小麻夥竊徐又華家復拒
捕致傷兵役本干律擬均已被格身死應毋庸

議唐前川夥竊徐又華家業已病故亦毋庸議
營兵陳凌魁姬玉光縣役張田孫榮因王連張
小麻持械拒捕各用刀格傷身死應照律勿論
丁朋鈴應斷財産一半給被毆成篤之劉維榮
養贍丁朋鈴張耀先等另有行竊事主戈玉庭
等案均罪止擬杖應歸此案從重擬結餘無搶
刦不法别案及逃後知情容留之人事主左鶴
松等傷俱平復應毋庸議未起各贜照估追賠
賊具兇器供棄免追火鎗鐵刀案結銷毁逸犯
潘九淋等緝獲另結拏獲隣境盗犯應敘職名
飭查開送詳咨除供招咨部外所有審明辦理
緣由理合恭摺具

署理兩江總督林則徐等奏摺　拏獲行搶謀命拒捕重犯丁朋鈴等審明分別定擬
道光十六年九月初十日

奏伏乞
皇上聖鑒勅部核覆施行謹
奏
刑部議奏
道光十六年九月初十日

署理兩江總督林則徐等奏摺

# 請以周岱齡陞補蘇州府督糧同知

## 一七 署理兩江總督林則徐等奏摺 請以周岱齡陞補蘇州府督糧同知

道光十六年九月初十日



署兩江總督江蘇巡撫臣林則徐
護理江蘇巡撫江蘇布政使臣怡良 跪

奏為要缺同知需員恭懇
聖恩俯准陞補以裨地方事竊照蘇州府督糧同知
廖鴻荃因病出缺經臣怡良恭疏
題報在案所遺蘇州府督糧同知係衝繁難兼三
要缺例應在外揀選調補該同知駐劄蘇州城
外有准理商賈控訴事件并彈壓染坊踹匠之
責必須精明幹練之員方足以資治理臣等與
署藩臬兩司於通省同知內逐加遴選非現居
要缺即人地未宜一時實無堪調之員惟查有
常州府督糧通判周岱齡年六十歲河南祥符
縣人祖籍浙江山陰縣由舉人考取覺羅官學

教習挑充功臣館謄錄議敘知縣原選福建甌
寧縣知縣親老告近改選江蘇贛榆縣知縣調
補元和縣知縣拏獲隣境盜犯嘉慶十七年送
部引
見奉
旨仍發江蘇以知州用陞補高郵州知州因案降調二
十二年送部引
見奉
旨著仍以知州用其所降之級改為補官日降一級留
任欽此
奏留南河防汛出力留於江蘇補用聞訃丁母憂
回籍服滿來省委審盜案出力道光三年奏

旨著以應陞之缺遇缺陞用又丁父憂回籍服滿回
省補授泰州知州因人地未宜
奏准仍留江蘇酌量另補請咨引
見奉
旨著發往原省照例以通判借補欽此借補常州府
督糧通判道光十三年十月二十一日到任於
署常熟縣任内資送渡海災民出力奉
上諭著以應陞之缺陞用又捐修常昭城垣并勸捐
出力十四年四月初三日奉
上諭著以應陞之缺即補開浚劉河出力奉
上諭著加同知銜又賑恤出力奉
旨著加知府銜該員精明練達勤事急公雖歷俸未

滿三年惟係疊著勞績奉
旨應陞之員以之陞補蘇州府督糧同知洵堪勝任
據署藩臬兩司會詳前來臣等往返札商意見
相同合無仰懇
聖恩俯念員缺緊要准以常州府督糧通判周岱齡
陞補蘇州府督糧同知實於地方公事均有裨
益如蒙
俞允俟部覆至日照例給咨送部引
見至任內一切因公處分例免核計飭令完繳俸銀
造冊咨部銷案外所遺常州府督糧通判員缺
江蘇現有應補人員應請留外遴員請補合並
陳明謹合詞恭摺具

奏伏乞
皇上聖鑒訓示謹
奏
另有旨
道光十六年九月　初十　日

署理兩江總督林則徐奏片

## 奏報江蘇各屬驅捕過境飛蝗禾稼無傷情形

再江北之淮揚徐海等屬於七月下旬至八月
上旬疊據稟報間有飛蝗過境並未損傷田禾
緣由前經臣附片具
奏在案嗣據江寧府屬之上元江寧句容江浦六
合常州府屬之武進江陰靖江鎮江府屬之丹
徒丹陽通州暨所屬之如皋泰興等縣均報飛
蝗過境雖經地方官遵照捕蝗章程隨時搖旗
鳴鑼逐一驅除即偶有遺落之處亦即設法撲
滅並未傷及田禾惟查江北各屬收成較早在
田禾稻先經收穫無虞傷損而大江以南蘇松
常鎮太五府州屬地勢稍低向種晚稻居多現
當含苞結實之時更宜小心保護斷不可偶有

遺落以致蔓延臣又飛飭各府州縣嚴督鄉農
實力搜查不使稍留遺孽一面設法防範如有
飛蝗續至即當協力撲捕盡絶根株倘該地方
官漫不經心致有蝗孽遺留貽害田禾之處臣
即查明據實叅辦以重民食而儆玩泄所有各
屬續報飛蝗過境禾稼無傷及嚴飭防範緣由
合再附片奏
聞伏乞
聖鑒謹
奏

知道了

署理兩江總督林則徐等奏摺　**節交霜降黃運河湖普慶安瀾**

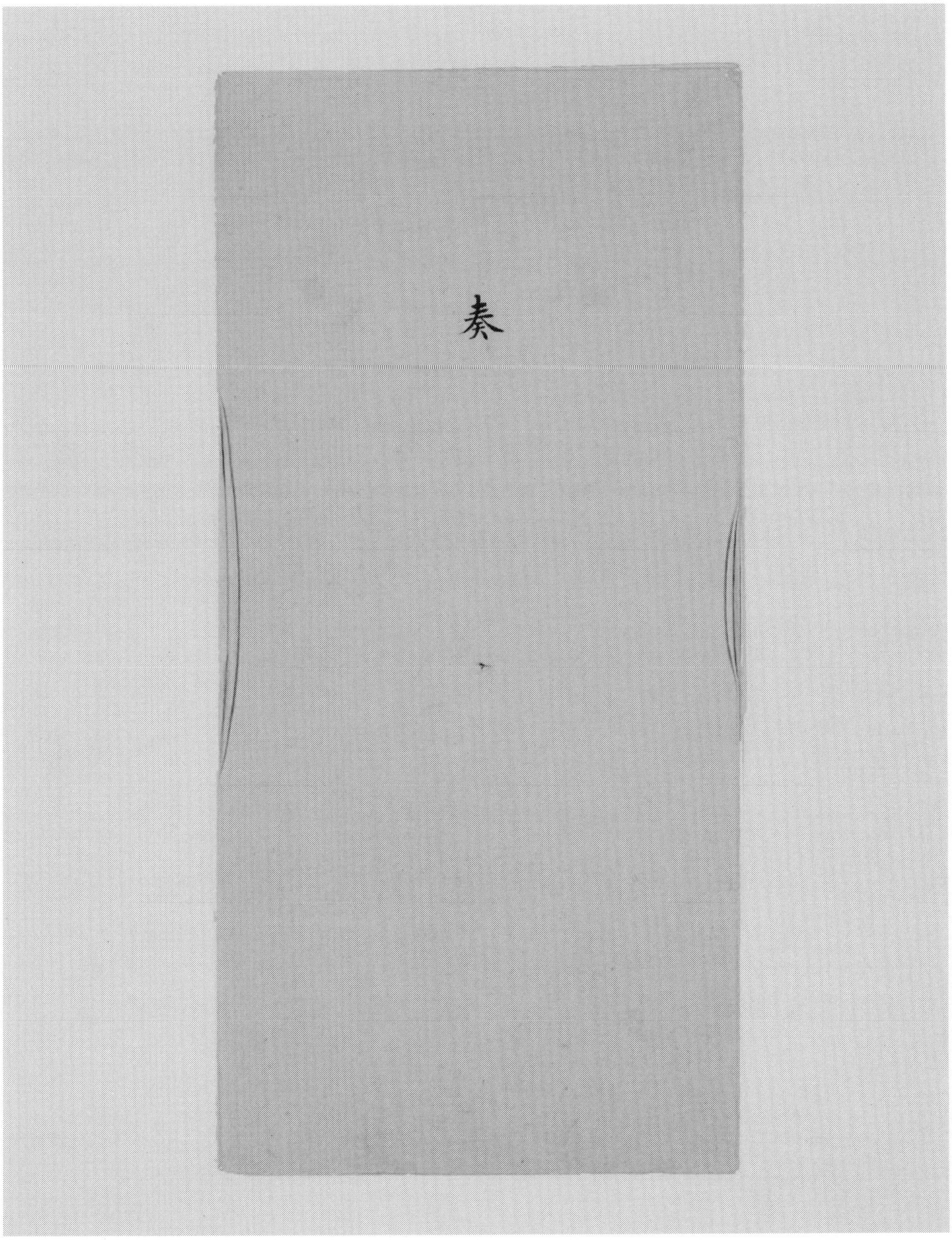
奏

## 一七　署理兩江總督林則徐等奏摺　節交霜降黃運河湖普慶安瀾

道光十六年九月十四日

署理兩江總督臣林則徐
江南河道總督臣麟慶　跪

奏為節交霜降黃運河湖普慶安瀾循例由驛恭
摺具報仰慰
聖懷事竊照本年自清明起至寒露節止工程水勢
情形均經隨時奏
聞在案茲又據甘肅寧夏府馳報黃河於八月二十
至二十三日長水七尺三寸幸江境前漲已消
足資容納統計入夏以來河南陝州萬錦灘長
水十一次武陟沁河長水四次甘肅寧夏長水
一次共十六次長水五丈一尺六寸較之近年
來源稍弱惟沁黃並漲之日居多下注猛驟兼
之六月內霽雨連旬坡水匯歸八月間海潮頂

北以致河水節次增長險工疊出而睢南宿南
宿北桃北等廳自上年霜後河勢坐灣溜行不
定本年新生埽壩尤為著重經督臣陶澍及臣
林則徐札飭道將添派員弁加意巡防臣麟慶
親督籌畫分投搶辦所幸預蒙
天恩撥發錢糧寬備料物一切應手在事員弁踴躍
出力得以化險為平現交霜降外南廳順黄壩
誌樁存水三丈九尺四寸較之盛漲已落一尺
餘寸溜勢漸綿臣等仍諄飭各屬照常防守不
任鬆懈至洪澤湖水本年長發較早入伏後來
源更旺當將禮字引河智信二壩啟放減洩仍
復有長無消七月初旬臣麟慶親赴堰盱督飭

籌防接啟新義河頭而湖水次日仍長一寸高
堰誌樁積存至一丈九尺比上兩年盛漲俱大
湖波浩瀚石工岌岌可危其下游湖河則因洪
湖漲水由各壩河分流匯注日見增長雖先將
歸江去路次第全啟而來源過旺宣洩不及上
下數百里拍岸盈隄處處險要維時高郵誌樁
已長至一丈三尺四寸車南兩壩早逾
奏定應放水誌惟念兩年以來堅守四壩下河各
邑民氣稍蘇本年秋禾芃茂正值收穫之時一
經啟壩即致被淹是以臣等往返札商堅持定
見得守且守當經專派河營叅將張兆持
令前往會率廳營相機防守幸賴

聖主洪福
神祇默佑當水漲工險之際間有暴風為時不久
天色晴霽人力易施員弁兵夫晝夜巡防竟守
至二十餘日漲水始見消動四壩均未啟放七
邑普獲豐收該處農民感戴
皇仁同聲歡頌茲截至霜降高堰誌樁消存水一丈
五尺六寸現已將山盱智壩堵合以節湖瀦其
餘各壩河容再次第相機酌辦至北岸中運河
伏汛長水既勤且驟宣防平穩嗣交秋令又嫌
來源過弱當經籌蓄充盈足資濟運回空首進
軍船刻已放渡臣等現將來年修守事宜籌商
妥備以期年年工固瀾恬仰副我

署理兩江總督林則徐等奏摺　節交霜降黄運河湖普慶安瀾
道光十六年九月十四日

皇上廑念河防永保平成至意所有節交霜降普慶
安瀾緣由謹合詞恭摺由驛馳
奏至在工文武各員奮勉趨公原屬分所應盡惟
本年河溜變遷湖水盛漲巡防搶護該員等實
均著有微勞可否擇其尤為出力者量加鼓勵
之處出自
恩施臣等未敢擅便合併陳明伏乞
訓示祇遵謹
奏

覽奏欣慰之至另有旨

道光十六年九月　十四　日

署理兩江總督林則徐等奏摺

**請以李國瑞署理江蘇按察使並請迅賜簡放**

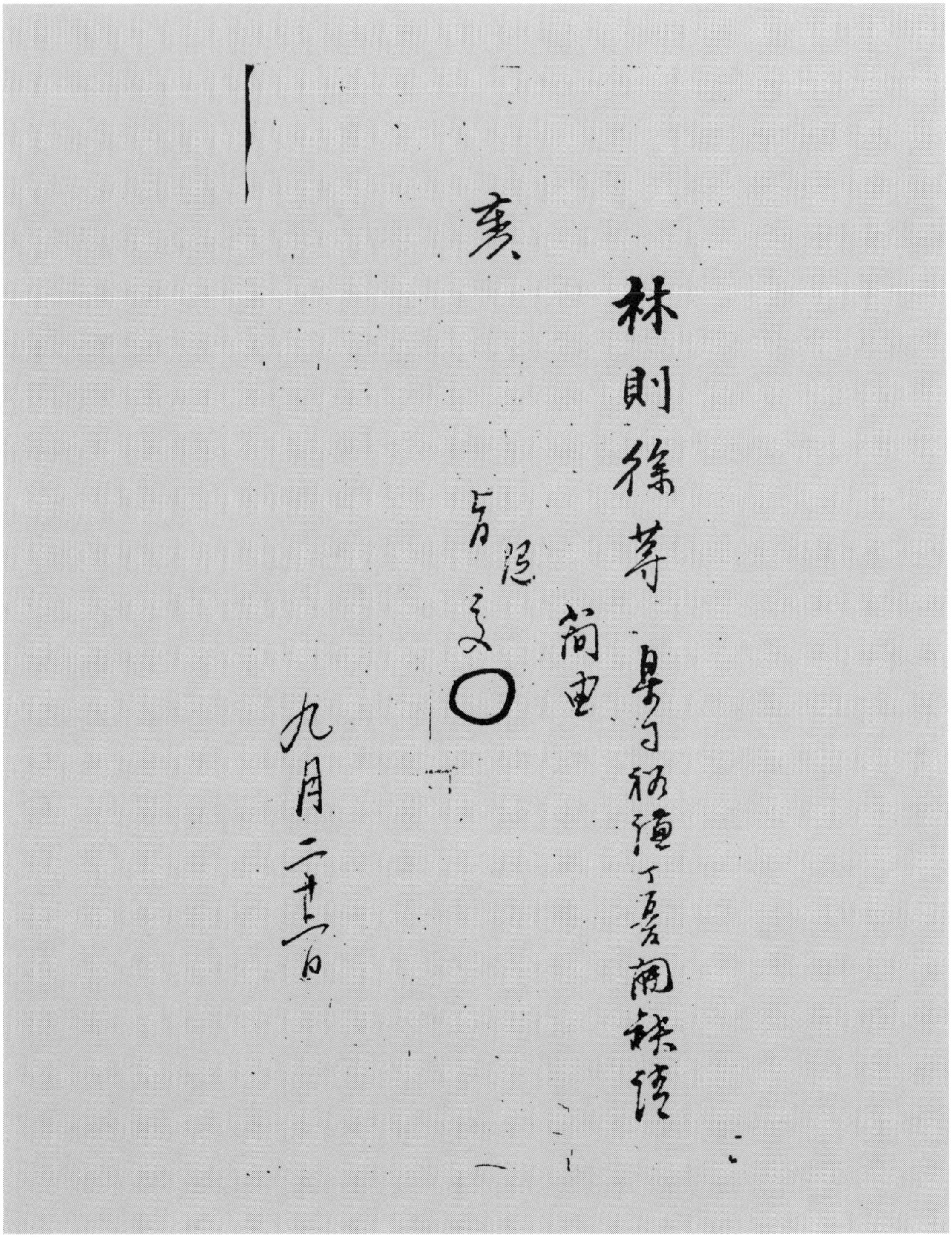

## 一七 署理兩江總督林則徐等奏摺 請以李國瑞署理江蘇按察使並請迅賜簡放

道光十六年九月十五日

江南河道總督臣麟慶
署兩江總督江蘇巡撫臣林則徐跪
護理江蘇巡撫布政使臣怡良
奏爲臬司丁憂開缺循例由驛奏
聞請
旨簡放並委員遞署司道印務仰祈
聖鑒事竊照江蘇臬司裕謙先經
奏署蘇州藩司印務茲據該司生母陳佳氏迎養
在署于道光十六年九月十一日病故裕謙係屬親子
例應丁憂等情臣怡良當即就近先委現署臬司
之江寧鹽道積拉明阿暫行兼理藩司印務一面
咨會臣林則徐揀員會奏署理查積拉明阿曾經
署理江寧藩司辦理妥協此次堪以委署蘇州藩
司惟藩臬兩司政務均極殷繁難以兼顧自應

署理兩江總督林則徐等奏摺　請以李國瑞署理江蘇按察使並請迅賜簡放

道光十六年九月十五日

江蘇臬篆另行委署查有淮揚道李國瑞曾任
蘇州府知府有年辦理案件素稱諳練現值河工
霜降安瀾之後李國瑞堪以委署臬司其淮揚道
印務查有淮安府知府周壽堪以委令就近兼護
除檄飭遵照外所遺江蘇按察使員缺緊要相
應請
旨迅賜簡放以重職守臣等謹合詞繕摺照例由驛具
奏伏乞
皇上聖鑒訓示謹
奏
道光十六年九月二十二日奉
硃批　欽此

署理兩江總督林則徐等奏摺　請以李國瑞署理江蘇按察使並請迅賜簡放　道光十六年九月十五日

九月十五日

上諭 著照林則徐所請以張應雲陞補泗州知州

道光十六年九月十八日内閣奉

上諭林則徐等奏揀員升補要缺直隸州一摺著照所請安徽泗州直隸州知州員缺准其以張應雲升補照例送部引見該部知道欽此

道光十六年九月十八日内閣奉

上諭林則徐奏請開復知縣頂帶一摺江蘇甘泉縣知縣盧元良前因緝拏該縣捕役楊泳未能即時就獲降旨摘去頂帶兹據該署督奏稱楊泳即楊成現已獲案盧元良著准其開復頂帶餘依議欽此

署理兩江總督林則徐等奏摺　**奏報安徽宿州等州縣衛借款挑築河埝江壩攤徵未完民欠各數**

## 一七　署理兩江總督林則徐等奏報安徽宿州等州縣衛借款挑築河埝江壩攤徵未完民欠各數摺

道光十六年九月十八日

江南河道總督臣麟慶
署兩江總督臣林則徐　跪
安徽巡撫臣色卜星額

奏為查明安徽省各屬借款挑築河埝江壩攤徵
未完民欠各數恭摺具
奏仰祈
聖鑒事竊照道光十五年八月初九日奉
上諭本年恭逢
聖母皇太后六旬萬壽欽惟
慈禧光被歡洽敷天允宜申錫無疆普蠲逋賦所有各
省節年正耗民欠錢糧及因災緩徵帶徵銀穀并
借給籽種口糧牛具及漕項蘆課學租雜稅等項
即著該督撫將軍府尹等將道光十年以前實欠
在民者詳悉查明按照該省所屬之某州某縣銀

穀若干速行開單具奏以次降旨全行豁免等因
欽此仰見我
皇上福錫垓埏
恩周寰宇普天率土淪浹難名除將各屬道光十年
以前民欠丁地正耗銀穀查明確數恭摺具
奏外茲據署藩司周天爵詳稱安徽省鳳陽廬州
二府屬之宿州靈璧無為三州縣并長淮衛嘉
慶二十四二十五年并道光元三四等年有借
帑挑築河埝江壩等工未完攤徵銀兩均因連年
災歉輾轉遞緩致未徵完其中雖有借項在十
年以前而分年攤徵尚未屆限之款第查乾隆
六十年欽奉

恩躅逋欠安徽省河埝各工借款攤徵未完銀兩無論
已未屆限應徵凡借領在乾隆六十年以前者
俱邀准免又嘉慶二十三年查辦安徽省鳳陽
泗州等屬攤徵借款先將屆徵未完者
奏蒙
恩准豁免續經查明江蘇徐州府屬及安徽宿州亳州
靈壁泗州等屬有借款在二十三年以前啓徵
在二十三年以後實在未完民欠銀兩因窮黎
無力輸將亦經
奏邀准免各在案此次荷蒙
聖天子軫念元元普免積欠自應援照一律辦理當
經前司佟景文轉飭各該州縣衛將道光十年

以前原借未完攤徵銀兩循照上兩屆成案無

論已未屆徵確查未完實數據實開報並移行

該管道府就近弔核簿串由司遴委明幹之員

分赴各府會同協查加結送司核辦兹據各屬

分年分款查明續徵已未完解及報入清查并

經部核減同實在民欠各數造册由該管道府

會同委員弔驗簿串并交代案據綜核彙報經

該司詳細確核將實在災緩民欠各數開單詳

請具

奏前來臣等覆加查核宿州靈壁無為三州縣並

長淮衛嘉慶二十四年二十五年及道光元三

四等年先後借

帑挑築河埝江壩等工共銀二十六萬六千八百
二十兩二錢三釐六毫除徵解存庫及經部核
減並報入清查各數外實在因災遞緩民欠共
銀二十一萬四千三百四十九兩八錢三分五
釐三毫均係實欠在民並無絲毫捏混臣等恭
查乾隆六十年及嘉慶二十三年安徽省河埝
各工借款攤徵未完民欠均經
奏奉
恩旨豁免在案茲恭逢
慈祺普錫
聖澤覃敷蠲免各省民欠所有安徽省宿州靈壁無
為三州縣並長淮衛節年借

帑修築河埝江壩各工攤徵未完銀兩理合一體
查明具
奏請
旨謹開具清單恭呈
御覽除飭造細數清冊咨部辦理外臣等謹會同恭
摺具
奏伏乞
皇上聖鑒謹
奏

户部議奏

道光十六年九月　十八　日

一七　署理兩江總督林則徐等清單　宿州等州縣衛借款挑築河埝江壖攤徵未完民欠銀兩實數

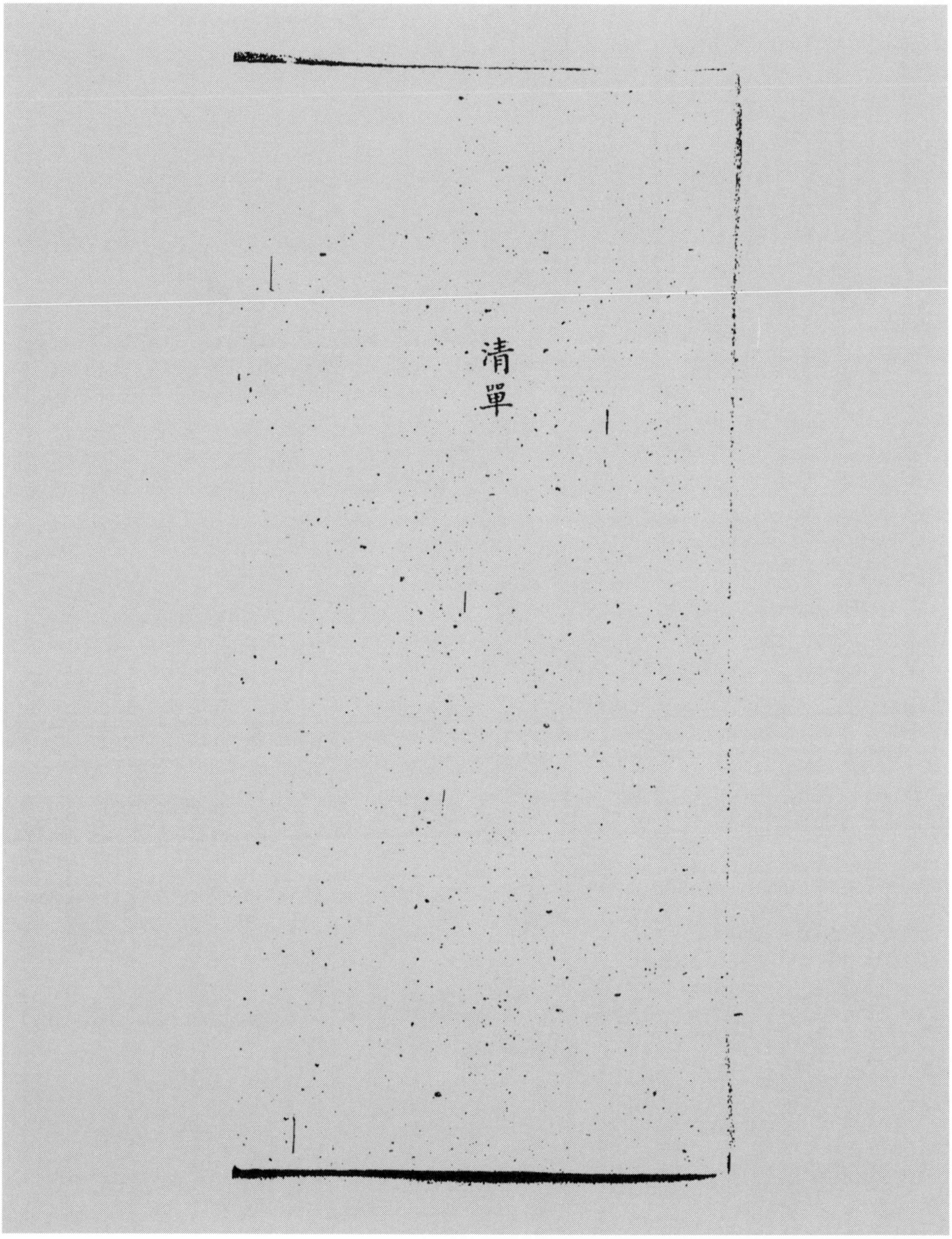
清單

謹將安徽省宿州靈壁無為三州縣並長淮衛
嘉慶二十四年二十五年及道光元三四等年
借項挑築河埝江壩等工攤徵銀兩除已完並
報入清查及經部核減外實在災緩民欠銀兩
查明實數開具清單恭呈
御覽
一
一宿州併長淮衛
災緩民欠銀一十二萬四千六百六十四兩
九錢五分七釐三毫
一靈壁縣
災緩民欠銀六萬五千九百八十七兩九錢
二分三釐

無為州

災緩民欠銀二萬三千六百九十六兩九錢

五分五釐

以上通共災緩民欠未完銀二十一萬

四千三百四十九兩八錢三分五釐

三亮

戶部議奏

## 宿州漏豁民欠河帑銀請著落已故知州劉用錫家屬賠繳歸款

署理兩江總督林則徐等奏片

再查上屆嘉慶二十三年欽奉
恩旨豁免嘉慶二十二年以前節年民欠銀米一案所
有安徽省宿州靈壁等州縣歷年挑疏河埝借
款攤徵未完銀兩於嘉慶二十四年及道光二
年經前督臣孫玉庭等先後會摺
奏邀豁免各在案惟宿州尚有未完民欠嘉慶十
三年河
帑銀三百五十二兩七錢六分二釐一毫嘉慶十
七年河
帑銀六百四十三兩八錢二分六釐一毫係前任
已故知州劉用錫查辦豁免時未經查出誤報
徵存漏未請豁節據該州詳請補豁當因豁免

## 一七　署理兩江總督林則徐等奏片　宿州漏豁民欠河帑銀請著落已故知州劉用錫家屬賠繳歸款

道光十六年九月十八日

久經定案未便率請補豁飭令照例著落原辦
錯誤之員賠繳茲據鳳陽府詳據該州張應雲
詳稱前項漏豁銀兩實係前州劉用錫誤將民
欠列報存庫以致少豁現有版串可稽宿州路
當孔道差繁缺苦勢難代賠請仍彙入現豁河
帑案内一併請豁並據該府會同各委員具稟據
宿州申送漏豁河
帑銀兩串票逐一盤查洵係實欠在民並非揑飾
各等情到司經署藩司周天爵以此項銀兩雖
據該府等查明實欠在民而前州劉用錫何以
誤報徵存漏未請豁應於該故州家屬名下賠
繳詳請具

署理兩江總督林則徐等奏片　宿州漏豁民欠河帑銀請著落已故知州劉用錫家屬賠繳歸款
道光十六年九月十八日

奏前來臣等查前項河
帑銀兩雖係實欠在民但該前州劉用錫先於豁
免案内既未查出民欠誤報存庫續於道光二
年查辦積欠又不查明補報以致漏豁實屬辦
理錯誤未便因該州已故復請豁免自應照例
著落該家屬賠繳歸款以昭核實除咨江蘇撫
臣轉飭該故員原籍在於該家屬名下照數追
繳解交安徽省歸款外謹附片陳明伏乞
聖鑒謹
奏

戶部知道

## 一七　上諭　河湖安瀾著發大藏香十炷祀謝河神並加賞陶澍林則徐等員　道光十六年九月二十日



### 上諭　河湖安瀾著發大藏香十炷祀謝河神並加賞陶澍林則徐等員

道光十六年九月二十日内閣奉

上諭林則徐等奏節交霜降黃運河湖普慶安瀾一摺本年南河黃水節次增長險工疊出兼因清水來源較旺石工壩埽均形喫重經該督等董率道廳員弁加意巡防分投搶辦得以化險為平現在節交霜降河湖各工一律安穩此皆仰賴

河神默佑普慶安瀾覽奏欣慰著發去大藏香十炷交該河督虔詣

河神廟代朕敬謹祀謝用答

神庥陶澍林則徐麟慶俱著加恩交部議敘其在工各員弁著該署督等擇其尤為出力者秉公酌保數員候朕施恩毋許冒濫欽此

## 署理兩江總督林則徐等奏摺　江蘇佐雜人員壅滯請暫停分發

## 一七　署理兩江總督林則徐等奏摺　江蘇佐雜人員壅滯請暫停分發

道光十六年九月二十日

署兩江總督江蘇巡撫臣林則徐
護理江蘇巡撫蘇州布政使臣怡　良　跪

奏為佐襍人員壅滯恭懇
聖恩俯准暫停分發以期漸次疏通仰祈
聖鑒事竊照捐納人員分發各省原期效力當差學
習吏治試用期滿按班補用以收指臂之助而
廣登進之階惟是人數過多即形壅積江蘇省
佐襍自從六品至未入流僅止二百三十二缺
今在省候補試用及現在籌備經費事例分發
人員陸續到省共已有二百一十二員內除按
察司經歷州同州判三項現無在省候用人員
外其餘各班人數甚多名次在先者尚可守候
其名次在後者補缺無期即差委署事亦須數

年始能輪及該員等需次省垣類多薪水不繼
年復一年難保不無滋累將來遇有差委署事
更難望其潔已奉公若再源源分發益難位置
現在安徽江西福建湖南山東等省均因人數
繁多
奏蒙
諭旨允停分發江蘇壅滯情形尤甚應請援案將捐
納佐襍自布政司理問布政司庫大使府經歷
縣丞府知事縣主簿州吏目從九品未入流九
項人員暫停分發來省以疏壅滯據藩臬各司
會詳請
奏前來仰懇

聖恩
勅下吏部將籌備經費事例及各例捐納籤掣佐襍
自布政司理問布政司庫大使府經歷縣丞府
知事縣主簿州吏目從九品未入流九項人員
暫停分發來省俟各班漸次疏通後再行
奏請照常分發庶試用人員不致更加壅滯是否
有當伏乞
皇上聖鑒訓示謹
奏
另有旨

一七 署理兩江總督林則徐等奏摺 江蘇佐雜人員壅滯請暫停分發

道光十六年九月二十日

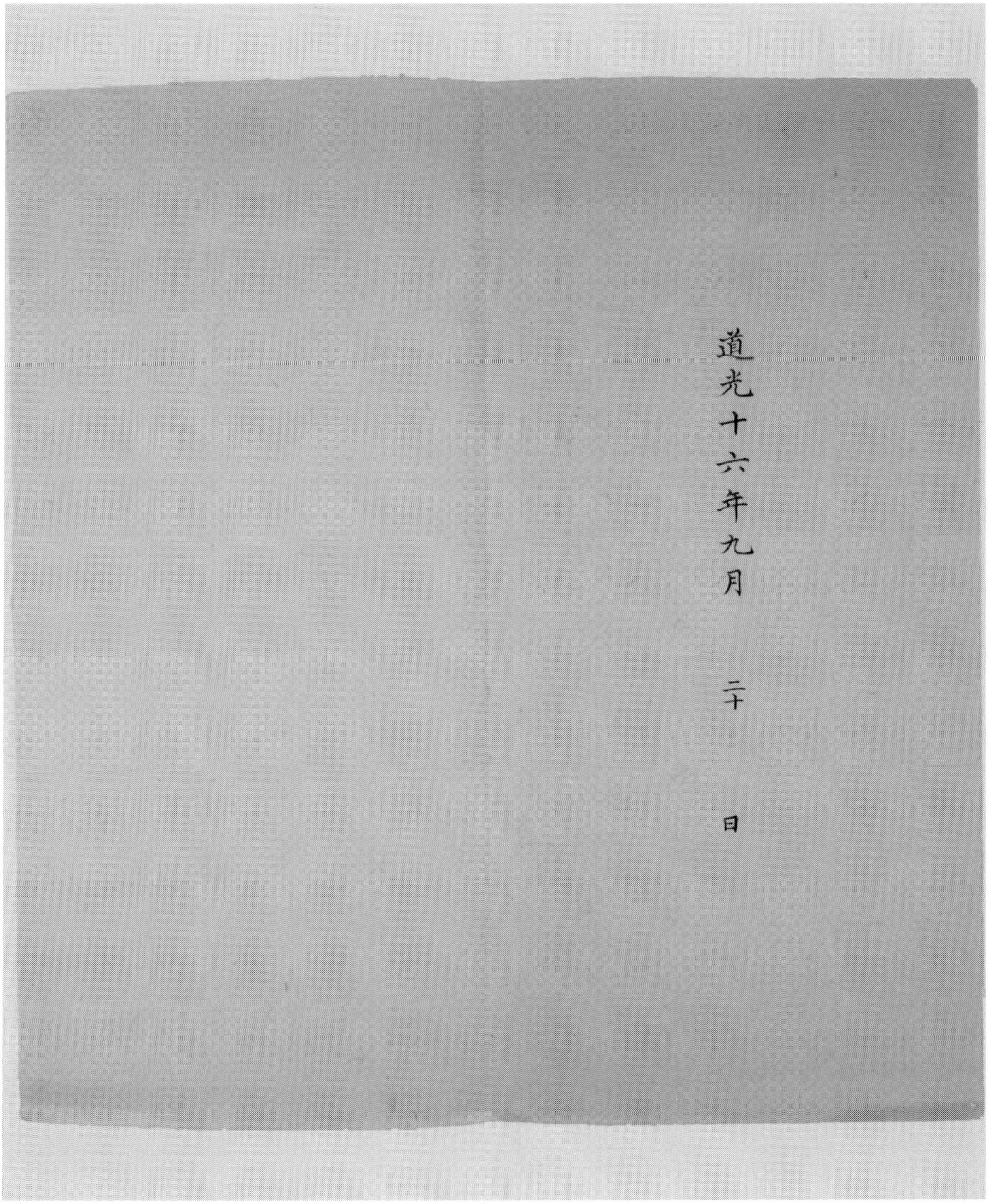
道光十六年九月 二十 日

署理兩江總督林則徐等奏片　**委任孫炳煒署理泰興縣知縣**

再泰興縣知縣李震於道光十六年補行十五
年分
大計案内卓異接准部咨行令給咨赴部引
見所遺泰興縣員缺應行委員接署現值下忙錢糧
開徵之際必須幹練之員方克勝任查有江寧
府北捕通判孫炳煒堪以署理據藩臬兩司會
詳前來除批飭遵照外臣等謹合詞附片具
奏伏乞
聖鑒謹
奏
覽

## 上諭 著林則徐勒緝兵丁畢良柱務獲該管上司等分別議處解任

道光十六年九月二十二日內閣奉
上諭林則徐等奏請將失察汛弁滋事釀命之都司
及牽涉之千總分別議處一摺安徽褱安汛外委
曹占敖輕聽兵丁畢良柱之言越分妄拏漏稅致
釀人命著該署督等勒緝畢良柱務獲並飭提未
到人證澈底嚴訊按律究辦該管上司平日約束
不嚴亦有應得之咎盧州營都司德雲著先行交
部議處署無為州汛千總張梓材有無縱放畢良
柱情弊著解任歸案備質欽此

一七 署理兩江總督林則徐等奏摺 回空首進漕船渡黃完竣

道光十六年九月二十三日

署理兩江總督林則徐等奏摺　**回空首進漕船渡黃完竣**

## 一七 署理兩江總督林則徐等奏摺 回空首進漕船渡黃完竣

道光十六年九月二十三日

署理兩江總督臣林則徐
江南河道總督臣麟慶 跪

奏為回空首進漕船渡黃完竣循例恭摺由驛具

陳仰祈

聖鑒事竊照本年空運首幫於八月初三日行入江境即經臣等派員提催並因天氣久晴中運河來源較弱臣麟慶親往查看督籌收蓄得資浮送幸無淺澀一面嚴飭道廳將南岸挑空塘河鑲修各埽辦竣隨啟拆臨清堰鋪平清水仍即堵閉當查中河水勢業已擡高回空首進軍船除在皂河歸次三幫外餘漸到齊即於初八日飭啟北岸楊莊頭壩放船渡黃依次排泊臣林則徐亦自江省趕到正擬啟壩灌塘適值甘肅

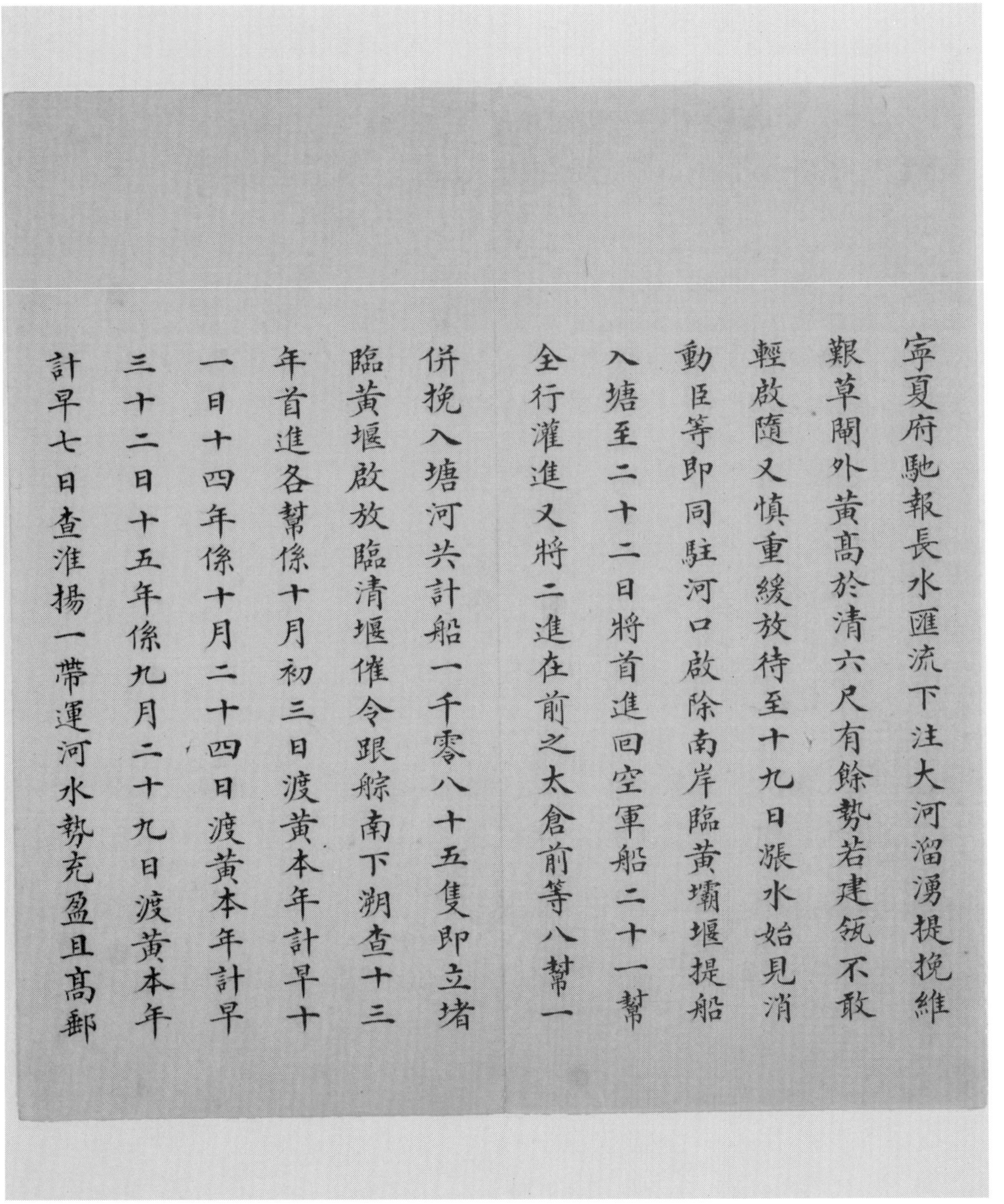
寗夏府馳報長水匯流下注大河溜湧提挽維
艱草閘外黃高於清六尺有餘勢若建瓴不敢
輕啟隨又慎重緩放待至十九日漲水始見消
動臣等即同駐河口啟除南岸臨黃壩堰提船
入塘至二十二日將首進回空軍船二十一幫
全行灌進又將二進在前之太倉前等八幫一
併挽入塘河共計船一千零八十五隻即立堵
臨黃堰啟放臨清堰催令跟艅南下溯查十三
年首進各幫係十月初三日渡黃本年計早十
一日十四年係十月二十四日渡黃本年計早
三十二日十五年係九月二十九日渡黃本年
計早七日查淮揚一帶運河水勢充盈且高郵

四壩全未啟放軍船無須繞湖避險可期迅速
遄行及早歸次臣等現又添委員弁迎提在後
各幫一俟積有成數即當趕放二塘不任稍遲
所有回空首進漕船並二進在前各幫渡黄日
期謹合詞恭摺循例由驛具
奏伏乞
皇上聖鑒謹
奏
知道了

道光十六年九月　二十三　日

署理兩江總督林則徐奏片 **遵旨拏獲兇棍吳當運並其夥黨**

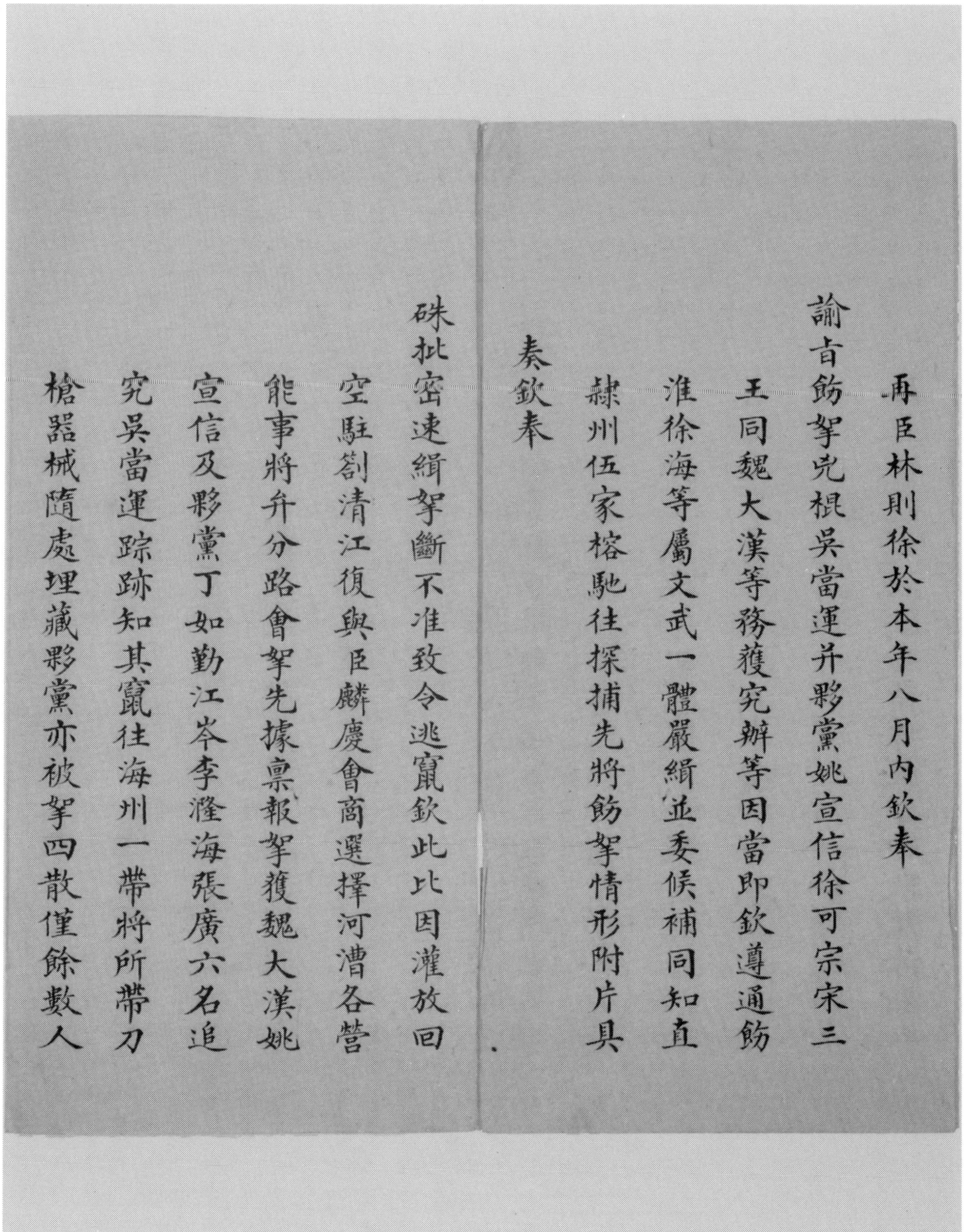

再臣林則徐於本年八月內欽奉
諭旨飭拏兇棍吳當運并夥黨姚宣信徐可宗宋三
王同魏大漢等務獲究辦等因當即欽遵通飭
淮徐海等屬文武一體嚴緝並委候補同知直
隸州伍家榕馳往採捕先將飭拏情形附片具
奏欽奉
硃批密速緝拏斷不准致令逃竄欽此比因灌放回
空駐劄清江復與臣麟慶會商選擇河漕各營
能事將弁分路會拏先據稟報拏獲魏大漢姚
宣信及夥黨丁如勤江岑李澄海張廣六名追
究吳當運蹤跡知其竄往海州一帶將所帶刀
槍器械隨處埋藏夥黨亦被拏四散僅餘數人

署理兩江總督林則徐奏片　遵旨拏獲兇棍吳當運並其夥黨
道光十六年九月二十三日

貼身幫護欲逃下海該委員伍家榕商同署海
州知州王夢齡海州營參將德本等分頭堵截
斷其去路茲據會稟九月二十日據署海州營
千總駱光麃訪知吳當運確踪在營密報當即
會督兵役飛馳往拏追至贛榆縣與山東交界
之九里集地方該千總駱光麃帶同外委趙開
祥相振邦將該犯吳當運首先拏獲其同行之
夥犯劉德黃文藻袁廷和等三名亦同時一併
捦獲等情前來查吳當運竄逸多年久經訪緝
未獲今欽奉
諭旨飭拏該文武委員等倍加奮力四面兜捦得以
迅速就獲實為淮徐海地方除一巨惡臣林則

署理兩江總督林則徐奏片　遵旨拏獲兇棍吳當運並其夥黨
道光十六年九月二十三日

徐現駐清江批飭即將該犯等馳解來浦提同
先獲各犯親行嚴審務將糾衆戕殺及訛詐勒
贖各情逐一徹底推究儘法懲辦並飭屬出示
招告俾平日受害之人得以伸理一面查起器
械嚴拏逃夥以絕根株不使一名漏網所有購
線訪拏出力之員弁可否於定案時量請鼓勵
之處出自
天恩合先附片陳明伏祈
聖鑒謹
奏

定案時秉公奏請鼓勵
失察者亦當照例處分

上諭　著照林則徐所請以周岱齡陞補蘇州府督糧同知

道光十六年九月二十五日內閣奉
上諭林則徐等奏請升補要缺同知一摺著照所請
江蘇蘇州府督糧同知員缺准其以周岱齡升補
照例送部引見該部知道欽此

署理兩江總督林則徐等奏摺

**河營參將張兆等防守大汛尤為出力請議叙**

## 一七 署理兩江總督林則徐等奏摺　河營參將張兆等防守大汛尤為出力請議叙

道光十六年十月初二日

署理兩江總督臣林則徐
江南河道總督臣麟慶　跪

奏為遵
旨查明防守大汛尤為出力人員據實保
奏仰祈
聖鑒事竊九月二十日内閣奉
上諭林則徐等奏節交霜降黄運河湖普慶安瀾一
摺本年南河黄水節次增長險工疊出兼因清水
來源較旺石工壩埽均形喫重經該督等董率道
廳員弁加意巡防分投搶辦得以化險為平現在
節交霜降河湖各工一律安穩其在工各員弁著
該署督等擇其尤為出力者秉公酌保數員候朕
施恩毋許冒濫欽此仰見我

皇上慎重河防微勞必録臣等跪誦之下欽感莫名
伏思現任河員專司修守地方官例應協防即
候補與標弁各員一經派委亦俱責無旁貸雖
有出力之處祇屬分所當為惟本年大汛黄河
溜勢變遷險工疊出洪澤湖水長發更旺積存
至一丈九尺比上兩年盛漲俱大西風司令石
工喫重其下游歸江去路雖先已預籌通暢而
來源過大消不敵長淮揚一帶處處險要實賴
羣策羣力奮勉同心始得保護平穩高郵四壩
堅守未啟下河七邑普獲豐收兹蒙
天恩飭查保奏臣等公同酌核恪承
訓誨不敢稍滋冒濫謹於廳營汛委員弁内擇其尤

為出力者恭繕名單伏候
恩施至在工學習之吏部主事周際雲刑部主事任
為琦派赴各廳查料防汛均屬勤慎但年限未
滿應俟屆期另
奏外查副將銜河營參將張兆當湖水盛漲下注
之時經臣麟慶特派持
令前往揚河相機守壩保護民田應請
恩賞從優議叙淮揚道李國瑞徐州道王廷彥署淮
揚遊擊陳三貴淮徐遊擊劉橚率屬巡防各勤
厥職均懇請
賞給議叙其餘出力較次各員容臣等分別等第循
例造冊咨部核辦謹合詞具陳伏乞

一七 署理兩江總督林則徐等奏摺 河營參將張兆等防守大汛尤為出力請議敘 道光十六年十月初二日

皇上聖鑒謹

奏

另有旨

道光十六年十月 初二 日

署理兩江總督林則徐等奏片　**坐補淮安府知府恩齡協防大汛出力請俟服闋後聲叙鼓勵**

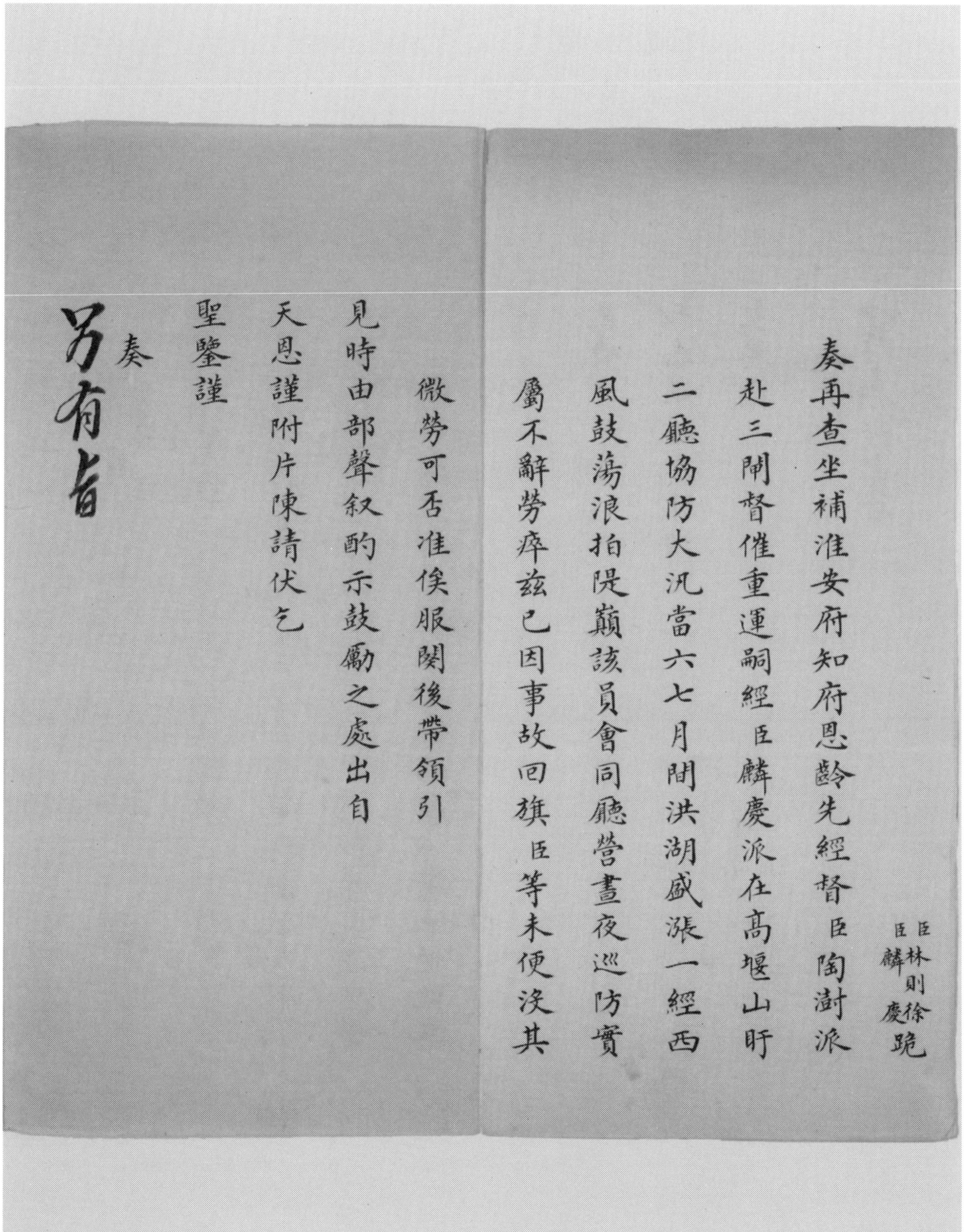
臣林則徐
臣麟慶　跪

奏再查坐補淮安府知府恩齡先經督臣陶澍派赴三閘督催重運嗣經臣麟慶派在高堰山盱二廳協防大汛當六七月間洪湖盛漲一經西風鼓蕩浪拍隄巔該員會同廳營晝夜巡防實屬不辭勞瘁茲已因事故回旗臣等未便沒其微勞可否准俟服闋後帶領引
見時由部聲叙酌示鼓勵之處出自
天恩謹附片陳請伏乞
聖鑒謹
奏

另有旨

署理兩江總督林則徐題本

報銷道光十五年份江寧驛站應差沙船水手工食公費銀兩

題

該部察核具奏

## 一七 署理兩江總督林則徐題本 報銷道光十五年份江寧驛站應差沙船水手工食公費銀兩

道光十六年十月初二日

兵部侍郎兼都察院右副都御史署理兩江總督江蘇巡撫臣林則徐謹
題爲請銷沙船工食公費銀兩事竊據江寧布政
使楊簧署江蘇按察使積拉明阿護理江寧鹽
巡道善慶會詳稱江寧應差沙船每年應需水
手工食銀兩在於地丁裁扣銀內動用其每年
出差公費每船津貼加給銀兩在於裁船節省
工食銀內動支按年造冊報銷在案該江寧布
政使楊簧署江蘇按察使積拉明阿護理江寧
鹽巡道善慶會查得見留江寧應差沙船貳拾
隻道光拾伍年分額支各船頭原設加添工食
每船應給銀壹百肆拾肆兩貳拾船共銀貳千
捌百捌拾兩又加給公費每船銀拾伍兩貳拾

署理兩江總督林則徐題本 報銷道光十五年份江寧驛站應差沙船水手工食公費銀兩

道光十六年十月初二日

船共銀叁百兩貳共銀叁千壹百捌拾兩在於
江寧藩庫移遣放給各該船頭收領係動支宿
遷睢寧貳縣解道光拾肆年地丁款項造具款
冊詳送
題銷等情到臣據此該臣看得江寧驛站應差沙
船每年應需水手工食并加給公費銀兩例應
按年造冊報銷今據江寧布政使楊簧署江蘇
按察使積拉明阿護理江寧鹽巡道善慶會詳
查得見留沙船貳拾隻道光拾伍年分額支各
船頭原設加添工食每船應給銀壹百肆拾肆
兩貳拾船共銀貳千捌百捌拾兩又加給公費
每船銀拾伍兩貳拾船共銀叁百兩貳共銀叁

千壹百捌拾兩在於江寧藩庫移道放給各該
船頭收領係動支宿遷睢寧邳縣解道光拾肆
年地丁款項造冊詳送
題銷前來臣覆核無異除冊送部查核外臣謹會
同安徽巡撫兼提督銜臣色卜星額護理江蘇
巡撫印務蘇州布政使臣怡良合詞具
題伏乞
皇上聖鑒敕部核覆施行爲此具本謹題請
旨

署理兩江總督林則徐題本　報銷道光十五年份江寧驛站應差沙船水手工食公費銀兩
道光十六年十月初二日

道光十[illegible]兵部侍郎兼都察院右副都御史署理兩江總督江蘇巡撫臣林則徐

兵部侍郎兼都察院右副都御史署理兩江總督江蘇巡撫臣林則徐謹
題爲請銷沙船工食公費銀兩事該臣看得江寧
驛站應差沙船每年水手工食并加給公費銀
兩例應按年造冊報銷今據江寧布政使楊簀
等會詳見留沙船貳拾隻道光拾伍年分工食
共銀貳千捌百捌拾兩又加給公費銀叁百兩
貳共銀叁千壹百捌拾兩在於江寧藩庫移道
放給各船頭收領造冊詳
題前來臣覆核無異謹會
題
題請
旨

署理兩江總督林則徐題本 **請以朱錡陞署福山營遊擊並與陞署廟灣營遊擊黄琴對調**

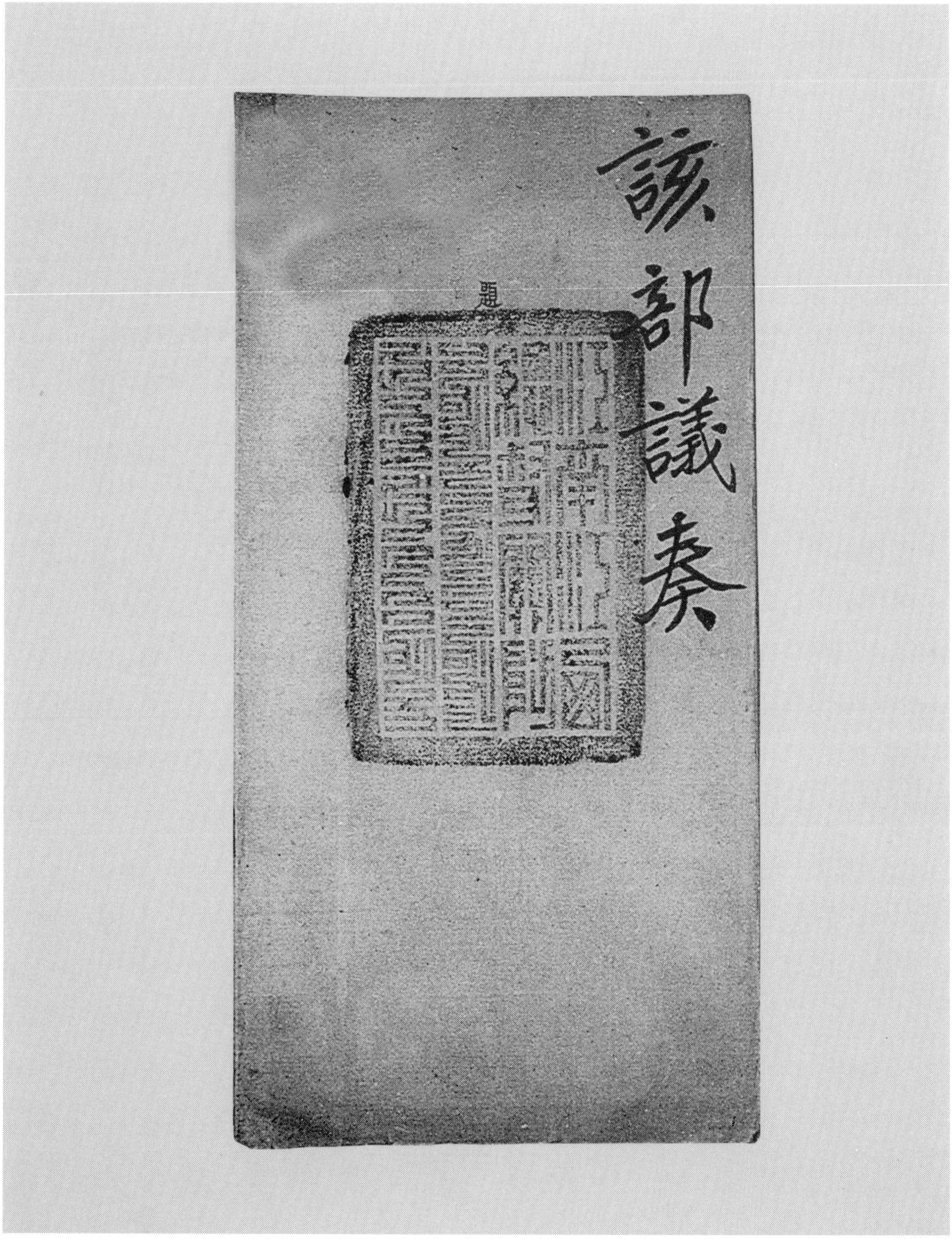

## 一七 署理兩江總督林則徐題本 請以朱錡陞署福山營遊擊並與陞署廟灣營遊擊黄琴對調

道光十六年十月初二日

兵部侍郎兼都察院右副都御史署理兩江總督江蘇巡撫臣林則徐謹
題爲題請陞調內河水師遊擊事竊照福山營遊
擊羅國仕推陞廣東肇慶水師營參將所遺福
山營遊擊員缺前經督臣陶澍請以京海營都
司趙雲炳陞署嗣趙雲炳於都司任內緝補懈
弛復經督臣陶澍
奏奉
上諭著以守備降補等因欽此所有福山營遊擊員
缺接准部咨仍令照例揀選題補等因到臣准
此該臣看得請陞福山營遊擊趙雲炳降爲守
備所遺遊擊駐劄常熟縣福山城堡地方係內
河水師題補之缺接准部咨行令選題例載內

## 一七　署理兩江總督林則徐題本　請以朱錡陞署福山營遊擊並與陞署廟灣營遊擊黄琴對調

道光十六年十月初二日

河水師缺出先儘歷俸貳年以上者揀選保題
實授如合例人員不敷保題准於未滿年限員
弁內揀選保題陞署仍俟扣滿貳年再行題請
實授等語臣查江省內河水師各都司內雖有
歷俸已滿之劉河營都司葉長清前於請陞遊
擊案內退回都司本任未便請陞其餘均係甫
經擊補題陞之員惟查有狼山鎮標左營都司
朱錡年伍拾肆歲常熟縣人由行伍遴拔太湖
左營千總陞補京口右營守備調補廟灣營守
備擊補今職於道光拾陸年正月內受劄旋經
督臣陶澍調署太湖左營都司於肆月到任該
員熟悉水師緝捕勤奮曾獲盜梟各犯雖歷俸

署理兩江總督林則徐題本 請以朱錡陞署福山營遊擊並與陞署廟灣營遊擊黃琴對調
道光十六年十月初二日

未滿貳年堪請陞署遊擊惟該員係常熟本籍
例應迴避查有陞署廟灣營遊擊黃琴年伍拾
柒歲通州人由行伍遴拔狼山鎮標左營千總
擬補原設劉河營守備改補京口左營守備洊
陞洪湖營都司因歷俸未滿陞署今職道光拾
肆年玖月到任拾伍年伍月接受署劄本年伍
月內經督臣陶澍
題請實授在案該員營務諳練巡緝克勤曾經疊
獲盜梟拒捕各犯與請陞福山營遊擊朱錡對
調均堪勝任於例亦屬相符合無仰懇
聖恩俯准將朱錡陞署福山營遊擊與陞署廟灣營
遊擊黃琴互相對調洵於水師營伍地方有裨

一七 署理兩江總督林則徐題本 請以朱錡陞署福山營遊擊並與陞署廟灣營遊擊黃琴對調

道光十六年十月初二日

朱錡仍俟扣滿歷俸照例另請實授如蒙
俞允黃琴係見任遊擊調補遊擊朱錡係引
見未滿叁年均遵例毋庸送部除查取履歷咨移部
科外臣謹會同江南河道總督臣麟慶江蘇提
督臣段琨合詞具
題伏乞
皇上聖鑒勅部議覆施行爲此具本謹題請
旨

## 一七　署理兩江總督林則徐題本　請以朱錡陞署福山營遊擊並與陞署廟灣營遊擊黃琴對調

道光十六年十月初二日

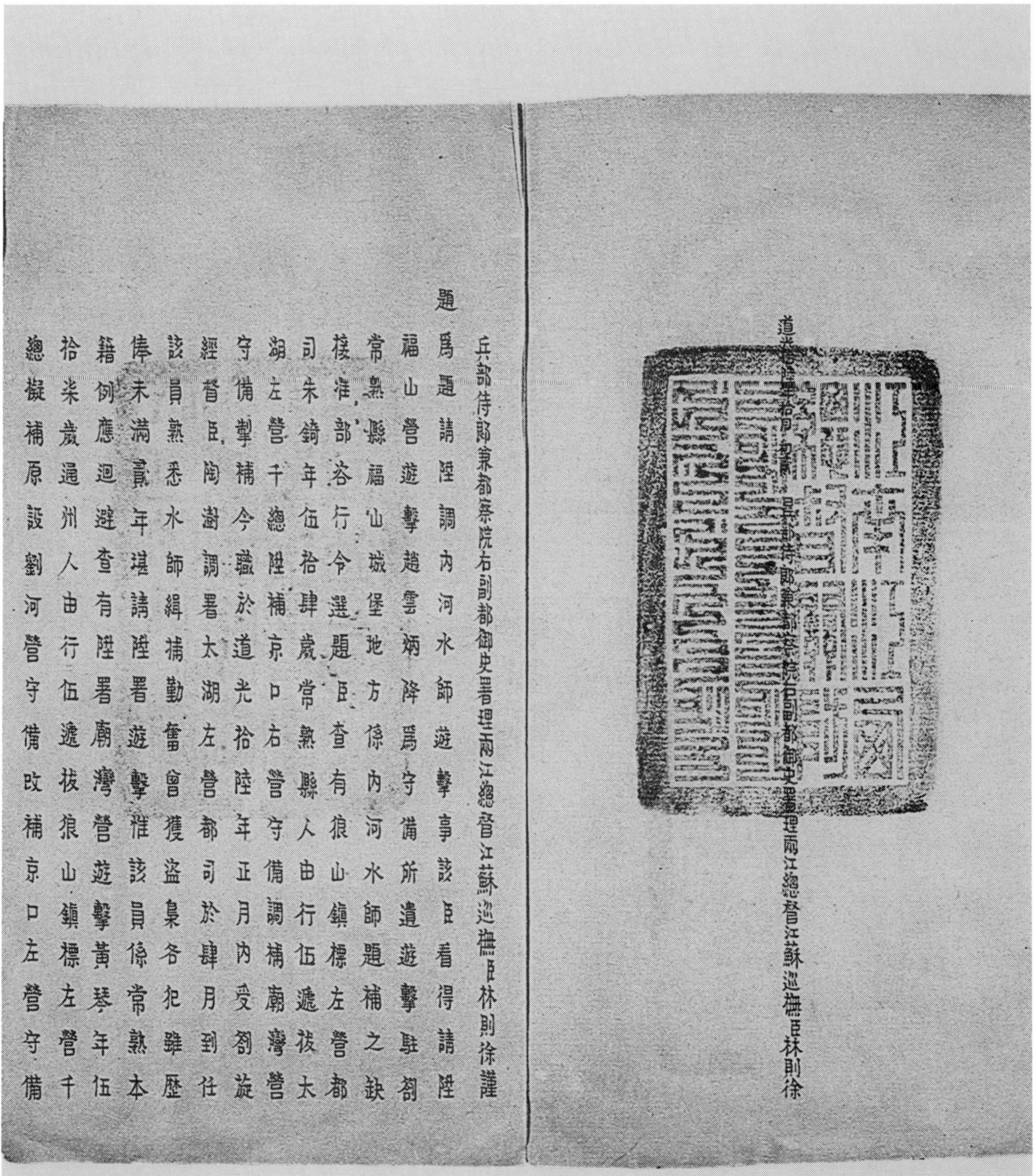
兵部侍郎兼都察院右副都御史署理兩江總督江蘇巡撫臣林則徐謹
題為題請陞調內河水師遊擊事該臣看得請陞
福山營遊擊趙雲炳降爲守備所遺遊擊駐劄
常熟縣福山城堡地方係內河水師題補之缺
接准部咨行令選題臣查有狼山鎮標左營都
司朱錡年伍拾肆歲常熟縣人由行伍遞拔太
湖左營千總陞補京口右營守備調補廟灣營
守備擊補今職於道光拾陸年正月內受劄旋
經督臣陶澍調署太湖左營都司於肆月到任
該員熟悉水師緝捕勤奮曾獲盜梟各犯雖歷
俸未滿貳年堪請陞署遊擊惟該員係常熟本
籍例應迴避查有陞署廟灣營遊擊黃琴年伍
拾柒歲通州人由行伍遞拔狼山鎮標左營千
總擬補原設劉河營守備改補京口左營守備

道光拾陸年拾月初貳日兵部侍郎兼都察院右副都御史署理兩江總督江蘇巡撫臣林則徐

## 一七　署理兩江總督林則徐題本　請以朱錡陞署福山營遊擊並與陞署廟灣營遊擊黄琴對調

道光十六年十月初二日

游陞洪湖營都司因歷俸未滿陞署今職道光
拾肆年玖月到任拾伍年伍月接受署劄本年
伍月内經督臣陶澍
題請實授在案該員營務諳練巡緝克勤曾經疊
獲盜梟拒捕各犯與請陞福山營遊擊朱錡對
調均堪勝任於例亦屬相符合無仰懇
聖恩俯准將朱錡陞署福山營遊擊與陞署廟灣營
遊擊黄琴互相對調洵於水師營伍地方有裨
朱錡仍俟扣滿歷俸照例另請實授如蒙
俞允黄琴係見任遊擊調補遊擊朱錡係引
見未滿叁年均遵例毋庸送部除查取履歷咨移部
科外臣謹會
題請
旨

署理兩江總督林則徐題本　**報銷道光十五年份江寧應差宣樓船工食公費銀兩**

該部察核具奏

題

署理两江总督林则徐题本 报销道光十五年份江宁应差宣楼船工食公费银两

道光十六年十月初二日



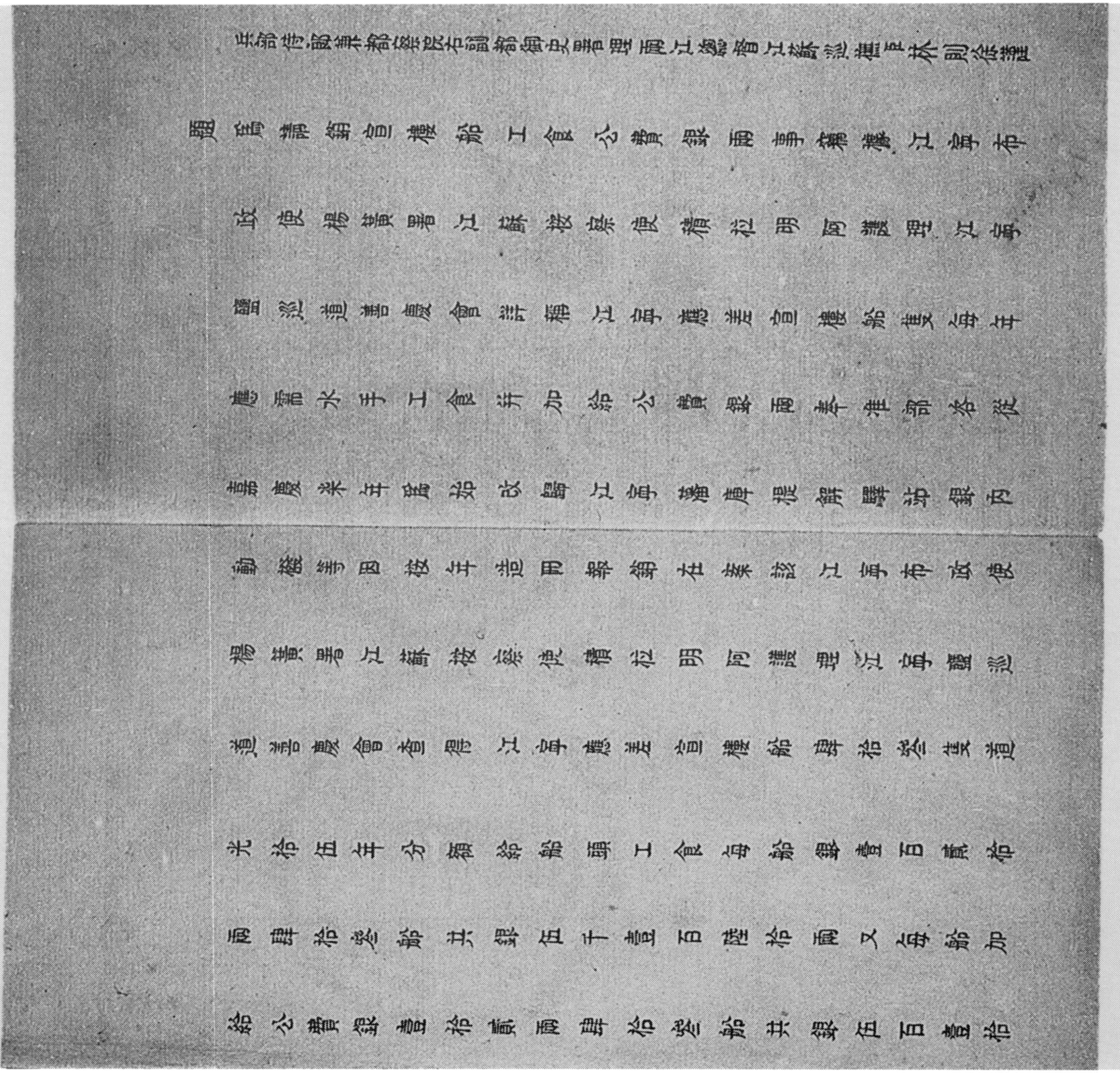
兵部侍郎兼都察院右副都御史署理兩江總督江蘇巡撫臣林則徐謹
題為請銷宣樓船工食公費銀兩事竊據江寧布
政使楊簧署江蘇按察使清裕明阿護理江寧
鹽巡道善慶會詳稱江寧應差宣樓船隻每年
應需水手工食并加給公費銀兩奉准部咨從
嘉慶柒年起始改歸江寧藩庫提解驛站銀內
動撥等因按年造冊彙銷在案該江寧布政使
楊簧署江蘇按察使清裕明阿護理江寧鹽巡
道善慶會查得江寧應差宣樓船肆拾叁隻道
光拾伍年分額給船頭工食每船銀壹百貳拾
兩肆拾叁船共銀伍千壹百陸拾兩又每船加
給公費銀壹拾貳兩肆拾叁船共銀伍百壹拾

署理兩江總督林則徐題本　報銷道光十五年份江寧應差宣樓船工食公費銀兩

道光十六年十月初二日

陸兩貳共銀伍千陸百柒拾陸兩經江寧藩司
照數動撥移道放給各該船頭收領理合造具
清冊詳送
題銷等情到臣據此該臣看得江寧省塲應差宣
樓船肆拾叁隻每年應需工食并加給公費銀
兩按准部咨從嘉慶柒年爲始改歸江寧藩庫
提解驛站銀內動撥等因按年造冊報銷在案
今據江寧布政使楊簧署江蘇按察使積拉明
阿護理江寧鹽巡道善慶會詳江寧應差宣樓
船肆拾叁隻道光拾伍年分額給船頭工食每
船銀壹百貳拾兩肆拾叁船共銀伍千壹百陸
拾兩又每船加給公費銀壹拾貳兩肆拾叁船

## 一七 署理兩江總督林則徐題本 報銷道光十五年份江寧應差宣樓船工食公費銀兩

道光十六年十月初二日

共銀伍百壹拾陸兩貳共銀伍千陸百柒拾陸
兩經江寧藩司照數動撥移道放給各該船頭
收領理合造具清冊詳送
題銷前來臣覆核無異除冊分送部道查核外臣
謹會同安徽巡撫兼提督銜臣色卜星額護理
江蘇巡撫印務蘇州布政使臣怡良合詞具
題伏乞
皇上聖鑒勅部議覆施行爲此具本謹題請
旨

## 一七　署理兩江總督林則徐題本　報銷道光十五年份江寧應差宣樓船工食公費銀兩

道光十六年十月初二日

道光拾陸年拾月初貳日　兵部侍郎兼都察院右副都御史署理兩江總督江蘇巡撫臣林則徐

兵部侍郎兼都察院右副都御史署理兩江總督江蘇巡撫臣林則徐謹
題爲請銷宣樓船工食公費銀兩事該臣看得江
寧省塢應差宣樓船肆拾叁隻今據江寧布政
使楊簧等會詳道光拾伍年分額給船頭工食
銀伍千壹百陸拾兩又公費銀伍百壹拾陸兩
共銀伍千陸百柒拾陸兩經江寧藩司照數移
道放給船頭收領造册詳送
題銷前來臣覆核無異謹會
題請
旨

署理兩江總督林則徐奏摺　**交部議叙謝恩**

奏

林則徐　謝議叙恩由

○

十月十六日

## 一七　署理兩江總督林則徐奏摺　交部議叙謝恩

道光十六年十月初三日

署兩江總督江蘇巡撫臣林則徐跪

奏為恭謝

天恩事竊臣會同河臣彙報霜降安瀾一摺欽奉

上諭陶澍林則徐麟慶俱著加恩交部議叙等因欽

此臣聞

命之下感愧難名伏念臣於本年七月署理督篆始

兼河務雖正值秋汛長水之時督飭修防不致

稍懈而距霜降僅止兩月實鮮涓滴微勞乃蒙

聖主格外鴻慈

備予一併議叙

恩施之下逮非夢想所敢期臣惟有倍竭駑駘隨事

認真辦理以冀仰答

生民。於第一昨於頭壩放過糧艘一千八十五隻之
後，復添委員弁迎提來後各幫催令跟蹤挽渡，
現在又啟第二壩。仰賴
聖主福庇，一切提挽灌放均臻穩順。臣現仍駐浦督催，
並將所獲兇棍吳當運等犯就近親提審辦。
至本年回空之渡黃較早，尤冀趁此勤加催攢，俾
皆速歸水次，早兑新漕，不任稍有滯延，以停
宸念。所有微臣慚感下忱，謹繕摺叩謝
天恩，伏乞
皇上聖鑒。謹
奏。

道光十六年十月十六日奉

旨知道了欽此

道光十六年十月初三日

署理兩江總督林則徐奏片　**夾片繕寫漏字自請察議**

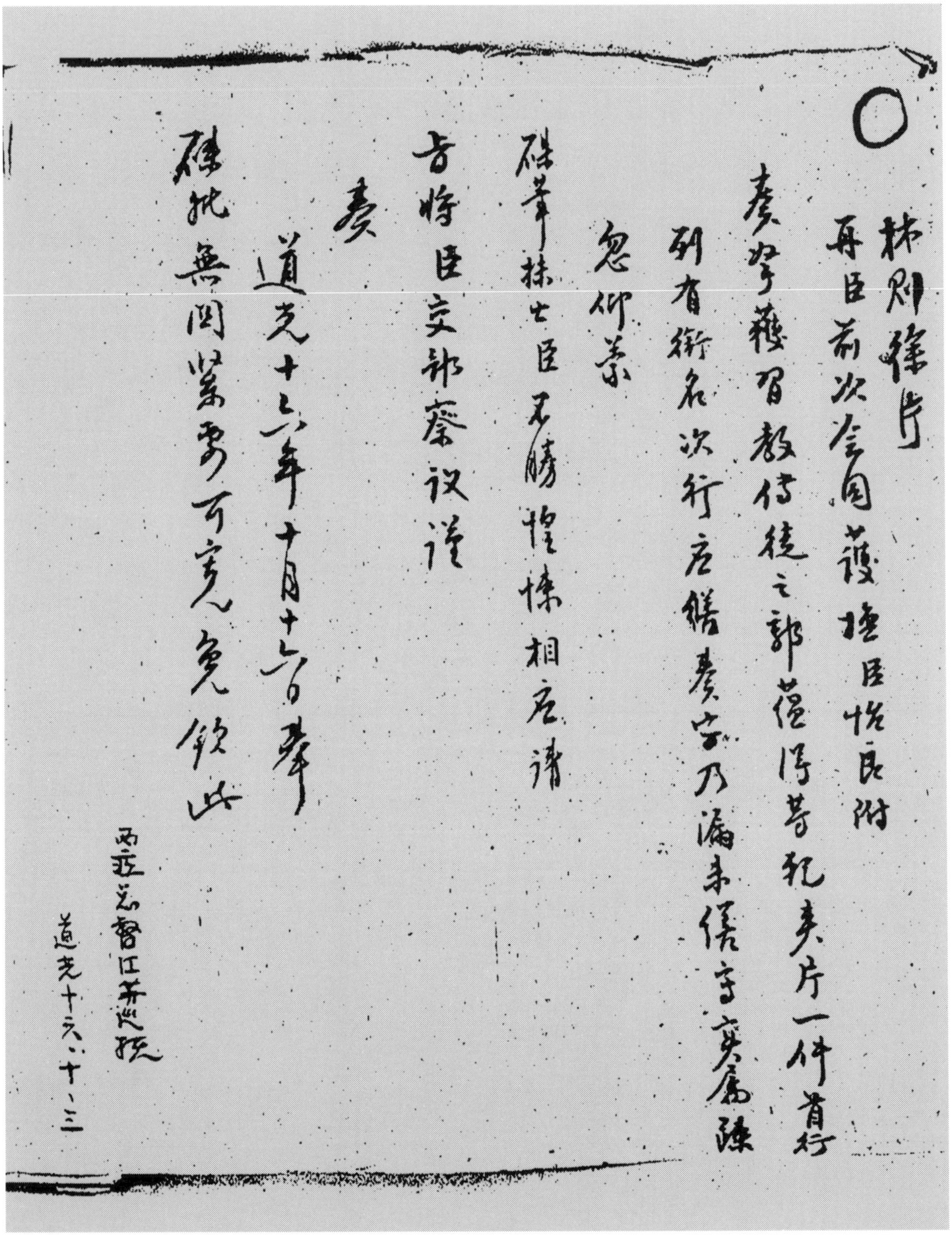
林則徐片
再臣前次會同護撫臣怡良附
奏拏獲習教傳徒之郭葆得等犯夾片一件首行
列有銜名次行應繕奏字乃漏未繕寫疏
忽仰蒙
硃筆抹去臣不勝惶悚相應請
旨將臣交部察議謹
奏
道光十六年十月十六日奉
硃批無關緊要可寬免欽此
兩江總督江蘇巡撫
道光十六、十、三

## 勘明海州分司板浦等場竈被水情形請分別緩徵錢糧

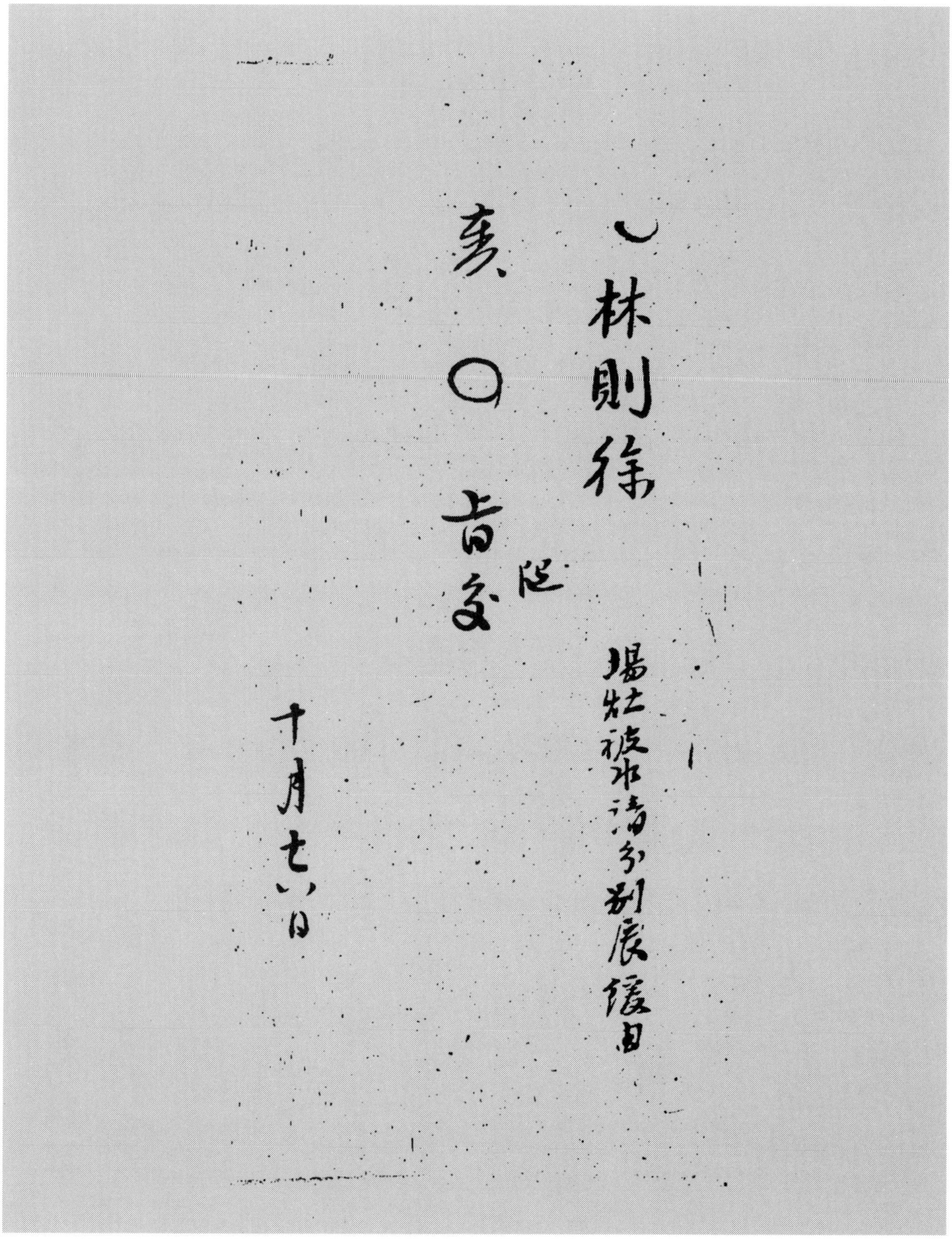
林則徐

奏○

旨

場灶被水請分別展緩由

十月十六日

## 一七　署理兩江總督林則徐奏摺　勘明海州分司板浦等場竈被水情形請分別緩徵錢糧

道光十六年十月初三日

署兩江總督管理兩淮鹽務江蘇巡撫臣林則徐跪

奏為勘明被水各場灶不致成災懇請緩徵錢糧

以紓灶力仰祈

聖鑒事竊照海州分司所屬板浦中正臨興三場坐

落海州境內本年入夏後大雨連綿並之東

省蒙沂山水下注滙歸場境宣洩不及除中

正場之中與富民兩疃地勢較高未經受淹

外其餘低窪池灘均被淹浸秋禾樸卧收柴

歉薄先據該分司等報告即批飭運司委員

確勘去後茲據兩淮鹽運使劉萬程暨署

淮海道江嶠會詳據署海州分司運判謝元

淮會同委員試用運判張若鐏稟稱勘得

署理兩江總督林則徐奏摺　勘明海州分司板浦等場竈被水情形請分別緩徵錢糧　道光十六年十月初三日

板浦場之東臨西臨西三新增四疃暨徐瀆歸
併之大義于公此猷三疃中正場之中正小浦東大
東辛四疃暨莞瀆歸併之頭二三四五等莊臨
興場之正場富安小防東官浦南北嶺子灶唐生
口興莊柘汪九疃被淹池蕩自八月以後高處
已可涸個復其低窪未涸者尚有十之四五積
水自一二寸至三四寸不等所種秋禾雜糧除高處
收成五分有餘外其被淹之處雖屬勘不成災
惟該三場為濱海積歉之區半資曬掃為
業現在未涸鹽池久浸水中俟涸出之後尚需
撈刮整理方能起曬而已逾旺產之候鹽
花歸土生計維艱秋糧又復歉收灶情殊形困

一七 署理兩江總督林則徐奏摺 勘明海州分司板浦等場竈被水情形請分別緩徵錢糧

道光十六年十月初三日

若請將應征新舊折價各款分別展緩等情，由司会詳請

奏前來。臣查淮北三場地處海濱，向來本多積歉，若復鹽池被水，場地歉收，灶戶踴躍情形已據該司道分飭場委各員会勘屬實，除中正場之中興富民二疃[illegible]收照常催征毋庸議外，所有海州分司所屬板浦、臨興二場並中正場之中正、小浦、東大、東辛四疃，鹽莞漬歸併之頭二三四五等莊均屬勘不成災，相應仰懇

天恩，將本年壓徵道光十五年分折價，因本年麥熟後應行啟徵之道光十五年壓徵十四年分折價各款均照例緩至來年麥熟後分

别徵收其本年應徵道光十六年分新賦折
價俟至來年秋後啟徵所有應帶各年舊欠
折價自新料併請一律推展按年帶徵一年由
遠而近俾濱海窮灶不致十分拮据感沐
皇仁實無既極除飭造具各場俟徵新舊折價
銀數冊結同勘不成災印結另行辦理外謹
會同兼理江蘇巡撫臣怡良合詞恭摺具
奏伏乞
皇上聖鑒謹
奏
道光十六年十月十六日奉
硃批欽此

一七

署理兩江總督林則徐奏摺　勘明海州分司板浦等場竈被水情形請分別緩徵錢糧

道光十六年十月初三日

十月初三日

署理兩江總督林則徐奏摺

江寧省塢宣樓船應屆輪修請於江寧藩庫雜項銀內動給興辦

奏
林則徐
十月十六日

## 一七　署理兩江總督林則徐奏摺　江寧省塢宣樓船應屆輪修請於江寧藩庫雜項銀內動給興辦

道光十六年十月初三日

署兩江總督江蘇巡撫臣林則徐跪

奏為驛站船隻應屆輪修循例奏祈

聖鑒事竊照估修驛站差船例應核實勘驗專摺具

奏茲據署江蘇按察使裕拉明阿兼理江寧鹽巡

道善慶會詳稱江寧省塢刘永青等應差宣樓

船共十只內輪屆中修者三船大修者六船拆

造者一船查明均已逾限委據江寧府江防同

知周維新逐船勘驗經該設道親詣覆勘或船

身朽坏或縫口酥裂必須分別修整并據該設

道以前項宣樓船只專供滇省每年加運一二

起京銅并江西木觧毛竹及攙觧漕河餉銀等

項差使往前出差之船循去环來依限回塢近

年河道阻滯守候讓漕往返需時動輒一二年
方能回塢届當修造之期若不趕修恐致各船
承應且京銅毛竹餉鞘差使不能停緩起運難
在停工期內歷經奏准修造應以成案估計銀
兩動款辦理詳請具
奏前來臣查京銅攸關鼓鑄餉銀係屬要需均不
容稍事遲緩此項宣樓船只係為承運京銅餉
鞘要差而設實屬刻不可緩之工所有届應輪
修十船共估需銀一千一百七十九兩三錢四分
九厘核與款編工料銀數相符查前准部
咨修造駟站船隻應在雜項銀內動給相應
奏明將前項應修十船在於江寧藩庫雜項銀內

動給興辦以資承應銅餉等項要差碍得各
船上届完工日期并估銀細數另繕清单恭呈
御覽除俟部覆至日將冊造送部查覈外謹恭摺具
奏伏乞
皇上聖鑒謹
奏
道光十六年十月十六日奉
硃批工部議奏单併發欽此
十月初三日

署理兩江總督林則徐清單

## 江寧省塢應差驛站船隻上届完工日期及估需工料銀數

謹將江寧省塢應差驛站船隻上屆完工日期及估需工料銀兩細數敬繕清單恭呈

御覽

一江寧省塢宣樓船頭劉永青劉國祥李承業三船上屆小修係於道光十三年五月二十六日完工現屆中修每隻估需銀七十三兩三錢七分共銀二百二十兩一錢一分

一張懷王國福楊萬臣胡永福單長春張萬齡更名孫其祥六船上屆中修係於道光十三年五月二十九日完工現屆大修每隻估需銀一百二十三兩六錢二分四釐共銀七百四十一兩七錢四分四釐

一周宗仁一船上屆大修係於道光十三年六月初四日完工現屆拆造估需銀二百一十七兩四錢九分五釐

以上十船共估需工料銀一千一百七十九兩三錢四分九釐

覽

## 查參江寧道光十六年上半年辦理京控咨交案件提解遲延職名

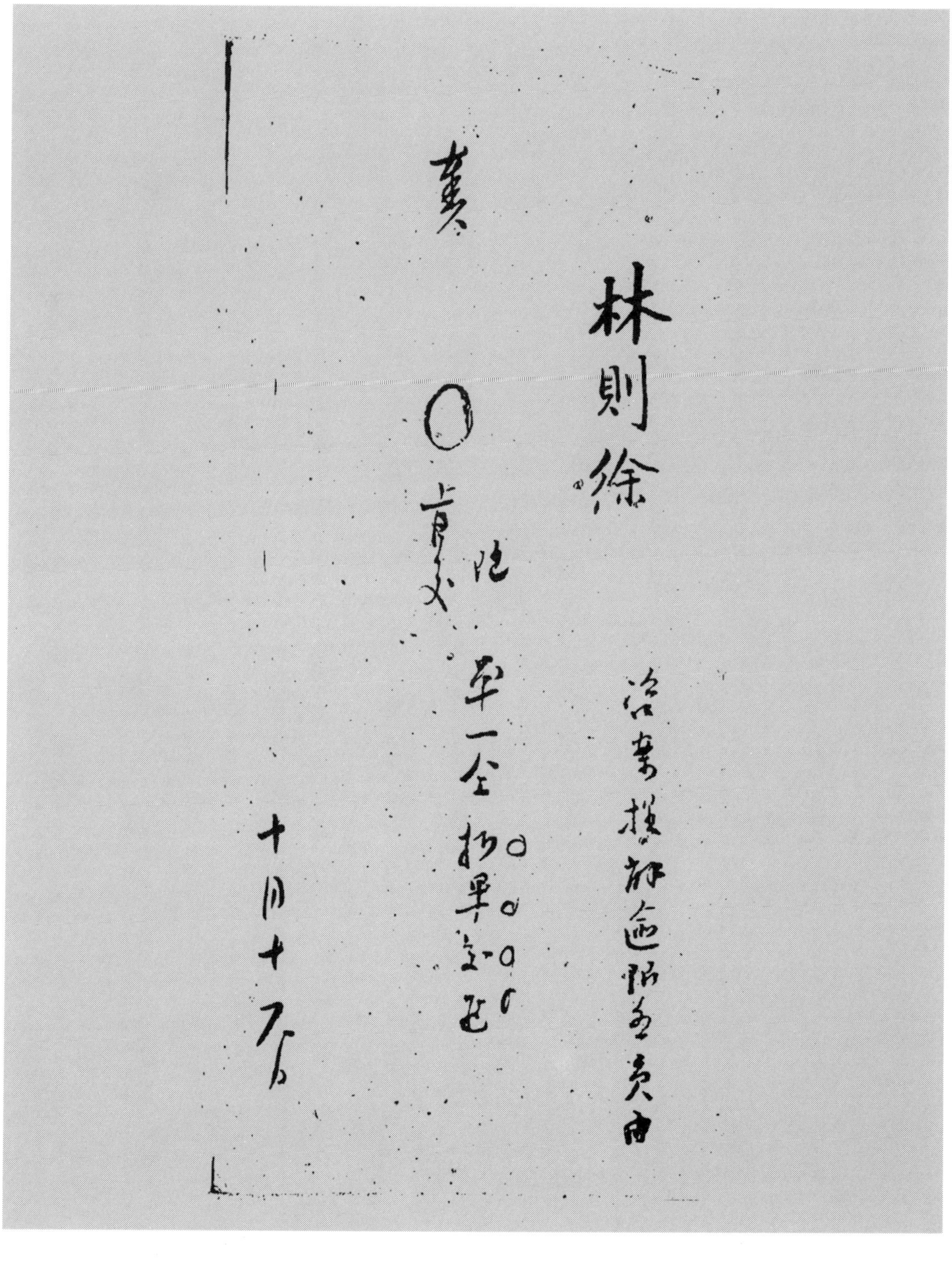

林則徐
奏
十月十六

## 一七　署理兩江總督林則徐奏摺　查參江寧道光十六年上半年辦理京控咨交案件提解遲延職名

道光十六年十月初三日

署兩江總督江蘇巡撫臣林則徐跪

奏為查明京控咨交案件提解遲延職名循例恭

摺彙奏請

旨交部議處事竊照京控咨交案件由各督撫

查照刑部清單由各該司核對審結分屆半年

將已逾例限案件開單具奏開具職名交部

議處等因歷准部咨欽遵

諭令嗣後分屆彙奏務即查取職名附案議處遲延即

核實咨參不得藉以程解遲延為詞致避重就

輕情弊等因欽此茲屆本年彙參之期則據江寧

布政使楊簧查明開報前來臣查上次截至道

光十五年十二月底止共有未結咨交案件不能

一七

署理兩江總督林則徐奏摺　查參江寧道光十六年上半年辦理京控咨交案件提解遲延職名
道光十六年十月初三日

又續准咨查五起先後共計十一起均經示諭各因
遵以程人吳富樅詳稱溧陽縣民婦孀婦仇猺
氏叩稱縣民張沈元等溧縣民石帝富等三起已據
先後審擬詳解程勘核咨並聲請計截至遵
十六年六月底止其有未結咨案八起內查太湖
縣革丁李鳴又遠控縣民胡金玉鄭樹生沈和
菴江都縣民湯利川同安縣南康縣民吳式偁
無錫縣職員唐保甘七案或因補提人證尚須
與訊或有緊要案以程人犯未到尚未屆限現
在嚴審均無遲延應俟下屆查辦時另以計限
和縣憖睢寧縣民吳士志丁第單提咨部屆
限上屆彙入案奏仍程解遲延應再無例查

## 一七　署理兩江總督林則徐奏摺　查參江寧道光十六年上半年辦理京控咨交案件提解遲延職名

道光十六年十月初三日

奏請將應否戳名開列清單請

交吏部議處以昭懲儆除飭各道趕緊催提

勘辦速審依限詳咨不任稍有延宕以仰副

聖主息訟安民之至意所有查明參核咨交案件

提解遲延緣由理合循例彙摺具

奏伏乞

皇上聖鑒謹

奏

道光十六年十月十六日奉

硃批　欽此

十月初三日

上諭　著准林則徐所請暫停分發江蘇佐雜人員

道光十六年十月初五日内閣奉
上諭林則徐等奏佐襍人員壅滯請暫停分發一摺
江蘇省試用佐襍人數過多著吏部即將捐納布
政司理問布政司庫大使府經歷縣丞府知事縣
主簿州吏目從九品未入流九項人員暫停分發
江蘇俟各班漸次疏通再行報部分發欽此

上諭　著陶澍林則徐體察新漲沙地情形籌畫辦理

軍機大臣　字寄
兩江總督陶　署兩江總督江蘇巡撫林　道光
十六年十月初七日奉
上諭有人奏江蘇省新漲沙地官産民業轇轕不清
該省大吏先後查辦互異以致續經新漲之地概
未升科等語此項新漲沙地如果有礙水道或即
鏟除如寔於水道無礙即應照例准人承買何以
懸宕數年尚無一定辦理章程著陶澍林則徐體
察情形籌畫盡善務使民有樂利國課無虧不必
因有人陳奏遂存附會之見亦不可畏難不辦互
存觀望之心原摺著鈔給閱看將此各諭令知之
欽此遵

一七

上諭 著陶澍林則徐體察新漲沙地情形籌畫辦理

道光十六年十月初七日

旨寄信前來

署理兩江總督林則徐等奏摺 **奏報回空二進漕船渡黃完竣日期**

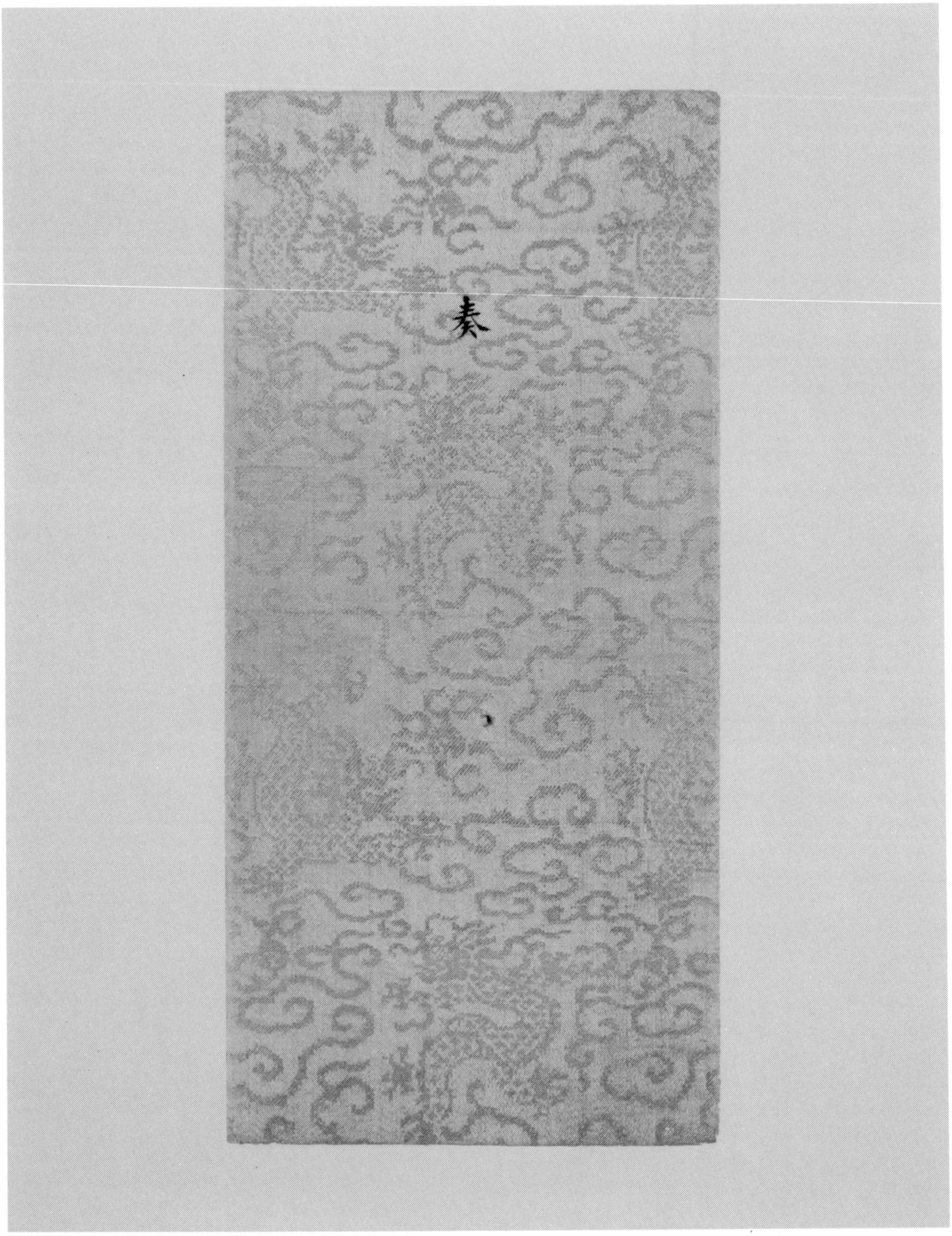

署理兩江總督林則徐等奏摺　奏報回空二進漕船渡黃完竣日期

道光十六年十月初七日

署理兩江總督臣林則徐
江南河道總督臣麟慶　跪

奏為回空二進漕船渡黃完竣日期循例由驛具
陳仰祈
聖鑒事竊臣等前將回空首進漕船並二進在前各
幫渡黃日期恭摺奏
聞在案隨即添派員弁迎提北運河未到軍船跟綜
南下一面先令雲南委員劉沛霖嚴良袠貴州
委員曹敦錡李恒泰王兆俊等領運銅鉛船五
起共船五十五隻入塘排泊趕將臨清堰堵閉
堅實復查北岸續到軍船積有成數當於本月
初三日臣等同駐河口飭啟臨黃堰將塘內銅
鉛船隻儹放北渡趕提軍船循序入塘至初六

日將二進之淮安頭起至松江白糧幫止計二
十八幫全數灌渡又將三進在前之杭嚴三等
三幫一併挽入塘河統共船一千二百七十四
隻立堵臨黃堰啟拆臨清堰催令銜尾南下此
後計尚有船一千一百餘隻惟聞東省水勢稍
弱刻須按閘套塘陸續前進臣等現已嚴飭沿
途文武員弁一俟到境併力督催以期及早渡
竣所有回空二進漕船渡黃完竣日期謹合詞
恭摺循例由驛具
奏伏乞
皇上聖鑒再現在外南廳順黃壩誌樁存水三丈七
尺二寸高堰廳洪澤湖誌樁存水一丈四尺九

寸除將山盱智壩堵合外隨又飭將新義河頭
於九月十九日堵閉其新信壩現亦興堵以節
湖瀦合併陳明謹
奏

知道了

道光十六年十月　初七　日

## 上諭 著陶澍林則徐確查江寧知府善慶負欠京債情形

軍機大臣 字寄
兩江總督陶 署兩江總督江蘇巡撫林
道光十六年十月初八日奉
上諭有人奏江寧府知府善慶負欠京債累至五萬餘兩本年陶澍據控咨行順天府提取京城恒太成帳局之王允恭張克昌等赴江質訊應從重究辦等語奸商重利盤剥久干例禁知府有表率之責負債既多又安望其潔已奉公簠簋自飭著陶澍林則徐確切查明善慶所欠京債共有若干兩其王允恭張克昌等曾否提到嚴加審訊治以應得之罪至該府任内如有侵帑剥民情事著該督等即確查嚴參毋稍容隱並將現在審辦情形據

实具奏將此諭令知之欽此遵
旨寄信前來

## 上諭　林則徐等奏保南河在工出力人員著予議叙加賞

道光十六年十月十四日內閣奉
上諭林則徐等奏遵旨酌保在工尤為出力人員一
摺本年南河黃水節次增長險工疊出經各該道
等董率趾防搶辦悉臻穩固據該署督等擇其尤
為出力者開單呈覽自應量予恩施副將銜河營
叅將張兆著交部從優議叙淮揚道李國瑞徐州
道王廷彥署淮揚遊擊陳三貴淮徐遊擊劉橚坐
補淮安府知府恩齡均著交部議叙護理淮海道
事知府銜裏河同知江瀚著以沿河知府酌量升
用銅沛廳同知田寶裔中河廳通判晏晉海安廳
通判孫德坦銅山縣知縣楊鴻彬宿北河營守備
李本珠河標中營千總朱得志均著賞加升銜大

挑知縣借補海州州同羅登瀛借補通州州判張
書紳均著遇有知縣缺出不論繁簡儘先調補華
右營守備張如玉安東縣縣丞沈樹基均著以應
升之缺即行升用署碭山縣事江蘇大挑知縣王
會圖山盱防汛安徽候補縣丞黃茂均著各按地
方本班儘先補用以示鼓勵該部知道欽此

署理兩江總督林則徐題本　題報兩淮解兑甘肅兵餉銀情形

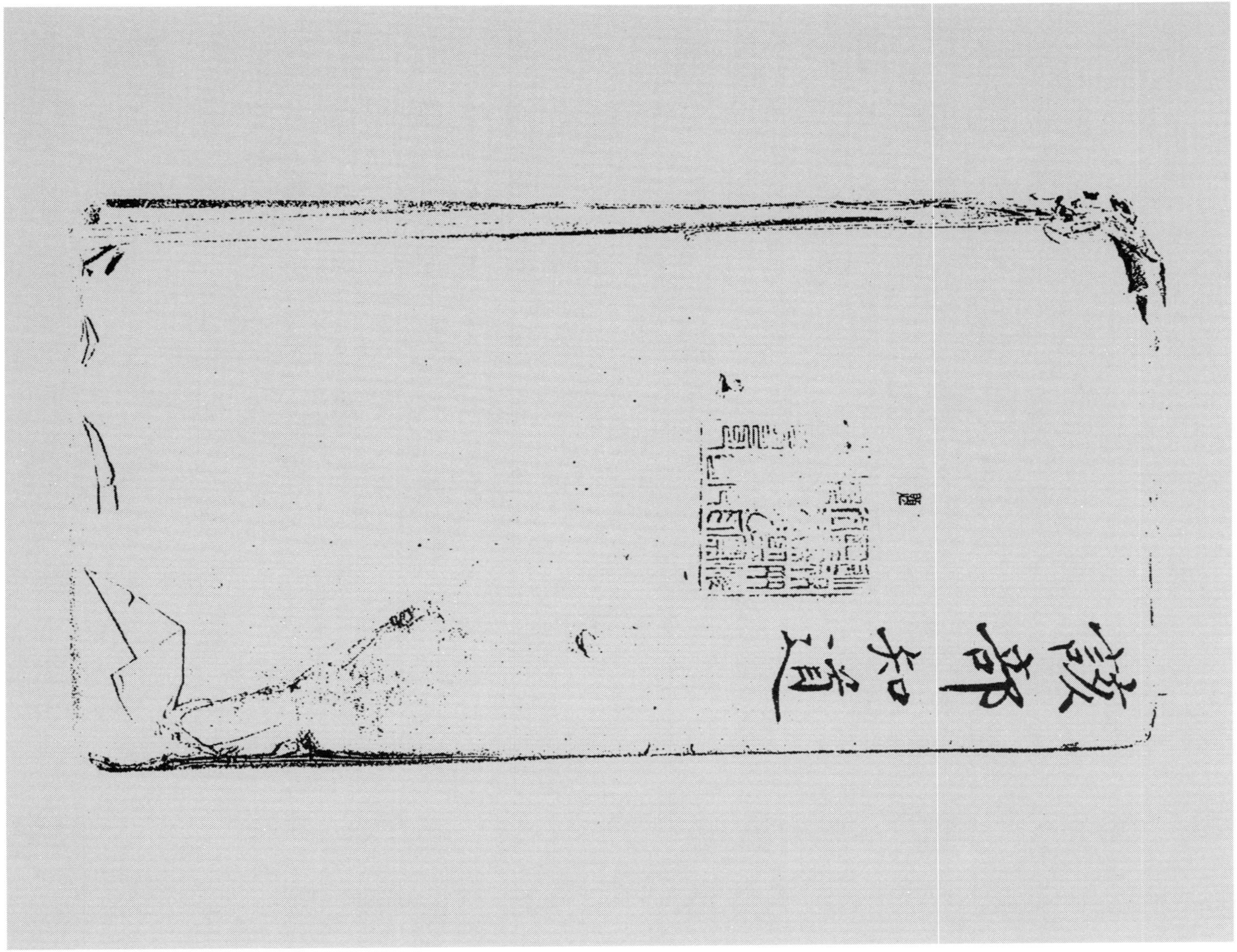

## 一七

### 署理兩江總督林則徐題本 題報兩淮解兌甘肅兵餉銀情形

道光十六年十月十四日

兵部侍郎兼都察院右副都御史署理兩江總督管理兩淮鹽務江蘇巡撫臣林則徐謹

題爲酌撥事據兩淮鹽運使劉萬程詳稱奉兩江

總督牌開道光拾伍年拾貳月貳拾玖日准戶

部咨

題准動撥兩淮丙申年應報鹽課銀肆拾肆萬伍

千壹百柒兩伍錢壹分叁釐壹毫柒絲伍忽行

令解交甘肅以供官兵俸餉之用等因奉此遵

即照數動撥分批起解内頭批銀伍萬兩差委

兩淮試用大使方成珮領解於道光拾陸年陸

月初肆日起程第貳批銀伍萬兩差委試用大

使趙廣在領解於陸月初柒日起程第叁批銀

伍萬兩差委試用庫大使牛澇領解於陸月初

署理兩江總督林則徐題本 題報兩淮解兑甘肅兵餉銀情形
道光十六年十月十四日

拾日起程第肆批銀伍萬兩差委試用經歷方
文藻領解於陸月拾肆日起程第伍批銀玖萬
兩差委試用運判吳應奎領解於柒月初拾日
起程第陸批銀伍萬貳千兩差委試用知事曹
廷福領解於柒月拾貳日起程第柒批銀伍萬
貳千兩差委試用庫大使周錕領解於柒月拾
肆日起程第捌批銀伍萬壹千壹百柒兩伍錢
壹分肆釐差委試用經歷胡金耀領解於柒月
拾柒日起程均經解赴陝甘總督衙門交兑理
合造具款册詳送敍
題等情到臣據此臣覆覈無異除將銀款册分送
戶部都察院外臣謹恭疏具

署理兩江總督林則徐題本 題報兩淮解兑甘肅兵餉銀情形
道光十六年十月十四日

題伏乞

皇上聖鑒勅部查覈施行爲此具本謹題請

旨

道光拾陆年拾月拾肆日兵部侍郎兼都察院右副都御史署理兩江總督管理兩淮鹽務江蘇巡撫臣林則徐

## 一七　署理兩江總督林則徐題本　題報兩淮解兌甘肅兵餉銀情形

道光十六年十月十四日

兵部侍郎兼都察院右副都御史署理兩江總督管理兩淮鹽務江蘇巡撫臣林則徐謹
題爲酌撥事據兩淮鹽運使劉萬程詳稱奉兩江
總督牌開准戶部咨
題准動撥兩淮應報丙申年鹽課銀肆拾肆萬伍
千壹百柒兩零解交甘肅省以供官兵俸餉之
用等因奉此遵即照數動撥分批起解差委兩
淮試用大使方成珮等領解於道光拾陸年陸
月初肆等日起程均經解赴陝甘總督衙門交
兌造冊詳送覈
題等情到臣據此臣覆覈無異除冊送部院外臣
謹恭疏具
題伏乞
皇上聖鑒勅部查覈施行爲此謹題請
旨

# 上諭　林則徐奏海州分司板浦等場錢糧著准緩徵

道光十六年十月十六日内閣奉
上諭林則徐奏請將被水各場竈應徵錢糧按年展
緩一摺江蘇海州分司所屬各場地處海濱向多
積歉茲據署督查明板浦臨興等場盐池蕩地本
年入夏以後又復被水歉收自應酌予調劑加恩
著照所請所有海州分司所屬板浦臨興二場並
中正場之中正小浦東大東辛四疃暨莞瀆歸併
之頭二三四五等莊本年壓徵道光十五年分折
價同本年麥熟後應行啟徵之道光十五年壓徵
十四年分折價錢糧均著緩至來年麥熟後分別徵
收其來年壓徵道光十六年分新賦折價著緩至
來年秋後啟徵至應帶各年舊欠折價錢糧並著

一律推展拖年帶徵一年以紓丁力該署督即刊
刻謄黃徧行曉諭務使實惠及民毋任吏胥舞弊
用副朕軫恤竈丁至意該部知道欽此

## 上諭　林則徐所參王墫易卓梅著交部議處

道光十六年十月十六日内閣奉
上諭林則徐奏京控咨交案件提解遲延各員請交
部議處一摺江蘇前代理睢寧縣事豐縣縣丞王
墫現任睢寧縣知縣易卓梅俱著交部議處單併
發欽此

署理兩江總督林則徐題本　**報銷江蘇安徽兩省道光十五年份各標營兵丁紅白賞恤銀數**

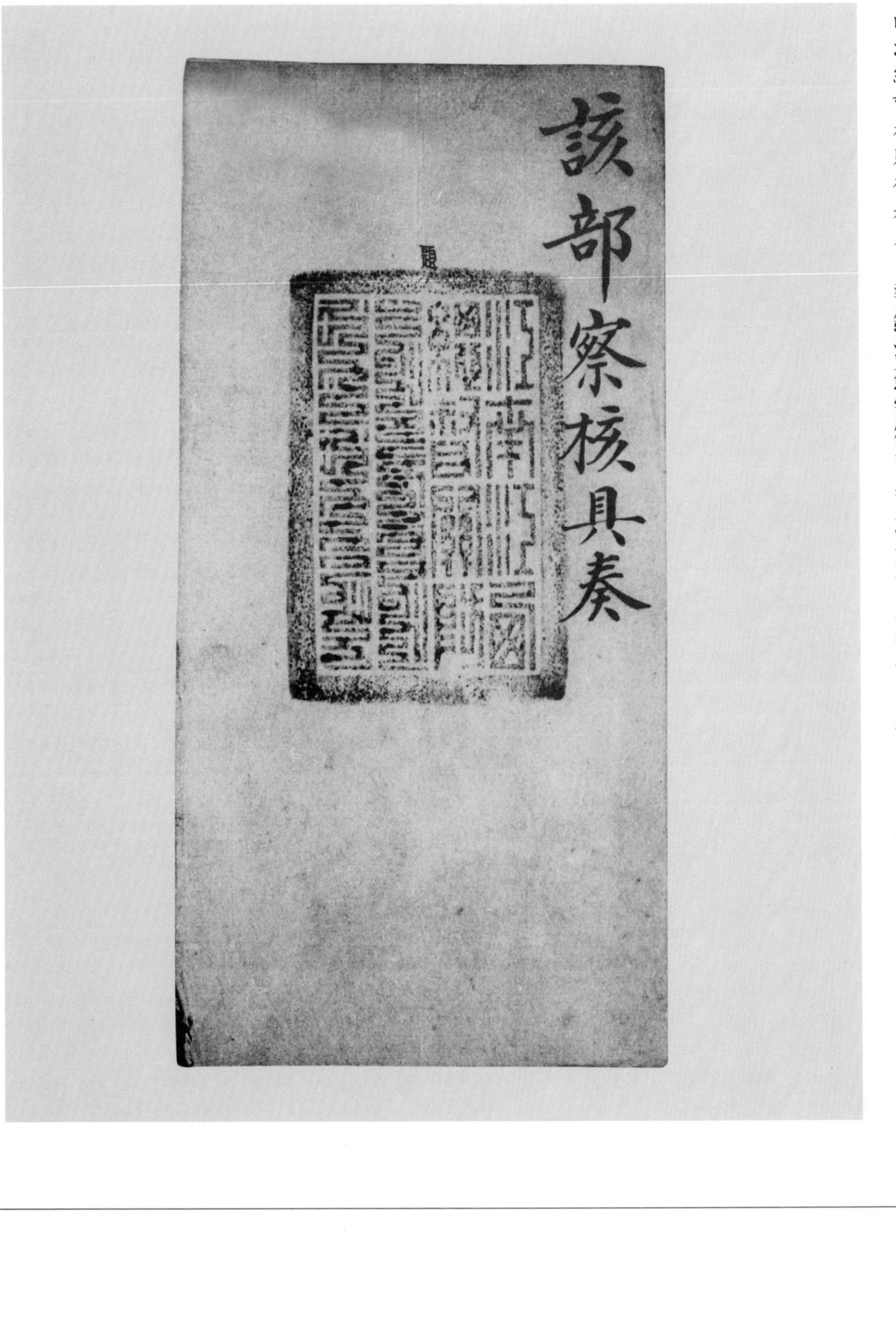

## 一七 署理兩江總督林則徐題本 報銷江蘇安徽兩省道光十五年份各標營兵丁紅白賞恤銀數

道光十六年十月二十一日

兵部侍郎兼都察院右副都御史署理兩江總督江蘇巡撫臣林則徐謹
題爲傳付事道光拾陸年玖月拾陸日據江寧布
政使楊簧署安徽布政使周天爵前署蘇州布
政使裕謙會詳稱奉准户部咨乾隆肆拾陸年
捌月拾伍日奉
上諭各省行伍賞恤兵丁紅白銀兩自乾隆肆拾柒年
爲始俱著於正項支給造册報部核銷等因欽此欽
遵在案該江寧布政使楊簧等會查得上下江
各標營兵丁紅白賞恤銀兩原動裁兵空糧欽
奉
諭旨從乾隆肆拾柒年爲始改動正項銀兩所有道光
拾肆年分賞恤報銷案内計共餘剩銀柒百捌

## 一七 署理兩江總督林則徐題本 報銷江蘇安徽兩省道光十五年份各標營兵丁紅白賞恤銀數

道光十六年十月二十一日

拾叁兩玖錢捌分叁釐已准各營繳還司庫報
撥外今道光拾伍年分上下江各標營共收叁
藩司撥屬解地丁銀貳萬玖千柒百肆拾柒兩
肆錢捌分叁釐開除賞恤過各標營兵丁紅白
事件銀貳萬伍千捌百肆拾玖兩實存餘剩銀
叁千捌百玖拾捌兩肆錢捌分叁釐内江寧藩
司所屬餘存銀壹千壹百肆拾壹兩安徽藩司
所屬餘存銀伍百捌拾肆兩肆錢捌分叁釐蘇
州藩司所屬餘存銀貳千壹百柒拾叁兩以上
餘剩銀兩内蘇屬已於道光拾陸年春撥秋撥
户屬估輸案内造報其餘銀兩統於下屆估輸
案内報撥外相應照造清冊并彙結遇省總冊

詳請具
題再此案報銷例於陸月內詳
題緣蘇藩司查辦交代是以不克副限其各營奉
刪兵丁繼妻子嗣病故兩項恤賞銀兩業遵刪
除造報等情到臣據此該臣看得上下江通省
各標營兵丁紅白賞恤銀兩原動裁兵空糧款
奉
諭自從乾隆肆拾柒年爲始改動正項銀兩今據江寧
布政使楊簣等會詳道光拾伍年分上下江各
標營共收叁藩司撥屬解地丁銀貳萬玖千柒
百肆拾柒兩肆錢捌分叁釐開除賞恤通各標
營兵丁紅白事件銀貳萬伍千捌百肆拾玖兩

## 一七　署理兩江總督林則徐題本　報銷江蘇安徽兩省道光十五年份各標營兵丁紅白賞恤銀數

道光十六年十月二十一日



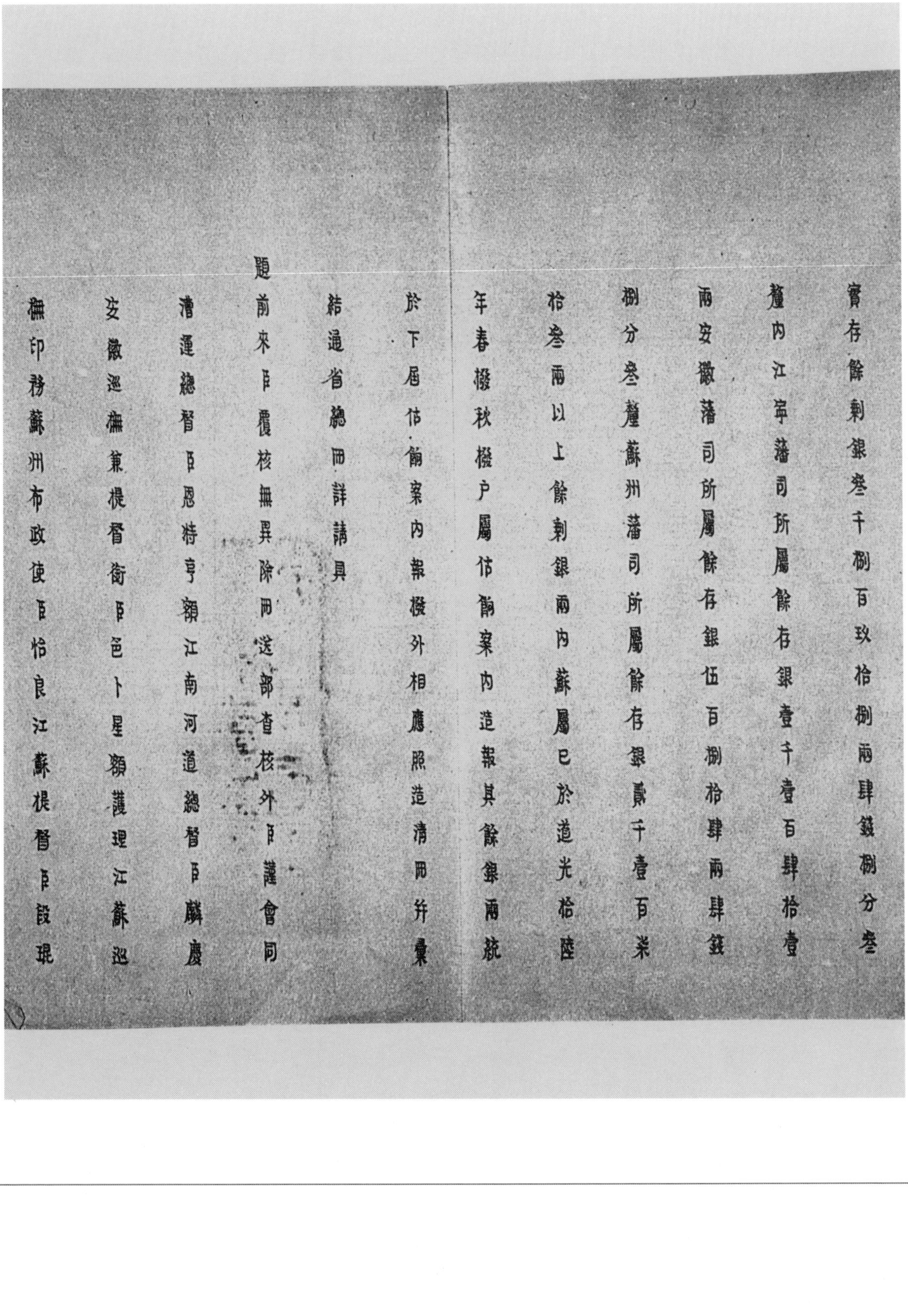

實存餘剩銀叁千捌百玖拾捌兩肆錢捌分叁
釐內江寧藩司所屬餘存銀壹千壹百肆拾壹
兩安徽藩司所屬餘存銀伍百捌拾肆兩肆錢
捌分叁釐蘇州藩司所屬餘存銀貳千壹百柒
拾叁兩以上餘剩銀兩內蘇屬已於道光拾陸
年春撥秋撥戶屬估餉案內造報其餘銀兩統
於下屆估餉案內報撥外相應照造清冊并彙
結通省總冊詳請具
題前來臣覆核無異除冊送部查核外臣謹會同
漕運總督臣恩特亨額江南河道總督臣麟慶
安徽巡撫兼提督銜臣色卜星額護理江蘇巡
撫印務蘇州布政使臣怡良江蘇提督臣段琨

一七 署理兩江總督林則徐題本 報銷江蘇安徽兩省道光十五年份各標營兵丁紅白賞恤銀數 道光十六年十月二十一日

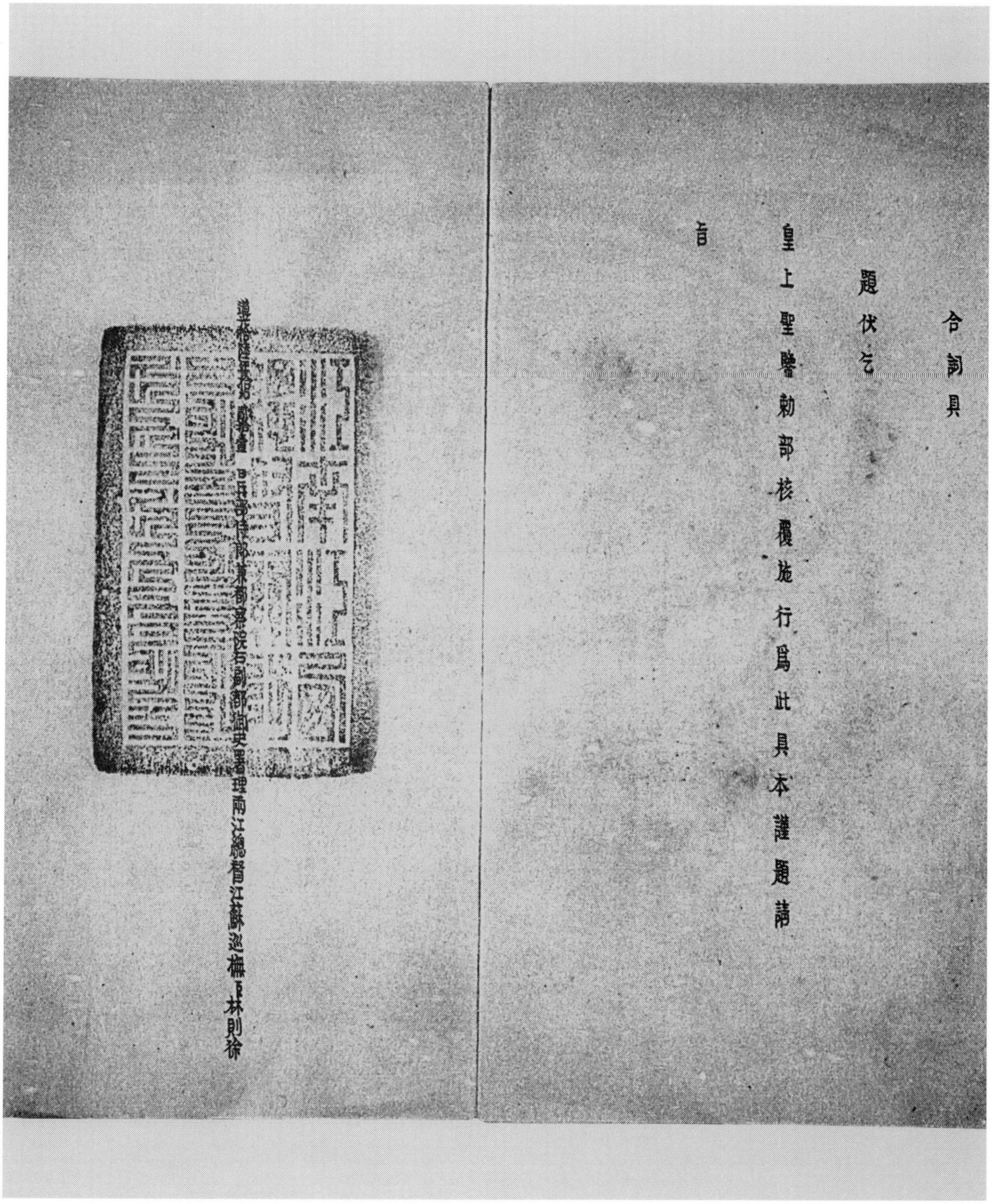
合詞具
題伏乞
皇上聖鑒勅部核覆施行爲此具本謹題請
旨
道光拾陸年拾月貳拾壹日兵部侍郎兼都察院右副都御史署理兩江總督江蘇巡撫臣林則徐

## 一七 署理兩江總督林則徐題本 報銷江蘇安徽兩省道光十五年份各標營兵丁紅白賞恤銀數

道光十六年十月二十一日

兵部侍郎兼都察院右副都御史署理兩江總督江蘇巡撫臣林則徐謹

題爲傳付事該臣看得上下江通省各標營兵丁

紅白賞恤銀兩原動裁兵空糧欵奉

諭旨從乾隆肆拾柒年爲始改動正項銀兩今據江寧

布政使楊簧等會詳道光拾伍年分上下江各

標營共收叁藩司撥屬解地丁銀貳萬玖千柒

百肆拾柒兩肆錢捌分叁釐開除賞恤過各標

營兵丁紅白事件貳萬伍千捌百肆拾玖兩實

存餘剩銀叁千捌百玖拾捌兩肆錢捌分叁釐

內江寧藩司所屬餘存銀壹千壹百肆拾壹兩

安徽藩司所屬餘存銀伍百捌拾肆兩肆錢捌

分叁釐蘇州藩司所屬餘存銀貳千壹百柒拾

叁兩以上餘剩銀兩內蘇屬已於道光拾陸年

春撥秋撥户屬估餉案內造報其餘銀兩歸於

下屆估餉案內報撥外造冊詳請具

題前來臣覆核無異謹會

題請

旨

署理兩江總督林則徐等奏摺 **安徽各屬攤捐養廉扣過銀數**

## 署理兩江總督林則徐等奏摺　安徽各屬攤捐養廉扣過銀數
道光十六年十月二十二日

署兩江總督臣林則徐
安徽巡撫臣色卜星額跪
奏為安徽省各屬攤捐養廉扣過銀數遵
旨歲底彙奏仰祈
聖鑒事嘉慶二十五年十一月初五日奉
上諭各直省督撫嗣後應用款項務令按例支銷如
例支實有不敷必應按缺扣廉者各將應扣成數
奏明請旨其扣過銀數仍於歲底彙奏一次以資
考核而示限制等因欽此欽遵檄行藩臬兩司將
安徽省懷寧等五十九州縣每年額設養廉共
銀四萬五千六百兩通盤計算核明從前各捐
款分別應删應減應留酌定常捐遇捐兩項按
照額支養廉計算扣提二成有餘不足三成之

數繕具清單詳經前撫臣孫爾準
奏奉
硃批著依議行户部知道欽此欽遵轉飭各屬遵照
扣繳司庫以資辦公並飭遵奉
諭旨將扣過銀數於歲底彙報一次等因在案今據
署藩司周天爵署臬司胡調元會詳所有道光
十六年常捐銀八千六百二十七兩二錢九分
六釐遇捐銀三千八百七十三兩均已照數提
解分别支給辦公其顏料津貼一項業經另籌
生息辦理此外浮多之款均已刪除並無另有
提扣茲届歲底奏報之期理合詳請具
奏等情前來臣等覆核無異謹合詞恭摺具

署理兩江總督林則徐等奏摺　安徽各屬攤捐養廉扣過銀數
道光十六年十月二十二日

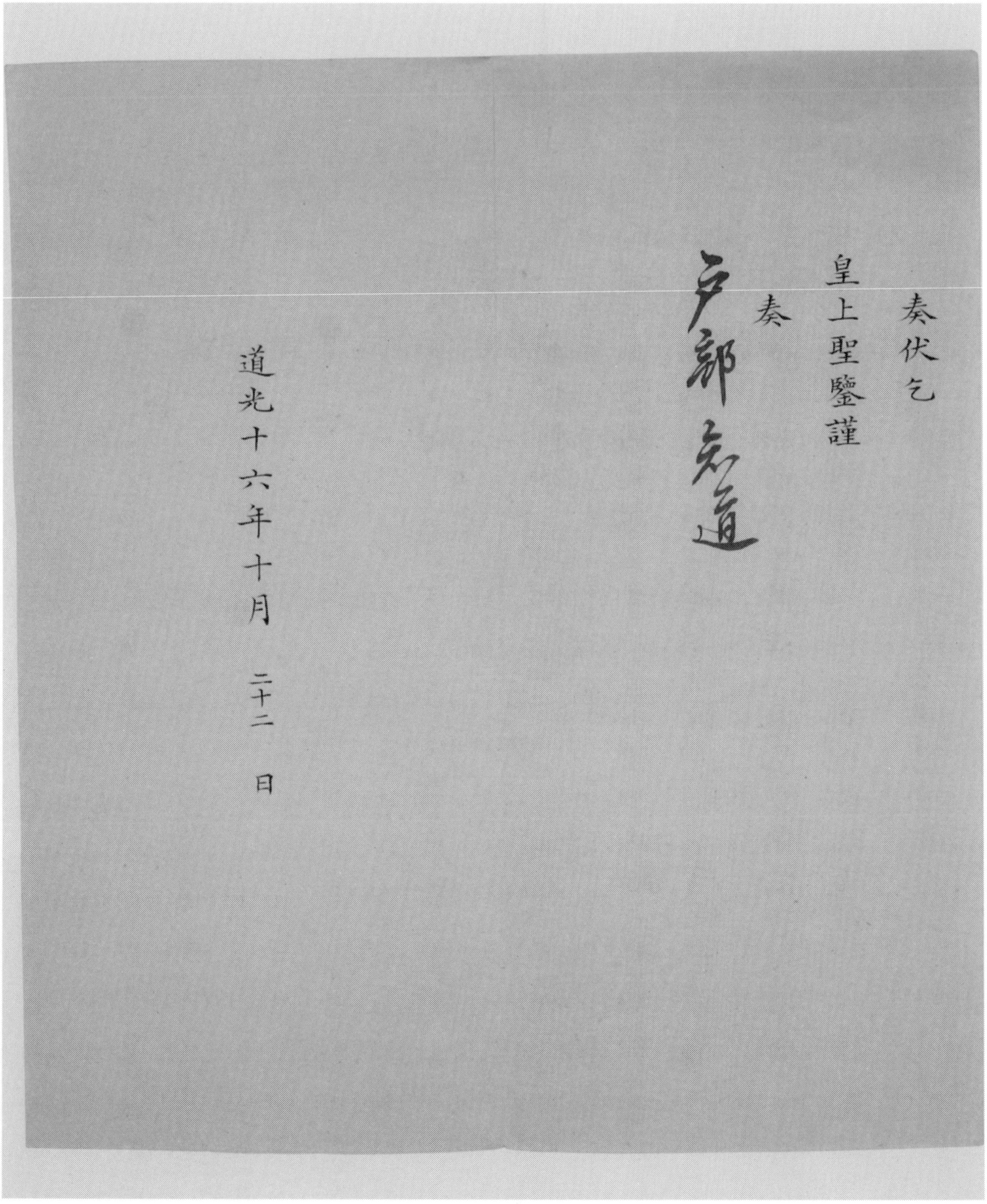

奏伏乞
皇上聖鑒謹
奏
户部知道
道光十六年十月　二十二　日

署理兩江總督林則徐等奏摺　拏獲疊次行劫之糧船水手夏名輝等審明分別定擬

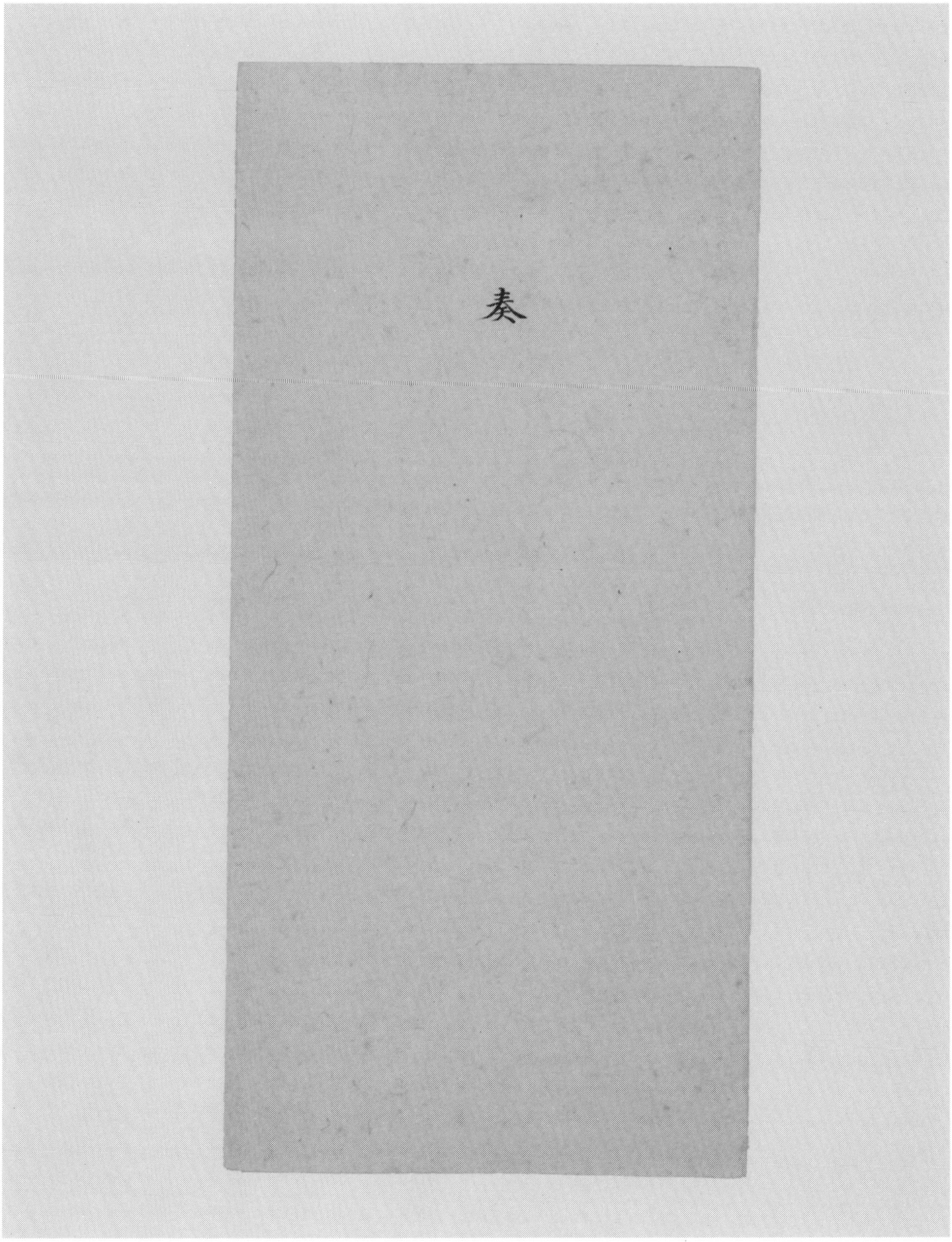

## 一七　署理兩江總督林則徐等奏摺　拏獲疊次行劫之糧船水手夏名輝等審明分別定擬

道光十六年十月二十六日



署兩江總督江蘇巡撫臣林則徐
護理江蘇巡撫蘇州布政使臣怡良　跪
奏為拏獲疊次糾夥行劫之糧船水手審明按例
定擬將首犯恭請
王命先行正法以儆兇頑奏祈
聖鑒事竊臣等因糧船水手兇悍成風必須嚴拏重
辦方能歛戢疊經飭屬拏獲將罪應斬梟之犯
節次
奏明先行正法在案嗣據署上海縣知縣黃冕稟
報拏獲盜匪夏名輝戴泳發段添嬉到案訊係
糧船水手結夥駕船在金山崑山等縣地方疊
次搶劫各案船户平大係誤載被脅乘間上岸
奔訴巡船兵役會同汛委各員弁將該犯等連

贓拏獲解縣訊報等情臣林則徐在巡撫任內
因該犯等均係糧船水手疊次刦掠情殊兇惡
飭司提省委審一面嚴檄各屬及幫弁等速拏
逸犯務獲究辦旋據與武幫千總彭國柱稟報
在山東濟寧州地方會同該州兵役拏獲夥犯
馮四解蘇一併委審茲據委員署蘇州府周岱
齡等審明按擬由署臬司積拉明阿覆審招解
前來臣怡良親提各犯逐加研鞫緣夏名輝籍
隸山東泗水縣戴泳發籍隸安徽休寧縣段添
蟢馮四籍隸山陽縣俱在興武幫糧船充當水
手並未為匪犯案道光十五年冬間幫船歸次
均各歇業十六年二月二十四日夏名輝戴泳

發段添蟢馮四在松江地方與素識在逃之胡
二楊結巴會遇各道貧難夏名輝起意搶奪過
往客船戴泳發等允從即假稱赴金山裝運木
板憑埠頭張桂森雇坐平大船隻開行二十五
日傍晚行至金山縣胥浦塘河北見有事主徐
丕文船隻停泊夏名輝令平大將船搖攏夏名
輝胡二過船撳開蘆蓆口稱查鹽搶得錢洋衣
物回船搖走平大及幫夥唐二見夏名輝等情
勢兇惡不敢聲張是夜三更時分夏名輝等駕
船繞道行至胥浦塘河南首見事主徐錫齡船
隻搖至夏名輝起意行刦與戴泳發等商允戴
泳發段添蟢用竹篙將事主船隻鉤住夏名輝

胡二攜刀馮四攜燈楊結巴徒手一同過船馮
四楊結巴在船頭接贓夏名輝胡二進艙刦得
衣物洋錢遞交馮四等接收夏名輝用刀割斷
事主櫓繩將櫓抛置水面回船搖走逃至僻處
將贓查點俵分馮四楊結巴因夏名輝分贓不
均上岸走散平大亦欲上岸首告被夏名輝等
窺破用刀嚇制看守是月三十日夜行至崑山
縣陸家浜地方見有不識姓名事主圈棚船搖
至夏名輝又起意行刦戴泳發等允從段添蟢
用竹篙鈎住事主船隻夏名輝戴泳發胡二持
刀過船進艙刦得事主衣服銀兩回船逃逸三
月初一日夜行至金山雙墳地方見事主俞漢

## 一七

署理兩江總督林則徐等奏摺　拏獲疊次行劫之糧船水手夏名輝等審明分別定擬

道光十六年十月二十六日



昌船泊該處夏名輝又起意行刦戴泳發等允
從即將船搖攏戴泳發在本船接贓夏名輝段
添蟢胡二持刀過船進艙刦得錢物回船逃逸
初二日搖至松江平大乘間上岸告知埠頭張
桂森赴船查看被該犯等一併脅留次日至上
海閔行鎮停泊胡二攜贓上岸變當平大即乘
隙奔訴該縣巡船兵役協同汛委員弁及金山
等縣差役前往查拏該犯等持刀抗拒奔逃經
兵役等追捕獲住起贓解縣訊供稟報提省委
審事主徐丕文徐錫齡俞漢昌先後赴金山縣
呈報勘估通詳其在崑山縣地方行刦不識姓
名事主行船一案飭據該縣查無事主報案續

據輿武幫運弁拏獲夥犯馮四解省併案委審
按擬招解臣怡良逐加研鞫據各供認前情不
諱詰無搶刦不法别案矢口不移案無遁飾贓
經主領正盜無疑查律載強盜已行而但得財
者不分首從皆斬又例載盜刦之案嚴行究審
將法所難宥及情有可原者一一分晰於疏内
聲明會同詳議將法所難宥者正法情有可原
者發遣又律載白晝搶奪人財物者杖一百徒
三年又例載糧船水手搶奪如十人以下又無
器械者照搶奪律治罪各等語此案夏名輝起
意糾同戴泳發等行刦三次搶奪一次應按律
從重問擬夏名輝戴泳發段添蠕馮四均合依

## 一七 署理兩江總督林則徐等奏摺 拏獲疊次行劫之糧船水手夏名輝等審明分別定擬

道光十六年十月二十六日



強盜已行而但得財者不分首從皆斬律擬斬
立決查夏名輝係糧船水手膽敢糾衆駕船連
日起意搶劫至四次之多不法已極值此糧艘
回空之際亟須儘法懲治俾水手咸知儆畏未
便稍稽顯戮臣於審明後即恭請
王命飭委署臬司積拉明阿撫標中軍參將吉祥保
將夏名輝綁赴市曹先行處斬仍傳首犯事地
方懸竿示衆以昭炯戒戴泳發段添蟢聽從行
劫三次係法所難宥馮四聽從夥劫一次在外
接贓係情有可原相應照例聲明聽候會議船
戶平大幫夥唐二埠頭張桂森均係誤行攬載
被脅在船並非夥同搶劫迨即乘間知會兵役

捕拏破案均無不合應毋庸議各犯訊無同居
親屬知情分贓牌保得規包庇情事亦毋庸議
起贓給領未起追賠逸犯胡二等飭緝獲日另
結其在崑山縣行刦一案仍催縣查傳事主補
報拏獲鄰境盜犯應敘職名查明另咨除供招
咨部外所有審明辦理緣由理合恭摺具
奏伏乞
皇上聖鑒勅部核覆施行謹
奏

刑部議奏

道光十六年十月 二十六 日



一七 署理兩江總督林則徐等奏摺 拏獲疊次行劫之糧船水手夏名輝等審明分別定擬
道光十六年十月二十六日

署理兩江總督林則徐等奏摺

**查明江蘇各州縣衛秋禾被歉情形各屬新舊錢糧請分別緩徵**

署理兩江總督林則徐等奏摺 查明江蘇各州縣衛秋禾被歉情形各屬新舊錢糧請分別緩徵
道光十六年十月二十六日

署兩江總督江蘇巡撫臣林則徐
護理江蘇巡撫蘇州布政使臣怡良跪

奏為查明江蘇省各州縣衛秋禾被歉情形循例
恭摺具
奏仰祈
聖鑒事竊照江蘇省本年秋收牽計七分有餘尚稱
中稔惟江淮各屬濱臨湖河及沿江低窪田地
或因夏秋雨水過多或因湖河泛漲以及山水
下注一時壅滞難以疏消秋禾襍糧致被淹浸
不免受傷其蘇松等屬入夏以來暘雨應時高
低田地種植禾棉咸得青葱長發迨交小暑雨
水過多低田間有積水疏消不及禾棉稍覺受
傷收成不無減色節據各州縣衛陸續稟報均

經由司飭委妥員分別勘辦去後茲據江寧布
政使楊簧詳據該管府州督同印委各員陸續
勘明江寧府屬之江寧句容淮安府屬之山陽
阜寧清河桃源安東鹽城揚州府屬之高郵泰
州江都甘泉寶應徐州府屬之銅山豐縣沛縣
蕭縣碭山邳州宿遷睢寧海州併屬之海州沭
陽贛榆及淮安大河揚州徐州等二十八州縣
衛俱係收成歉薄勘不成災毋庸撫卹給賑應
請照例緩徵錢糧又據署蘇州布政使積拉明
阿詳據蘇州府屬之長洲元和吳縣吳江震澤
常熟昭文崑山新陽松江府屬之華亭奉賢婁
縣青浦常州府屬之江陰宜興荊溪鎮江府屬

之丹徒丹陽太倉併屬之太倉鎮洋二十州縣
并蘇州太倉鎮海三衛先後稟報收成減色若
以一歲之所收責令新舊並納民力實有未逮
請將本年新賦照常徵輸外其十六年秋後屆
限應徵之道光十一年舊欠地漕等項並十五
年初限銀米分别緩至十七年秋後帶徵又據
無錫縣請將十六年應徵未完十四年熟田漕
項歸入舊欠分徵案内俟十九年秋後隨同十
四年地丁啟徵等情當以所請有無捏飾即經
批飭各府州體察情形詳覆核辦兹據各府州
詳加體察民力委係拮据難以新舊兼輸似屬
實在情形應行分别遞緩各等情詳請具

一七　署理兩江總督林則徐等奏摺　查明江蘇各州縣衛秋禾被歉情形各屬新舊錢糧請分別緩徵

道光十六年十月二十六日

奏前來臣等伏查江蘇省各州縣衛本年被歉各
處已據該司道府州督同印委各員層層查勘
明確江淮各屬祇係一隅歉收不致成災毋庸
查辦賑卹惟地漕銀米自應照例緩徵所有江
寧句容山陽阜寧清河桃源安東鹽城高郵泰
州江都甘泉寶應銅山豐縣沛縣蕭縣碭山邳
州宿遷睢寧海州沭陽贛榆及淮安大河揚州
徐州等二十八州縣衛被歉田地應徵道光十
六年地漕各款銀米應請緩至來年秋成後分
作二年帶徵其應徵丁酉年上忙新賦亦請緩
至該年秋成後啟徵各州縣衛蘆課學租公費
關租湖河灘租油蘇地租屯田津貼增租攤徵

一七

署理兩江總督林則徐等奏摺　查明江蘇各州縣衛秋禾被歉情形各屬新舊錢糧請分別緩徵

道光十六年十月二十六日

河銀出借籽種口糧蘆葦牧馬新陞地畝復賦
名變等項並抄案入官地畝錯襍民田之內俱
照坐落地方一律分別查辦鹽場竈地應聽鹽
政衙門辦理其歉區無力貧民應否酌借籽種
口糧之處俟來春察看情形再行查辦又淮揚
等屬減則田地亦請援照歷屆成案准其一律
緩帶其海州沭陽二州縣一水一麥減則田地
本年麥收歉薄今秋又復被淹民情拮据應徵
錢糧准其一體緩徵又阜寧清河桃源宿遷海
州沭陽贛榆七州縣民折官辦漕糧本年均據
報有災歉應請查照歷屆奏准章程將歉田米
麥緩俟成熟之年再行採辦熟田米麥分別辦

運所有應緩漕價各數統於奏銷案内照數登
報其各屬舊欠錢糧除在道光十年以前已奉
恩旨豁免外所有江淮等屬應徵道光十一十二十
三十四十五等年災熟錢糧應請將坐落歉區
者照例緩至來年秋後分別啟徵其本年熟田
應行帶徵各年舊欠本應按限啟徵現據各屬
以頻年積歉民力維艱詳請展緩已飭府州體
察民情確核彙辦俟覆到另行專案具
奏又蘇州藩司所屬之長洲元和吳縣吳江震澤
常熟昭文崑山新陽華亭奉賢婁縣青浦江陰
宜興荆溪丹徒丹陽太倉鎮洋并蘇州太倉鎮
海等二十三州縣衛因收成減色以一歲之薄

收責令新舊並納民力實有未逮除本年新賦
照常徵收外請將十六年秋後屆限應徵十一
年舊欠地漕銀米緩至十七年秋後啟徵其十
二十三十四等年舊欠地漕蘆課學租等款無
論災熟以次遞緩徵輸又無錫縣未完十四年
熟田漕項應請歸於舊欠分徵案内同十四年
地丁以次緩至十九年秋後啟徵又長洲吴縣
常熟昭文崑山新陽鎮洋等縣幷蘇州太倉二
衛應徵十五年災緩初限銀米亦緩至十七年
秋後啟徵其十五年二限銀米展至十八年秋
後帶徵以紓民力此外未經請緩舊欠之處仍
令按限帶徵除飭將緩徵銀米及遞緩舊欠各

確數分別核實造冊咨部外所有臣等查辦緣
由謹合詞恭摺具
奏伏乞
皇上聖鑒訓示謹
奏
另有旨
道光十六年十月二十六日

## 新選昭文縣知縣續掄陞請暫留省垣練習察看

署理兩江總督林則徐等奏片

再查新選昭文縣知縣續掄陞由山西聞喜縣
監生遵酌增常例捐納知縣選授今職於本年
八月二十八日到省查昭文縣雖係簡缺而錢
糧在五萬兩以上漕額又七萬六千餘石政務
本屬繁重因一時無可互改之缺未敢遽請改
繁現當下忙催徵緊要之時且新漕事宜節次
欽奉
諭旨提前趕辦尤關緊要臣等察看該員人尚明白
惟初登仕版詢其居官政務應對生疎若遽令
赴任恐難經理裕如應請暫留省垣練習數月
以便隨時察看再行斟酌具
奏據署蘇州藩司積拉明阿具詳前來臣等往返

一七 署理兩江總督林則徐等奏片 新選昭文縣知縣續掄陞請暫留省垣練習察看
道光十六年十月二十六日

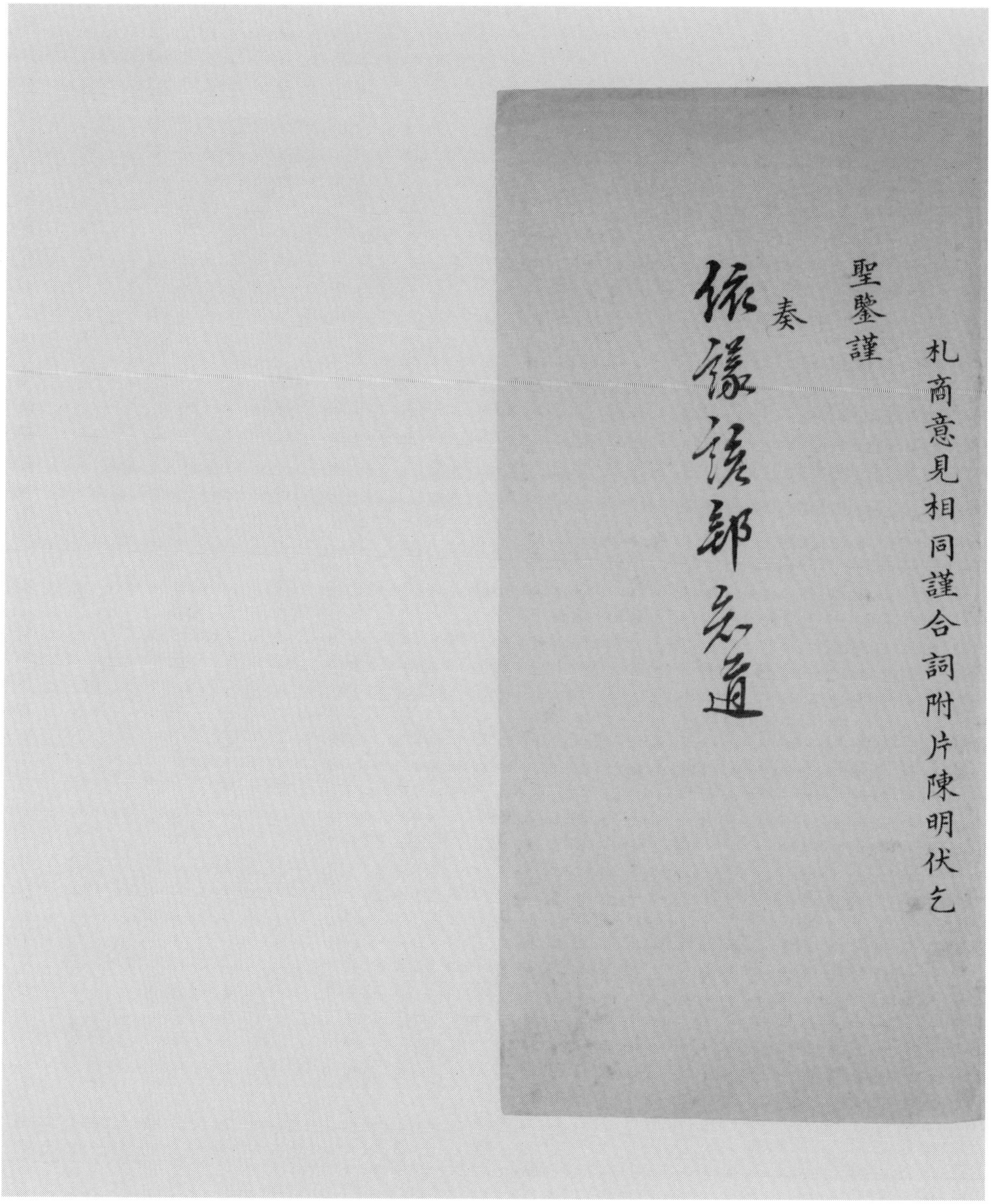
札商意見相同謹合詞附片陳明伏乞
聖鑒謹
奏
依議該部知道

## 一七

署理兩江總督林則徐等奏片　委令趙廷熙兼署江蘇揚州府事

道光十六年十月二十六日

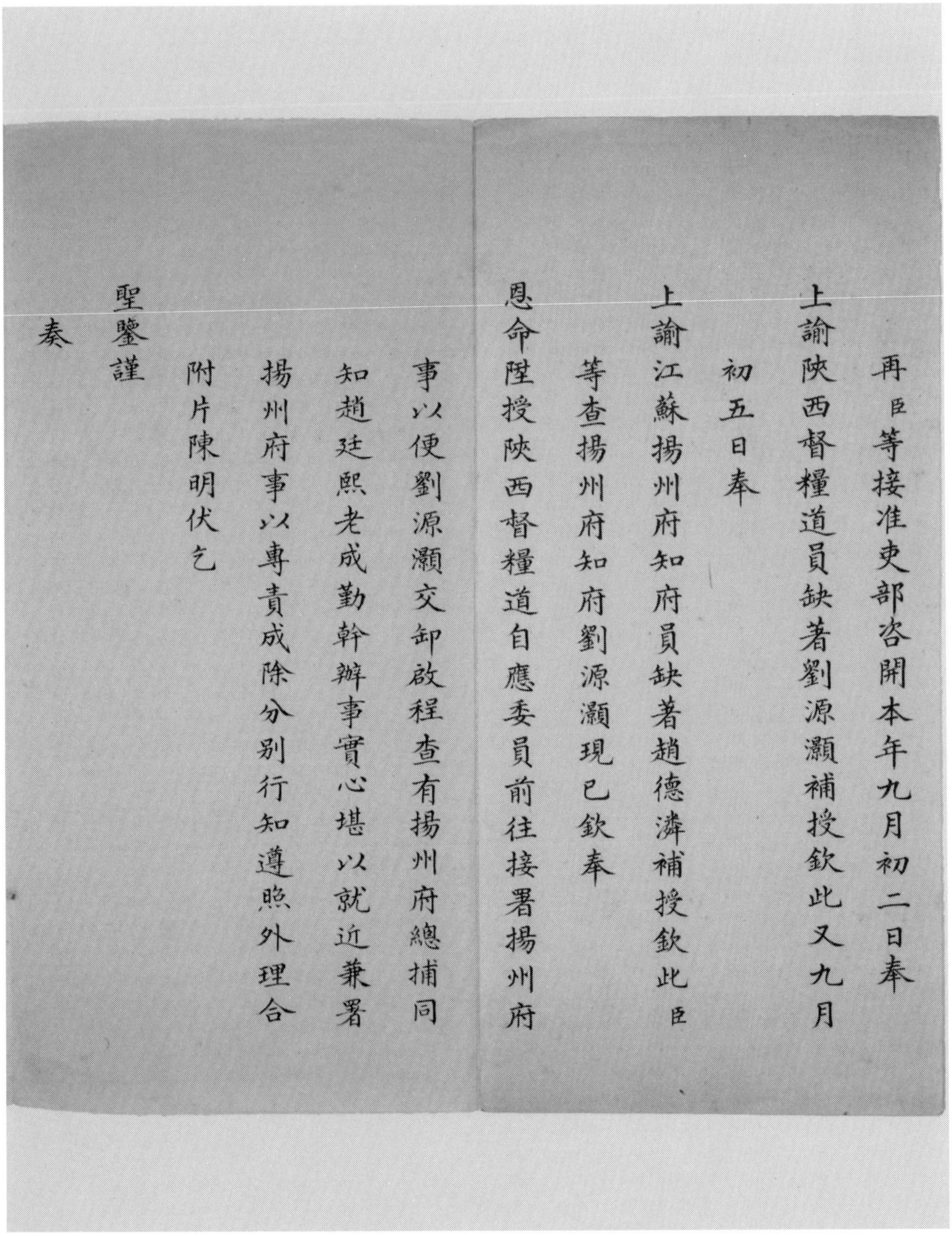

再臣等接准吏部咨開本年九月初二日奉
上諭陝西督糧道員缺著劉源灝補授欽此又九月
初五日奉
上諭江蘇揚州府知府員缺著趙德潾補授欽此臣
等查揚州府知府劉源灝現已欽奉
恩命陞授陝西督糧道自應委員前往接署揚州府
事以便劉源灝交卸啟程查有揚州府總捕同
知趙廷熙老成勤幹辦事實心堪以就近兼署
揚州府事以專責成除分別行知遵照外理合
附片陳明伏乞
聖鑒謹
奏

署理兩江總督林則徐等奏片 委令趙廷熙兼署江蘇揚州府事
道光十六年十月二十六日

南河總督麟慶署理兩江總督林則徐題本

**署徐州府銅沛河務同知田寶裔試署期滿請循例實授**

## 南河總督麟慶署理兩江總督林則徐題本　署徐州府銅沛河務同知田寶裔試署期滿請循例實授

道光十六年十月二十六日

兵部侍郎兼都察院右副都御史總督江南河道提督軍務臣麟慶等謹
題爲廳員試署期滿循例
題請實授事竊照河工同知通判缺出例應遴員
題明委署試用俟壹年後保題送部引
見實授等因遵照在案茲臣看得江南徐州府銅沛
河務同知員缺有經管黃河南北兩岸隄埽閘
壩工程兼管徐州府屬豐碭捕務事宜均關緊
要必得明白河務辦事幹練之員方克勝任經
臣會同督臣陶澍將徐州府豐北河務通判田
實裔
題請陞署徐州府銅沛河務同知接准部覆照例
試看壹年期滿察其果能勝任再行保題實授

## 一七 南河總督麟慶署理兩江總督林則徐題本 署徐州府銅沛河務同知田寶裔試署期滿請循例實授

道光十六年十月二十六日

等因遵照在案今查署江南徐州府銅沛河務
同知田寶裔現年伍拾玖歲河南彰德府安陽
縣人由貳品蔭生在部候選通判投効南河承
辦高堰土工接辦山盱飯工
奏准儘先補用嘉慶拾壹年
奏准留工差委拾貳年須咨赴部引
見奉
旨著照例發往欽此嘉慶拾叁年叁月初壹日回工貳
拾年催漕出力
奏准遇缺即補貳拾肆年
題請署理揚河通判是年玖月初拾日准署任事
旋於玖月貳拾日丁母憂回籍守制服滿起復

南河總督麟慶署理兩江總督林則徐題本 署徐州府銅沛河務同知田寶裔試署期滿請循例實授

道光十六年十月二十六日

於道光貳年正月貳拾肆日來工柒年
題請署理淮安府能源安清中河通判是年拾壹
月貳拾陸日准署任事捌年叁汛安瀾
奏准加陞銜是年
題請實授拾年領咨赴部引
見奉
旨准其實授欽此拾年拾貳月初拾日回工拾壹年
貳月
題請撤回另補拾叁年柒月
題請署理豐北河務通判於拾伍年伍月初壹日
實授是月
題請陞署銅沛河務同知於捌月初貳日准署任

一七　南河總督麟慶署理兩江總督林則徐題本　署徐州府銅沛河務同知田寶裔試署期滿請循例實授

道光十六年十月二十六日

事該員自署事以來經歷桃伏秋三汛所管本
任工程并備務事宜盡心料理實力修防均無
貽誤臣詳加察看田寶裔心地樸實修防勤慎
堪以勝任理合循例出具考語保
題加懇
聖恩俯准將田寶裔實授江南徐州府銅沛河務同
知河屬人地相宜俟
命下之日容臣照例給咨送部引
見恭候
欽定再查該員現任內並無違礙參罰案件亦無應
賠未完銀兩合併陳明臣謹會同署理兩江總
督江蘇巡撫臣林則徐合詞恭疏保

一七

南河總督麟慶署理兩江總督林則徐題本 署徐州府銅沛河務同知田寶裔試署期滿請循例實授

道光十六年十月二十六日

題伏乞

皇上聖鑒勅部議覆施行謹具本題請

旨

道光[illegible]江南河道提督軍務臣麟慶

[illegible]撫臣林則徐

## 一七

### 南河總督麟慶署理兩江總督林則徐題本　署徐州府銅沛河務同知田寶裔試署期滿請循例實授

道光十六年十月二十六日

兵部侍郎兼都察院右副都御史總督江南河道提督軍務臣麟慶等謹
題爲揀員試署期滿循例
題請實授事竊臣等查得江南徐州府銅沛河務同
知員缺有經管黄河南北兩岸隄埽閘壩工程
兼管徐州府屬鹽灘捐務事宜均關緊要必得
明白河務辦事幹練之員方克勝任經臣會同
督臣陶澍將徐州府豐北河務通判田寶裔
題請陞署徐州府銅沛河務同知接准部覆照例
試看壹年期滿察其果能勝任再行保題實授
等因遵照在案今查署江南徐州府銅沛河務
同知田寶裔自署事以來經歷桃伏秋汛所
管本任工程并捐務事宜盡心料理實力修防
均無貽誤臣詳加察看田寶裔心地樸實修防
勤慎堪以勝任理合循例出具考語保
題仰懇
聖恩俯准將田寶裔實授江南徐州府銅沛河務同
知洵屬人地相宜臣謹會
題請
旨

署理兩江總督林則徐題本　題參臨江營千總袁光炳等疎防命案限滿兇犯無獲

## 一七　署理兩江總督林則徐題本　題參臨江營千總袁光炳等疎防命案限滿兇犯無獲

道光十六年十月二十七日

兵部侍郎兼都察院右副都御史署理兩江總督江蘇巡撫臣林則徐謹

題為鄉民被傷後縊死失去銀物將參疎防武職

事據江西按察使陳鑾呈詳稱案據清江縣知

縣孫慧焯詳稱道光拾陸年貳月初玖日據地

保周呂七華據民人熊維幹投稱伊住居塘源

地方在城教讀本月初柒日伊堂侄熊祐三由

樟樹鎮來城探望向伊告知借有洋銀叁拾圓

欲回家娶親是夜伊侄行至水坳地方不知被

何人毆有多傷移吊張高七茶地樹上身死失

去洋銀衣物等語往看屬實合報驗緝等情并

據屍叔熊維幹報同前由各到縣時值該縣知

縣孫慧焯因公在省經代行典史鄭鑑遠申請

新淦縣知縣孫樹蘭會營帶同刑仵前詣勘得
該處土名木坳地方有大路壹條上通熊姓村
莊下達郡城路上驗有血蹟兩面均係土山附
近並無居民亦無營汛墩臺離城汛均叁拾里
該處相距半里即係張高七茶地種植樹木驗
明熊祐三屍身委係受傷後溢死填格移回提
訊熊維幹等供與報詞無異估贓值錢貳拾兩
零録供通詳奉批飭緝查叅飭據署臨江府知
府陳雲章詳據淸江縣知縣孫慧焯以此案賊
盗未明是否傷後被溢抑係自行溢斃兇犯未弋
獲無從確訊弟既有失物情形自應照例開叅
疎防等情幷准贛州鎮總兵官長春開具武職

## 一七

署理兩江總督林則徐題本　題參臨江營千總袁光炳等疎防命案限滿兇犯無獲

道光十六年十月二十七日



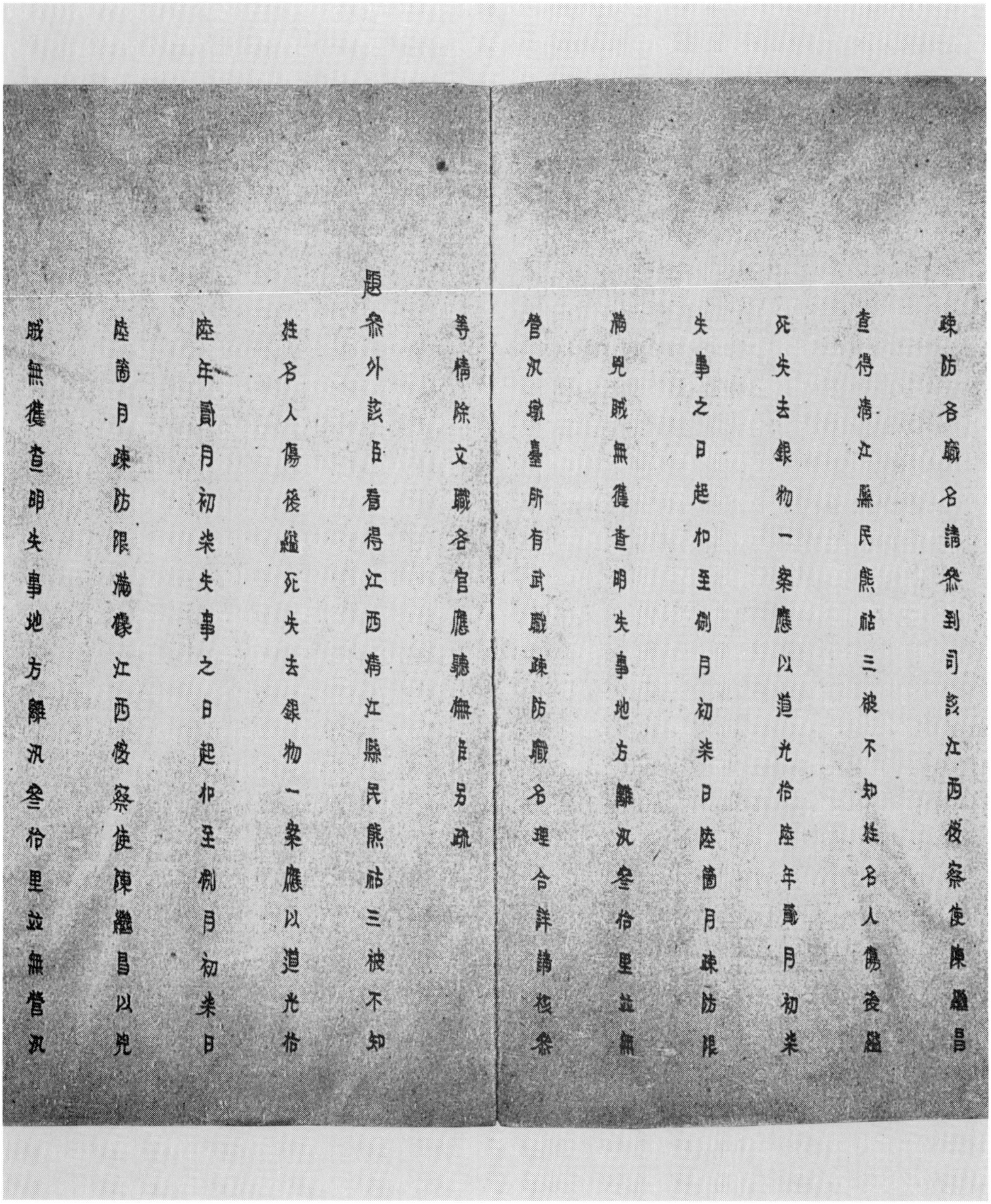

疎防各職名請參到司該江西按察使陳繼昌
查得清江縣民熊祜三被不知姓名人傷後縊
死失去銀物一案應以道光拾陸年貳月初柒
失事之日起扣至捌月初柒日陸箇月疎防限
滿兇賊無獲查明失事地方離汛叁拾里並無
營汛墩臺所有武職疎防職名理合詳請核參
等情除文職各官應聽撫臣另疏
題參外該臣看得江西清江縣民熊祜三被不知
姓名人傷後縊死失去銀物一案應以道光拾
陸年貳月初柒失事之日起扣至捌月初柒日
陸箇月疎防限滿據江西按察使陳繼昌以兇
賊無獲查明失事地方離汛叁拾里並無營汛

署理兩江總督林則徐題本　題參臨江營千總袁光炳等疏防命案限滿兇犯無獲
道光十六年十月二十七日

參臺詳請核參武職疏防職名前來除批飭嚴
緝兇賊務獲究辦外所有疏防武職專防臨江
營千總袁光炳協防外委都大榮兼轄都司鍾
士俊統轄袁州協副將林向榮相應指參臣謹
會同江西巡撫兼提督銜臣陳鑾合詞具
題伏乞
皇上聖鑒敕部議覆施行爲此具本謹題請
旨

## 一七　署理兩江總督林則徐題本　題參臨江營千總袁光炳等疏防命案限滿兇犯無獲

道光十六年十月二十七日

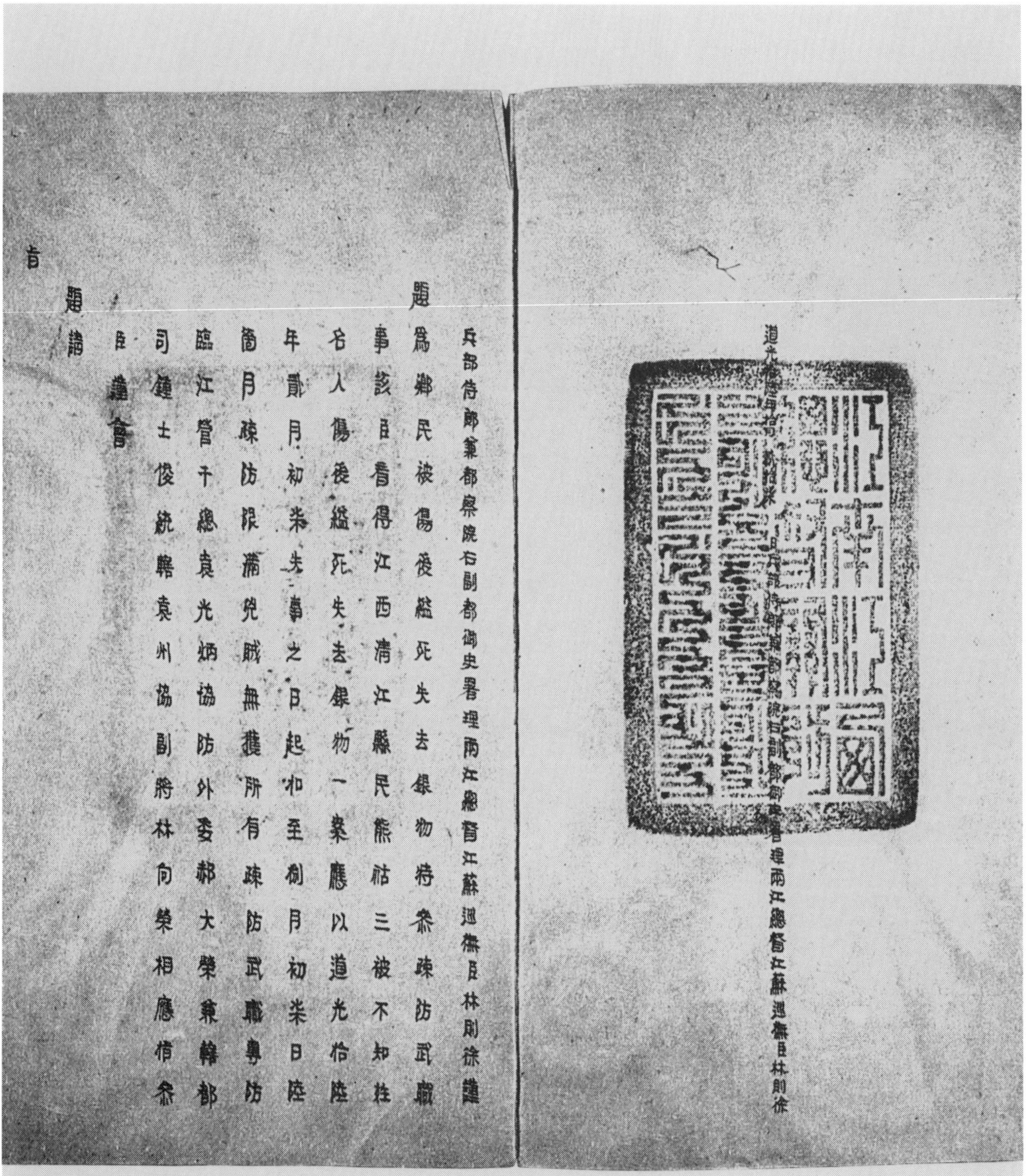
兵部侍郎兼都察院右副都御史署理兩江總督江蘇巡撫臣林則徐謹
題為鄉民被傷後縊死失去銀物将条疏防武職
事該臣看得江西清江縣民熊枯三被不知姓
名人傷後縊死失去銀物一案應以道光拾陸
年貳月初柒失事之日起扣至肆月初柒日陸
個月疏防限滿兇賊無獲所有疏防武職專防
臨江營千總袁光炳協防外委都大榮兼轄都
司鍾士俊統轄袁州協副將林向榮相應指条
臣謹會
題請
旨

道光拾陸年拾月　日兵部侍郎兼都察院右副都御史署理兩江總督江蘇巡撫臣林則徐

署理兩江總督林則徐等奏片　**委令李鵰接署鹽道**

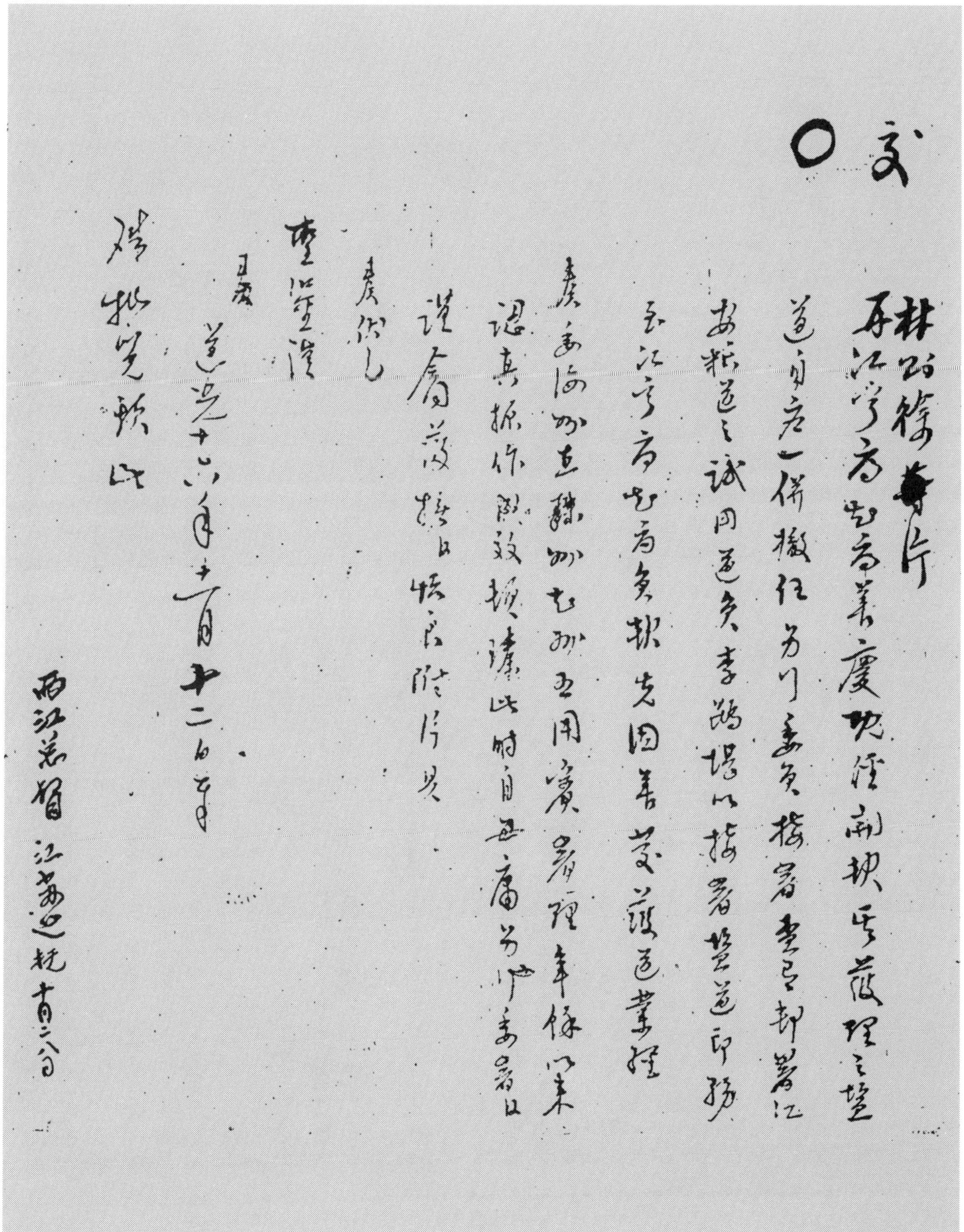

一七　署理兩江總督林則徐等奏片　委令李鵰接署鹽道

道光十六年十月二十八日

署理兩江總督林則徐奏摺　請將江蘇金匱縣知縣胡兆蓉與江西吉水縣知縣李彭齡對調

道光十六年十月二十八日



林則徐

江西吉水令李彭齡迴避

籲請對調由

奏

旨交部

十一月十二日

## 署理兩江總督林則徐奏摺　請將江蘇金匱縣知縣胡兆蓉與江西吉水縣知縣李彭齡對調

道光十六年十月二十八日

署兩江總督江蘇巡撫臣林則徐跪

奏爲知縣例應迴避揀員對調仰祈

聖鑒事竊准江西撫臣陳鑾咨稱江西吉水縣知縣李

彭齡係江西籍同李恩繹照例應迴避

奏明移咨到臣于江蘇省遴選兩省知縣內揀

員對調等因當即飭江安兩藩司遴員詳請調去

後茲據兩司會詳查江西吉水縣知縣係兩省選缺與

江蘇金匱縣知縣缺分相當現任金匱縣知縣胡兆

蓉湖北監生報捐知縣分發簽掣江蘇試用因

辦運滇銅赴京交代清楚迴例歸于捐班

升補先用

題署今或該員年力富强才具明晰堪以調補

一七 署理兩江總督林則徐奏摺 請將江蘇金匱縣知縣胡兆蓉與江西吉水縣知縣李彭齡對調

道光十六年十月二十八日

西吉水縣知縣，知縣既選金匱縣知縣，應請即以回避
知縣李彭齡對調，如蒙
俞允，該員等係對品調補，銜缺相當，毋庸送部引
見。謹會同江西撫臣陳鑾、護理江蘇撫臣怡良合
詞恭摺具
奏，伏乞
皇上聖鑒訓示。謹
奏。
道光十六年十月十二日奏
硃批：
欽此
十月二十八日

署理兩江總督林則徐奏摺

**遵旨審查江寧府知府善慶負欠京債情形請先行開缺**

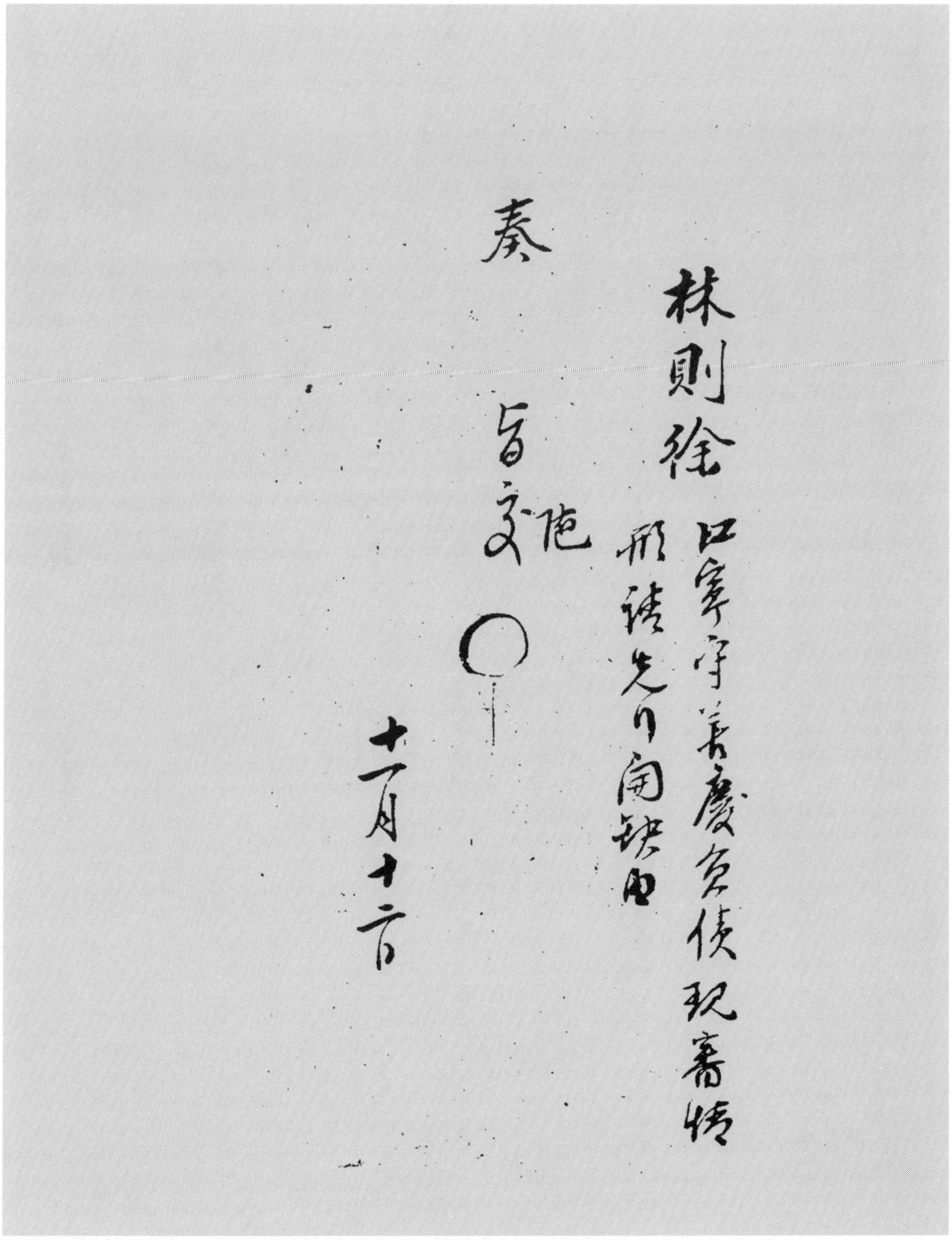
林則徐 江寧守善慶負債現審情
形請先行開缺由
奏
旨交部
○
十一月十六

一七　署理兩江總督林則徐奏摺　遵旨審查江寧府知府善慶負欠京債情形請先行開缺
道光十六年十月二十八日

署兩江總督江蘇巡撫臣林則徐跪
奏為遵
旨將現審京債一案情形據實具
奏並將負債之知府請
旨先行開缺恭摺仰祈
聖鑒事。竊臣於本年十月十五日，在清江行次承准軍機
大臣字寄：道光十六年十月初八日奉
上諭：有人奏江寧府知府善慶負欠京債，累至巨萬，
經兩年陶澍撥咨行順天府提取京城恆太
成帳房之王久恭，解赴江質訊，應從重究
辦。放債折算重利盤剝，久干例禁，知府有表率之
責，負債既多，又安望其潔己奉公？簠簋自傷，著陶

## 一七 署理兩江總督林則徐奏摺　遵旨審查江寧府知府善慶負欠京債情形請先行開缺

道光十六年十月二十八日

謝林則徐，確切查明善慶歷欠京債共有若干
另片具奏，并將其是否曾違例到案加審訊，治以
應得之罪。至該府任內如有侵帑剝民情弊，並著該督
嚴密確查，據實奏參，毋稍寬隱，並將現在審出情形，據
實具奏。將此諭令知之。欽此。伏查此案於道光十
五年十二月間，臣在理任時，因訪有私放
京債之山西人潛住江寧省城，當飭府縣查
拿，究出即據護理江南鹽巡道、江寧府知府
善慶會稟，該府前在吏部當差，因李即呈稱
盤費不敷，蒙該家勸令年老家人彭成經
理。彭成因同度籌措，向在京開張局之山西
籍汾縣人王成山陸續借過已四年未歸，王成山親知一

尚不能措還其家人貲欵加利加利較多十
餘件以數十兩滚至數萬兩令伊庵局彤徐鳳翔
甚至執票標借討王戢山故以伊子王爾立又
萬數人來署逼索並查既涉十年之銷算
上諭放債之人赴任所進京准該員照上司究辦
其因頻繁逼索查案未懲飭行查明提覈算
明為核實歸完其積欠當即批准江寧府備
貲提集人証訊明定擬詳請
奏據該司具詳同前江寧府劾府王用賓提訊現
獲之徐鳳翔趙槐庭田閒甚孔興隆並王
承恩等均係王戢山所彤伊代討帳目不知
多據來歷又田應習手嗣以溫盛世等因王戢

## 一七　署理兩江總督林則徐奏摺　遵旨審查江寧府知府善慶負欠京債情形請先行開缺

道光十六年十月二十八日

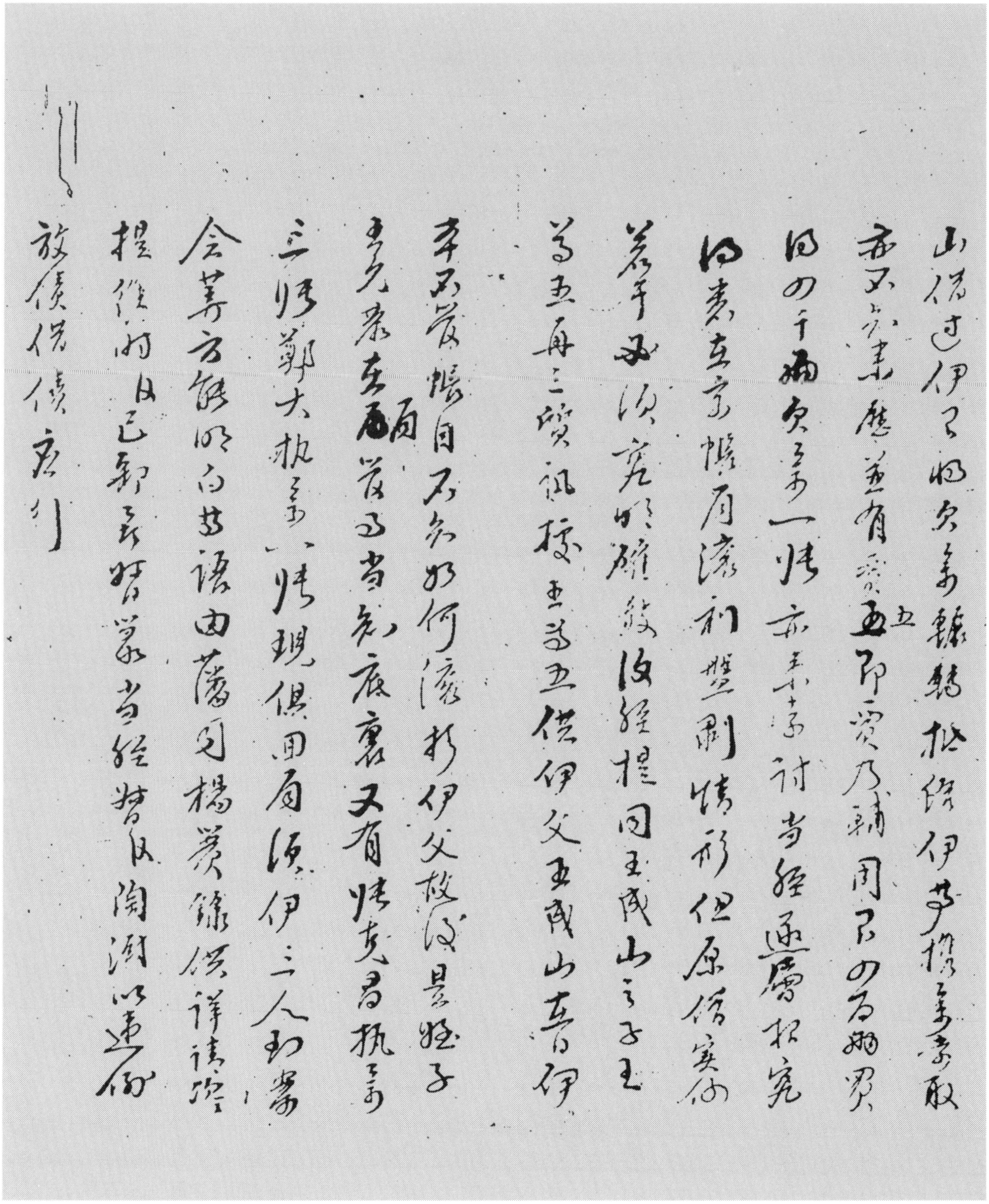

署理兩江總督林則徐奏摺　遵旨審查江寧府知府善慶負欠京債情形請先行開缺

道光十六年十月二十八日

奏於本年撥派倚(?)寬究並據同詳稱令 以 諮明順天
府提出王茍(?)玉供出住址查提王允恭胞兄克昌
鄭大三名前赴省委據烏(?)解來江訊取以上情形
仍以該訊仍將下據善慶自行呈請查明並稱
有人指告原為也本年二月內唯順天府咨
據寬平縣申稱王允恭前在施家胡同王允恭 好林
帳局幫夥本年二月內詳稱 不 做印到河
南開地方要帳五月初間已由河南赴江蘇 有 武漢(?)
訊據該甲供稱王允恭並不在京其小馬神廟居
住之鄭大係順鄉居住之佐兄昌已閉鋪不
知去向查無蹤跡並據中城兵馬司 稱 遍查
亦無其人等語咨覆前來核(?)隨附扎查

欠帑累。恭奏江飭局拘拏解審，值陶澍閱兵
出省，卽事及接任，該又復嚴檄飭催，旋據
審，若吳本稱善慶之家人許四成，因事查訊，原借
銀款，務得確據，經伊細查京寓底帳，檢出王
成山親筆滾單一紙，係由四千五百兩加為五萬
由一萬八千兩
六十四兩，加為五萬三千九千兩，復由二萬九千兩加為
五萬二千九十兩，並將利作本，層層滾
轉。當將所呈滾單，令王尊五、陳鳳翔等當堂
閱看，認明實係王成山親筆。其為王成山滾利
加轉，似無疑義。惟王尊五係王成山之子，據稱
王成山在日如何滾轉，伊不知情，明係伊父
已故，希圖諉卸。仍請查拘王文若等質對

明白，併其無可移賴，又家人彭成陸續還過
銀兩，據供已有四千三百九十五兩，而四店查等
將還項開作盤費來往注票，亦須確切質算，
核係空擬等情，遽難因措羅回出，前赴清江
駐劄，俟移出店之後，札飭速查，王久蕃躡跡
務獲，提質一面，仍就鈔案人證，細加研鞫，逐
覈算歷歲至今還過銀兩究係若干，應對
明確，俟該員回省親提訊，如以上情形係因咨
提人證未到，還銀數目亦符，正在飭催確審，
尚未定擬，無奏之必要也，合并
諭旨飭查現奏情形，謹先據實覆
奏。至該府善慶於任四年，操守謹飭，人皆知

一七

署理兩江總督林則徐奏摺　遵旨審查江寧府知府善慶負欠京債情形請先行開缺

道光十六年十月二十八日

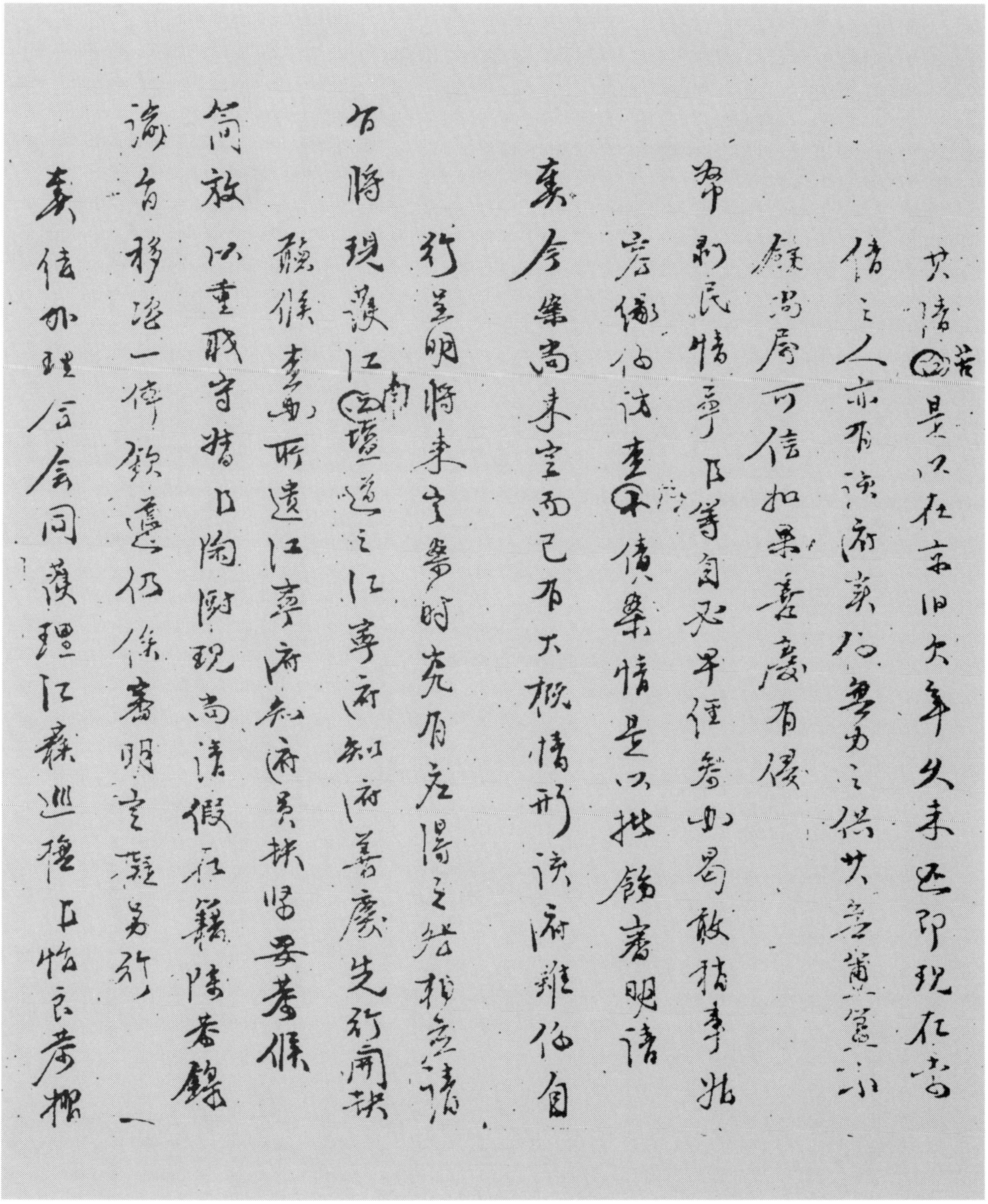

其情[illegible]若是。只以在京旧欠年久未还，即现在当
借之人亦不[illegible]府[illegible]为之供其[illegible]亦
殊尚屬可信。如果善慶有侵
帑剝民情事，臣等自應早經參[illegible]，豈敢稍事姑
容。仍[illegible]查[illegible]債案情，是以批飭審明請
奏。今案尚未定而已不大概情形，該府雖仍自
行呈明，將來定[illegible]時[illegible]
旨將現護江南[illegible]之江寧府知府善慶先行開缺
[illegible]所遺江寧府知府員缺[illegible]
簡放，以重職守。惟臣陶澍現尚請假在籍[illegible]
諭旨移咨一併欽遵，仍俟審明定擬另行[illegible]一
奏。謹[illegible]會同護理江蘇巡撫臣怡良恭摺

## 一七　署理兩江總督林則徐奏摺　遵旨審查江寧府知府善慶負欠京債情形請先行開缺

道光十六年十月二十八日

具

奏伏乞

皇上聖鑒訓示謹

奏

道光十六年十一月十二日奉

硃批　欽此

十月廿八日

署理兩江總督林則徐等奏摺

**查明江蘇省各屬借辦工程攤徵未完民欠銀兩請蠲免**

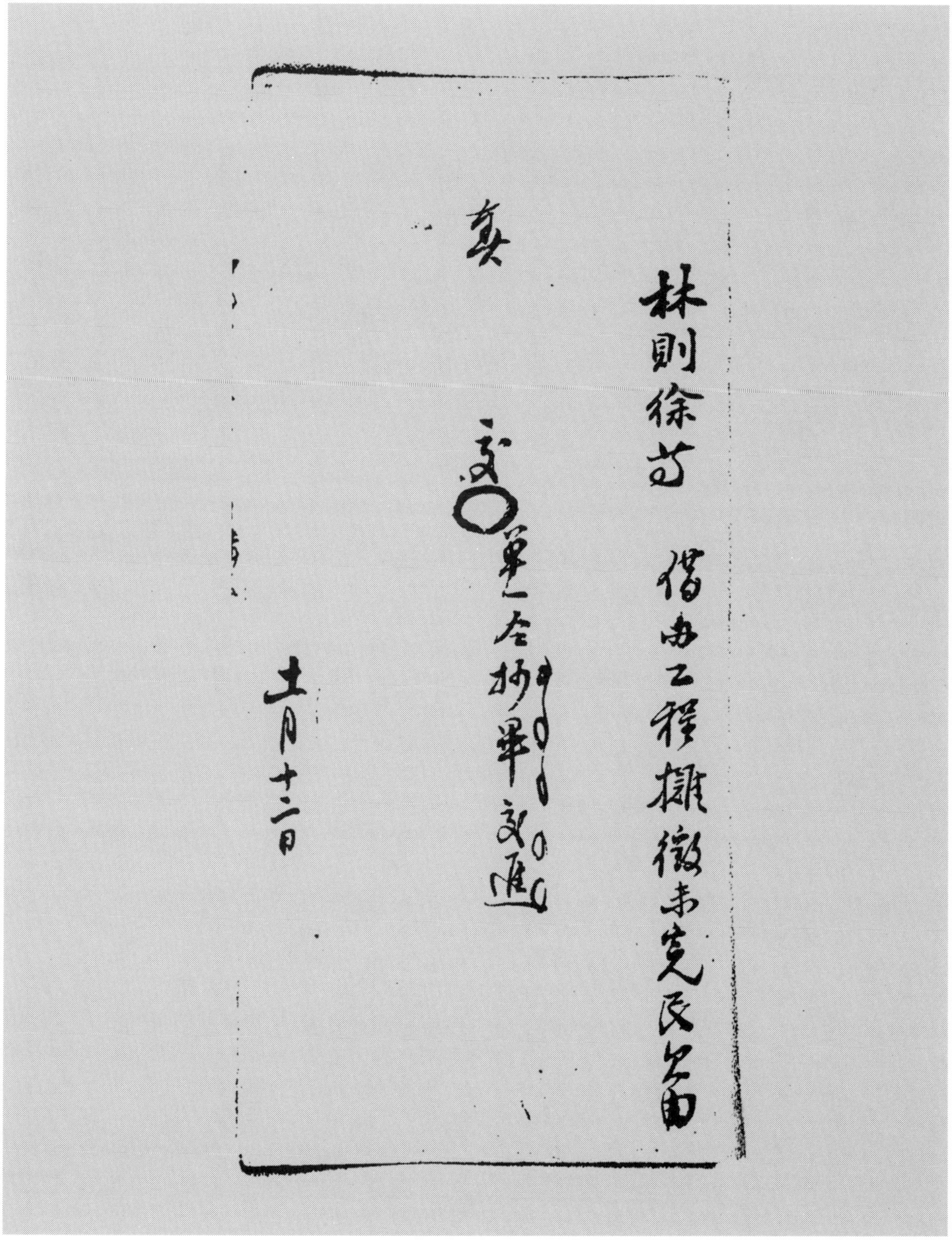
林則徐等　借办工程攤徵未完民欠

奏

十月十二日

# 一七　署理兩江總督林則徐等奏摺　查明江蘇省各屬借辦工程攤徵未完民欠銀兩請蠲免

道光十六年十月二十八日

江南河道總督臣麟慶
署兩江總督江蘇巡撫臣林則徐 跪
護理江蘇巡撫臣怡良

奏為遵
旨查明江蘇省各屬借辦工程攤徵未完民欠銀數開單恭
摺具
奏仰祈
聖鑒事竊臣等欽奉
恩旨普免道光十年以前民欠錢糧一案業經臣林則徐於巡撫
任內查明江蘇省民欠地漕等項銀數分晰具
奏並聲明應免雜款及攤徵河銀查照上屆成案另行分
別具奏在案伏查江淮徐揚海五府州及蘇松常州
並所屬境內道光十年以前疏濬水利河道修築隄
堰應歸民辦工程因工鉅費繁先欲

奏准借帑作爲分年攤徵本應清完還款惟江淮
等屬濱臨湖河多係積歉之區仰蒙我
皇上軫念民依遇災蠲緩此款既經遞帶借款亦即展攤
往往前限未及徵完後借分攤踵至是以限內難有輸
納而節年積欠轉多至蘇松常州等屬亦因道光三
年水災之後民力拮据遞年展緩尚有未完帶款
溯查嘉慶二十四年豁免積欠案內江省河堤各借
款攤徵未完民欠先經前督臣孫玉庭等奏奉
恩旨豁免旋道光二年間因江安兩省併鳳泗三府州屬災
傷爲告災經伊等援引請照乾隆六十年豁免所
案將借款在嘉慶二十四年以後者仍按限分徵於其
在二十三年以前借款攤徵未完銀兩續經

奏准部議奉
旨核行豁免在案此次仰蒙
恩旨查豁如款民欠錢糧係以道光十年爲止先據各屬司
具詳道光十年以前積欠攤徵並借項在道光十一年以前
而攤徵在十年以後者各屬均係濱臨江海湖河實係屬
告查與上屆嘉慶二十四年及道光二年兩次豁免成案
相符詳請援案一併查豁隨經臣等飭據該司等將
各屬挑築河隄等工借款攤徵銀兩造具已未完清冊
送由該管道府州調齊徵簿串根按年按款徹底盤
查造詳再由藩司秉心綜核核實開報不任稍有隱
混據蘇松江寧布政使楊簧前署蘇州布政使裕謙將
實欠在民未完確數開單詳請具

## 一七　署理兩江總督林則徐等奏摺　查明江蘇省各屬借辦工程攤徵未完民欠銀兩請蠲免

道光十六年十月二十八日

奏前來，臣等覆加查核，江寧、淮安、揚州、徐州、海州五府
州屬截至道光十年止，應徵還銀一百二十三萬七千六
百六十兩五分八厘四毫，除已完解司並指入三次請查
奏普蠲銀及完在屬庫未解共銀四十三萬七千六百
五十一兩八錢八分九厘，統計實在民欠及因案緩帶未完
並未屆徵限共銀八十萬八兩一錢六分九厘四毫。蘇
州、松江、常州三府屬陸續借挑河道建閘並錢
八萬六千七百二十四兩六錢五分二厘，借領在十年以後，仍在
此案攤徵分截至道光十年止，實在民欠並緩徵未完
及未屆徵限共銀二十萬六千九百三兩九錢二分二厘。以上
江蘇兩屬共民欠未完銀一百萬六千九百一十二兩九錢一厘
四毫，均係道光十年以前借項領辦之工，實欠在民，並無

恩混若逢
皇上鴻恩浩蕩
惠普寰區合無仰懇
聖慈俯准一律寬免此內雖有未届徵限而借款領辦係
在十年以前者請援歷辦成案一律豁除俾沾膏澤
洵億兆窮黎咸沾實惠感沐
鴻施益無既極除俟造到清冊咨部查核外所有遵旨謹合
恭摺具
奏並繕清單敬呈
御覽伏乞
皇上聖鑒謹
奏

一七　署理兩江總督林則徐等奏摺　查明江蘇省各屬借辦工程攤徵未完民欠銀兩請蠲免
道光十六年十月二十八日

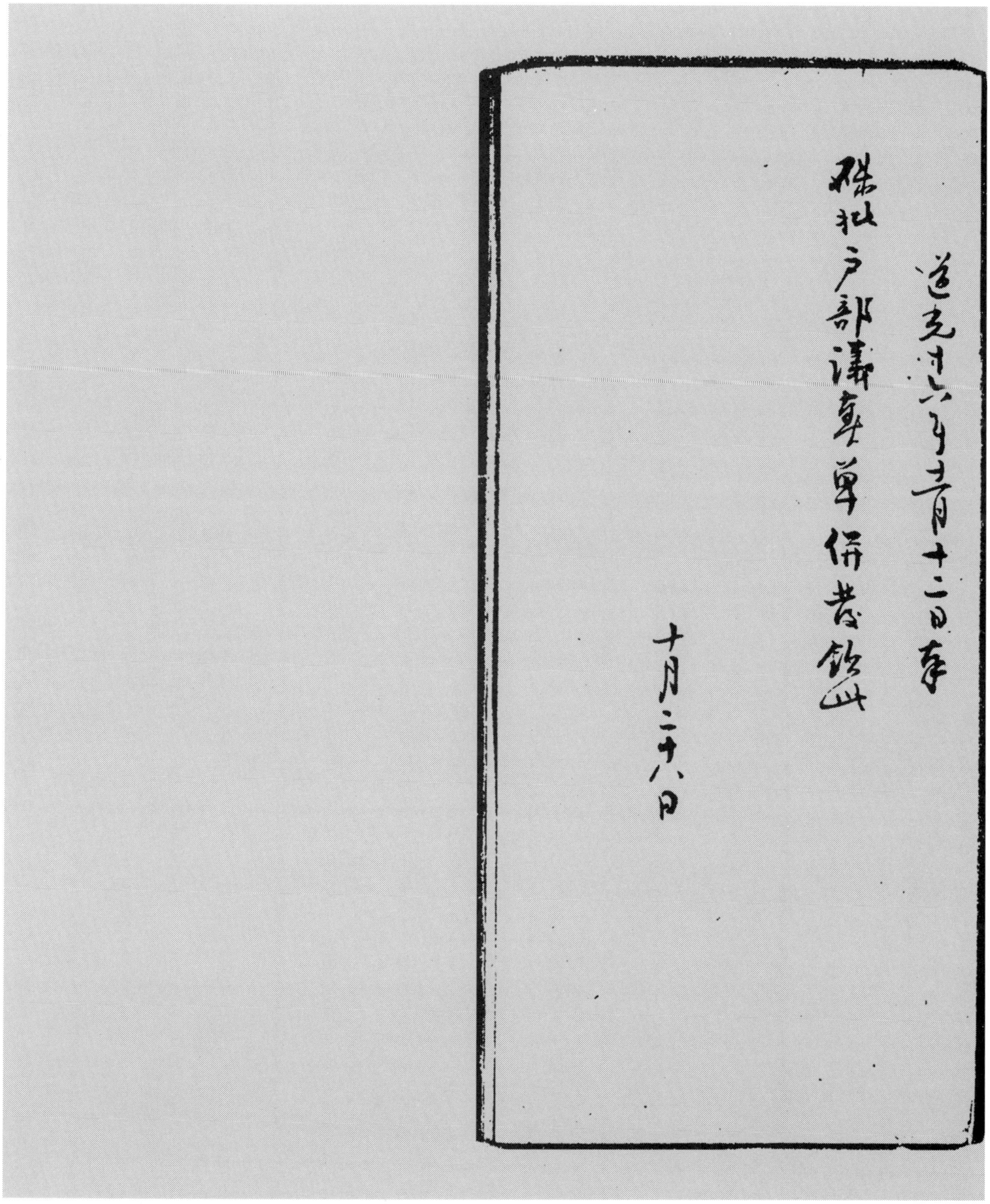
道光十六年十二月十二日奉
硃批戶部議奏單併發欽此
十月二十八日

署理兩江總督林則徐等清單

## 江蘇各屬借項挑修河工未完民欠數目

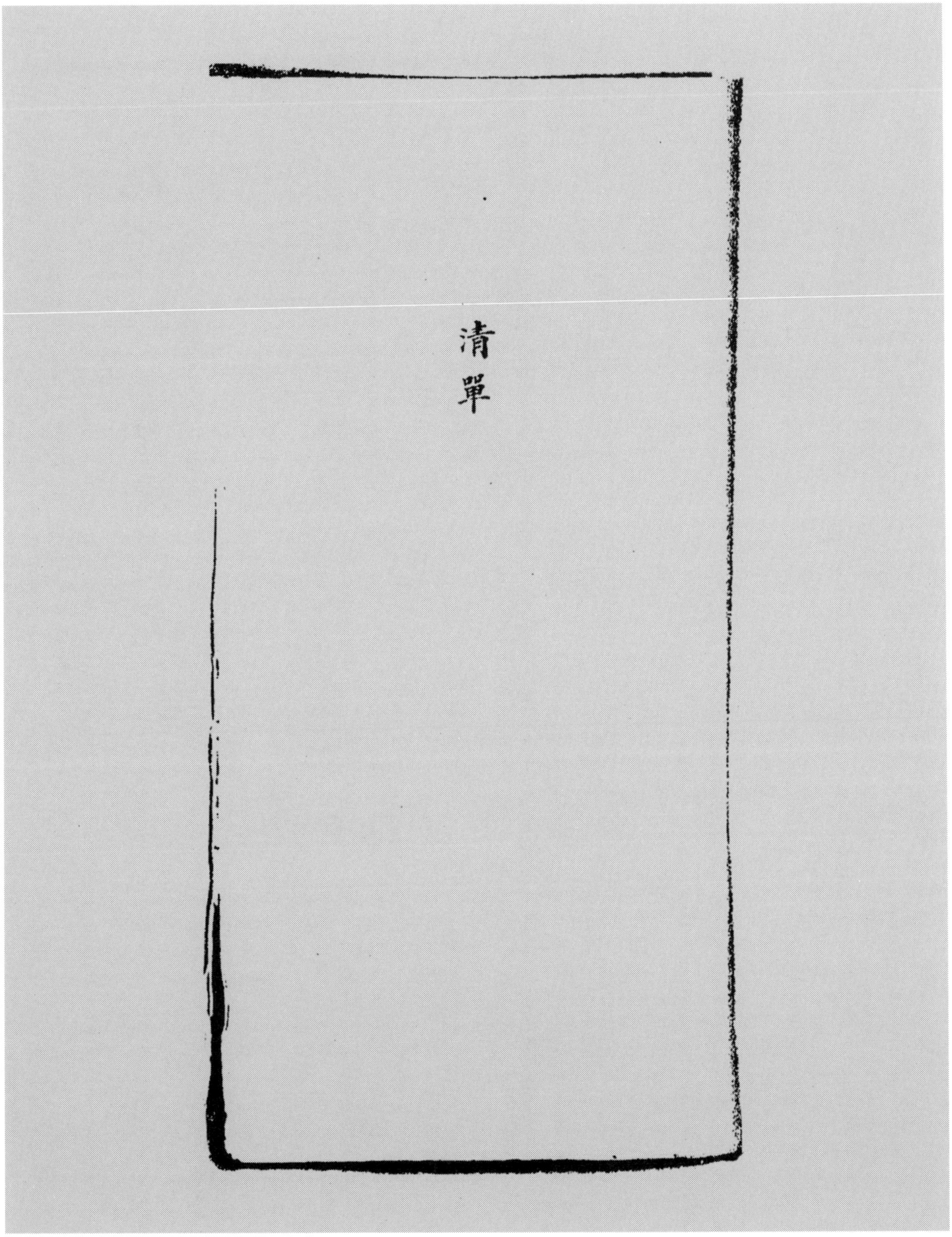
清單

## 署理兩江總督林則徐等清單　江蘇各屬借項挑修河工未完民欠數目

道光十六年十月二十八日

謹將江蘇省各屬借項挑修河堰等工截至道光十年止實在未完民欠數目敬繕清單恭呈

御覽

計開

江寧藩司所轄江淮揚徐海等五府州屬

江寧府屬江寧縣道光四年借項湊辦修築圩埂攤徵未完銀二千四百二十七兩五錢一分七釐

淮安府屬鹽城安東阜寧山陽等四縣嘉慶十六十七十九二十及道光元三四七等年借項挑辦河堰閘工共攤徵未完銀二十八萬二千一百七兩六分

揚州府屬高郵泰州興化東臺並鹽城等五
州縣嘉慶十八十九兩年借項挑辦下河
水利又高郵寶應二州縣嘉慶二十一及
道光九十等年借項挑修河閘各工共攤
徵未完銀八萬四千四百二十二兩二錢
七分七釐

徐州府屬銅山邳州宿遷睢寧沛縣蕭縣碭
山等七州縣嘉慶二十二年至道光四年
並九年借項挑辦河堰等工共攤徵未完
銀三十九萬三千七百四十兩六錢四分
六釐四毫

海州並沭陽安東三州縣嘉慶二十五年及

道光元二等年借項挑辦南北六塘柴米
薔薇甲子等河攤徵未完銀三萬七千三
百一十兩六錢六分九釐
以上江淮揚徐海五府州屬實在民欠
攤徵借款共銀八十萬八兩一錢六
分九釐四毫内熟田項下未完銀七
萬四千八百四十九兩四錢一分九
釐熟田緩徵項下未完銀三萬三百
三十四兩五錢八分二釐灾緩項下
未完銀六十二萬七千八百八十七
兩五錢七分四釐四毫未屆徵限項
下銀六萬六千九百三十六兩五錢

## 一七 署理兩江總督林則徐等清單 江蘇各屬借項挑修河工未完民欠數目

道光十六年十月二十八日

九分四釐

蘇州藩司所轄蘇州松江常州三府屬

蘇州松江二府屬吳江震澤華亭婁縣青浦

五縣道光四五六等年借項開挑黄浦一

路水利工程原借銀七萬七千二百三十

四兩一錢一分二釐因道光三年水災之

後民間元氣未舒奏明緩俟吳淞江全工

完竣再行辦理歸款現未攤徵

松江府屬華亭縣道光元三兩年借項修築

土塘共攤徵未完銀六百九十兩三錢五

分一釐

常州府屬靖江武進二縣嘉慶十九二十兩

年借項挑築江工並盂瀆南段河道共攤
徵未完銀八千九百七十九兩四錢五分
九釐又武進縣道光十年借項挑浚孟瀆
德勝澡港三河共銀一十二萬兩應請豁
免其孟瀆河續借挑河建閘共銀八萬六
千七百二十四兩六錢五分二釐借領在
十年以後仍應攤徵
以上蘇州松江常州三府實在民欠攤
徵借款共銀二十萬六千九百三兩
九錢二分二釐内攤徵未完並災緩
項下銀八萬六千九百三兩九錢二
分二釐未届徵限銀十二萬兩

覽

署理兩江總督林則徐等奏摺　**奏報回空漕船全數渡黃完竣日期**

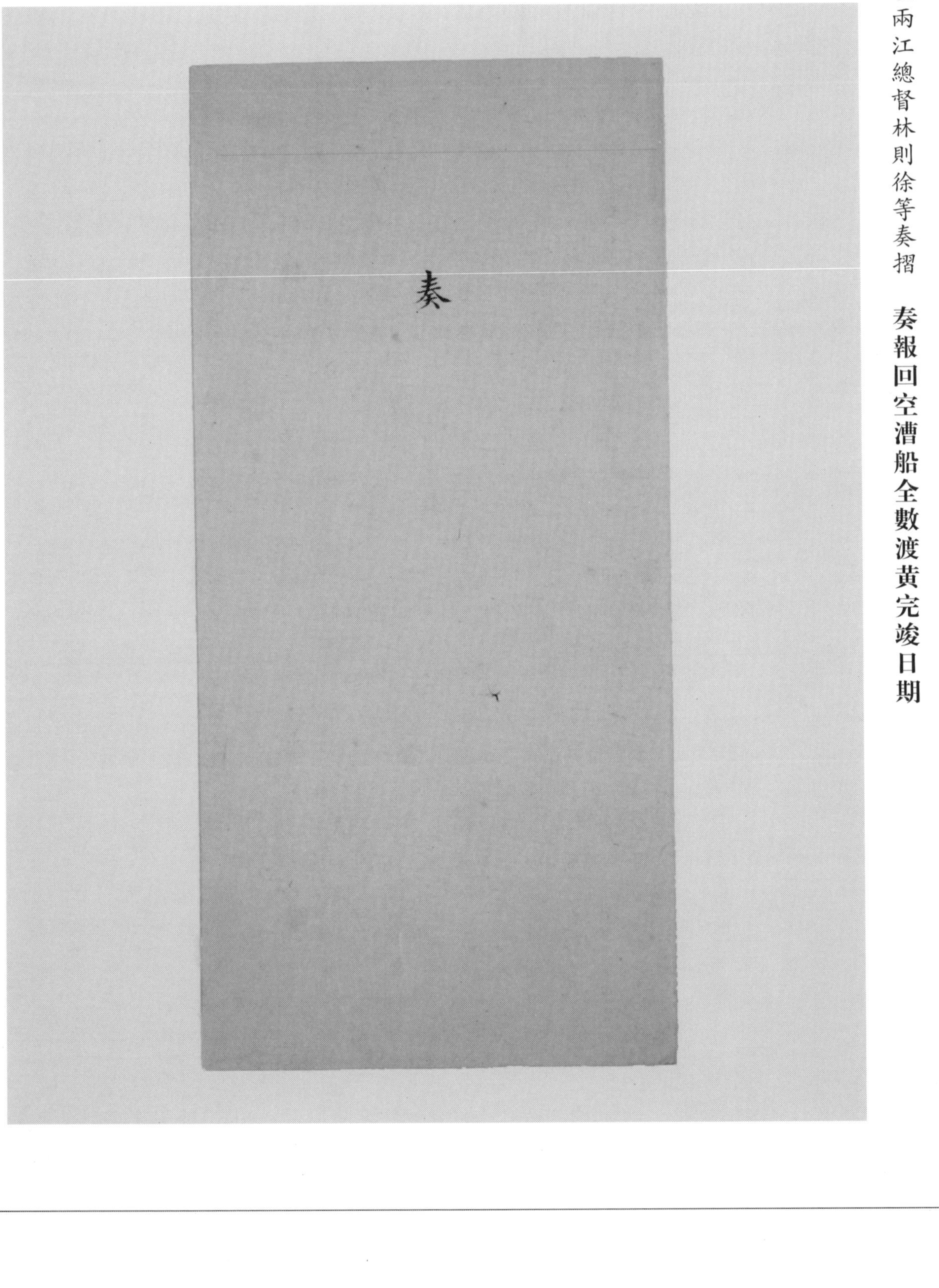
奏

署理兩江總督林則徐等奏摺 奏報回空漕船全數渡黄完竣日期
道光十六年十月二十九日

漕運總督臣恩特亨額
署理兩江總督臣林則徐
江南河道總督臣麟慶跪

奏為回空漕船全數渡黄完竣循例由驛恭摺具
陳仰祈
聖鑒事竊二進漕船渡黄日期前經恭摺具
奏後隨即堵閉臨清堰並委員迎提北岸軍船挽
出楊莊掛黄排泊十月十六日臣林則徐臣麟
慶會駐河口啟放臨黄壩堰提過浙江紹興後
幫船隻適黄水驟長申刻又陡起西北大風臣
等恐有疎虞即商同暫將臨黄草閘堵合忽報
臨清堰有走漏處所風狂溜湧草閘東壩亦見
串水上下口護埽因而蟄動當即捆船摟護親
督鑲辦並派署淮揚道周燾河營參將張兆督

一七 署理兩江總督林則徐等奏摺 奏報回空漕船全數渡黄完竣日期
道光十六年十月二十九日

率廳營趕於二壩掛纜搶堵所幸料物充足兵
夫踴躍竭兩晝夜之力直至十八日辰刻始得
追壓穩定風色稍息即於巳刻提船入塘灌進
浙江七幫計船三百二十八隻臣恩特亨額正
在照料掛黄排船等事於十九日聞信趕到會
同察看揀派幹員一面補堵臨清堰鉗口壩一
面修整臨黄堰草閘護埽復起拆二壩放船截
至二十七日又灌進浙江十一幫湖北三幫江
西十三幫湖南三幫統計回空軍船除在皂河
歸次兩幫外共三千四百四十三隻計九十七
幫均已渡黄全竣立堵臨黄堰啟放臨清堰催
令跟艄南下查十三年十一月初三日完竣本

年計早六日比十四年十一月初九日完竣計
早十二日比十五年十月二十八日完竣計早
一日現在天時晴霽淮揚運河水勢充足臣等
已添派員弁會同地方文武逐段嚴催不任稍
有逗遛以期及早歸次至十七年新漕臣林則
徐臣恩特亨額業經分飭該管糧道及各州縣
提前趕辦早兑早開仍移會有漕各督撫欽遵
歷奉
諭旨最遠省分限明年四月初十日以前抵壩俾得
乘黃水未長相機放渡以免遲誤所有回空漕
船全數渡黃完竣日期謹合詞恭摺由驛馳
奏伏乞

皇上聖鑒再臣林則徐將吴當運一案審辦完結即
行旋省臣恩特亨額即回署趕辦新漕事宜合
併陳明謹
奏
知道了
道光十六年十月　二十九　日

署理兩江總督林則徐等奏片

## 臨清堰走漏軍船遊擊同知請撤任

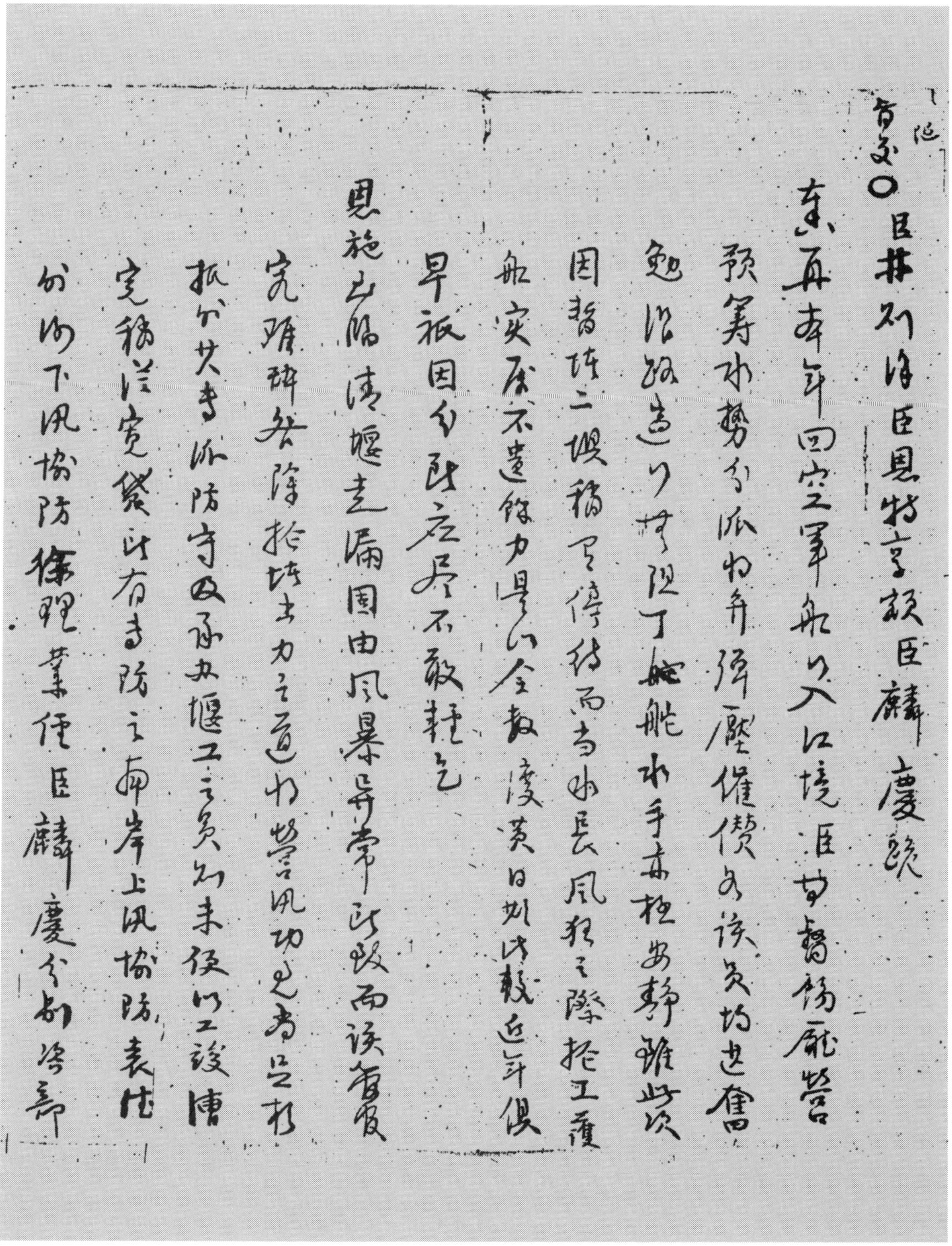

署理兩江總督林則徐等奏片　臨清堰走漏軍船遊擊同知請撤任
道光十六年十月二十九日

撤革外應請
旨飭淮揚河營遊擊陳三貴知方銜外南廳同知于暻
並即行撤任留工候補其臨清堰鉗口壩之程第
為該廳賠繳不准開銷以示懲儆謹合詞附片
具陳伏乞
聖鑒訓示謹
奏。
道光十六年十一月初五日奉
硃批
欽此

# 一七　署理兩江總督林則徐等奏片　黃水化險為平河口靈佑觀風神廟請賜對聯

道光十六年十月二十九日

署理兩江總督林則徐等奏片

**黃水化險為平河口靈佑觀風神廟請賜對聯**

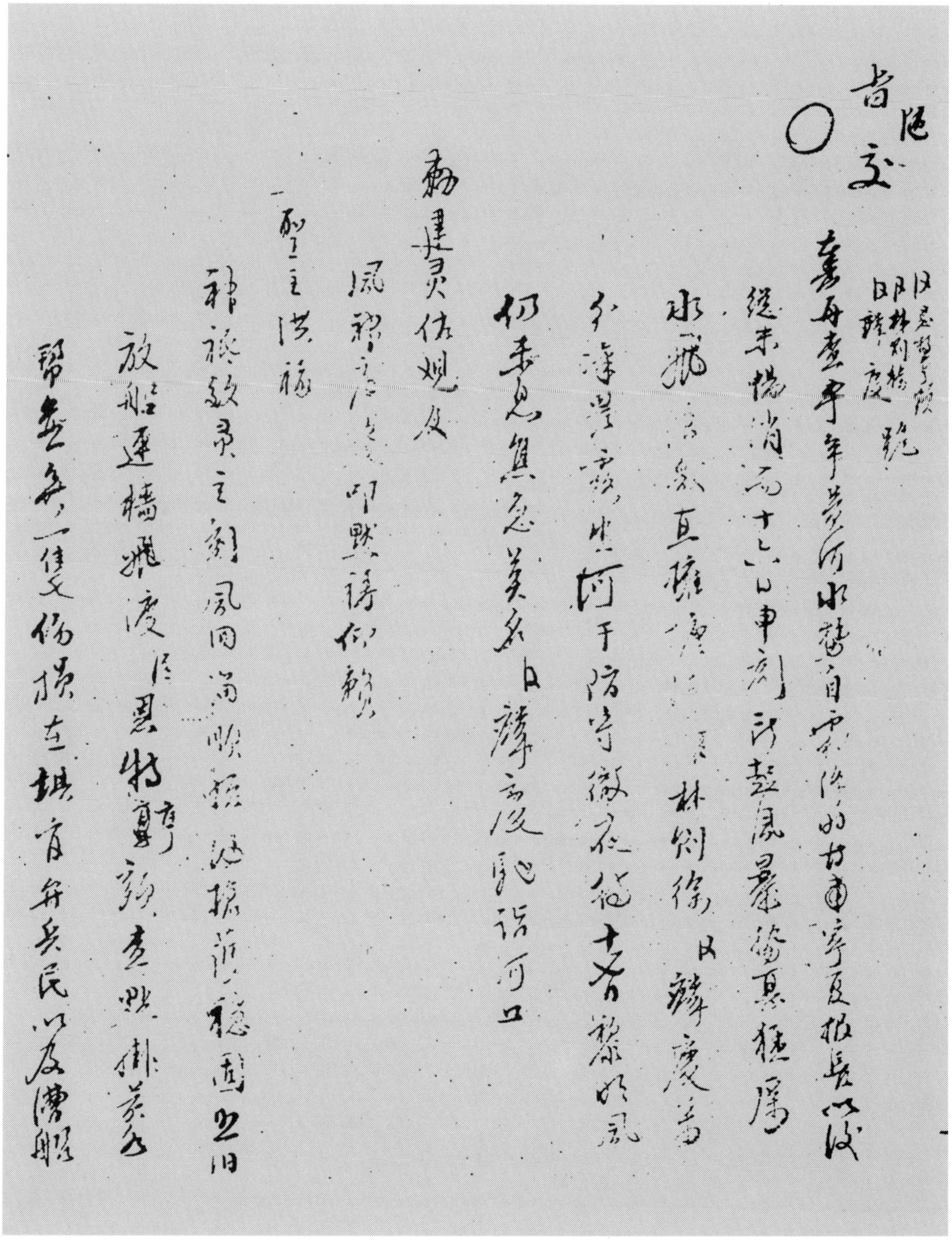

丁舵人等莫不同聲感頌
皇仁，謹奏。
靈佑觀曾于嘉慶二十年頒發
聖母功宏康濟扁額，道光八年頒發
神功安流利濟扁額。
風神廟曾于乾隆十六年頒發
聖母宣和廣化扁額，嘉慶六年頒發
聖母布氣綏波扁額，九年又頒發
聖母昭顯順時膺壽籥布和從律利帆檣對聯，道光八
年頒發
神功宣明導扁額。今該靈佑觀等，今無御製
天恩俯如加賜對聯，恭摹懸掛，庶足以垂觀瞻而昭

一七　署理兩江總督林則徐等奏片　黃水化險為平河口靈佑觀風神廟請賜對聯

道光十六年十月二十九日

永沐神恩

寶籙雙輝益資安瀾之慶

宸章並垂萬年享無疆之福　臣等謹開呈對聯尺寸

合詞附片具陳伏乞

皇上聖鑒謹

奏

謹將各廟對聯尺寸開呈

御覽

靈佑觀對聯

長五尺五寸

寬一尺

風神廟對聯

長五尺五寸

一七

署理兩江總督林則徐等奏片　黄水化險為平河口靈佑觀風神廟請賜對聯

道光十六年十月二十九日

寬八尺

道光十六年十一月初九日奉

硃批　欽此

軍機大臣　字寄
兩江總督陶　署兩江總督林　道光十六年
十一月初三日奉
上諭前據陶澍奏兩淮應交牧羣生息銀兩業經派
員解送直隸藩庫當諭琦善迅速解交察哈爾以
資辦公茲據琦善奏稱此項息銀道光十六年一
年並十七年半年共應交銀一萬三千五百兩迄
今並未解到又接據林則徐咨文内稱本年息銀
飭司籌墊是此項息銀該省原未起解等語察哈
爾牧羣生息銀兩現既仍照舊章由兩淮生息自
應按期解交以備該處三旗牧羣之用何以陶澍
既稱十六年一年及十七年半年息銀業經委員解

送而林則徐又稱本年息銀尚須飭司籌墊此項
銀兩曾否如數起解著陶澍林則徐迅即查明解
送直隸藩庫以便發交察哈爾領回支用毋再任
意延宕致誤要需將此諭令知之欽此遵
旨寄信前來

署理兩江總督林則徐等奏摺　**請以楊斯熙陞補宿州知州**

一七

## 署理兩江總督林則徐等奏摺　請以楊斯熙陞補宿州知州

道光十六年十一月初六日

署兩江總督臣林則徐
安徽巡撫臣色卜星額跪

奏為遴員陞補要缺知州仰懇
聖恩俯准以裨地方事竊照宿州知州張應雲業經
請陞泗州直隸州知州所遺宿州知州員缺係
衝繁疲難四項相兼最要之缺例應在外揀選
題補該州界連豫省表裏河淮為安徽省入境首
站差務繁多民情強悍兼有河防修守事宜非
精明幹練之員不足以資治理安徽省雖有候
補知州現任太平縣知縣華時中候補知州陳
允中二員均與該處人地不甚相宜隨於應陞
人員內詳加遴選查有懷寧縣知縣楊斯熙年
四十八歲山東長清縣人由監生遵川楚例捐

從九品籤掣河南嘉慶十四年到省調赴睢工
當差合龍後因在工出力
奏准儘先補用咨補按察司司獄丁母憂服滿遵
酌增常例報捐知縣選授安徽婺源縣知縣道
光九年三月到任十年委署宿州知州十一年
調補蒙城縣知縣十二年正月到任試俸三年
期滿詳銷試字調補令職尚未到任因道光十
二年分
大計卓異十三年八月卸蒙城縣事請咨赴京十
四年十二月十八日吏部帶領引
見本日奉
旨楊斯熙准其卓異加一級仍註冊回任候陞欽此

十五年八月初三日到懷寧縣任十六年委署
六安直隸州知州現署壽州知州該員明練安
詳實心任事以之陞補宿州要缺知州實堪勝
任惟宿州係屬題缺例應先儘候補人員題補
令以該員請陞與例稍有未符但人地實在相
需且係卓異應陞人員例得專摺
奏請茲據署藩司周天爵兼署臬司盧鳳道胡調
元會詳請
奏前來臣等往返札商意見相同合無仰懇
皇上天恩俯念員缺緊要准以懷寧縣知縣楊斯熙
陞補宿州知州實於地方有裨如蒙
俞允該員前因

大計卓異於道光十四年十二月十八日引
見至今未滿三年應請毋庸再行給咨赴部引
見再該員任内一切因公處分遵例毋庸計算仍飭
將罰俸銀兩即行依限完繳咨部銷案所遺懷
寧縣知縣員缺係衝繁難兼三要缺容另遴員
請補謹合詞恭摺具
奏伏乞
皇上聖鑒敕部核覆遵行謹
奏

另有旨

道光十六年十一月　初六　日

上諭　林則徐等奏臨清堰工走漏軍船該管官陳三貴等著撤任

道光十六年十一月初七日内閣奉
上諭林則徐等奏請將遊擊同知撤任等語本年軍
船回空臨清堰工忽有走漏處所雖由風暴所致
該管官實难辭咎淮揚河營遊擊陳三貴外南廳
同知于頤發俱着即撤任留工候補其臨清堰鉗
口壩工程即著落該廳賠繳不准開銷以示懲儆
該部知道欽此

## 上諭　御書對聯並大藏香著林則徐等祇領謝神

道光十六年十一月初九日內閣奉

上諭林則徐等奏

神祇靈應請頒對聯一摺南河

靈佑觀及

風神廟每遇風暴之時祈禱輒應朕特親書對聯並

發去大藏香六炷交該署督等祇領虔奉

廟中敬謹祀謝用答

神貺而肅觀瞻欽此

署理兩江總督林則徐等奏摺

**蕭縣減水河道挑竣查驗如式**

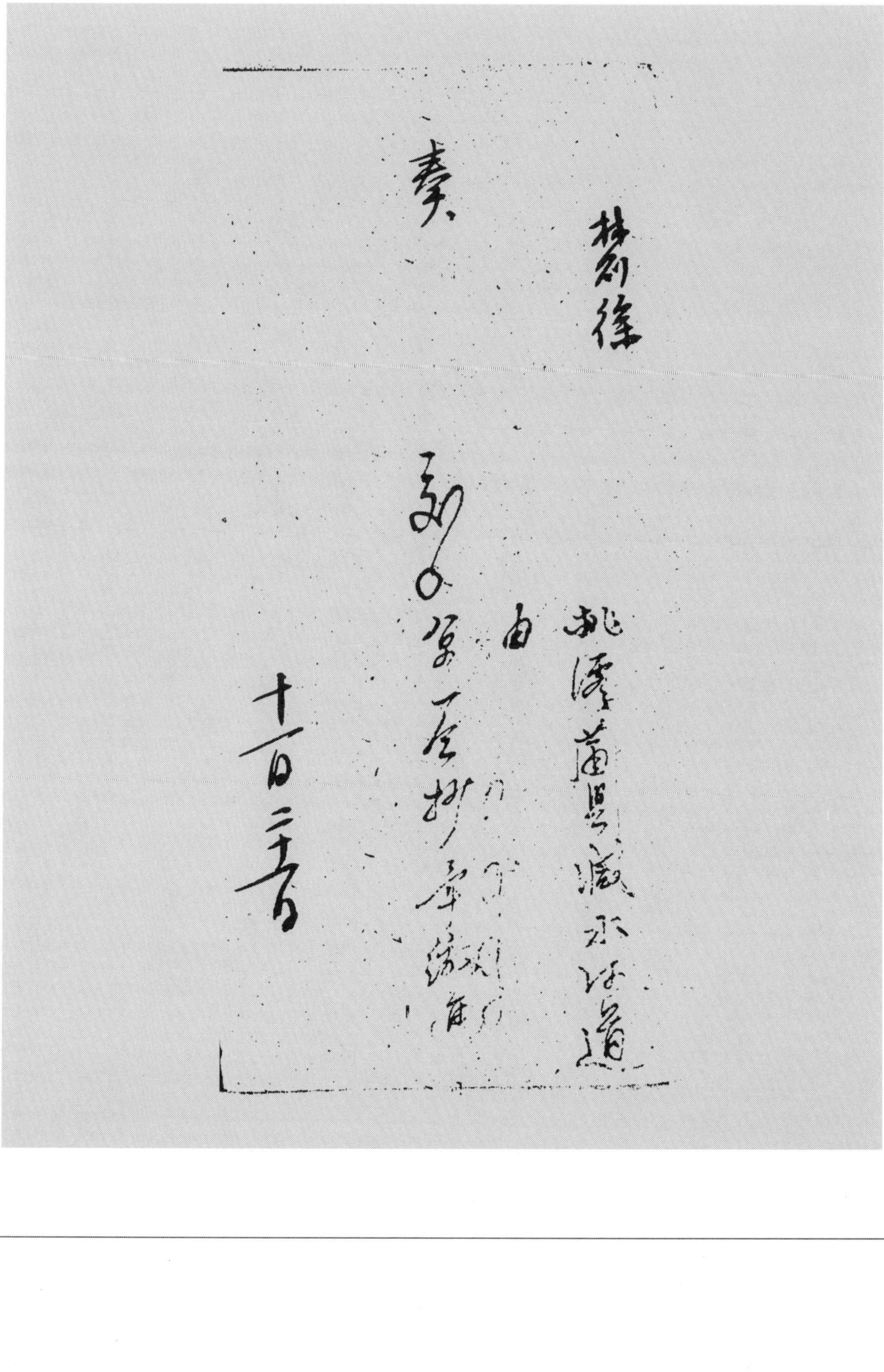
林則徐

奏

挑濬蕭縣減水河道

由

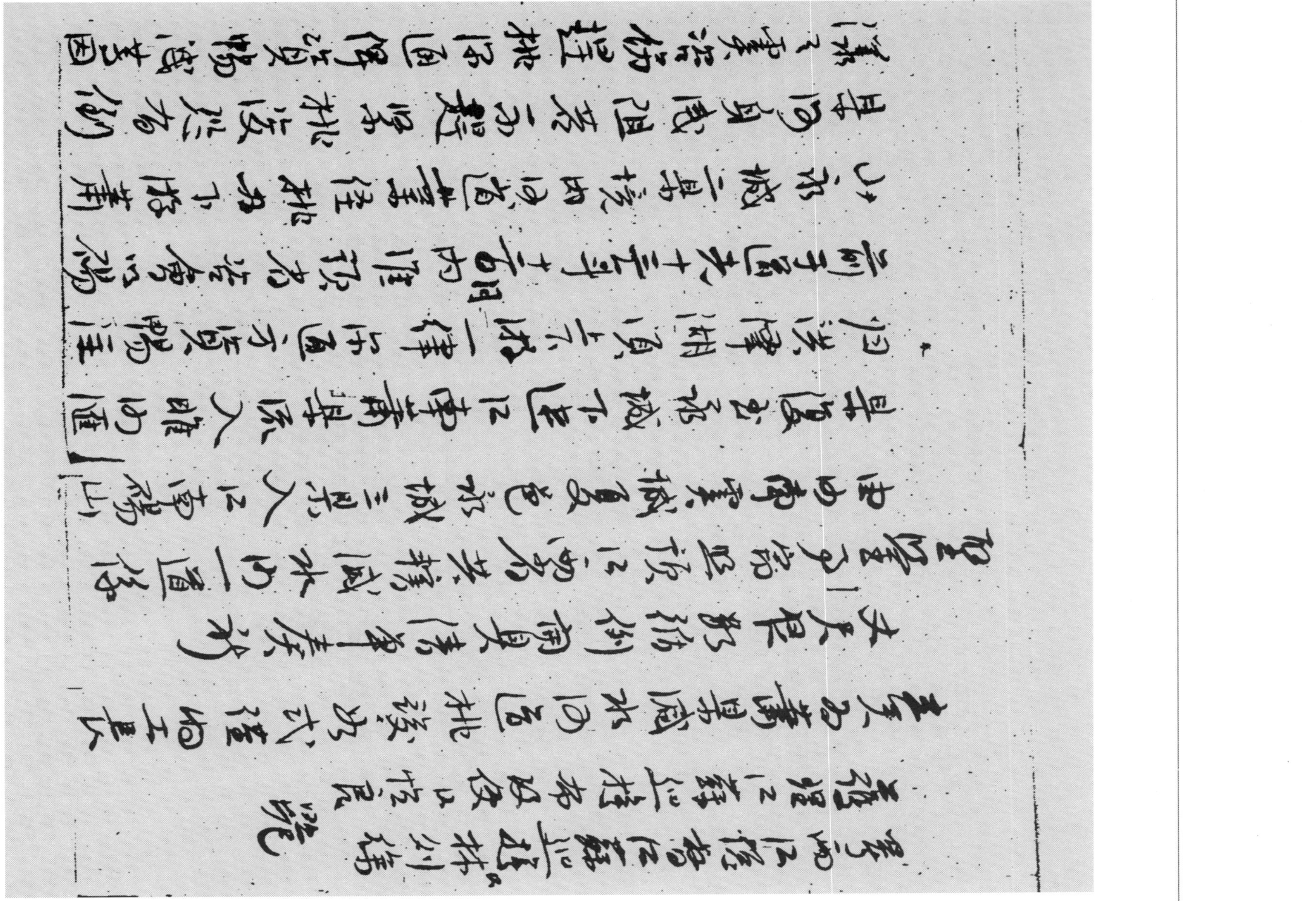

一七 署理兩江總督林則徐等奏摺 蕭縣減水河道挑竣查驗如式
道光十六年十一月初九日

署兩江總督江蘇巡撫臣林則徐
護理江蘇巡撫布政使臣怡良 跪
奏爲蕭縣減水河道挑竣如式，謹將工長
丈尺照例開具清單，奏祈
聖鑒事。竊照江南省所轄減水河一道，係
由河南虞城、夏邑、永城三縣入江南碭山
縣，復由永城下達江南蕭縣，流入睢河，匯
歸洪澤湖，須上下游一律深通，方資暢注。
前於道光十三年十一月內准豫省咨會，以碭
山、永城二縣境內河道業經挑辦，下游蕭
縣河身淤阻，若不趕緊挑浚，恐有倒
漾之虞，咨飭趕挑深通，俾資暢洩等因。

當經飭據蕭縣查明該河上自永固毛城
鋪起下至洪雎河止共工長四千四百八十丈經
歷年淤墊以致水難暢消請委勘估據府委
據銅山縣詳勘確實估需土方夫工銀九千
八百二十七兩二錢二分四厘借項興挑分作三
年攤徵還款詳經
奏明飭辦據報于十四年六月初六日開工七月
十二日完竣委據署銅山縣知縣王文炳
照估驗收如式並無偷減草率詳送藩
司由江寧布政使楊簧將做過工長丈尺
銀數開單請詳具奏前來臣等覆查蕭縣減水河道前經
奏准興挑已據該縣挑竣委員查驗如

一七　署理兩江總督林則徐等奏摺　蕭縣減水河道挑竣查驗如式

道光十六年十一月初九日

武並無偷减草率情事，除飭取估計樁
繳冊結另行照例請冊外，所有該河修做竣工
長丈尺段數緣由，謹會同江蘇撫臣陳鑾
以驛覆陳，併開單恭摺具
奏伏乞
皇上聖鑒，勅部查照施行。謹
奏。
道光十六年十月二十日奉
硃批：工部知道。單併發。欽此。
十一月初九日

署理兩江總督林則徐等清單

**蕭縣道光十四年挑挖減水河道工長丈尺銀數**

謹將蕭縣道光十四年挑挖減水河道工長丈
尺銀數繕具清單恭呈
御覽
計開
蕭縣境内減水河一道共工長四千四百八十
丈内逐段估挑口寛八丈五尺底寛四丈三
尺深九尺共估需土方夫工銀九千八百二
十七兩二錢二分四釐

覽

署理兩江總督林則徐等奏摺　漕費概禁洋錢以速漕平價

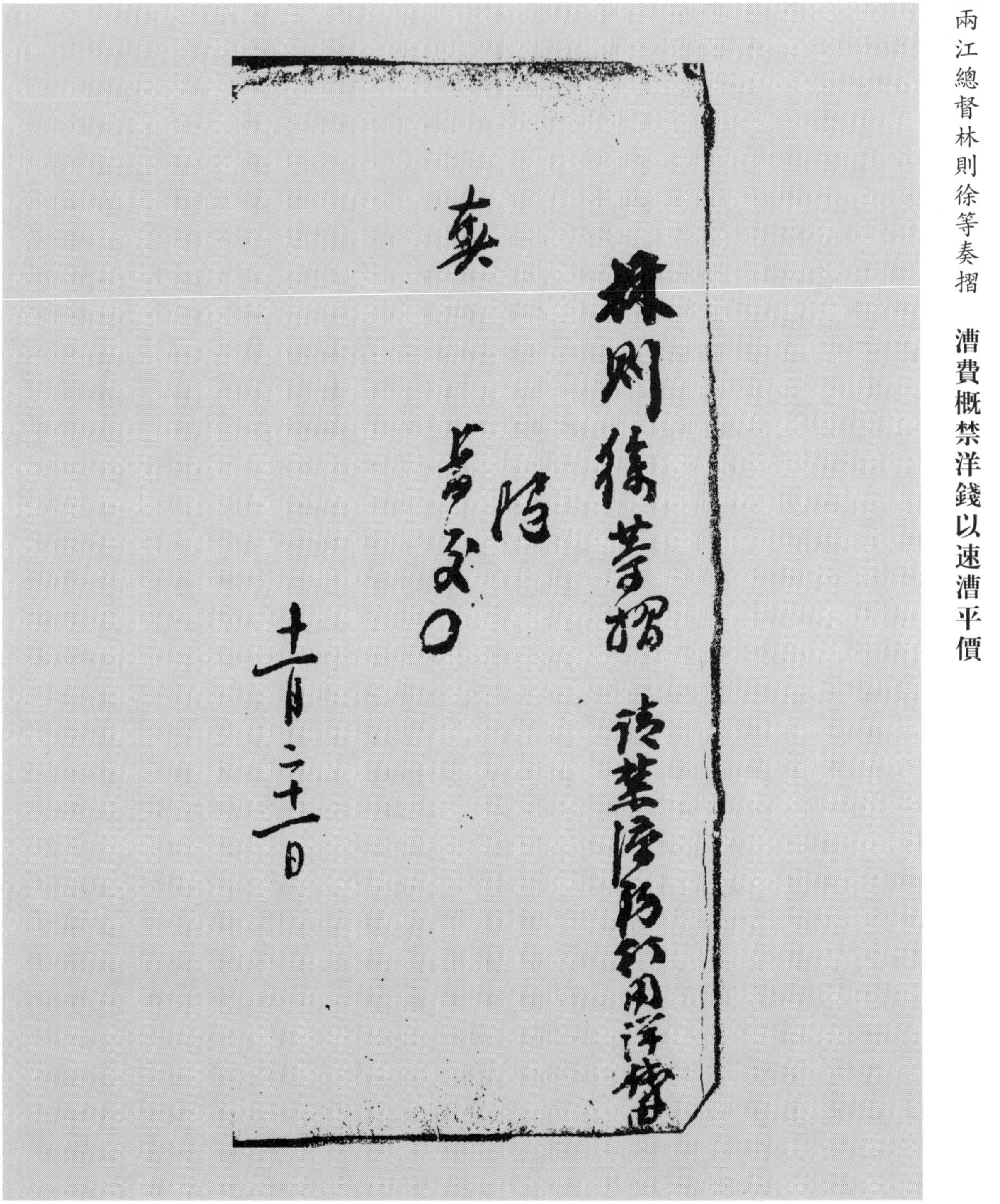
林則徐等摺　請禁停紋用洋錢
奉　旨
另發○
十一月二十一日

署理兩江總督林則徐等奏摺　漕費概禁洋錢以速漕平價
道光十六年十一月初九日

漕運總督臣恩特亨額
署兩江總督江蘇巡撫臣林則徐
護理江蘇巡撫布政使臣怡良　跪

奏為江省洋錢價值浮于紋銀迥殊，酌理新漕，請禁
折給洋錢，以速漕務而平市價，恭摺奏祈
聖鑒事。竊維財用之通利通于下，而權操自上。
國家理財制用，以紋銀與制錢並行，事不許畸輕畸
重。近年洋錢流入內地，其成色比紋銀不及，其價值
原比紋銀為賤，因小民計圖便利，日漸通行，未幾
而洋錢等于紋銀，又未幾而洋價浮于銀價益遠。
十三年間經臣林擬商捧修奏奉
旨飭令將實在情形悉心籌議，維時江省每洋錢一圓作
勢平紋銀七錢三分，雖成色遠遜足紋，而分兩尚與紋對

輕民間行使已久，若驟為禁止，誠恐窒礙難行。當
經臣林則徐與臣陶澍均議不必限制，奏奉
上諭：洋錢行用內地，既非始自近年，勢難驟禁，著照所議，
聽從民便，並示以限制，其價值以紋銀為準，不得浮
于紋銀，庶不致愈行愈廣。欽此。欽遵通行所
屬出示曉諭在案。當奉行之始，洋錢價值合紋
銀七錢一二三分不等，官民商旅均屬相安。迨日久玩
生，閩廣商販將洋錢高抬，有不可遏抑之勢。近日蘇
松一帶洋錢，每圓抬換至紋銀八錢一二分以上，較之
四年前每圓價值實已抬高一錢，即照限制，亦就行
銀多至一萬文以外。查蘇州工商輻輳，洋錢行使最
多，每圓加價一錢，十圓即加一兩，以萬萬圓而計，即已潛耗紋銀

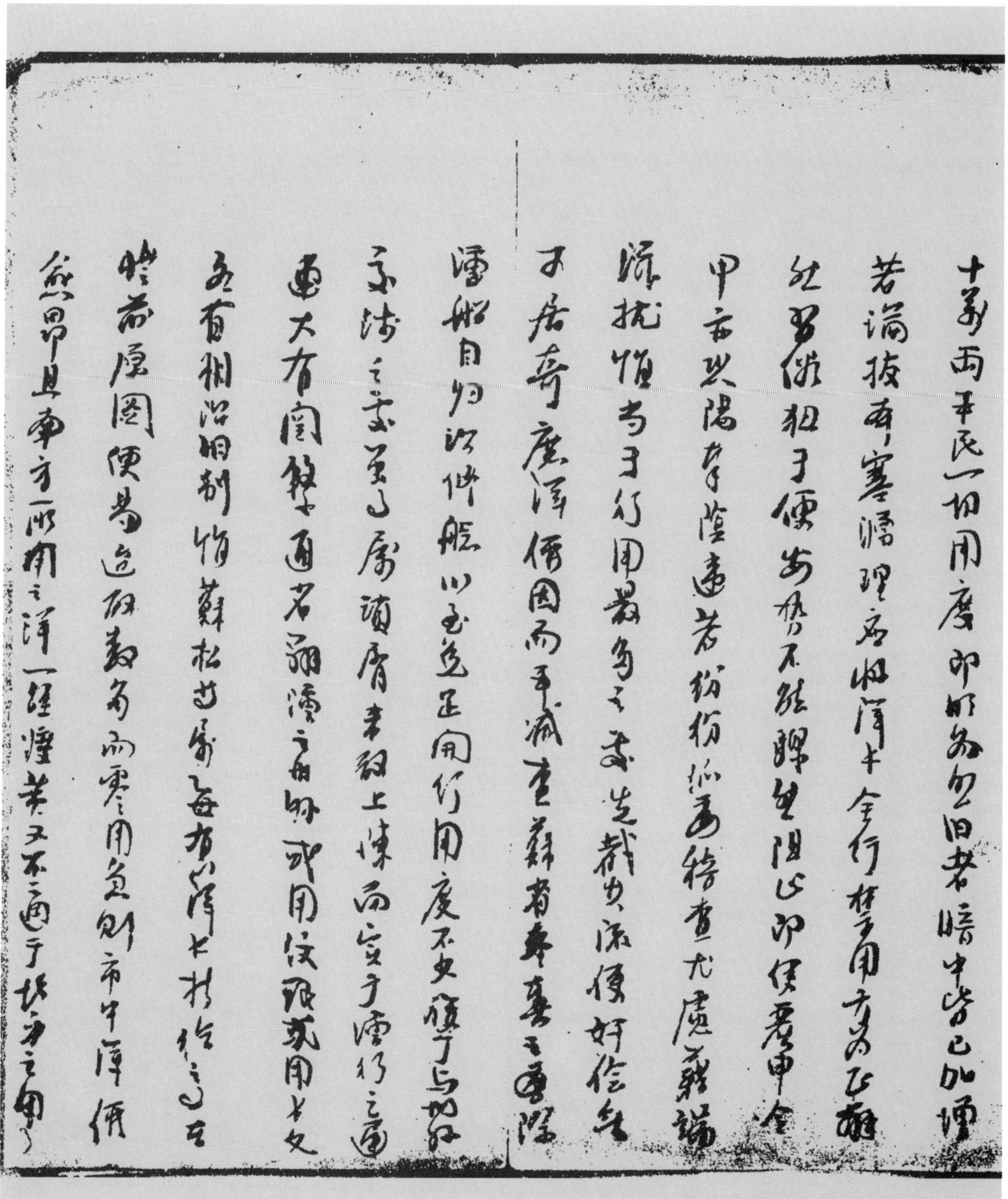

是以幫船開行仍須換錢給付錢鋪乘機抬
每計折錢錢值々于糧船受兌之前先收洋價
抬高以圖兩利及至幫船開行之日又收錢價抬高以圖
旗丁暗虧任其隨意盤剝以致弊竇百出漕務
愈難既洋錢價值既定則旗幫無多爭執設有爭
執勢必耽延重運開行之遲速未始不由于此又查
同籌議欲杜洋錢之抬價絕貴亦端在居奇必出于錢鋪
禁用洋錢方可以迴積習現在此船均須趁早為之圖
相應請
旨將漕務內一切費用概禁折給洋錢其向需洋錢一圓者
令兌以紋銀七錢三分核實給發庶市儈無由高抬
之價旗幫無爭執之煩不獨圜法得以均平即漕行亦

一七

署理兩江總督林則徐等奏摺　漕費概禁洋錢以速漕平價
道光十六年十一月初九日

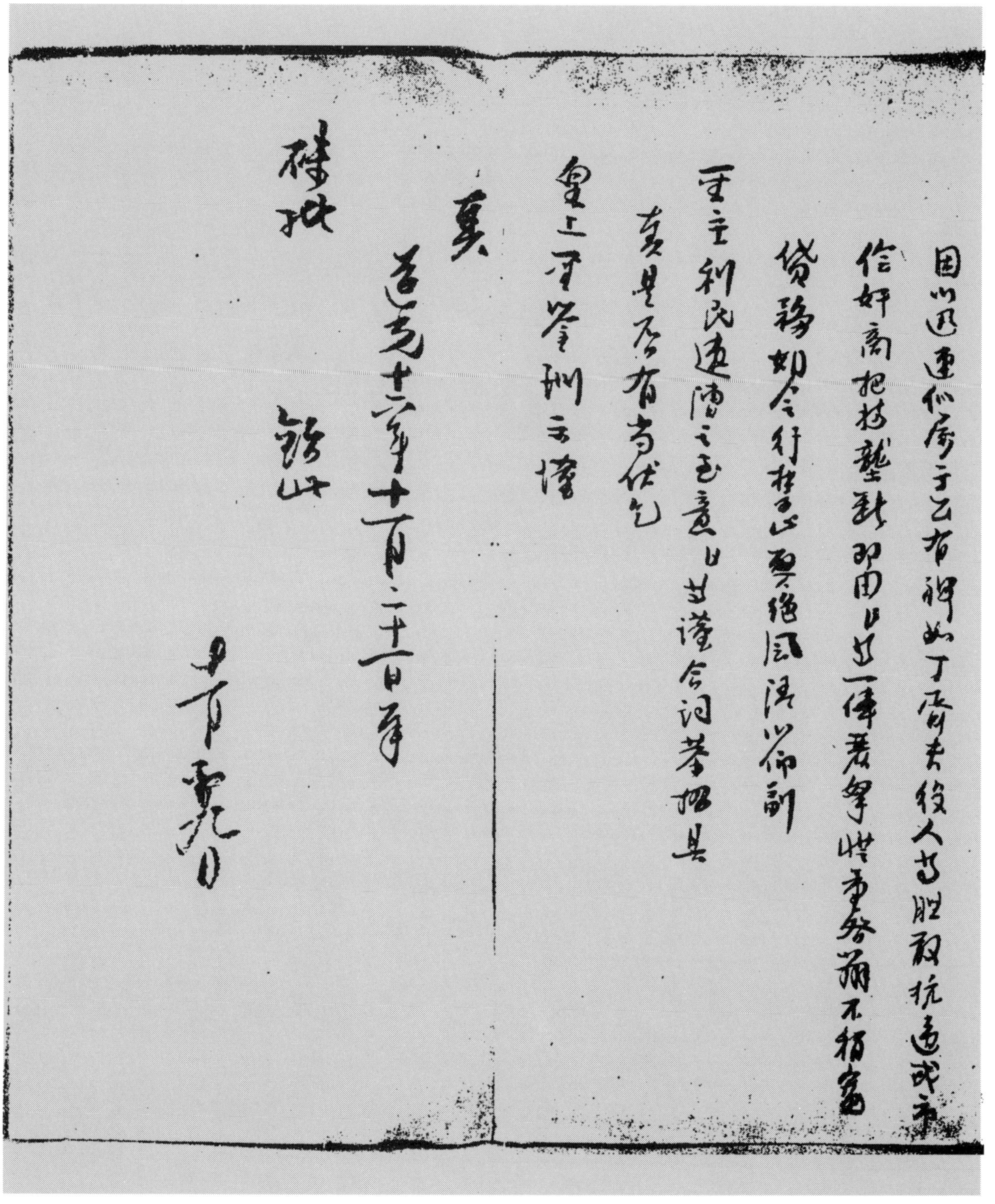

因此運丁偏虧，乃至有挾如丁舊者，役人並敢抗違，或亦
係奸商把持壟斷，那由以此一律嚴拏，做示懲儆，不稍寬
貸，務如今行禁止，杜絕風謠，以仰副
聖主利民速漕之至意。所有謹會詞恭摺具
奏，是否有當，伏乞
皇上聖鑒訓示。謹
奏。
道光十六年十二月二十一日奉
硃批　欽此
十一月初九日

署理兩江總督林則徐奏摺 審明沭陽縣民婦王滕氏京控命案分別定擬
道光十六年十一月初九日

署理兩江總督林則徐奏摺 **審明沭陽縣民婦王滕氏京控命案分別定擬**

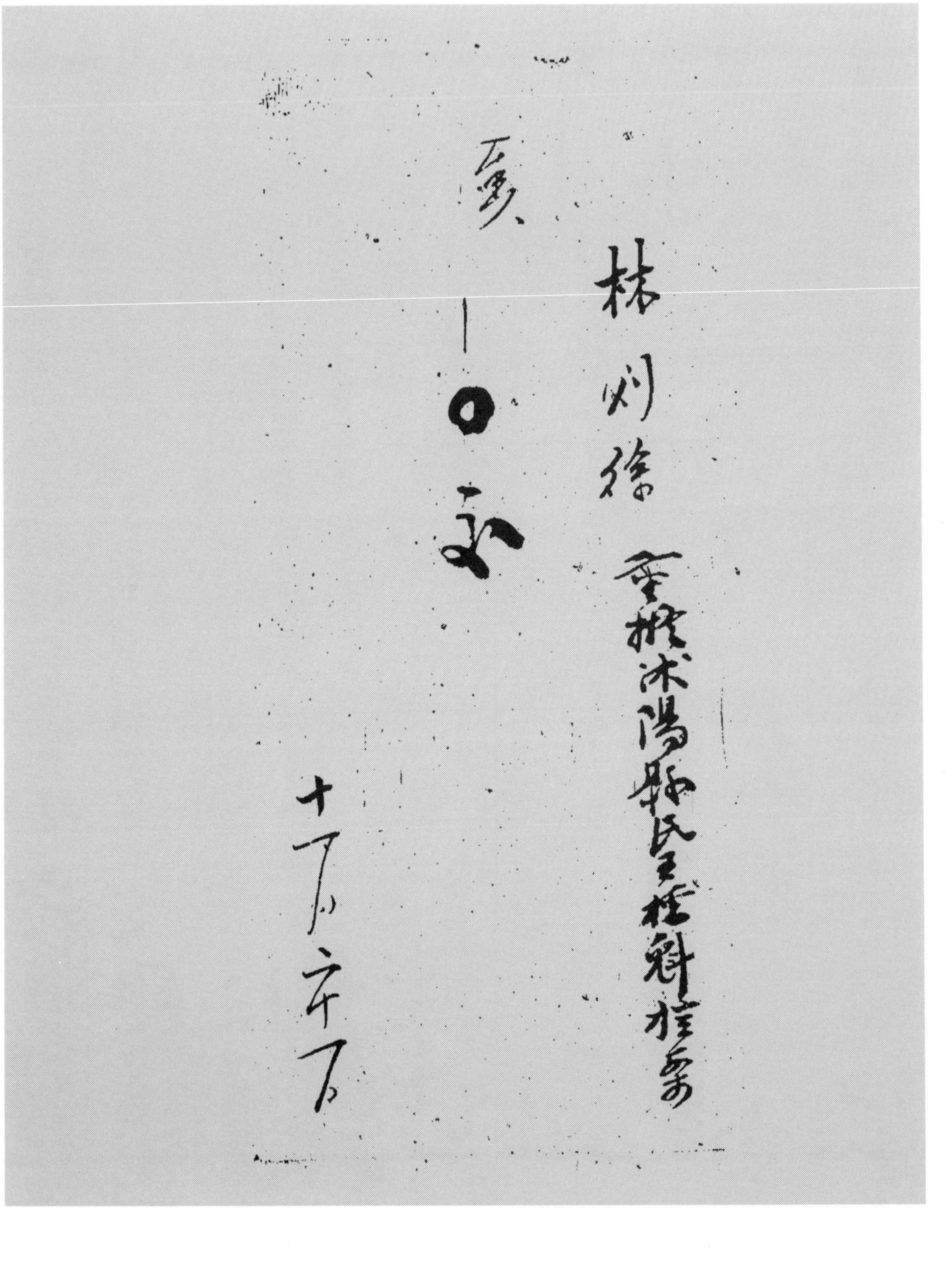

一七 署理兩江總督林則徐奏摺 審明沭陽縣民婦王滕氏京控命案分別定擬

道光十六年十一月初九日

署兩江總督江蘇巡撫臣林則徐跪

奏為遵

旨審明定擬恭摺具奏祈

聖鑒事竊照江蘇沭陽縣民婦王滕氏遣抱女婿王耀

魁來控張繼瑄等將伊女王權符同謀殺害之

究與脫其詞經都察院具奏奉

旨此案著交陶澍督同臬司迅速親提人證卷宗

秉公嚴審按律定擬具奏抱告王耀魁該部照

例解往備質欽此並准兵部將抱告王耀魁備文解

到當經督臣陶澍劄飭江蘇臬司委員守提

人證奏案虛心確究按辦嗣勘出境陶澍未

及審辦臣接署督篆並檄飭催據前署江蘇按

一七 署理兩江總督林則徐奏摺 審明沭陽縣民婦王滕氏京控命案分別定擬

道光十六年十一月初九日

寄便積按照例審擬招解前來臣逐一研鞫據

審得王滕氏籍隸沭陽縣已死王樞符之妻道光三

年出月市嫁王樞符為妻未有生育次已死左鄰村

張揚乃地內工女王允中查知於伊當面與張揚

議明頂心等處物戳傷排連三處髮際亦有等

物戳傷一處蓋由等物致傷要處受傷身死

通詳獲犯六月不記日期該縣差人張揚同

至張文林查詢該縣後此案張小和戳傷差

將王升程信讓扭毆打致下遞兩差韓沭吳廷

訪得此案經閱其意轉行知縣印委張小和解

提並右首石及校之張沭陽張耀隆因張揚論之

相其報到供稱前於論均稱該差韓沭供稱案

該府拘犯嚴提訊據供系王允因張添錫索為
其獸醫家存針刀包一個領校地借來點騐針
刀包越出比對係屬不符驗明實係醫療牲口
所用並非兇器從前供辭唐父王允中以伊前
訊情節據州批審係旋又據道批飭提訊未
結王允中復歷供前情據臣衙門均經批飭
審並勒緝正兇究辦該府海州提到犯善韓添
情訊年兩光下落復係另借嗣王允中因病
身故以伊子黃尚未伸時行遽唆伊媳王滕氏仍
將王以桃情兩謀殺害之詞告訴殘據王滕氏於九
年在間照依前情據州批准提訊供系誣控
將告發回仍以緝兇呈批遂將王滕氏府夫情

切並憶及王允中等所言張小札等釋放想是倚
恃同族張繼珍充當承書串同庇護等謀陷照
王允中係與情同諸犯張繼珍與張添錫等
同謀殺害又因與張文儀等爭田不睦即以說和
勸息等情牽扯遣夫弟王植魁赴都寫控具
呈奏奉
諭旨交審臣欽遵列案傳齊研訊臣思此案王
植材受傷身死已隔十餘年即使所控王張
繼珍等並非兇犯亦必須究出真正兇手審擬
抵方足以伸法紀而慰幽魂豈宜隨以另請
兇一語即率因循致令死者含冤正兇漏網茲
據該縣差獲之應作桃等皆已出保開參外

別以京控各案向係迴護而立樁存究竟何人致死
豈竟訊無確供復將此案原奏及歷控呈詞再
三推究查原驗屍身尚有餘積貫殺必係因姦
而起王滕氏詞內以伊夫王樁存于六月往
張景世族家訪問張談不知因何被張景世族家張繼
路下謀害等語今張景世已拘放而王樁存
當日果否至其家是否于時肯來曖昧別情自
難瞞衆人耳目復據書內人證僉供該處地名張
家莊不過數十家居住此莊本有人往來住宿
鄰里無不周知道光三年五月六日四月半係王
樁存前至該莊與張景世敘談飲酒
後不張樁之家樁准張樁元送伊出門

又往東(西)走去，經王二悅看見，時天尚早，此係
即不知何往。是夜王樛符既未回家，如在張家
莊住宿，何以該莊各家查無王樛符出入蹤跡？
且屍在張榆元地內，全無血跡，明係移屍無疑。
若由本莊人家移來，雖在夜間，不能全無響
動，即幫抬之人亦不能盡為隱瞞。且地主因陳及
牽連被控，尤彼已久，經受累不欲訪詳究
手，倘可自己脫身，即無從亦因屢受嚴比，致將該
論此案之人解县案，訊似此訪謀不力而堅在並
定謀，倪不敢妄指等語，案供如一，究詰不移。
復查屍父王允中節次控詞，但云死在張地，究
即姓家，而究係何人，因何起衅，如何下手致死

王充中亦能切實指供，即其控告拖案小拉等亦
但稱若既獲解何又釋放等語，是轉以狡飾
所不存其事者轉爲藉口之端，而非別有確見質
之王滕氏，則稱因係伊翁遺囑，隨照歷控，特節遺
權其是其正凶究係何人，伊亦不能確指。當文
錄提訊刀痕查對，實與原驗傷痕不符。臣復遣
人改裝易服，密赴沭陽縣之姚家莊一帶詳細
訪查，據誠實老民皆云王懷得若在莊中被殺，
斷不能隱蔽至今。惟該處有通行河道，係
海贛行船必由之路，王懷得總係潛至船上，因
有嫌隙情事被人殺斃，移屍遠逛，至報案船戶
開遠，是以久無影響。案其所言，實近情理。該原

一七　署理兩江總督林則徐奏摺　審明沭陽縣民婦王滕氏京控命案分別定擬

道光十六年十一月初九日

告輪服具結求為弟縊逐兇業已遠飭此案王
滕氏添砌情節遣夫弟王櫻魁京控本屬呈
但究因王克中控告在先且其夫死於非命
且兇已獲王滕氏砌詞京控由於痛夫情切應
請免其置議王櫻魁不行查詢阻止輒聽王滕氏一
面之詞作抱京控究屬不合應照不應重律杖
八十折責發落具呈轉詳之吳廷璐訊無徒弊
惟將案犯王姓小相等遞行解具以致屍親
藉口疊控殊屬冒昧應照不應重律杖八十酌加
枷號一個月滿日折責革役姚從瑢姚小相訊
無謀害移屍姚文儀姚安仁並無他傑章已歿亦
無勸息銷從情事概毋庸議王櫻游屍棺王

署理兩江總督林則徐奏摺　審明沭陽縣民婦王滕氏京控命案分別定擬　道光十六年十一月初九日

滕氏情愿領埋，已斷令地保章占魁赴姚橋元
地內眼同遷交該氏領回埋葬，仍飭沭陽縣嚴緝
正兇務獲究辦，其干連省釋未到免提，除錄供
咨部外，所有審明姚從玲等並非兇犯，另緝
正兇定擬緣由，理合恭摺具
奏，伏乞
皇上聖鑒，敕部議覆施行。再，抱告王程錫赴京
詰稱伊伯王允中在本府本道巡撫總督各控一
次，查沭陽係海州所轄，並非本處知府，王允中在
淮海道及前督撫臣衙門各控一次，合併
聲明，謹
奏。

道光十六年十一月廿一日奉
硃批刑部議奏欽此
初九日

上諭 著林則徐等查造安徽道光十一年以前民欠錢糧等清册報部覈覆

道光十六年十一月初十日内閣奉

上諭上年

皇太后六旬萬壽前經降旨普免道光十年以前民欠銀糧令各該將軍府尹督撫等查明開單具奏據署兩江總督林則徐等將安徽省各屬節年民欠銀米并宿州等四州縣衛借款攤徵未完銀兩開單呈覽當交户部覈覆茲據查明具奏安徽省民欠銀米麥穀款目較繁必須分年分款造册報部方能覈定未完實數著該督撫趕緊查造年款細數清册送部覈〔覆〕再降諭旨至宿州等屬未完借款攤徵銀二十一萬四千三百四十九兩零著加恩全行豁免仍著該督撫查明各案年月劃清借款

上諭 著林則徐等查造安徽道光十一年以前民欠錢糧等清册報部覈覆
道光十六年十一月初十日

并已未完數目及徵解存庫報撥覈減各數造具清
册速行題報覈銷該署督等即刊刻謄黄遍行曉
諭并照例按户付給免單嚴禁吏胥影射需索等
弊務期實惠及民用副朕推恩布闓至意欽此

上諭　林則徐奏江蘇秋禾被歉各州縣地漕等項錢糧著准緩徵

道光十六年十一月十二日内閣奉
上諭林則徐等奏查明各州縣衛秋禾被歉請分別緩徵一摺江蘇省江寧等州縣衛本年入秋以來雨水過多收成歉薄據該署督等查明懇請分別緩徵自係實在情形加恩著照所請所有江寧句容山陽阜寧清河桃源安東鹽城高郵泰州江都甘泉寶應銅山豐縣沛縣蕭縣碭山邳州宿遷睢寧海州沭陽贛榆及淮安大河揚州徐州等二十八州縣衛被歉田地應徵道光十六年地漕各款銀米著緩至來年秋成後分作二年帶徵其應徵丁酉年上忙新賦亦著緩至該年秋成後啟徵各州縣衛蘆課學租公費闕租湖河灘租油麻地租

屯田津貼增租攤徵河銀出借籽種口糧蘆葦牧
馬新升地畝復賦名變等項並抄案入官地畝錯
襍民田之内俱著照坐落地方一律分別查辦其
淮揚等屬減則田地亦著照案一律緩帶海州沭
陽二州縣一水一麥減則田地本年應徵錢糧著
准其一體緩徵又阜寧清河桃源宿遷海州沭陽
贛榆七州縣民折官辦漕糧著將歉田米麥緩俟
成熟之年再行採辦熟田米麥分別辦運所有應
緩漕價各數著統於奏銷案内照數登報其各屬
舊欠錢糧除已豁免外所有江淮等屬應徵道光
十一十二十三十四十五等年災熟錢糧著將坐
落歉區者緩至來年秋後分別啓徵又蘇州藩司

上諭　林則徐奏江蘇秋禾被歉各州縣地漕等項錢糧著准緩徵
道光十六年十一月十二日

所屬之長洲元和吳縣吳江震澤常熟昭文崑山新陽華亭奉賢婁縣青浦江陰宜興荆溪丹徒丹陽太倉鎮洋并蘇州太倉鎮海等二十三州縣衛著准其將十六年秋後屆限應徵十一年舊欠地漕銀米緩至十七年秋後啓徵其十二十三十四等年舊欠地漕蘆課學租等款無論災熟以次遞緩徵輸又無錫縣未完十四年熟田漕項著歸於舊欠分徵案內同十四年地丁以次緩至十九年秋後啓徵又長洲吳縣常熟昭文崑山新陽鎮洋等縣並蘇州太倉二衛應徵十五年災緩初限銀米亦著緩至十七年秋後啓徵其十五年二限銀米著展至十八年秋後帶徵以紓民力該署督等

上諭　林則徐奏江蘇秋禾被歉各州縣地漕等項錢糧著准緩徵
道光十六年十一月十二日

即刊刻謄黃徧行曉諭務期寔惠及民無任吏胥
舞弊用副朕軫念歉區至意該部知道欽此

上諭　林則徐奏負債之江寧知府善慶著先行開缺候查

道光十六年十一月十二日內閣奉
上諭林則徐奏請將負債之知府先行開缺一摺江
蘇江寧府知府善慶現因京欠錢債一案經該署
督等審訊辦理自應聽候查辦善慶着先行開缺
交陶澍提同全案人證秉公審訊按律定擬具奏
欽此

上諭 著照林則徐所請將吉水知縣李彭齡與金匱知縣胡兆蓉對調

道光十六年十一月十二日内閣奉

上諭林則徐奏知縣例應迴避請揀員對調一摺江西吉水縣知縣李彭齡係藩司李恩繹胞姪例應迴避著准其調補江蘇金匱縣知縣所遺吉水縣知縣員缺即以胡兆蓉對調該部知道欽此

署理兩江總督林則徐等奏摺

**審明邳州兇棍吳當運立正典刑餘犯分別定擬**

林則徐等　審擬兇棍吳當運由

奏交○

十一月廿六日

## 一七　署理兩江總督林則徐等奏摺　審明邳州兇棍吳當運立正典刑餘犯分別定擬

道光十六年十一月十三日

署兩江總督江蘇巡撫臣林則徐
江南河道總督臣麟慶　跪
奏爲奉
旨審擬兇棍吳當運審明立正典刑並將累次已獲
各犯二十四名分別定擬恭摺奏祈
聖鑒事竊臣林則徐前奉
上諭有人奏江蘇邳州地方有兇棍吳當運曾經擊獲
起解被其黨要截劫去該犯在舊邳州鎮欺壓
任三大漢大於雎南廣前支解田二句拋入黃河其謀
主有訟師姚宣信底牙有草上飛徐可宗白面
宗三天不怕王同捕役魏大漢等其器械有梃
槍數桿鳥槍數桿有薛佩玉被訛大錢一百五十千
羊眾被三十件王名載被訛大錢二百千又詐騙

丁姓楊姓張姓莊姓皆被訊實上年十二月帶領
王開將王森糾至磋灣鎮勒贖大錢三百千等語
著飭隨帶員棒者處嚴挐務獲究辦等因欽此遵此
遵通飭淮徐海各屬文武並委郎用同知直隸
州伍家棆馳往会挐。迨臣林則徐駐清江督催
空運復会同臣麟慶遴撥河營幹弁將弁
分路訪拿先後稟獲魏大漢姚寶信並夥黨
丁如勤以及張廣李滾海等追究吳當運蹤
跡隨據委員伍家棆会同署海州知州王夢
齡海州營参將德幸等稟報督同署千總
豁克廉外委趙潤祥相機拿在旅贛榆縣
北里集地方將該犯吳當運並同行夥犯

劄得黄文藻袁廷和等三名有續獲湮々
等飭提解浦先將等獲緣由附片奏蒙
聖鑒在案々等仍飭文武各員分頭嚴緝務獲
一併究办旋據稟獲張玉隆高三剛
寔正典倪得高王桃等於又據府還具稟獲
吴当運搜獲二桿叉據海州文武先後起獲
火槍七桿長槍十五桿長短刀四把鐵頭白蠟
桿六根鐵頭者七根檳鎗四把爬槍一桿
又據邳州稟獲短刀四把分起解驗並據
邳州知州保先烈及前署邳州黄耀珍稟稱訪
得本年七月十六日該州黄林庄河灘上有殺死四命一案因
屍身漂淌未獲与張恐相驗今訪知此案亦係吴当

運主謀糾毆當場喝令殺斃宗三等四命現在要犯

罪下手各兇犯合先查傳屍親見證人等解浦

嚴質訊等情。臣等當委同在浦之徐州道

王廷彥督同邳州同知直隸州任家懋蕭角同

知吳曜、東桃南通判陳璐、清河縣知縣陶焜、午六

桃知縣陳廷達、羅琪、湯敏中等將解到各犯隔

別嚴訊。查原奏詳指吳當運糾寸各情以支解

田二、田三兩命為最重。現訊殺實係田大孟非

田二、田三，且止殺死一命並無支解，亦非在睢

甯原署前。有屍父田松禾、屍弟田三到案

口供可據。住三大漢實被硬傷，並未戕斃。薛佩

玉實止被詐錢二千五千，並無一百千元之

一七　署理兩江總督林則徐等奏摺　審明邳州兇棍吳當運立正典刑餘犯分別定擬

道光十六年十一月十三日

羊皮襖三十件王名載被詐錢文二百千
惟王森被詐三百千據吳當運等供認屬實魏
大良訊係逃從並非捕役姚寶信訊係私販
並非訟師其黃林庄行毆四命之案據供係吳
當運喝令毆斃並供出下手兇犯苗秀成
苗秀生周和趙三劉佃吳隨奎等犯續行緝
獲當經邳州知州徐先烈暨委員洪湖營都司
劉長清河標右營守備張嘉桐諭飭山東韓庄汛
方協同嶧縣知縣于芳馥獲苗秀成苗秀生劉
佃吳苗運四趙貴並據泰州營守備黃永清等
獲吳二麻花四麻子一併解到浦亦據徐州
道王廷彥等審擬解勘前來臣等隨即親提覆

糾緊吳當運即吳黨運與苗秀成苗秀生苗添
四魏大漢梁秉謙閻宜剛丁如勤高立桃俱籍隸
邳州姚玉澄袁廷秋吳二麻籍隸宿遷趙貴
籍隸睢寧江四麻子籍隸桃源姚廣宋正典籍
隸沭陽劉佃與姚一澄劉得李澄海俱籍隸山
東郯城任三大漢籍隸山東蘭山黃文[illegible]藻籍
隸安徽泗州姚宣信籍隸山西太谷寄居宿遷吳
當運與現獲各犯及在逃之徐可宗宋三王同
等均屬交好吳當運先於道光二年在宿遷縣
搶奪犯姦婦女阮鎖姐已成為從又投入睢寧
縣韓景芳等照黑幫夥韓景芳等被獲吳當
運聽從姚風輝搶奪犯傷兵經睢寧縣拏獲訊擬

流三年罪發配起解於九年四月二十五日途至邳州
崇家湖地方被趙進傑等奪回在逃屢緝未
獲又夥同大漢先於道光二年在宿遷截搶黃
窩私鹽釀命為從發黑龍江為奴因母老丁單枷杖留
養十二年復犯販私往家鎮配雲南是年八
月在配脫逃來緝未獲又此一淮印施遇淮先因
販私鹽獲擬軍遇
赦
釋回道光十三年十一月因與偷宋廣太經邳城
縣獲案審擬極邊足軍發配福建建陽縣十五
年十月逃回飭緝未獲又吳二麻子於道光九年
聽從趙進傑將其等中途奪回在逃未獲餘
各犯案業由道光九年逃後於十年八月

一七　署理兩江總督林則徐等奏摺　審明邳州兇棍吳當運立正典刑餘犯分別定擬

道光十六年十一月十三日

初六日糾同趙大世、趙[illegible]、[illegible]方瑞、曾亮高、二王
五、李宗、李乾、陳二、楊老鍾等在海州就
莒地方開設賭場，置備器械，護私抽用。是年十
月被州訪拏逃散。十六年四月初二日，該犯起意
糾令劉得、張老侹私販、廣在宿遷縣娼頭開場
窩賭，至五月初一日，共抽頭十九次，聞拏逃避。
又於十六年十一月，糾同已獲擬結之余文漢
及在逃之徐公松、姚寬、徐根、徐老漢、趙老漢、趙
小柱子、吳二麻等九人，各帶刀械，在睢寧縣木
社店地方搶毀王魁齋票鹽，主令余文漢將王
魁齋之騾、趙國華等至賈家集閘，楊崇勤詐票
錢一百四十千，始放。又於十四年十五兩年，張借辭

佩玉錢三千五千王名載京錢二百千文並詭借
磘灣集寶地攤雜貨攤之閻丁楊姓莊半姓
不知名等人各得錢數千文花用又於十五年
十月該犯与徐可宗同在邳州磘灣各色娼婦姓
桂珍江寶珠因任三大漢田大訛詐江寶珠不遂
捻其皮袄伴徐可宗不依糾同該犯与姚
玉瀧陳希友將任三大漢架至黃河堤上主
令陳希友將其兩腿砍傷倒地復添糾姚保瀧
宋泳安一共六人將田大架至睢寧家戴家樓
河灘田大混罵徐可宗起意謀死商允吳當運
等將田大用繩捆至姚志船上吳當運即令姚玉
瀧用刀戳傷田大胸膛一下陳希友又用刀戳

其肚腹，下立時身死，屍棄河內漂淌無踪。船
戶張吉畏其兇横，不敢喊救，任三、大漢亦畏懼
未控。又於是年十一月，吳當運潛回邳州，主同
告知伊堂嬸王張氏家道殷實，該犯起意訛詐，
糾同魏大漢、周七、張得謙、魚邀、王日、王位前往
將其子王森架去，圖禁勒詐票錢三百千始放。
又於十六年四月，該犯與徐可宗、魏大漢、姚一灘
商允，在邳州硝碕灣開設壇渠，糾合陳希友、趙
三有、禮周、義路、三友、瑰獲之、劉得喜、夏和、姚廣、
宋正興、丁如勤、黃文藻入夥，買私獲梟抽取用
錢，令吳二麻收錢發帳，並雇倪得江眷在巢
船，後又置備擡槍、火礮、長槍、擡鎗，令丁如勤發理

犯械又与彼生信高允賒買鉄鍋八十口銷給私
販一同分利吳當運並給予崇丁又勒索正典
黃文蒲又各收買私鹽三四千斤均販至安
徽吳壁縣銷售一次時有在邳州唱戲之李滌
海並故之書生桃念向吳當運索給私鹽二百
斤自行轉販詞于五月間經皆且陶樹委員
等獲臬根寧占魁等在浦審辦吳當運聞信逃
避經灣卸隆京內閣並則違究御約容留在境
七月初間有武生吳秉謙與田安山爭開行業
央周禮轉求吳當運郭筱送給吳當運馬匹
檢並許日後酬謝吳當運應允遣令楚三往向
田山安說和田山安不肯移業三宗の未允吳

當運包糾同現獲之苗秀成、苗秀生、苗運
四、劉佃、與趙貴、紅四麻子、宋正典、劉得、袁廷秋及
在逃之周見、周文路、三陳奎、趙三、趙洋、柱蕭吉、
岳奇、朱得、柱許隆、陳希友、王斌宗、洪琢宗、正剛、
任三黑兒，並周見代糾不識姓名十餘人，分帶
刀槍，十八日黎明抵黄林庄，找尋宗三等毆打。
然吳當運先令周住宗三等所租李順和房
屋，宗三等由門內放槍，轟傷陳蕭吉左眼、岳奇
右手。宋正典與紅四麻子、袁廷秋、陳希友將抬
槍送至屋後點放，轟燒草房。宗三與弟宗四、賈
大槍兒與弟賈南林一齊趕出抵禦，賈大槍兒
用槍鐵戳傷趙五臂上，賈南林用刀戳傷朱得肩

上苗秀戕陳奎將賈南林扭住劉個與趙三一
趙貴將賈大捻兒用繩綑傳宗三宗四下河見
水救逃被苗秀生用扎趙三追及扭上渡船吳
當運喝令一併殺死免犯久從苗秀生在胡安
杜渡船上用槍戳傷宗三左血盆骨當即身死
陳奎將宗四綑在姓安渡船上用扎砍其左肋
趙三砍其胸膛劉個與將賈大捻兒綑在梁碰
吳剎船上劉個與砍其偏左趙三砍其左手苗秀
成將賈南林綑在吳文剎船上苗秀成用槍
戳其小腹陳奎戳其心坎宗四賈大捻兒賈南
林俱先後被殺身死將船開放下游各犯均棄
屍河內隨溜漂淌尖綜船戶胡安杜等均被嚇禁

不許吳當運令刘鴻袁廷和拾起刀槍逞
交吳廣收藏和投逃逸李順和屋内被火先已
撲滅祗燒草房一間吳兇未經此吳當運節次
接害行兇先後致死田大等五命之原委也日等
恐此外尚有不法别案屢加研究擬該犯等各
供前情矢口不移案内兇證及格告朱
浦之人均亦供指吳一田大等兇身並無搭獲矣
係隨謀隨衆供確鑿案無遁飾查例載殺死
一家非死罪三人者斬決梟示酌斷財產給被
殺三命之家養贍又律載謀殺人從而加功者
絞監候又例載兇惡棍徒屢次生事行兇擾
害者發極邊足四千里安置又例載越境興販

引鹽至三千斤以上同附近充軍又律載販私引
私鹽者杖一百徒三年又例載民人開場誘賭
放頭抽頭者初犯杖一百徒三年又例載容
留外省流棍者照窩引來歷不明之人例發近
邊充軍又律載官司差人捕獲罪人聚眾十人
以上中途打奪為首斬監候為從減一等各等
語此案吳當運本係巡役輒敢糾眾置械屢
次販私私設梟勸詐多人窩賭包娼砍傷伍三大等
致死因大並因田安與吳秉謙爭奪船行
挾和未允主謀糾毆尚塲喝令苗秀成等毆死高
三小宗四弟兄及貫大鹽兇貫南林等兄各二命
實屬不法吳當運除逃流勸詐窩賭包娼設梟

賊邪拘係猥眾不議外共商同謀殺田大喝令
下手業已身死罪又敢主令殺死一家三命以貫
大搶兒貫南林弟光前一家二命僅一科斷吳當
運今係殺一家非死罪三人於決梟示例擬於主使
梟示該犯主使殺死多命實屬罪首罪惡尤便
請旨飭戮以昭炯戒印祈
聖鑒訓示謹
奏事件奏蒙派揚道周鐵沖標中軍副將秦擧英
將該犯吳當運御赴市曹先行正法淮發一帶民
人俱聞觀看無不稱快仍傳首犯事地方懸杆示
衆以昭炯戒並查明吳當運有無財産照例斷給三
貫大搶兒邪家分給養贍此王灉姑僅吳當運因
刀戮傳田大喝陸身死黄秀生用棍戮傷一家三命並

並省利佃與用刀砍傷實大陞光偏左面秀成用拳毆
係實南林小腰俱係陞從吳當運主使均屬同謀加功
收玉陞陰陞從伙毆任三大傷係罪不及死與黃秀
生黃秀成利佃與吳依謀殺人從而加功者係照本
律擬復照本務太僧本倚逃後又陞從吳當運
將王森開禁詐饒三百千復並採情塩梟販私
捆用吳一經本倚兩次犯案軍犯並紀悉四獲入吳當
逞塩梟販私復吳利仍索延私時廣先並看逐
樞明陞從向墻做窗又並毆打傑遞塩梟入殺
以波吳利仍索延私又陞從吳當運伙毆宗三等
並幫明勢時廣代吳當運收藏贓械吳四麻先
經陞臣趙洪傑奪犯並逃復糾從吳當運搶毆王

署理兩江總督林則徐等奏摺　審明邳州兇棍吳當運立正典刑餘犯分別定擬
道光十六年十一月十三日

匆高埜包將典穀趙阿華與某勒詐文穀販私鹽
三四子行在鹽某僱幫宗正興先經收販私鹽之事
斤，止復于宗三等被毆之時在場助勢均屬
次後案若照擬律擬軍與屬罪從重向
擬流三千里時一體刑內索從私收廣吳二麻宗正
典均請發往新疆給官兵為奴面刺外遣二字
趙貴苗詮四江四麻子與宗三等被毆之時雖未
加功但已在場助勢累累適不當吳貴詮致死
宗三等之事惟身列武弁違例向川因與田山為
互爭訟吳貴詮說和不允被吳貴詮潔死宗三
等四命案屬肇衅之與趙貴苗詮四江四麻子
併請從重比照擬流援案例俱發極邊足四千里

安置。吳秉漋武生亦革，免其刺字，俟逾限充當鄉
約。而吳大遐在孫圩販私，正先見窩其明知迎流
出境者，必應逃竄，借以各捕人不即捕緝，而吳大
遐於眾正喊等攔流為虎倀，從旁縱之者，更比照窩
留外省流犯照為門來歷不明之人例，發近邊充
軍。丁如勤、黃文彥均在孫圩入窠，為撥發織藏
梟，又各販私三四千斤，應各照越境販鹽三千斤
以上例，發附近充軍。李趙貴等各到配杖一百，折
責。而宜姚宜信汎訟訴師情身係監生，乃敢
買鶬八十口，窩梟牟利，即與販私無異。姚宜信
監生亦革，應與得受吳大遐給鹽二萬斤，轉
販。沿利之李慌論、高正桃均係販無引私鹽律

杖一百，流三千里。任三大僕訛娼不遂，搶其衣服之案，
擬請援案等罪上量減一等，杖一百，徒三年。同姚世
信、李陸海、宋池、黃紀、于貴安置各犯，間有顏李丁
等，均係不法光棍，無庸再議。倪得江、李華棠
服役各無不合，重組杖。伊等黃勞無干，省
釋。趙蔡、馮織、黃葉、紀用、任三大僕所搶皮襖
退給領訖。搶贓各饜，訊無確數，免其追繳。
吳秉謙所押之開銷與田山，均不准其再向
索討。各逸犯，飭緝獲日另結。所有失察文武各
員，另摺
奏。除錄供咨部查核外，所有審明定擬
緣由，理合會同護理江蘇撫篆臣恭摺具

署理兩江總督林則徐等奏摺　審明邳州兇棍吳當運立正典刑餘犯分別定擬　道光十六年十一月十三日

奏。伏乞
皇上聖鑒，敕部核覆施行。謹
奏。
道光十六年十二月廿六日奉
硃批：刑部議奏。欽此。　十一月十三日

署理兩江總督林則徐等奏摺

**遵旨查明吳當運案失察各員請敕部議處**

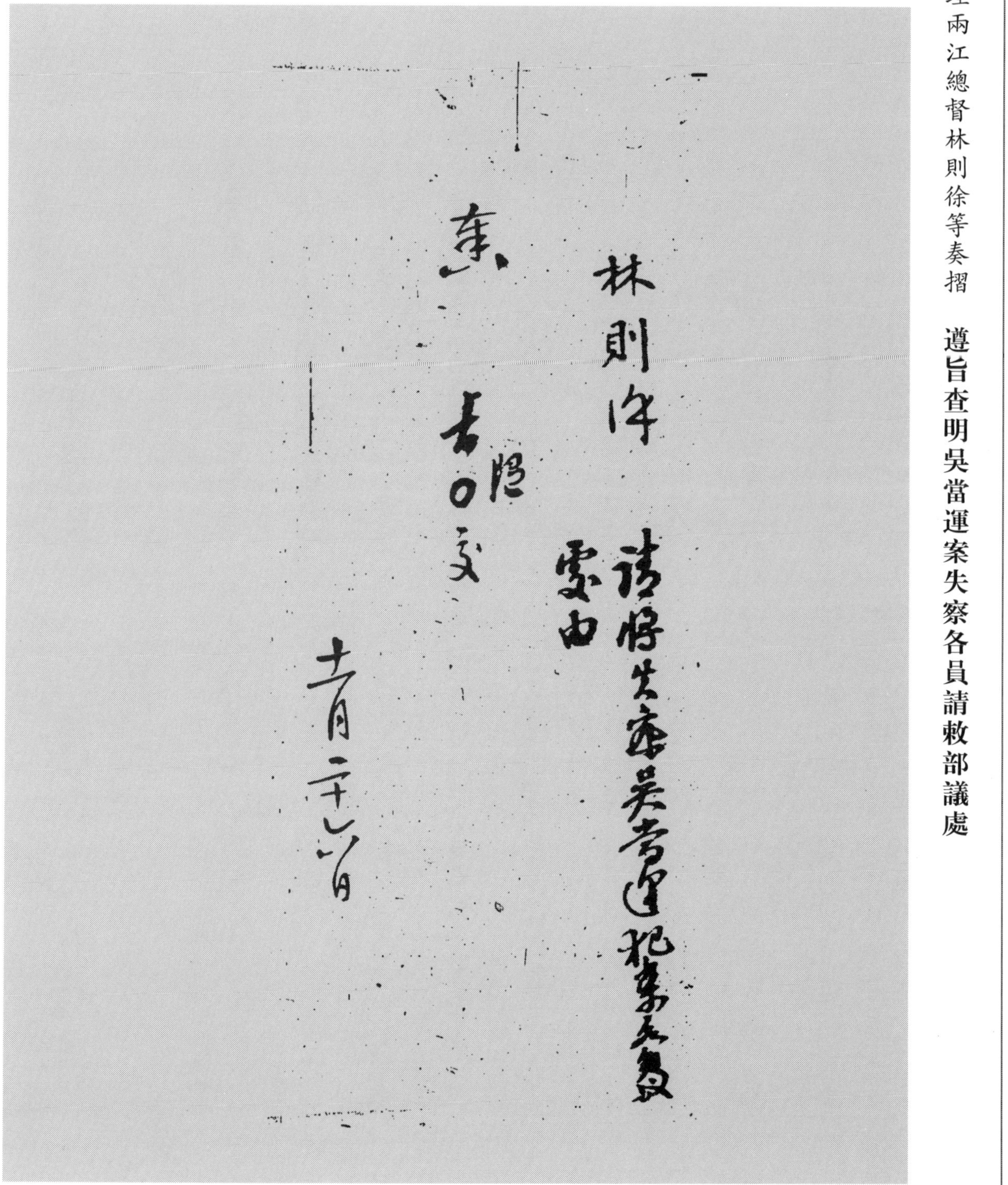

## 一七　署理兩江總督林則徐等奏摺　遵旨查明吳當運案失察各員請敕部議處

道光十六年十一月十三日

署兩江總督江蘇巡撫臣林則徐、江南河道總督臣麟慶跪

奏，為遵旨查明吳當運案失察之文武各員，應請

敕部照例議處，恭摺奏祈

聖鑒事。竊臣等前奏拏獲之棍吳當運等提、訊審一摺，經由驛具

硃批：失察各照例查參。欽此。即經欽遵轉行分別飭查

去後。茲吳當運一犯先經擬流，發配於道光九年

間解至部，於地方被趙佃傑等劫奪脫逃，已于疏防

限滿之時將應參職名咨部，在案風聞地保賀建

功協防，并委員鳳儀及兼轄之千總何捻右營游

擊祝鎮中營游擊李應庚等分別題參嗣

因勤保未獲，又經按限事一案，均准部咨議處

在案。茲將吳當運究出該犯開棠販私局賭窩
娼謀殺人命，甘棠地方文武各員未能即行究察銜名
應以文武各自應按實開報。茲此案失察該犯于道光
十年八月初六日至是年十月二十五日已在海州龍苴
地方開棠販私，文職係前任海州已故知州謝肇瀛，
武職係海州營前任把總江廷玉、協防前任外委
倪雲志，並稽係前署都司事勤休守備陳讀儀，統
轄係已故前任參將錦大鯤。又失察該犯于道光十二年
四月初二日至是年五月初一日已在宿遷堰頭地方
開場聚賭抽頭共十九次，文職係前任宿遷知縣丁
憂知縣李霖倉，武職專管係河標右營遊擊俞
煥章。又失察該犯于十五年十月已在邳州睢

灣地方窩娼文職係高郵州事試用知州黃耀
所武職係署官係何徐右營把總侯泰前功又失察
該犯于道光十五年十月二十八日在雎寧縣地方殺死田
大業屍一案文職係另案降調雎寧縣知縣劉與
權武職係革命案處分又失察該犯于十六年四月
已十五日在邳州碾灣地方開場賭私文職亦係高郵
邳州黃耀所武職係何徐右營把總侯泰有功捻
防分長黃炳城通體殺擊馮系其又失察該犯于
道光十六年七月十八日在邳州黃林莊地方殺死宗三
甘四命一案屍一案亦係高郵邳州黃耀所但已據訪
查補案相應聲明請
旨交部照例分別議處以示懲儆等因奉

署理兩江總督林則徐等奏摺　遵旨查明吳當運案失察各員請敕部議處　道光十六年十一月十三日

諭旨内指名飭拏各犯尚有徐阿宗、宋三、王同三名未獲

除分飭長岸分查將阿宗係睢州營把總徐成宗

之堂弟，雖因將阿宗放逃應左分將成宗黃未收留

但係臣等勒令尋獲送官，已令未獲本各請

旨將該把總徐成宗暫行摘頂，責令迅速拘緝，俟獲此

將阿宗再予開復，俾免縱延。謹會同漕運總督臣

恩特予了叙，合詞具

奏，伏乞

皇上聖鑒訓示。謹

奏。

道光十六年十一月二十七日奉

硃批　欽此

一七

署理兩江總督林則徐等奏摺　遵旨查明吳當運案失察各員請敕部議處

道光十六年十一月十三日

十一月十三日

署理兩江總督林則徐等奏片

## 吳當運案出力各員請加獎敍

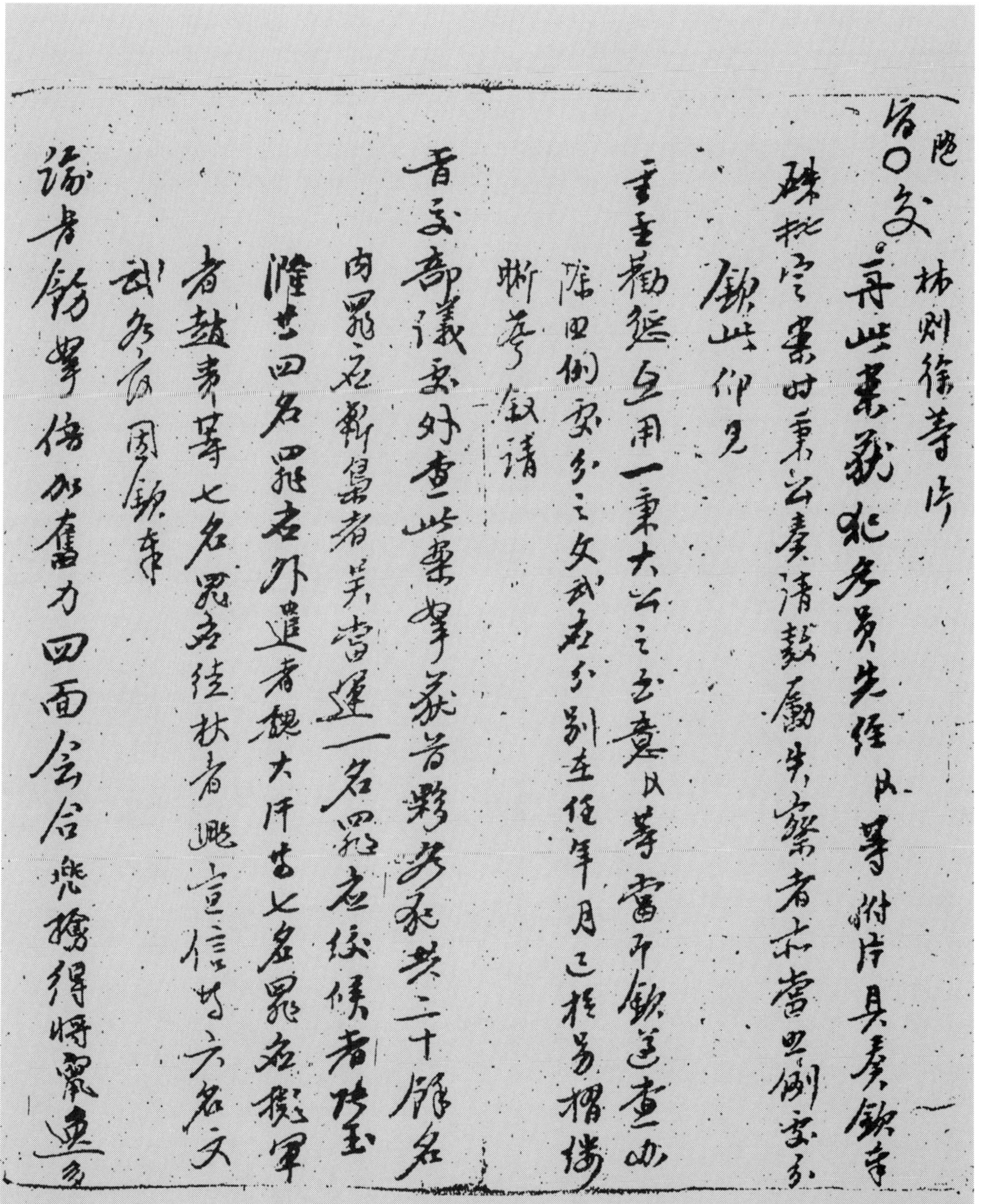

隨林則徐等片

旨○交

再此案獲犯各員先經臣等附片具奏欽奉

硃批另案出奏請獎勵失察者亦當照例處分

欽此仰見

聖主勸懲互用一秉大公之至意臣等當即欽遵查明

疏防例應處分之文武各分別查經年月已經另摺揭參

聯參欽請

旨交部議處外查此案獲首夥各犯共二十餘名

內眾名在獄得者吳當運一名眾名在續獲者陸玉

陸世四名四名在外逃者魏大汗等七名眾名擬軍

者趙書等七名眾名徒杖者魏宣信等六名文

武各官周欽奉

諭旨飭令併力購線四面會合兜擒得將眾匪多

署理兩江總督林則徐等奏片　吳當運案出力各員請加獎叙
道光十六年十一月十三日

年之巨案及夥衆多名迅速就獲潮免於
擾害奚致未至滋消在防等出力各員本皆
分內之事但分投購線偵探跟追兩月以來實
未敢一刻鬆勁仰懇
恩旨准令奏請鼓勵除苗秀成苗秀生苗運田犯細
貴四犯係山東嶧縣知縣何士芳首獲已咨明山東
撫臣具
奏請獎外其在江蘇省最為出力之即用同知直隸
州任家樅海州營參將德本可否
賞加副將銜署海州知州加同知銜之沭陽知縣王夢
齡可否送部引
見出自

署理兩江總督林則徐等奏片　吳當運案出力各員請加獎敘
道光十六年十一月十三日

皇上天恩。再，挐獲吳當運之時，下手親擒者，係海安營已拔千總之郭夬廉、已拔把總之趙尚祥、外委相桂邦三年，均請儘先陞拔，以示鼓勵。其出力稍次及訊出命案究鞫之、分飭挐獲之印委各員，由臣等分別記功，不敢擬請獎敘。謹會同漕臣恩特亨額合詞附片具奏，伏乞

聖鑒。謹

奏。

道光十六年十一月十六日奉

硃批：欽此。

署理兩江總督林則徐奏片　**摺片漏字寬免處分謝恩**

臣林則徐跪

奏，再臣前因摺片內漏寫奏字，自請察議，欽奉

硃批：無關緊要，可寬免。欽此。臣跪誦之下，感荷

聖慈倍深，兢惕嗣後益當加倍細心，不敢稍有疏忽。謹

繕片恭謝

天恩，伏祈

聖鑒。謹

奏。

道光十六年十一月二十六日奉

硃批：覽。欽此。

署理兩江總督林則徐奏摺

## 遵旨查明兩淮應交察哈爾牧群息銀全行起解

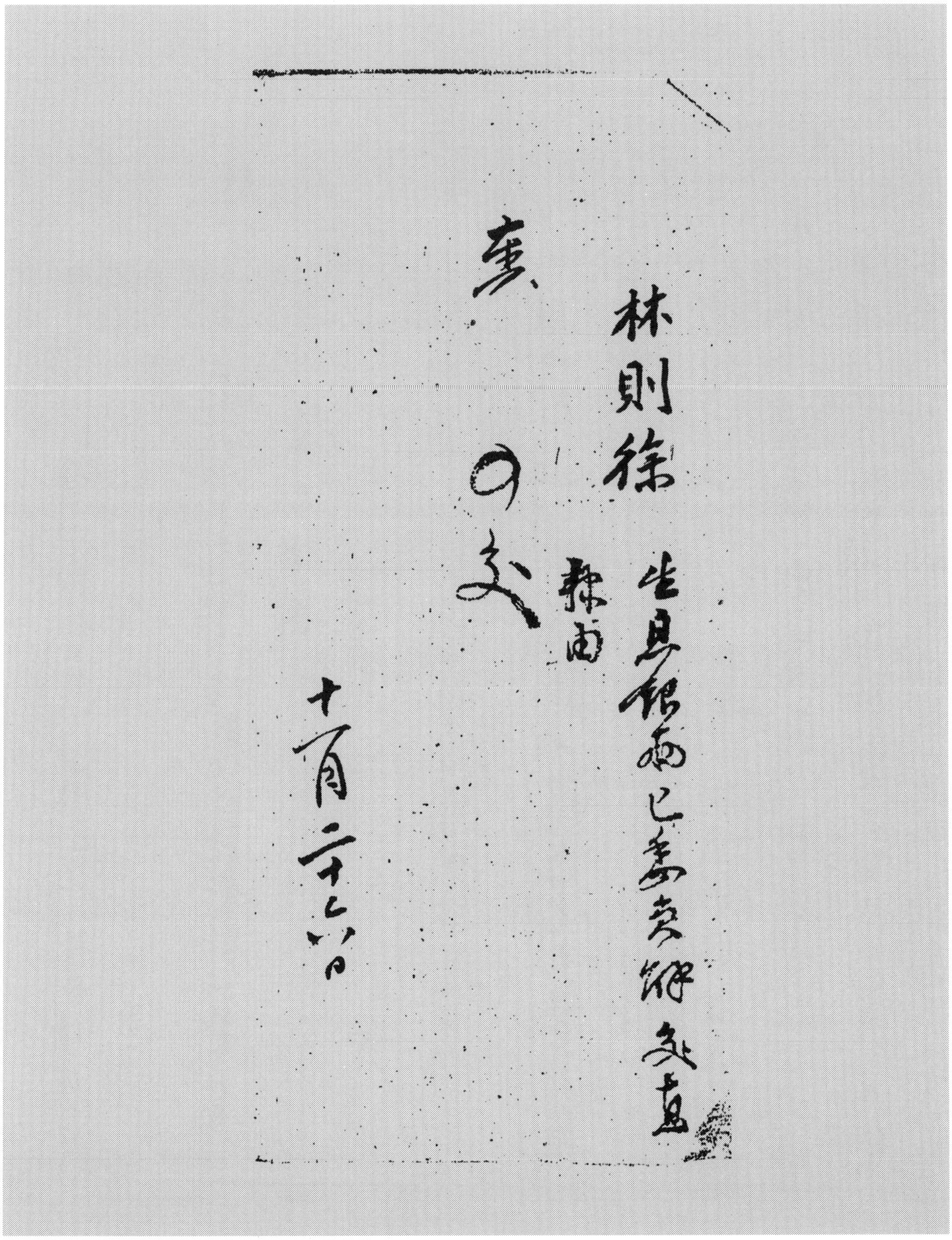

## 一七 署理兩江總督林則徐奏摺　遵旨查明兩淮應交察哈爾牧群息銀全行起解

道光十六年十一月十三日

署兩江總督管理鹽務江蘇巡撫臣林則徐跪

奏為遵

旨查明兩淮應交察哈爾牧羣息銀十六十七兩年全行

起解緣由恭摺覆

奏仰祈

聖鑒事竊臣于十月初九日接准察哈爾都統咨

奏催兩淮應解牧羣息銀一摺道光十六年十月九

日內閣奉

上諭桑善等奏請飭催兩淮應交牧羣生息銀兩並

暫借庫項墊撥一摺此項息銀係充察哈爾三旗牧

羣之用自應按期解交以符定限所有道光十六年

息銀九千兩十七年半年息銀四千五百兩前據陶

澍奏稱業經派員解送直隸藩庫著琦善迅速
解交該處以資辦公其十七年下半年應解息銀並
著兩淮江總督于本年冬季如數解送毋再延玩嗣
後每年應解息銀務于歲前頒交以符定限等因欽此又同
日承准軍機大臣字寄道光十六年十月初二日奉
上諭 前據陶澍奏兩淮應交牧群生息銀兩業經派員解送
直隸藩庫當諭琦善迅速解交察哈爾以資辦公茲據
琦善奏稱此項息銀道光十六年一年並十七年半年共
應交銀一萬三千五百兩迄今並未解到又接據林則徐
咨文內稱本年息銀飭司籌墊是此項息銀該省原
未起解等語察哈爾牧群生息銀兩現既仍照舊章由
兩淮生息自應按期解交以備該處三旗牧群之用

一七　署理兩江總督林則徐奏摺　遵旨查明兩淮應交察哈爾牧群息銀全行起解
道光十六年十一月十三日

仰以陶澍既称十六年及十七年半年息銀業經委
員解送而林則徐又称本年息銀尚須飭司籌墊
此項銀兩曾否如數起解着陶澍林則徐迅即查明
解送直隸藩庫以便發交察哈爾領回支用毋再任
意延宕致悞要需將此諭令知之欽此遵查前項息
銀在兩淮本係搭綱搭引征收原未預存在庫先經
督臣陶澍因輾轉解送口外每致僨不濟急擬將
息本銀五萬兩照數籌還于本年七月十六日
奏請解交直隸藩庫就近轉發生息並恐兩淮還本
之後和至直隸起息之時中間不免空缺是以議將
道光十六年全年連十七年半年息銀一併籌墊派員解
送直隸藩庫等因其所称解送之銀係兼本息而言

摺內聲明請
旨自應恭候
命下始敢委員起解迨九月二十三日准直隸總督臣琦善
咨會具奏牧群成本銀兩欽奉
諭旨仍照舊章由兩淮鹽務生息維時已在陶澍交卸
起程之後臣即飭司運司以本銀毋庸解還應將
息銀籌墊詳解並咨明直隸督臣查照在案是
陶澍所奏委員解送者本係候
旨遵行臣所咨飭司籌墊者亦屬照案辦理茲欽奉
諭旨飭查曾否如數起解查道光十六年全年息銀九千
兩並十七年上半年息銀四千五百兩先據運使
劉萬程于十月內詳報委員試用大使陳紹曾領

署理兩江總督林則徐奏摺 遵旨查明兩淮應交察哈爾牧群息銀全行起解

道光十六年十一月十三日

解，並將乙未年參價銀四萬兩附搭解京。臣以十七年
下半年尚有息銀四千五百兩，亦應隔年豫解
之項，駁令全數墊支，俟交該委員管解去後，茲
于十一月初四日復據該司劉萬程俟數詳解，並請
填給兵牌勘合，發交領費起程。計前項牧群息
銀十六、十七兩年共一萬八千兩，均已飭交該大使陳
紹曾領解，計十二月內總必解到直隸，即可轉交
察哈爾領回濟用。嗣後每年息銀，自當遵
旨均于當年豫交，以符限理。合恭摺覆
奏，伏乞
皇上聖鑒。謹
奏。

一七 署理兩江總督林則徐奏摺 遵旨查明兩淮應交察哈爾牧群息銀全行起解 道光十六年十一月十三日

道光十六年十一月二十六日奉

硃批知道了欽此

十一月十三日

**圖書在版編目（CIP）數據**

清宫林則徐檔案匯編.17/中國第一歷史檔案館　福建省林則徐研究會　編.—福州：海峽文藝出版社，2017.12

ISBN 978-7-5550-1330-3

Ⅰ.①清…　Ⅱ.①中…②福…　Ⅲ.①林則徐（1785~1850）—檔案資料—匯編　Ⅳ.①K827=52

中國版本圖書館CIP數據核字（2017）第271635號

**清宫林則徐檔案匯編　17**

中國第一歷史檔案館　福建省林則徐研究會　編

**責任編輯**　茅林立　陳　婧
**美術編輯**　劉小岳
**出版發行**　海峽出版發行集團
　　　　　　海峽文藝出版社
**經　　銷**　福建新華發行(集團)有限責任公司
**社　　址**　福州市東水路76號14層　　**郵編**　350001
**發 行 部**　0591-87536797
**印　　刷**　福建新華印刷有限責任公司　　**郵編**　350011
**廠　　址**　福州市福新中路42號
**開　　本**　889毫米×1194毫米　1/16
**字　　數**　766千字
**印　　張**　35
**版　　次**　2017年12月第1版
**印　　次**　2017年12月第1次印刷
**書　　號**　ISBN 978-7-5550-1330-3
**定　　價**　300.00元

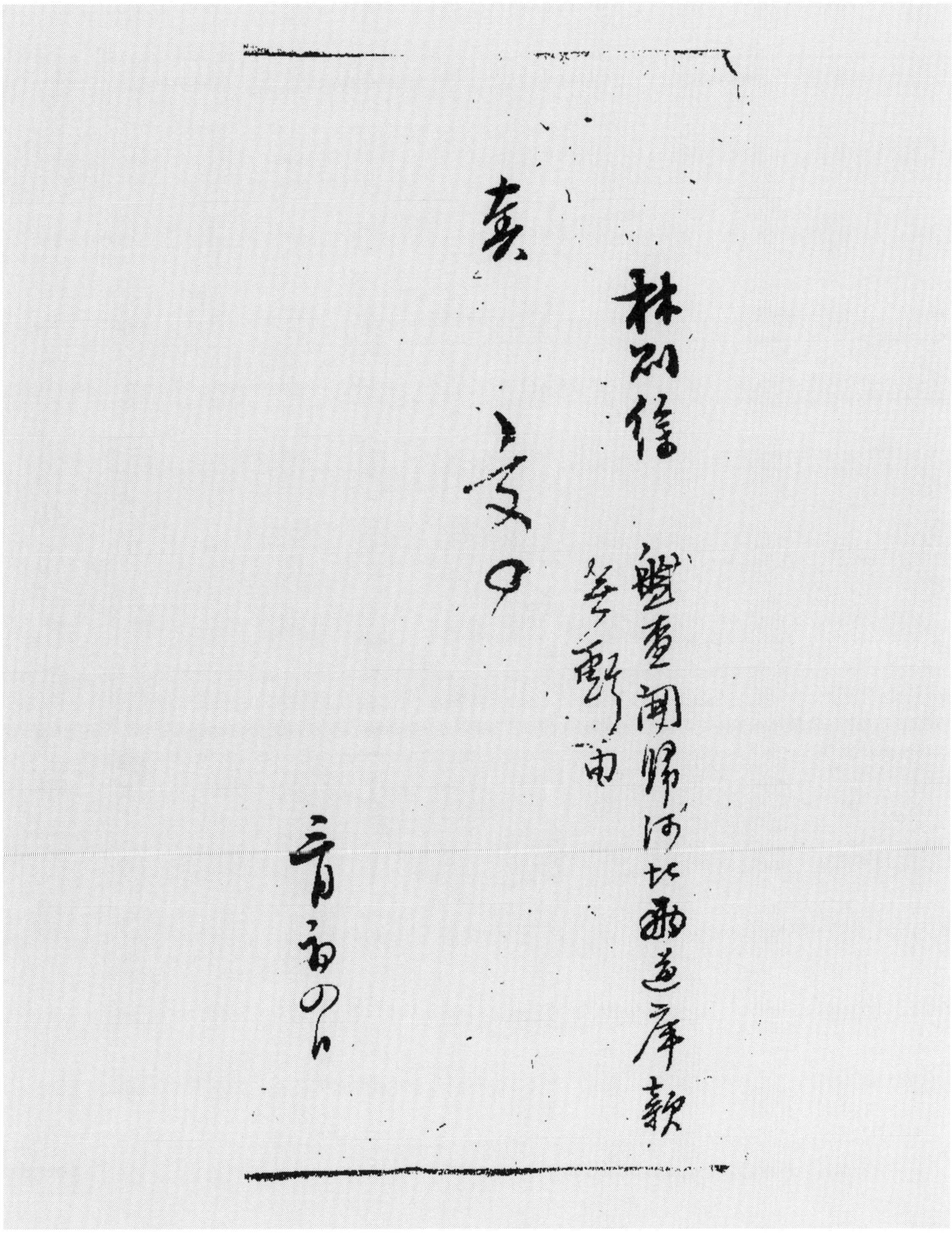
林則徐
盤查開歸河北兩道庫款
奏明由



河東河道總督林則徐奏摺　盤查豫省開歸河北兩道庫錢糧無虧
道光十二年二月二十七日

河東河道總督新授江蘇巡撫臣林則徐跪
奏為盤查豫省開歸河北兩道庫款數恭摺
奏祈
聖鑒事竊照河臣到任及年終均應盤查各道河庫
錢糧各款已經盤查過東省運河兗沂兩道
庫款無虧專摺具奏
奏並聲明將來兩道庫俟赴蘇查工順道
盤查在案旋據河南開歸道陸坦河北道文
沖各將該管庫貯應存正雜各款造冊請盤
前來臣即從東赴查驗之料之便於二月初四
十三兩日先後親赴開歸河北道庫逐款
盤查開歸道庫應存銀八千二百六十二兩七

錢二分五厘八毫河北道庫存已放錢八千二
百一十六兩六錢一分七厘核對庫簿無缺短
挪移道轄錢糧兌平多六錢呈實並無虧短
所有循例盤查豫省開歸河北兩道河庫錢糧無虧緣
由理合恭摺具
奏伏乞
皇上聖鑒謹
奏
道光十二年二月初四日奉
硃批知道了欽此
二月廿七日

河東河道總督林則徐奏摺
道光十二年二月二十七日

**查驗豫東黃河各廳料物完竣**

林則徐 查驗豫東黃河各廳料物完竣由

奏

旨 隨

三月初四日

河東河道總督林則徐奏摺 查驗豫東黃河各廳料物完竣

河東河道總督新授江蘇巡撫臣林則徐跪

奏爲豫東黃河各廳料物查驗完竣並將無短各缺廳員

之廳員請

旨撤任責令賠補以杜弊混仰祈

聖鑒事竊臣于本年正月間親赴河北工次即于二

十二日由滎汛稽查黃河兩岸料物查驗舊料

奏蒙

聖鑒在案旋由北岸之曹考廳上隄查至上游黃沁

廳問渡而南循順東下復從歸河渡過北岸查

驗下游之曹河衛河二廳計時一月有餘業經

後臣竊思稽料爲修防第一要件即爲河工第

一弊端爲易蔽蒙

特派欽差查出虛鬆殘缺於節次參革示懲俾足
工大小員弁咸知儆惕以仰副
簡任至意
訓示謹於工雜爲奏請查料必先覈實計值以爲請帑
聞因知堆料積弊更僕難數蓋料物存貯有
工要訪兩河隄地段本不甚寬兵夫僅房伕堆林之
積土雜料又須作坯秫稭每垛長五六丈寬五一
丈五尺占地已多故隄頂兼能並堆垛頭一層
在隄上者謂之門垛只能列爲雜垛爲底廠
大概門垛近在目前多係完整雜垛底廠
即爲掩藏之藪最易朦混其蹤並架井言望
行里每爛者固是難一經而知更有將舊翻新

名曰倚埽以新蓋口名曰大帽中填碎料雜草
以襯寬空插樁節稭於以掩空洞最能抽
拔於視殊難悉其底裡以周歷履勘必于
每埽其樁全坪逐一穿行量其高寬丈尺相其
新舊虛實有鬆即抽有疑即拆揭埽以計束
捆束以稽觔兩無一埽不量亦無一所不拆其底
民艱者如增工費難以藏掩開上年自奉
旨嚴飭之後各廳所辦料皆為認真此次訪聞料
埽除上年舊料別自抵辦不領年料分其新次
購之料丈尺多有出缺間有三五寸長數寸
以先亦疑其偷減及至拆束稽觔仍無短少細
查其故始知埽夫堆埽每高五六尺能必須

用木板四面打緊乃可加排而稽料尾細根粗
一板之數有輕有重即如尾相接者寬者有
前面不足而後面有餘上截不足而下截有餘
者均之無關于數實惟一垛之中成色竟不
能一律緣民間種植高粱種類本不一有黃
色而鮮明者與有紅豔紅而質性亦甚堅韌者是
以前次節次查程若以道開首斷以日新南此地
岸十五廳之垛上南廳知誰後新辦最為
高大結實蘭儀之生新舊各廳雖寔有廣三廳
次之餘亦大都照式惟蘭儀同知于係新到
料內杖丟落家樓一垛底有潮濕之料雖
據稱係上年冬雨雪之中趕買趕堆不及曬晾

目下並未霉爛但此料晾乾之後即恐觔重有差
如理殊為未善若遽照不適工用之例革去頂帶又
與實在霉爛短斤者無所區別如僅責令翻晒補
足該員在任須恐易於掩飾接間歸過於坦具稟
前來相應請
旨將蘭儀同知于卿保撤任免其革去頂帶即責成
接任之員逐垛拆晾如晾乾有所折耗仍著落
于卿保賠補俟補完之後另行察看量予補用
至睢南朴南二廳料垛以層縱層橫逐排相間
望之似乎架井而尺寸加大斤重仍復不差查
係堆首粗疎尚非偷減弊混但究屬未盡合
式應令拆改另堆該管兗沂曹道經受基先

經查驗已據稟請翻堆所飭該道督視驗報另行
覆查核辦又商虞廳有稭料被燒一案已於前摺
奏明辦理所有豫省各廳積土亦已點驗如數土牛 次
第碎築尚皆踴躍應俟大汛前完竣一律驗
收大河水勢先於正月杪因積凌初化長水
二三尺不等近已逐漸消落各工一律穩固所
有春廂埽段飭據各道撙節估計均比上年有
減無增臣核定後已令照估廂做務使加壓穩
實以防桃汛長水至運河挑工現亦特次完竣臣
查料垛後應先回添買來廠堆放永遠添新
清各事宜仍須再查之次督防桃汛另容次第
查報所有查驗豫東各廳料物情形理合

恭摺具

奏再臣經過地方麥苗出土青葱已占普稔堪以仰

慰

宸懷合併附陳伏祈

皇上聖鑒訓示謹

奏

道光十二年三月初四日奉

硃批向來河臣查驗料垛從未有如此認真者積諸

天理人情深可慨也另有旨欽此

二月廿七日

河東河道總督林則徐奏摺　**查明豫省商虞廳料垛被燒辦理賠補足數**

林則徐　豫省商虞廳料垛被燒已
賠足數由

奏

旨覽欽此

三月初四日

河東河道總督林則徐奏摺 查明豫省商虞廳料垛被燒辦理賠補足數

道光十二年二月二十七日

河東河道總督新授江蘇巡撫臣林則徐跪

奏為豫省商虞廳料垛被燒飭該廳賠補足數並

將防汛守廠各弁兵分別降革飭審務究起火

根由嚴拿懲辦以儆惡習而重工儲恭摺

奏祈

聖鑒事竊臣來豫查料於二月初七日行至商虞道

屬之上南廳上汛接據商虞通判沈賜恩稟稱

虞城上汛十六堡底廠存稭一百六十垛於二月初

二日三更時分忽報失火當即趕往撲救正值風大

火急被燒五十六垛等情臣查河工稭料堆束皆

國帑理應嚴密防護不容稍有疏虞乃適值臣來

工號料之時忽報失火，顯因料物本未購足，借端
捏飾，尤覺情節可疑。當即嚴批開歸道，先飭該
廳勒限賠補，務於春到工以前趕補足數，推財候
驗，不得但係尋常例限寬俟一年賠完，致驗時
短少虛懸。或查有捏情，定即從重參辦。去後，旋
於二月十八日據稟，賠補齊全。臣於至該廳逐
垛丈量，拆束過秤，實係賠補足數，並無差
且成色均屬鮮明，尺寸尤多出額。臣當即親至

硃

勤則如此勤勞冥自絕矣，作官者當如是，河之
燒料處所履勘形勢，近堤緣廠在南岸之南，地居底窪，
亦當如是，呼若是者鮮矣
本屬空曠，不與民居相連，四面寬有溝濠，前設柵
門以時啟閉，原足以資防範，且經專派汛委外委
兵丁韓松茂等三名在廠看守，並按舊章交

付該汛分防外委張青亮額外外委吳六相臨往來
防護該廳營亦以時巡查如果管廠弁兵慎守
柵門不容閒人擅入何致有被燒之事是典守
之責也不能辭且臣訪聞黃河兩岸迤東一帶
分轄河南歸德山東曹州匯類出境向有放火
燒料惡習督臣前河臣具
奏在案其放火之故或因備料被拏或因他事挾
嫌並有在廠之人監守自盜挾燒滅迹者又查商
虞廳購料向派河營弁兵分垛領買而春間料
價比年前倍為昂貴奸猾之徒明知料物被
燒例應廳員賠買更可抬價居奇是以燒料之
案在春首將次臨工者十居八九乘急圖害獲利

緣多而秫稭本為燒烟之用見火即燃不比燒屋
燬棺尚須引火柴具延至事過之後賊蹤毫無更
不似命盜案件尚有失去原贓可以查起比對
所以破案愈難而興風愈熾在廳員則以稟報
無著而賠補難辭遂不免相率規避隱忍匿報
或燒多而賠少或借案以浮銷名雖虧官實

硃

天良何在
何靡

帑是誠吏治河防風俗人心之大害堪為切齒者也
但一時放火匪犯既無指証又未便株連無從致有
妄拏惟防汛守廠各兵弁總難諉為不知臣勘
明之後即將守廠之記名外委兵丁韓松茂李
鳳舞殷朝臣拏交歸德府知府錢寶琛嚴行審

河東河道總督林則徐奏摺　查明豫省商虞廳料垛被燒辦理賠補足數
道光十二年二月二十七日

汛並特駐守該汛之額外外委吳相照斥革分防
外委張秀亮先行降補額外外委同被燒料垛內
承管有分之記名外委兵丁袁秉禮等十名一併旋
交該府提集質訊以期水落石出仍移咨撫臣楊
國楨嚴飭地方文武訪拏放火正犯務獲懲辦以
肅法紀而儆刁頑查處分例載河工燒燬物料該
管官有借端捏飾情弊者革職嚴審究追若
巡查不力以致燒燬料物價在一千兩至五千兩
者該管官降三級留任一年賠完開復限滿完
不足數者所降之級調用等語此案商虞廳被
燒料垛該管通判既賜恩查無捏飾情弊已
於半月之內賠完尚為迅速似可仰懇

河東河道總督林則徐奏摺　查明豫省商虞廳料垛被燒辦理賠補足數

道光十二年二月二十七日

天恩先其交議並該管協備杜曰讓巡查不力按例亦
應著賠惟該廳業已賠完似可免其再賠仍俟
訊明所管弁兵有無知情縱火另行核辦所有
勘明料垛被燒已飭賠補足數並分別傳審查
辦緣由謹繕摺具
奏伏乞
皇上聖鑒訓示謹
奏

道光十二年二月初四日奉

硃批　欽此

二月廿七日

## 查明道光十二年正月份各湖存水尺寸

林則徐

正月分各湖存水尺寸由

奏

三月初四日



河東河道總督林則徐奏摺 查明道光十二年正月份各湖存水尺寸

道光十二年二月二十七日

河東河道總督臣林則徐跪

奏爲查明道光十二年正月分各湖存水尺寸謹

繕清單恭摺奏祈

聖鑒事竊照嘉慶十九年欽奉

上諭湖水所收尺寸每月查明開單具奏一次等因欽此

查上年十二月分湖水尺寸前經臣開單

奏報在案茲據運河道李恩繹將本年正月分

各湖存水尺寸開摺禀報前來臣查微山湖上年

十二月分存水一丈三尺九寸三分本年正月内水無

消長仍存水一丈三尺九寸三分較上年正月收水大五

寸三分此外昭陽南陽南旺獨山四湖水無消長

其馬場蜀山馬踏三湖收納汶泗府河之水長

水六寸一分至一尺二寸八分計昭陽湖存水六尺三寸
南陽湖存水四尺二寸南旺湖存水五尺七寸四分獨
山湖存水六尺四寸馬場湖存水三尺六寸一分蜀
山湖存水一丈四寸二分馬踏湖存水五尺一分内
惟蜀山湖水較小於上年餘大自二寸六分至
一尺九寸四分不等上冬瑞雪較仍為近年所罕
有現值春融雪化各路山泉來源暢旺其馬
場蜀山等湖仍在日見增長且惟有督飭道
廳慎守隄壩相機蓄洩以期濟運暢行仰副
聖主重儲利漕之至意所有正月分各湖存水尺寸
謹繕清單恭摺具
奏伏乞

皇上垂鑒謹

奏

道光十二年二月初四日奉

硃批知道了欽此

二月二十七日

河東河道總督林則徐奏摺　查明道光十二年正月份各湖存水尺寸

道光十二年二月二十七日

河東河道總督林則徐清單

## 道光十二年正月份各湖存水實在尺寸清單

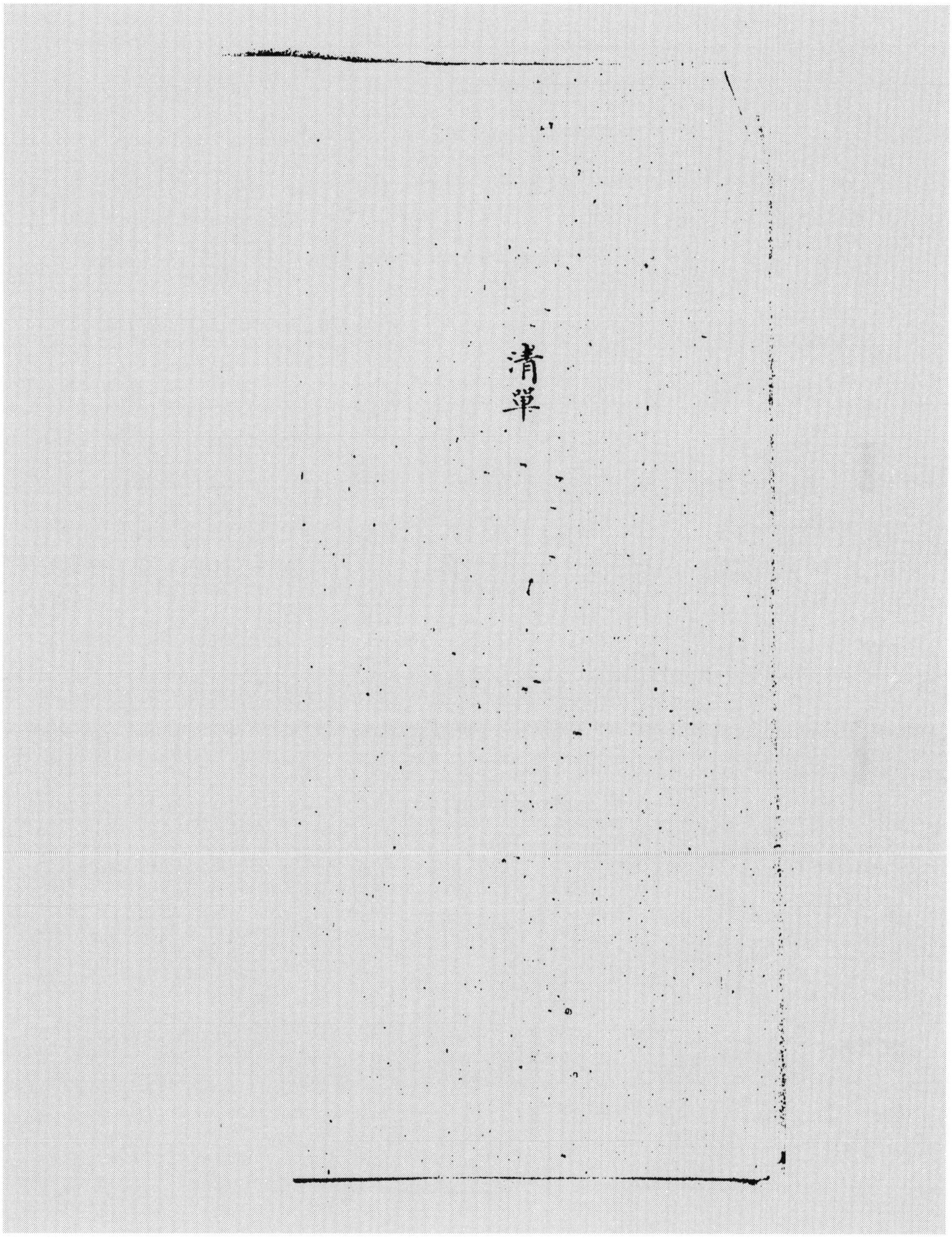
清單

河東河道總督林則徐清單 道光十二年正月份各湖存水實在尺寸清單

道光十二年二月二十七日

謹將道光十二年正月分各湖存水實在尺寸
逐一開明恭呈
御覽
運河西岸自南而北四湖水深尺寸
一微山湖以誌樁水深一丈二尺為度因湖底
淤墊三尺實存水九尺即合一丈二尺之數
十一年十二月分存水一丈三尺九寸三分
本年正月內水無消長仍存水一丈三尺九
寸三分較十一年正月水大五寸三分
一昭陽湖十一年十二月分存水六尺三寸本
年正月內水無消長仍存水六尺三寸較十
一年正月水大二寸

一南陽湖十一年十二月分存水四尺二寸本
年正月内水無消長仍存水四尺二寸較十
一年正月水大七寸
一南旺湖十一年十二月分存水五尺七寸四
分本年正月内水無消長仍存水五尺七寸
四分較十一年正月水大一尺九寸四分

運河東岸自南而北四湖水深尺寸
一獨山湖十一年十二月分存水六尺四寸本
年正月内水無消長仍存水六尺四寸較十
一年正月水大六寸
一馬場湖十一年十二月分存水三尺本年正
月内因收納泗府河之水長水六寸一分實

存水三尺六寸一分較十一年正月水大三
寸六分
一蜀山湖定誌收水一丈一尺為度十一年十
二月分存水九尺六寸五分本年正月內因
收納汶水長水七寸七分實存水一丈四寸
二分較十一年正月水小一寸四分
一馬踏湖十一年十二月分存水三尺七寸三
分本年正月內因分納汶水長水一尺二寸
八分實存水五尺一分較十一年正月水大
五寸七分

覽

上諭

## 蘭儀同知于卿保所辦料垛潮濕著即行撤任

道光十二年三月初四日內閣奉
上諭林則徐奏查驗各廳料物完竣請將廳員撤任
任責令翻堆賠補一摺河工稭料為修防第一要
要務即為各廳第一弊端上年朕特派大臣前往
往豫東查出虛鬆殘朽等弊將各該員降革示懲
懲自應稍知儆惕茲據該調任河督奏到任以來
來講求訪問有門垛灘垛底廠及併垛戴帽各名
名目非抽拔拆視難知底裏所有南北兩岸十五
五廳各垛現經查明上南同知羅綬所辦最為高
高大結實曹考睢寧商虞三廳次之餘尚如式惟
惟蘭儀同知于卿保所辦料內拆至蔡家樓一處
處垛底潮濕雖查未霉爛究恐晾乾之後斤重有

上諭　蘭儀同知于卿保所辦料垛潮濕著即行撤任
道光十二年三月初四日

差辦理殊為未善向來河臣查驗料垛從未有如此認真者良由因循怠玩所致揆諸天理人情深可慨嘆于卿保著照所請即行撤任免其革去頂帶責成接任之員逐垛拆驗如驗乾有所折耗仍着落于卿保賠補俟補完之後另行察看量予補用其書河糧河二廳料垛查係堆手粗疎尚非偷減弊混已據兗沂書道徐受荃查驗翻堆著即飭該道覈實驗報毋任廳員弊混該部知道欽此

## 上諭　虞城上汛十六堡料垜被燒著嚴審廳弁分別降革

道光十二年三月初四日内閣奉

上諭林則徐奏勘明料垛被燒飭廳賠補足數並分別降革飭審一摺虞城上汛十六堡於該河督驗料時失火被燒五十六垛所有守廠之記名外委兵丁韓松茂李鳳舞殷朝臣俱著嚴行審訊其駐守該汛之額外外委吳相臨著斥革分防外委張奇亮先行降補額外外委同承買之記名外委兵丁袁秉禮等一併歸案提集質訊務期水落石出不許含混並著該撫嚴拏放火正犯務獲懲辦商虞廳通判沈賜恩業經林則徐飭令賠補足數並經查明成色鮮明尺寸出額著加恩免其交議該營協備杜曰讓巡查不力本應著賠惟該廳業已

賠完著免其再賠仍俟訊明所管弁兵有無知情
縱火情弊另行覈辦該部知道欽此

河東河道總督林則徐奏片

**委任鄒鳴鶴署理蘭儀同知**

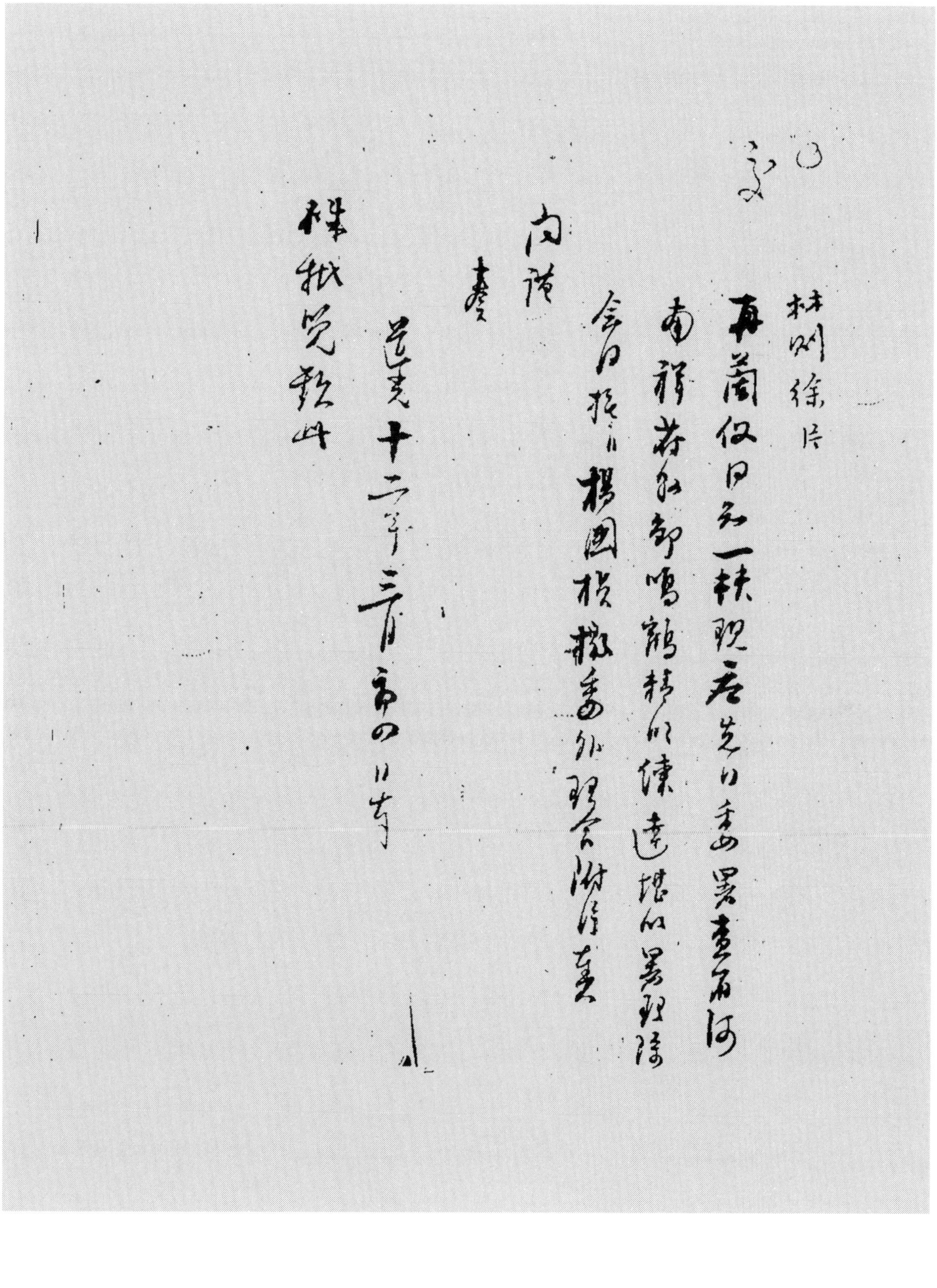

林則徐片

再蘭儀同知一缺現在尚未委署查有河

南祥符汛鄒鳴鶴精明練達堪以署理除

會同撫臣楊國楨檄委外理合附片奏

聞謹

奏

道光十二年三月初四日

硃批覽欽此

## 江蘇巡撫程祖洛題本　盤查陞任江寧布政使林則徐任內經手錢糧並無虧缺

題
該部察核具奏

兵部侍郎兼都察院右副都御史巡撫江蘇等處地方提督軍務總理糧儲臣程祖洛謹

題為飭查司庫交代錢糧事據江寧布政使趙盛奎詳稱竊照陞任藩司林則徐暫接署藩司葆謙兩任經手司庫錢糧交代應歸本任藩司趙盛奎一手查盤結報緣由前經循例將加限日期詳請咨明戶部在案今查陞任藩司林則徐於道光拾壹年捌月初叁日到任起至拾月貳拾貳日卸事止舊管接收前任藩司陸言交代實在冊開存庫銀壹百柒拾貳萬壹百柒拾柒兩貳錢貳分陸釐餉錢壹萬玖百玖串叁百叁拾伍文新收各項共銀伍萬肆百玖拾肆兩叁分捌釐餉錢壹萬玖千串文以上管收貳項共

江苏巡抚程祖洛题本　盘查陞任江宁布政使林则徐任内经手钱粮并无亏缺
道光十二年三月初十日

銀壹百柒拾柒萬陸百柒拾壹兩貳錢陸分肆
釐餘錢貳萬玖千玖百玖串叁百叁拾伍文開
除共解放過銀壹拾柒萬叁千柒百柒拾肆兩
貳錢玖分捌釐餘錢柒千貳百捌拾伍串貳百
壹拾肆文實在存庫銀壹百伍拾玖萬陸千捌
百玖拾陸兩玖錢陸分陸釐餘錢貳萬貳千陸
百貳拾肆串壹百貳拾壹文又陞任藩司林則
徐任內經營省倉項下計舊管南屯等米柒千
陸拾捌石伍斗壹升玖合貳勺壹抄本色豆壹
拾貳石柒斗貳升又折價銀壹萬貳千壹百貳
拾玖兩壹錢陸分陸釐陸毫新收共收米壹萬
柒千柒百叁拾貳石捌斗叁合柒勺開除共放

過米壹萬陸千陸百捌拾貳石伍斗壹升實在
存倉米捌千壹百壹拾捌石捌斗壹升貳合玖
勺壹抄本色豆壹拾貳石柒斗貳升又折價銀
壹萬貳千壹百貳拾玖兩壹錢陸分陸釐陸毫
又署任藩司葆謙於道光拾壹年拾月貳拾貳
日到任起至拾壹月拾柒日卸事止舊管接收
林則徐交代實在留開存庫銀壹百伍拾玖萬
陸千捌百玖拾陸兩玖錢陸分陸釐餉錢貳萬
貳千陸百貳拾肆串壹百貳拾壹文新收各項
共銀叁萬壹千伍百貳拾兩貳錢貳分叁釐餉
錢無以上舊收貳項共銀壹百陸拾貳萬捌千
肆百壹拾柒兩壹錢捌分玖釐餉錢貳萬貳千

陸百貳拾肆串壹百貳拾壹文開除共解放過
銀壹拾捌萬柒千捌百捌拾叁兩肆錢陸分陸
釐餉錢伍千肆拾貳串貳百陸拾叁文實在存
庫銀壹百肆拾肆萬伍百叁拾叁兩柒錢貳分
叁釐餉錢壹萬柒千伍百捌拾壹串捌百伍拾
捌文又署任藩司孫謙任内經管省倉項下計
舊管南屯等米捌千壹百壹拾捌石捌斗壹升
貳合玖勺壹抄本色豆壹拾貳石柒斗貳升又
折價銀壹萬貳千壹百貳拾玖兩壹錢陸分陸
釐陸毫新收共收米壹千柒百伍拾壹石叁斗
肆升陸合捌勺開除共放過米捌千玖百捌拾
石陸斗貳升伍合又豆價銀陸百叁拾壹兩壹

錢柒分陸釐實在存倉米捌百捌拾玖石伍斗
叁升肆合柒勺壹抄本色豆壹拾貳石柒斗貳
升又折價銀壹萬壹千肆百玖拾柒兩玖錢玖
分陸毫逐一彈兌盤量並無分釐顆粒虧缺所
有交代案內應盤司庫實存錢糧現已彙入年
終盤查案內一并造冊詳請總督盤查加結核
辦理合轉造交代銀錢米豆四柱清冊加具實
貯印結詳候具
題
再查司庫交代例限兩箇月又撫藩不同城加
展壹月此案交代應自道光拾壹年拾壹月拾
柒本任藩司趙盛奎到任之日起扣限叁箇月
該扣至道光拾貳年貳月拾陸日限滿茲於限

内查清結報並未逾違合並聲明等情據此該
臣查得陞任江寧藩司林則徐經手錢糧前因
接署藩司裕謙限内未及查清旋即卸事統歸
本任藩司趙盛奎一手盤報業將加限日期補
列咨明户部并經檄飭查報去後今據江寧布
政使趙盛奎詳稱陞任藩司林則徐於道光拾
壹年捌月初叁日到任起至拾月貳拾貳日卸
事止舊管新收共銀壹百柒拾柒萬陸百柒拾
壹兩零餉錢貳萬玖千玖百玖串零開除共解
放過銀壹拾柒萬叁千柒百柒拾肆兩零餉錢
柒千貳百捌拾伍串零實在存庫銀壹百伍拾
玖萬陸千捌百玖拾陸兩零餉錢貳萬貳千陸

百貳拾肆串零又陞任藩司林則徐任內經管
省倉項下舊管新收共米貳萬肆千捌百壹石
零本色豆壹拾貳石零又折價銀壹萬貳千壹
百貳拾玖兩零開除共放過米壹萬陸千陸百
捌拾貳石零實在存倉米捌千壹百壹拾捌石
零本色豆壹拾貳石零又折價銀壹萬貳千壹
百貳拾玖兩零又署任藩司葆謙於道光拾壹
年拾月貳拾貳日到任起至拾壹月拾柒日卸
事止舊管新收共銀壹百陸拾貳萬捌千肆百
壹拾柒兩零餉錢貳萬貳千陸百貳拾肆串零
開除共解放過銀壹拾捌萬柒千捌百捌拾叁
兩零餉錢伍千肆拾貳串零實在存庫銀壹百

肆拾肆萬伍百叁拾叁兩零餉錢壹萬柒千伍
百捌拾壹串零又署任藩司梁謙任内經管省
倉項下舊管新收共米玖千捌百柒拾石零本
色豆壹拾貳石零又折價銀壹萬貳千壹百貳
拾玖兩零開除共放過米捌千玖百捌拾石零
又豆價銀陸百叁拾壹兩零實在存倉米捌百
捌拾玖石零本色豆壹拾貳石零又折價銀壹
萬壹千肆百玖拾柒兩零逐一彈兌盤量並無
分釐顆粒虧缺所有交代案内應盤實存錢糧
現已彙入年終盤查案内一并造冊詳請總督
盤查加結理合轉造交代銀錢米豆四柱清冊
加具實貯印結詳候具

題并聲明此案交代應自道光拾壹年拾壹月
拾柒本任藩司趙盛奎到任之日起扣限叁箇
月該扣至道光拾貳年貳月拾陸日限滿茲於
限内查清結報並未逾違等情並准督臣加結
移送前來臣覆查無異除將册結分送部科查
核外相應據詳具
題伏乞
皇上聖鑒勅部核覆施行謹題請
旨

## 江苏巡抚程祖洛題本 盤查陞任江寧布政使林則徐任內經手錢糧並無虧缺
道光十二年三月初十日

道光拾貳年叁月初拾日兵部侍郎兼都察院右副都御史巡撫江蘇等處地方提督軍務總理糧儲臣程祖洛

兵部侍郎兼都察院右副都御史巡撫江蘇等處地方提督軍務總理糧儲臣程祖洛謹
題爲飭查司庫交代錢糧事該臣查得陞任江寧
藩司林則徐經手錢糧前因接署藩司葆謙限
內未及查清旋即卸事統歸本任藩司趙盛奎
一手盤報業將扣限日期咨明戶部并經檄飭
查報去後今據江寧布政使趙盛奎詳稱陞任
藩司林則徐於道光拾壹年捌月初叁日到任
起至拾月貳拾貳日卸事止實在存庫銀壹百
伍拾玖萬陸千捌百玖拾陸兩零餉錢貳萬貳
千陸百貳拾肆串零文經管省倉項下實在存

倉米捌千壹百壹拾捌石零本色豆壹拾貳石
零又折價銀壹萬貳千壹百貳拾玖兩零又署
任藩司葉謙於道光拾壹年拾月貳拾貳日到
任起至拾壹月拾柒日卸事止實在存庫銀壹
百肆拾肆萬伍百叁拾叁兩零餉錢壹萬柒千
伍百捌拾壹串零又經管省倉項下實在存倉
米捌百捌拾玖石零本色豆壹拾貳石零又折
價銀壹萬壹千肆百玖拾柒兩零逐一彈兌盤
量並無虧缺造冊加結詳
題前來臣覆查無異除冊結分送部科外謹題請
旨

河東河道總督林則徐奏摺　**試用知縣黃維翰於河務尚欠諳習請改撥地方補用**

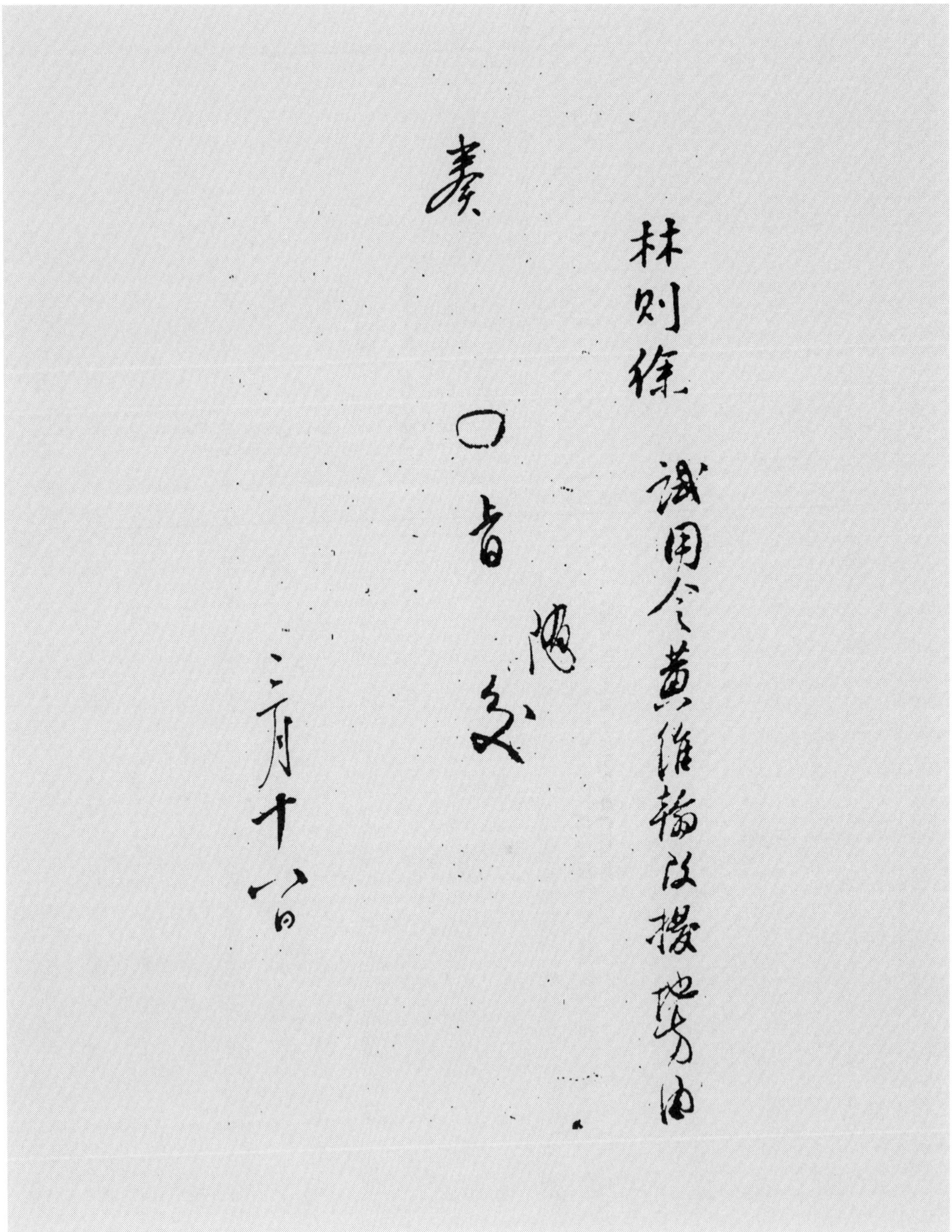
林則徐　試用令黃維翰改撥地方由
奏
旨
三月十一日

河東河道總督調任江蘇巡撫臣林則徐跪

奏為揀發河工知縣試用期滿循例甄別內有一員應請

改撥地方恭摺奏祈

聖鑒事竊照道光九年十二月內接准部咨以東河

河工正急需之際大挑及揀發教習教職知縣人員將以河用

請旨准將在部投供候選之教習教職知縣等

帶領引

見奉

旨派遣中式王霍芳庚漢軍劉康陳先儀郭承統

譚為綸黃維翰俱著發往東河差遣委用欽此欽

遵在案旋據該員等先後到工即經臣列酌派山東

之運河兗沂河南之開歸河北四道之廳委令防汛隨

工以資學習隨營差遣試用未滿時武玉丁憂回籍
外查屬員等七員均已經屢次派委到任以來逐一在
工稽查留心察看現屆兩年試用期滿應即
循照舊章秉公甄別其通曉河務堪以留工者循例咨
行咨部惟查有試用知縣黃維翰年四十七歲
湖南拔貢由謄錄議敘保舉知縣於河務機宜
尚欠諳習未便率行留工但年力正強才具亦
堪造就詢以地方事件應對頗爲明晰係堪膺民社
之員相應循例
奏請改撥地方照例補用如蒙
恩准應請
敕部於豫東兩省地方掣定省分飭知到日即行給咨

河東河道總督林則徐奏摺　試用知縣黃維翰於河務尚欠諳習請改撥地方補用
道光十二年三月十一日

該員赴補所有甄別知縣改撥地方緣由理合繕
摺具
奏伏乞
皇上聖鑒訓示謹
奏
道光十二年三月十八日奉
硃批　欽此

三月十一日

河東河道總督林則徐奏摺　**東省泉河廳戴村滾水壩等工拆修完竣**

林則徐　泉河廳戴村滾水壩等工

拆修完竣由

奏　○　又單一分抄單併發

三月十八日

河東河道總督調任江蘇巡撫臣林則徐跪

奏為查明上年東省泉河廳東平汛戴村滾水壩坡面

坦坡跌水等工拆修完竣揀將做過工段照例

驗收已循例保固具清單恭摺奏祈

聖鑒事竊據山東運河道李恩繹呈稱泉河廳東平

汛戴村滾水壩原長二十二丈二尺寬二丈四尺

高五尺為攔遏汶水南北濟運關鍵陰河面寬

一丈二尺為壩底完整外其南首壩身長十五丈八尺

寬一丈二尺高五尺坡面坦坡跌水等工自嘉慶

十六年修後已歷經汶水衝擊以致金門塌卸樁

木朽腐亟應照舊拆修以資攔蓄並因壩下跌成坑

塘用土填墊上面扦築二層土一坯厚三尺陰運南

舊存外除估料匠夫土共需例部價銀六千二百三十
九兩二分零俱經該河廳于上年春間案內奏請撥
發山東司庫呂西兩案現奉
旨允准欽遵飭辦在案茲據該廳具報完工由該道
查驗照估收成并將用呈冊圖詳送前來即據各東河覆
覈無異除另疏
題報外謹將緣由循例恭摺具
奏伏乞
皇上聖鑒敕部存案施行謹
奏
道光十二年三月十一日奉
硃批工部知道單併發欽此
三月十一日

河東河道總督林則徐奏摺

## 查驗東省運河挑工完竣並飭先後啓壩鋪水備濟新漕

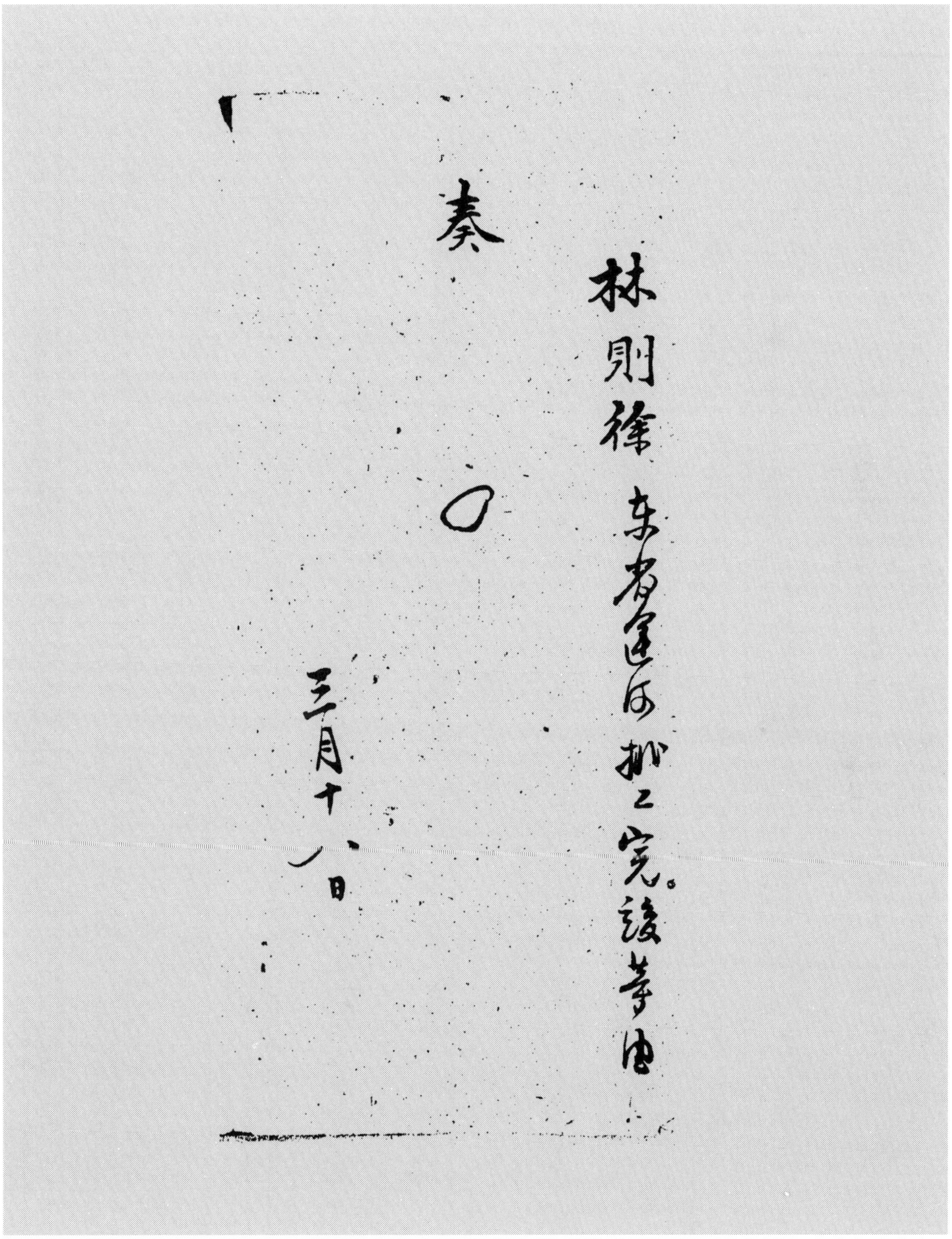
奏

林則徐 東省運河挑工完竣等由

〇

三月十一日

河東河道總督調任江蘇巡撫臣林則徐跪

奏，爲東省運河挑工普律完竣，分別驗收，並飭先後啟壩鋪水，備濟新漕，恭摺奏祈

聖鑒事。竊臣前於預有查料途次，接報運河挑工將次完竣，當經附摺陳明。迨回至濟城，運河道李恩繹已將南路限完各工逐段驗收，據稱一律挑寬深丈尺，按冊丈量，比較誌樁均屬相符。其淤泥填墁，先已飭令隨挑隨起，現皆起除淨盡，委係照估深平，並無草率偷減。即鉅嘉汛挑工內前次驗有偏於東岸之處，亦已加挑展寬，妥協如式。其北路各工，惟汶上汛土方最多，後經夫挑完竣，於三月初十日普律全完。該道業已前往挨工逐一

查驗等情。臣查本年完工日期雖較往年稍遲，
而重運首幫尚無渡黃信息，此時啟壩鋪水
已屬從容，仍須酌分先後以辦理，不使水有虛
耗。當即批飭該道將北路先工速加量驗，務
與南路一律深平，如有未經淨盡之處，即就
工次督押翻挑，不准稍有含混。並於驗收之後
先將汶河大壩即日啟放，南至韓莊，北至臨清
撥塘鋪灌，俾長河底水逐段充足，自至微山湖口
南壩仍照向例俟首幫渡黃有期再行暢啟，以
免先時消耗。其已出黃河迤北之水，仍酌放朱
姬、馬令兩閘旁洩涵洞，俾得接濟先行以清河
道。除咨明江南河臣屆期知會，並行令道、所妥為

豫備不任拘泥延誤外所有運挑工普律全
完竣親驗收啟壩先緣由理合恭摺具
奏伏乞
皇上聖鑒再臣因桃汛已屆即赴黃河兩岸督
率巡防合併陳明謹
奏
道光十二年三月十八日奉
硃批知道了欽此
三月十一日

河東河道總督林則徐奏摺　**查明道光十二年二月份各湖存水尺寸**

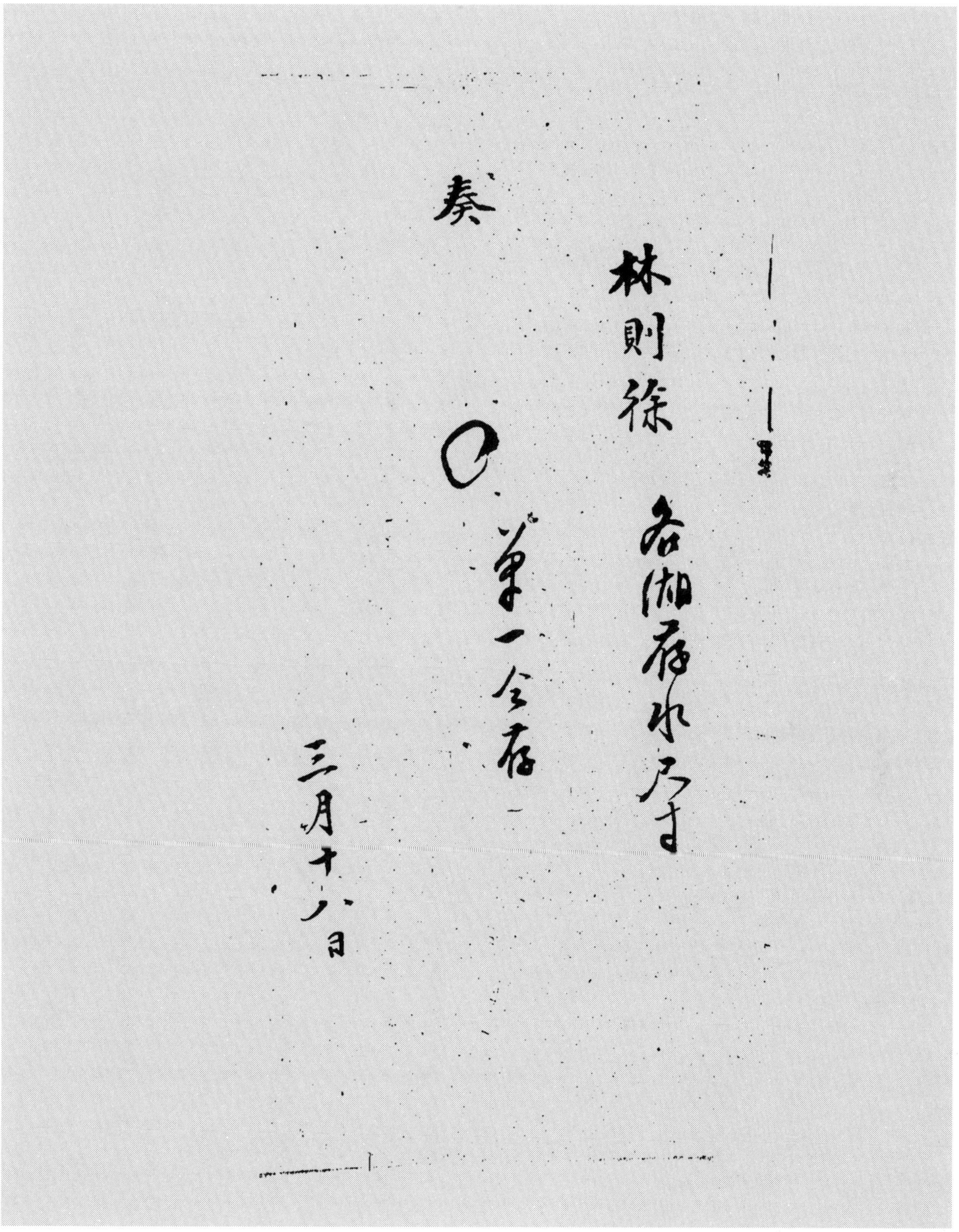
奏
林則徐
各湖存水尺寸
○單一全存
三月十八日

河東河道總督林則徐奏摺　查明道光十二年二月份各湖存水尺寸

道光十二年三月十一日

河東河道總督調任江蘇巡撫臣林則徐跪
奏為查明二月分各湖存收水尺寸謹繕清單恭祈
聖鑒事竊照嘉慶十九年欽奉
上諭湖水所收尺寸每月查開清單具奏一次等因欽
此查本年正月分湖收水尺寸經臣開單
奏報在案茲據運河道李恩繹將二月分各湖存
水尺寸開摺稟報前來臣查微山湖正月分存水一丈
三尺九寸二分二月內水無消長仍存水一丈三尺九
寸二分較上年二月水大五寸三分此外南旺一湖消
水一分昭陽南陽獨山馬踏四湖水無消長其
馬場蜀山二湖收納汶泗府河之水長水八寸九
分及一尺四寸一分計昭陽湖存水六尺三寸南

河東河道總督林則徐奏摺　查明道光十二年二月份各湖存水尺寸
道光十二年三月十一日

陽湖存水四尺二寸南旺湖存水五尺七寸三分獨
山湖存水六尺四寸馬場湖存水四尺五寸蜀山湖
存水一丈一尺八寸三分馬踏湖存水五尺一分較之
上年同月大自二寸一分至二尺二寸九分不等且蜀
山湖水已逾誌以之濟運裕屬有餘一經啟放汶壩
分別鋪灌則新漕既資浮送而湖瀦亦可暢宣
臣惟督飭道府務令蓄洩得宜不任涓滴
虛洩亦不使隄防喫重以仰副
聖主利運安瀾之至意所有二月分湖水尺寸謹
繕清單恭摺具
奏伏乞
皇上聖鑒謹

奏

道光十二年三月十八日奉

硃批覽欽此

三月十一日

河東河道總督林則徐清單

## 道光十二年二月份各湖存水實在尺寸清單

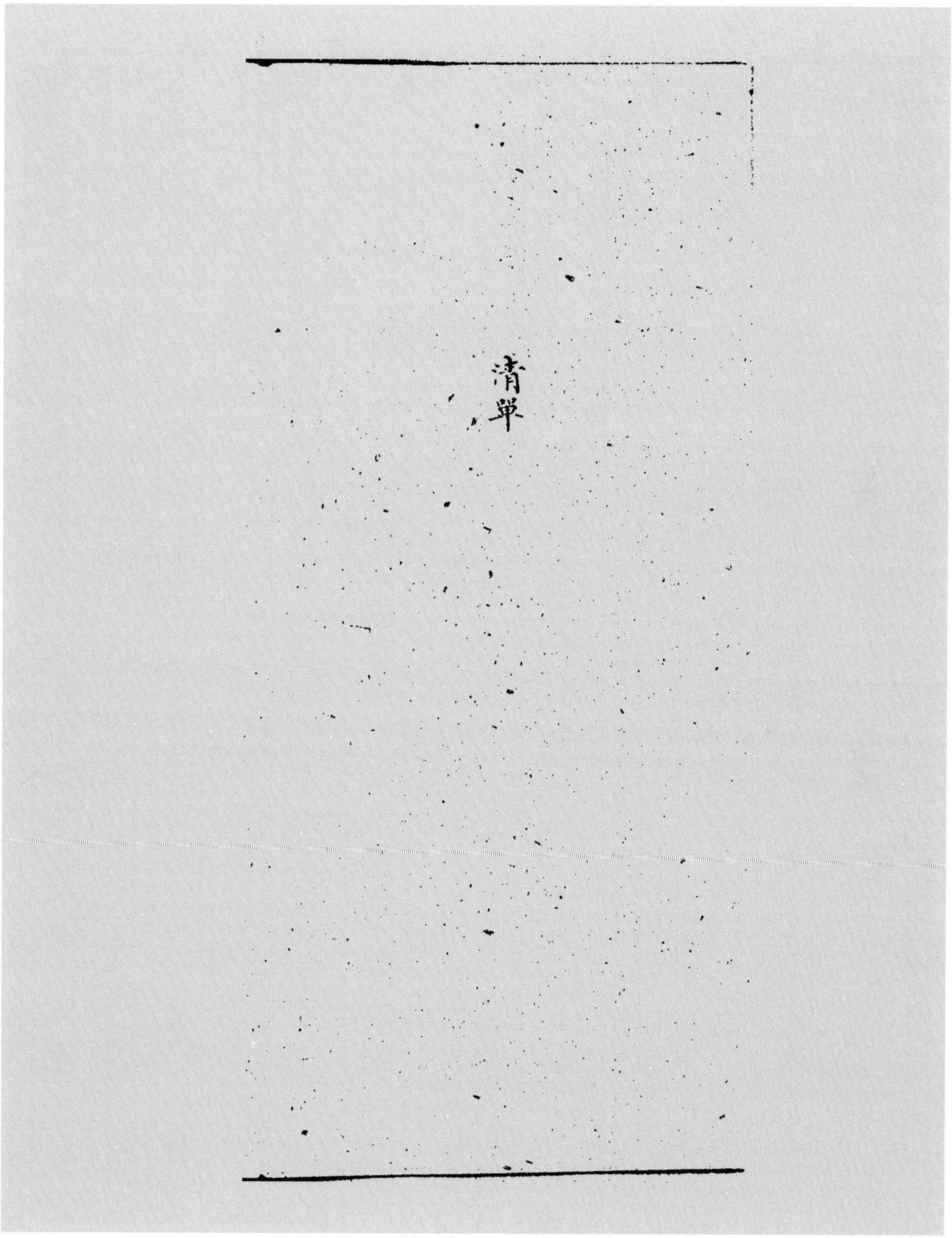
清單

河東河道總督林則徐清單　道光十二年二月份各湖存水實在尺寸清單　道光十二年三月十一日

謹將道光十二年二月分各湖存水實在尺寸
繕一開明恭呈
御覽
運河西岸自南而北四湖水深尺寸
一微山湖以誌樁水深一丈二尺為度因湖底
淤墊三尺實存水九尺即合一丈二尺之數
本年正月分存水一丈三尺九寸三分二月
内水無消長仍存水一丈三尺九寸三分較
十一年二月水大五寸三分
一昭陽湖本年正月分存水六尺三寸二月内
水無消長仍存水六尺三寸較十一年二月
水大七寸

一南陽湖本年正月分存水四尺二寸二月内水無消長仍存水四尺二寸較十一年二月水大七寸

一南旺湖本年正月分存水五尺七寸四分二月内消水一分實存水五尺七寸三分較十一年二月水大二尺二寸九分

運河東岸自南而北四湖水深尺寸

一獨山湖本年正月分存水六尺四寸二月内水無消長仍存水六尺四寸較十一年二月水大六寸

一馬場湖本年正月分存水三尺六寸一分二月内因收納泗府河之水長水八寸九分實

河東河道總督林則徐清單　道光十二年二月份各湖存水實在尺寸清單

道光十二年三月十一日

存水四尺五寸較十一年二月水大一尺一
寸

一蜀山湖定誌收水一丈一尺為度本年正月
分存水一丈四寸二分二月内因收納汶水
長水一尺四寸一分實存水一丈一尺八寸
三分較十一年二月水大八寸三分

一馬踏湖本年正月分存水五尺一分二月内
水無消長仍存水五尺一分較十一年二月
水大二寸一分

知道了

# 上諭　著林則徐入闈監臨壬辰科江南鄉試

道光十二年三月十四日內閣奉

上諭鄧廷楨奏上屆戊子科江南鄉試輪應安徽巡

撫入闈監臨陳明住居省會請旨改派本年監臨

又係安徽輪值仍奏明請旨等語本年壬辰科江南

鄉試著派林則徐入闈監臨欽此

河東河道總督林則徐題本 **題請實授山東省署東平州州判李秉壽等試署各員**

該部議奏
題

兵部侍郎兼都察院右副都御史總督河南山東河道提督軍務臣林則徐謹

題爲遵例題請實授河員以重河防事案照雍正
拾叁年肆月貳拾日准吏部咨議覆調任河東
河道總督朱藻條奏河工佐雜等官缺出應如
所請令該督將在工効力人員內遴選熟諳河
務銜缺相當之人先行咨部委署俟試署年滿
察其果能勝任再行保題實授如不勝任不必
拘定年限立即調回另行遴員咨部委署於雍
正拾叁年叁月叁拾日奏

旨依議欽此又於嘉慶拾年陸月貳拾捌日准吏部咨
各直省官員俱遵照試署年滿詳請實授該督
撫隨時咨部以歸核實而杜趨避如該員既經

詳請而該管上司不行題咨者照事件遲延例
議處仍令該督撫於題咨文內將該員具詳年
月及府司詳報年月分別聲敘以備查考相應
題明俟
命下之日臣部通行各直省督撫府尹鹽政遵照勒限
壹年通查各該省正印佐貳雜職各官有年限
已滿者補行題咨實授免其查議其年限已滿
應請實授而各該員任內有違礙處分如壹年
之外查出者即將詳請及題咨之員分別議處
與實授之例不符者俟本案開復之日補報實
授亦於題咨內將各情由詳細聲明咨部辦理
等因嘉慶拾年伍月貳拾玖日奉

旨依議欽此欽遵在案該臣看得河工佐雜等官缺出
例應於在工効力人員內遴選熟諳河務銜缺
相當之人先行咨部委署試署壹年期滿察其
果能勝任保
題實授臣查山東省署東平州州判李秉壽於道
光拾壹年叁月初貳日准署到任署嶧縣縣丞
汪英建於道光拾壹年叁月初拾日准署到任
以上二員俱經咨部委署奉部覆准在案查該
員等銜缺相當俱已經歷桃伏秋叁汛試署壹
年期滿據山東運河道李恩繹詳稱該員等均
堪勝任請
題實授前來臣復查該員等俱辦無悞洵屬勝任

河東河道總督林則徐題本 題請實授山東省署東平州州判李秉熹等試署各員
道光十二年三月十四日

之員相應遵例
題請實授除該員等履歷前於咨署時造冊送部
今次無庸重複開造外謹會同山東撫臣訥爾
經額合詞恭疏具
題伏乞
皇上聖鑒勅部議覆施行臣未敢擅便爲此具本謹
會
題請
旨

河東河道總督林則徐題本 題請實授山東省署東平州州判李秉熹等試署各員 道光十二年三月十四日

道光拾貳年叁月拾肆日
兵部侍郎兼都察院右副都御史總督河南山東河道提督軍務臣林則徐
……御史巡撫山東等處兼提督銜臣訥爾經額

兵部侍郎兼都察院右副都御史總督河南山東河道提督軍務臣林則徐等謹
題爲遵例題請實授河員以重河防事該臣看得
河工佐雜等官缺出例應於在工効力人員內
遴選熟諳河務銜缺相當之人先行咨部委署
試署壹年期滿察其果能勝任係
題實授臣查山東省署東平州州判李秉熹於道
光拾壹年叁月初貳日准署到任署嶧縣縣丞
汪英建於道光拾壹年叁月初拾日准署到任
以上二員俱經咨部委署咨部覆准在案查該
員等銜缺相當俱已經歷桃伏秋冬汛試署壹

年期滿據山東運河道李恩繹詳稱該員等均
堪勝任請
題實授前來臣復查該員等俱歷無懈洵屬勝任
之員相應遵例
題請實授除該員等履歷前於試署時造冊送部
今次無庸重複開造外謹會同山東撫臣訥爾
經額合詞恭疏具
題伏乞
皇上聖鑒敕部議覆施行謹會
題請
旨

上諭　東河試用知縣黄維翰著改撥地方照例補用

道光十二年三月十八日内閣奉

上諭林則徐奏甄别河工知縣改撥地方一摺東河試用知縣黄維翰於河務機宜未能諳習惟年力正强才堪造就著照所請准其改撥地方照例補用吏部即於豫東兩省掣定省分再令赴補欽此

上谕 徐德成抱告案著交林则徐秉公严审定拟

道光十二年三月二十一日奉

旨此案著交林则徐亲提人证卷宗秉公严审按律

定拟具奏抱告徐德成该部照例解往备质钦此

上諭

趙榮烈所告案著交林則徐秉公嚴審定擬

道光十二年三月二十六日奉

旨此案著交林則徐親提人證卷宗秉公嚴審按律

定擬具奏原告趙榮烈該部照例解往備質欽此

## 河東河道總督林則徐奏摺　請以鄒鳴鶴陞署蘭儀廳同知

道光十二年三月二十六日

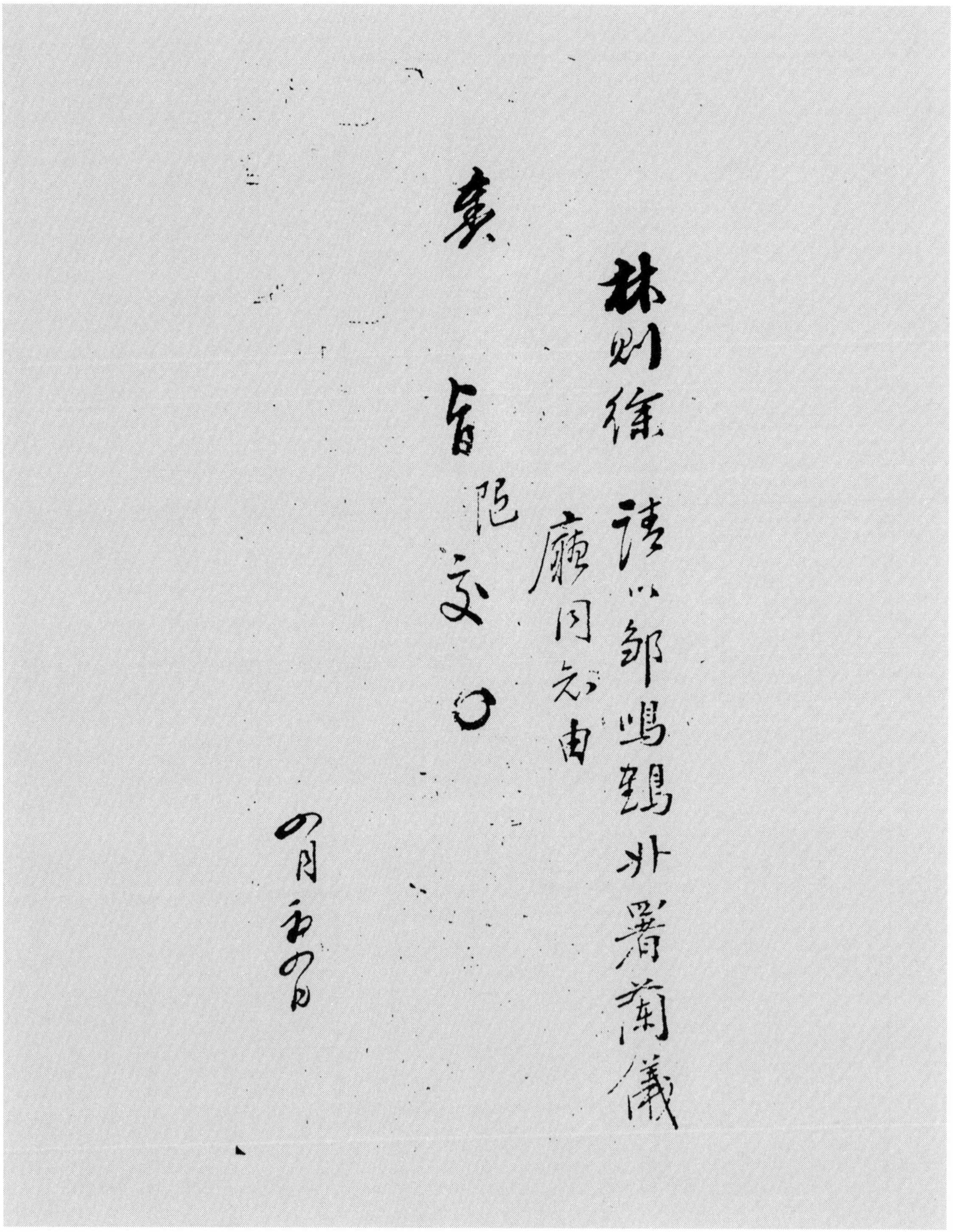
林則徐　請以鄒鳴鶴补署蘭儀
廳同知由
奏
旨
阅
交○
四月初四日

河東河道總督林則徐奏摺　**請以鄒鳴鶴陞署蘭儀廳同知**

河東河道總督調任江蘇巡撫臣林則徐跪

奏為河廳員缺緊要遴員題請升署以重修防恭摺

奏祈

聖鑒事竊照豫省蘭儀同知于卿保因承辦稭料堤底間有

滲漏經臣具奏

諭旨撤任所遺員缺會委祥符縣知縣鄒鳴鶴署理並

經附片奏蒙

聖鑒在案查蘭儀同知一缺經管黃河南岸之蘭陽儀

封上汛隄工共長七千五百餘丈該處洪前屢次大

工埽壩林立蔡家樓及嶸堤等工尤為著名險要

必須勤明幹練之員方能勝任查東河現任同知各

員均居要缺前補同知惟有特屬紀一員因與開歸

河東河道總督林則徐奏摺 請以鄒鳴鶴陞署蘭儀廳同知
道光十二年三月二十六日

道張坦因旗員先例迴避現任通判內外署任未
滿即人地未宜亦無堪以請升之員惟查有現署該廳
之祥符縣知縣鄒鳴鶴年四十八歲江蘇進士即用知縣分
發豫委署試用告竣改河南分發遞補羅山縣因
丁憂服闋仍升任祥符縣
奏准仍發原省補用旋調祥符知縣以學識兼優
命蒞要缺多年保舉卓異引
見奉
旨鄒鳴鶴著以知州用欽此該員精明練達才守兼優
本任祥符縣係省會首邑兼轄河務前任河南
舊河知縣艱鉅日認真且協辦河工已歷六汛于修守機
宜素稱諳習若以歷俸年滿三年以之陞署蘭儀

日前奏加同知銜該員在蘭儀任內勞績卓著
旨以知州用嗣由南岸蘭儀任保舉奉旨俟知州升後以同知升用諭
御批請升補同知應否准其陞署仰懇
皇上天恩賞准將蘭儀廳同知員缺即以鄒鳴鶴升署蘭儀同
知實於要工大有裨益所有因公查參例應免計例
後奏
旨以該廳三汛果能勝任再請實授送部引
見恭候
欽定如不勝任立即據實參回另行揀補河南河庫大使楊
國楨經道熟商意見相同謹會同恭摺具
奏伏乞
皇上聖鑒訓示謹

奏

道光十二年四月初四日奉

硃批、欽此

三月二十六日

## 河東河道總督林則徐奏摺　訪查東河拋護碎石工程情形

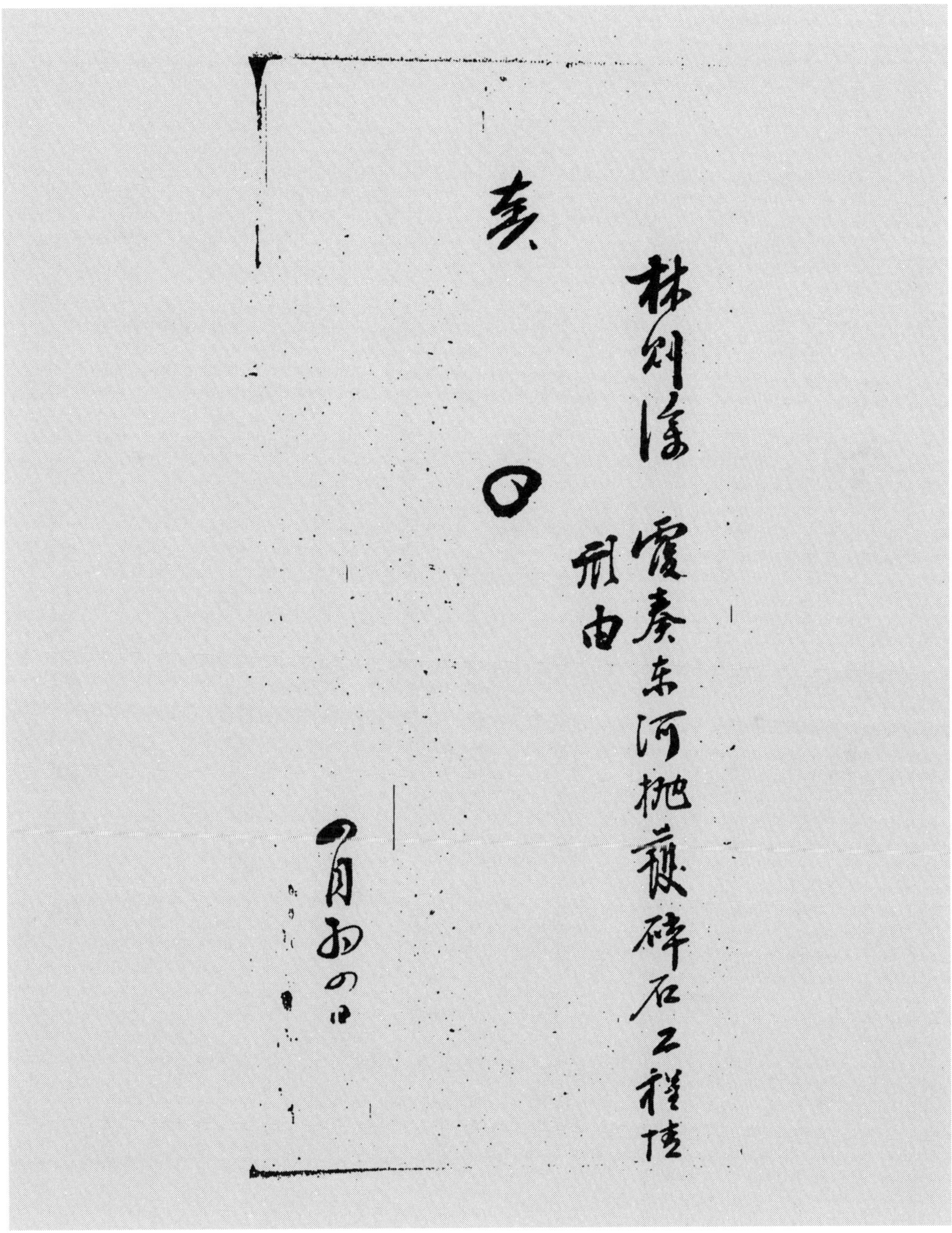
林則徐
跪奏東河拋護碎石工程情
形由
奏
月初四日

河東河道總督調任江蘇巡撫臣林則徐跪
奏為
訪查東河碎石工程情形據實覆
奏仰祈
聖鑒事竊臣於本年二月內在江南途次承准軍機
大臣字寄道光十二年二月初六日奉
上諭本日吳邦慶奏請將東河豫省二廳險工酌
拋碎石一摺已降旨諭令照所請辦理據稱尚屬妥協接續辦理
此項採運無幾須碎石工程起自南河道光七年
始自向時搶護奏請仿照坦坡十八埽以
以上已將碎石蓋護化險為平十八埽以下及
北十一堡兩岸俱已應由此年陸續辦理又恐危

險堤處現鑲九道估建埽壩碎石成案分別估築以
為固工節費之計等語是年蘭儀下北兩廳奏經
降旨准行經用碎石拋護段落以省料防險等項自是
節省乃歷年以來碎石工程無歲無之而共採辦來
年岸料及請撥防險銀兩並未節省者以致靡費此
項碎石工程是否于黃河有益抑或未盡然當
料並不多節省者緣係出碎石一項費用甚巨彼係
臣特問前經到任之所用過四五段此時亦不無也亟下
著嚴密訪查悉心體察情形據實具奏將此諭令
知之欽此當經臣於到任後出查河訪察情形及凡
西長堤要害自到任以來將碎石情形逐一檢查附
前撥豫東黃河本年拋護段所需因道光

元年前兩江總督孫玉庭南河河臣黎世序會
奏以碎石工程實資鞏固並及稱豫東河從前
未拋碎石是以漫決頻仍請倣照辦即創
辦之初多費數千萬金可以工固瀾安歲
節費實可利民等語旋奉
諭旨飭令仿照並於二年奉詢前河臣嚴烺覆奏謂
于北岸黃沁所屬等挑堤弱處試拋旋因窮
而主僅拋兩段乃止道光年間調任河臣張井
以南岸蘭儀所屬堤工程險要試拋碎石兩段
奏准拋護一萬四千八百餘方該處險工因成平
穩迨自北岸之下北祥河廳考南岸之中河廳
南等所先後仿照請辦經嚴烺節次

奏准各在案查此項動用錢糧陸續奉撥試拋
兩段不計外自道光五年至十一年已拋碎石共
用銀六十萬餘兩上冬估辦之上南等三廳
方價七萬四千餘兩尚不在此數之內核之歷
年採辦歲料及請撥防險銀兩均未減少
誠如
聖諭碎石工程如果有益何以歲料並不見節省
隨於兩次上堤周歷查訪並詢之年老兵民
咸謂未辦碎石以前誠不知其有濟與否既
辦之後每遇險工緊急潰埽塌堤力加拋
護即不至於潰塌功效甚著等語臣於伏
秋搶險雖未經歷而人言鑿鑿異口同聲

因就埽前有石之處細加測量盡心揣度緣
埽工勢成陡立溜行迅急每易淘深是埽
前之水輒至數丈而碎石斜分入水鋪作坦坡
既以偎護埽根並可紆迴溜勢考工記所謂
善防者水淫之似即此意也豫東河堤
多係沙土不能專恃為固堤單而護之以埽
埽堤陡而護之以石總在迎溜最險之處始
行估拋蓋東河採運碎石比南河遠近懸
殊方價倍蓰難以多辦而其化險為平頗
歲安瀾之效未嘗不資於此是碎石之於河
工有益實可斷為必然而非敢隨聲附和
者也惟何以未能省料之故詰詢員弁兵夫

或謂拋石本在埽前，只能保埽段之不外遊，而不能禁舊埽之不往下蟄，故雖有石之埽仍不免擇要加廂，惟較諸未經拋石之埽需料自然大減。但統計兩岸堤工長至二十餘萬丈，而堤前之有埽者不過六千八百餘丈，埽前之有石者甫及二百七十餘丈，豫東河面寬闊，溜勢時有變遷，此工甫閉而彼工生，購料防險，諸費即難概省等語。臣覈其所言似亦近理，然思用料之節省與否，天事居其半，人事亦居其半。譬如極險之工忽然淤閉，平緩之處忽又生工，每非恒情所能測度，工生則料費，工閉則料省，此存乎天事也。亦有出

於人為者如順堤廂埽費料實多惟溜刷
堤根即不能不藉資以搶護而工非自閉亦不
能不逐歲加廂若工員果悉機宜善揣溜勢
則於工之將生未生豫籌挑壩使之溜向外
趨埽即可省蓋攩溜者埽而引溜者亦埽
觀於埽前水深其故可想一壩得力可護
數段之工則不須順堤廂埽而所省無算
矣然若審勢未確挑護失宜壩守不住仍
復退廂順堤埽則勞費更不啻什倍此又
人事之難言者也總之有治人無治法在工
人員果皆講明利弊自無枉費之工果皆自激
發天良自無妄開之費至料物貯於隄上習

道常川往來注目留心不徇情面似亦急可
歲權伏讀
皇上批臣前摺有如此勤勞弊自絕矣作官皆當
如如是河工尤當如是之
諭仰見
聖明洞燭
訓勉至周臣兢悚之餘永當服膺遵守大抵覈
實查驗即歲料與碎石並用未嘗無漸省
之方如其不實則雖裁去碎石一項而他
物稱是亦可藉端滋弊要在認真稽察而
已臣仰奉
諭旨明查暗訪不必坐照謹於兩次巡工反覆推求悉心體察

據實繕摺覆
奏再查東省運河各廳臨湖堤工亦有兼用碎石之處
由來已久歲搶銷糧無多合併陳明伏乞
皇上聖鑒謹
奏
道光十二年四月初四日奉
硃批
欽此
三月廿六日

## 河東河道總督林則徐奏摺　奏報豫東黃河桃汛安瀾情形

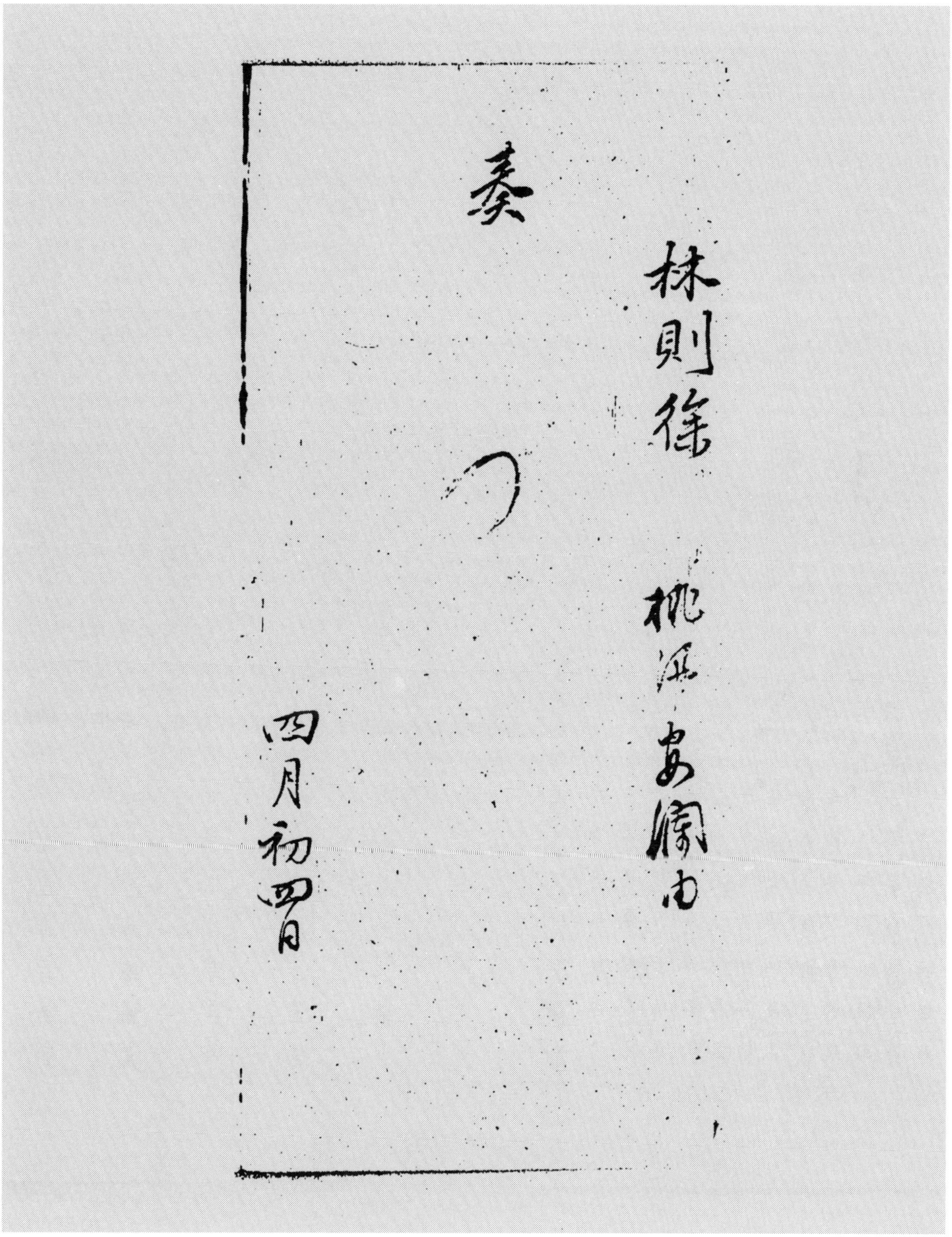
林則徐　桃汛安瀾由
奏
四月初四日

河東河道總督林則徐奏摺　奏報豫東黃河桃汛安瀾情形
道光十二年三月二十六日

河東河道總督調任江蘇巡撫臣林則徐跪
奏為恭報豫東黃河桃汛安瀾仰祈
聖鑒事竊照黃河以節交清明二十日之內為桃汛先經
臣於
奏報運河桃工完竣摺內聲明赴工巡防嗣在工次
察看水勢並稽覈各廳稟報本年清明以後
黃河節次長水較之上三年互有大小要不越三
尺餘寸且亦旋長旋落尚少停滯其有溜趨埽
前及河勢坐灣之處經臣於上次查料時即已
覈定春廂埽工分飭趕辦當此汛水長發之
際春工恰已報完臣隨過隨查尚與原估丈尺
相符均足以資抵禦當飭廳營妥為防護不准遠

報另案工程其長堤增培土工就已完段落牽
計已及六分有餘接段雖試亦無滲漏向有未
能如式之處立即押令翻築仍飭各道認真
督催統限四月内一律全完不任稍有延混現
在大河溜勢循順東趨兩岸工程一律平穩自
三月初五日起至二十五日止二十日桃汛已過豫東普
慶安瀾洵臣上紓
宸廑轉瞬大汛屆臨一應防守事宜尤須先期豫備
新任河臣吳邦慶尚未來東准信臣現仍親歷
險要各工詳慎籌畫以免臨時周章一得新漕
渡黄之信並擬前赴韓莊督放微山湖南壩均
不敢稍存觀望竟所有黄河桃汛安瀾緣由

理合繕摺具

奏伏乞

皇上聖鑒謹

奏

道光十二年四月初四日奉

硃批知道了欽此

三月二十六日

道光十二年四月初二日内閣奉

上諭程祖洛奏勒限整飭營伍一摺設兵原所以衛民精强惟資乎訓練若因風氣柔弱遂任其技藝生疎豈不虚糜糧餉據程祖洛奏稱江蘇地方人柔力軟兵丁器藝多有未嫻曾經督率將備勒限操演旋因升任未及如限辦理著林則徐於到任後隨時督飭認真操練先由該將備等驗送該撫確加考覈倘尚未能長進即先將該將備等嚴參示懲務期兵成勁旅餉不虚糜勿負朕整飭戎行之至意欽此

上諭　貢生虛刊冤狀案著林則徐親審定擬

道光十二年四月初二日内閣奉

上諭程祖洛奏貢生因案審虛刊佈冤狀牽列幕友丁胥得賄一摺此案宜興縣歲貢生路同申與殷森因墳地訐訟尚未斷結輒與其子生員路汝裒刊佈冤狀牽涉官吏贓私迨經提省研訊又復自行翻異虛實均應徹底跟究著交林則徐親提人證卷宗秉公研審確情按律定擬具奏無稍枉縱

欽此

## 上諭 著吳邦慶與林則徐悉心體察豫省險工拋石情形

軍機大臣 字寄
河東河道總督吳 道光十二年四月初四日奉
上諭前據嚴烺奏豫省上南等廳險工酌拋碎石當
以東河歷年拋護碎石歲料防險等項並未節省
降旨交林則徐悉心體察情形覆奏茲據奏稱詢
之年老兵民僉稱既辦碎石每遇險工緊急潰埽
塌隄力加拋護功效甚著至東河採運碎石比南
河方價倍蓰難以多辦而其化險為平頻歲安瀾
之效未嘗不資於此惟何以未能省料之故詰詢
員弁兵夫據稱統計兩岸隄工長至二十餘萬丈
隄前有埽者不過六千八百餘丈埽前有石者甫
及二百七十餘丈河面寬濶溜勢變遷購料防險

諸費即難概省等語此項東河碎石工程起於
道光二年嚴烺試辦僅拋兩段而止自道光五年
至十一年已拋碎石共用銀六十五萬餘兩上冬
估辦上南三廳方價七萬四千餘兩尚不在此數
內較之歷年採辦歲料及請撥防險銀兩均未減
少碎石既增歲料自宜節省歲料不省碎石豈不
虛糜吳邦慶並非河員出身無所用其迴護著於
交卸後迅赴新任與林則徐見面詳細詢問悉心
體察情形如果估拋碎石化險為平以後歲料漸
可節省照運河各廳臨湖隄工兼用碎石歲銷錢
糧無多豈不甚善若年復一年徒添出碎石費用
則是於歲料外又增一項開銷國家經費有常豈

能供此無底之橐至林則徐奏稱工員果悉機宜
善揣溜勢則於工之將生未生豫築挑壩使溜向
外趨埽即可省一壩得力可護數段之工所省無
算所奏不為無見著吳邦慶於到任後實心實力
講求利弊破除情面不可任聽工員致滋浮冒總
期於無枉費之工無妄開之費方為不負委任凜
之慎之將此諭令知之欽此遵
旨寄信前來

上諭　著鄒鳴鶴陞署河南開封府蘭儀同知

道光十二年四月初四日内閣奉
上諭林則徐奏遴員升署河廳要缺同知一摺著照
所請河南開封府蘭儀同知員缺准其以鄒鳴鶴
升署俟經歷三汛再請實授送部引見該部知道
欽此

## 蘭儀廳蔡家樓濕料曬乾補足曹河糧河兩廳料垛翻堆完整

知○

林則徐片

再蘭儀所屬蔡家樓濕料，遵
旨責成該任之鄭鳴鶴逐垛拆曬，並飭開歸道性桂往
來督查。茲據禀報，該料三十二垛，逐一拆看，
內有十二垛垛底潮濕一二尺不等，當就攤曬鋪
曬，經乾經堆，計折耗已及十分之一，已著落于鄭保
補完，驗收全數無少。又據兗沂曹道徐受荃會
督曹河糧河二所料垛堆手粗疏，業經該道督
押翻堆，緊實完整，總統廳縣覆驗等情。日前于桃汛巡
防途次，順路二次提訊，該廳悉與該道等所
禀相符。除將料垛之攝任日報于鄭保另行
補外，合併附片陳明，伏祈

河東河道總督林則徐奏片 蘭儀廳蔡家樓濕料曬乾補足曹河糧河兩廳料垛翻堆完整

道光十二年四月初四日

聖鑒謹

奏

道光十二年四月初四日奉

硃批 知道了 欽此

上諭 著陶澍張井林則徐等迅催漕船北上毋任遲滯

軍機大臣 字寄

兩江總督陶 江南河道總督張 江蘇巡撫

林 浙江巡撫富 道光十二年四月初九日

奉

上諭蘇成額等奏首進漕船渡黄並催提在後幫船

一摺本年江浙重運幫船至四月初旬渡黄共六

百二十六隻計十七幫比較上三次日期均遲随

後幫船據報渡江者甚少漕船爲天庾正供必應

加緊儹催盤驗北上以次渡黄本年首進幫船既

因估挑徒陽運河二月間甫經啟壩以致渡黄較

前俱遲至在後各幫自當銜尾連檣迅速接進何

以渡江船隻甚屬寥寥著陶澍等於重運經由地

上諭　著陶澍張井林則徐等迅催漕船北上毋任遲滯
道光十二年四月初九日

方嚴飭文武員弁不分晝夜實力提催毋任再有遲滯倘後進幫船在途停延滋事係該漕督專責自問當得何罪其沿途催儹稍有不力陶澍等咎亦難辭務當添派妥幹各員設法迎提俾隨後幫船迅即抵壩無悞渡黃定期限是為至要至倒塘灌放本非漕運正辦本年清水高黃水既在二尺以外似可啟放禦黃壩將後進幫船接放較之灌塘既省一番周折亦可不致稽延時日於事機尤為順利著張井察看情形悉心籌計一面趕緊妥辦一面據實奏聞將此諭知陶澍張井林則徐富呢揚阿並諭蘇成額知之欽此遵
旨寄信前來

軍機大臣　字寄

江蘇巡撫林　道光十二年四月十一日奉

上諭據步軍統領奏江蘇鹽城縣民人王梓庵呈控該縣監生王俊三等串通書差冒領賑濟錢文毆傷伊父等情已明降諭旨交該撫審訊矣此案該民人所控王俊三等串通書差許為伊家代領賑錢伊父王雨霖向討不給王俊三轉令伊子王桂年等將伊父毆傷並王俊三等冒領賑錢至七百餘戶之多地方遇有偏災不惜帑金賑濟必期實惠及民總在辦理各員實心實力查察弊端豈容奸胥蠹役任意侵吞以致窮黎多有向隅案關冒領賑錢多至七百餘戶並有串差肆毆等情如果

屬實大干法紀必應澈底嚴究著林則徐提集人
證詳細研訊按律懲辦並將辦理不善之員據實
嚴參以重賑務將此諭令知之欽此遵
旨寄信前來

上諭　申廣濟所告案著林則徐秉公嚴訊定擬

道光十二年四月十一日奉

旨此案著交林則徐親提人證卷宗秉公嚴訊按律

定擬具奏原告申廣濟該部照例解往備質欽此

上諭　王梓庵所告案著林則徐秉公嚴訊定擬

同日奉

旨此案着交林則徐親提人證秉公嚴訊按律

定擬具奏原告王梓庵該部照例解往備質欽此

## 河東河道總督林則徐奏摺　南糧重運首幫挽入東境日期

林則徐　首幫挽入東境由

慶　〇

四月二十日

河東河道總督調任江蘇巡撫臣林則徐跪

奏為首報南糧重運首幫挽入東境趕飭加緊提催恭摺具

奏仰祈

聖鑒事竊臣前因運河挑工完竣後重運尚無渡黃信息

奏明先啟汶壩收水灌注嗣准江南河臣咨會首幫已

於四月初二日渡黃臣由黃河工次回濟一面飛飭沿河所

啟放微山湖大堤旋接李報初七日啟壩之後將雙閘

暢放三晝夜計消水七寸照例圍壩收閘仍留南閘

漫板水源源接濟並經運河道李同恩馳赴戴莊

迎提首幫去後茲接報該首幫鎮江前幫船四十

二隻於四月十二日亥時挽入山東黃林莊境立即趕押

前進等情臣查一年來首幫入境雖較往年為

運而挨計起運幫船接續全渡之年計少二十三幫
現在東省南河底水均已一律鋪足浮送有餘並
可期遄速即修清南分衛收束長而及民剝船
業經撥以先飭預備亦可無虞阻滯以現仍親督
道廳隨時調劑水勢嚴飭汛閘員弁加緊提催
務使入境幫船遄檣北上以速補運不任稍有停延
以期早達
天庾上紓
宸廑所有重運首幫挽入東境緣由謹繕摺具
奏伏乞
皇上聖鑒謹
奏

道光十二年四月二十日奉

硃批知道了欽此

四月十五日

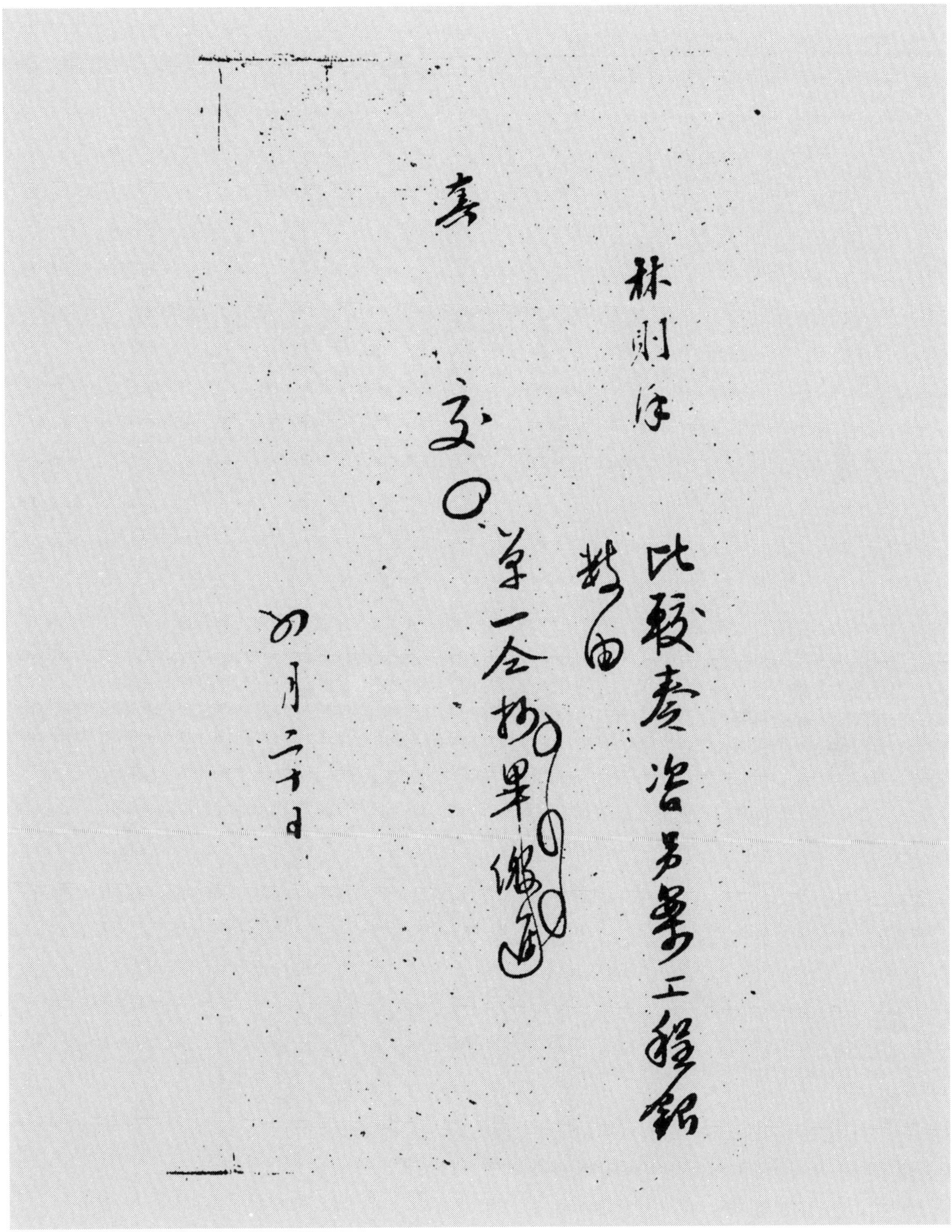
林則徐
比較奏咨另案工程銀
數由
奏
交〇單一合摺單總〇
四月二十日

河東河道總督林則徐奏摺　查核道光十一年份黃運各道屬用銀總數
道光十二年四月十五日

河東河道總督臣林則徐跪
奏為查核道光十一年分黃運兩河各廳奏銷另
案用銀總數比較上三年數目循例繕具清單
恭摺奏祈
聖鑒事竊臣查嘉慶二十一年准工部咨開凡河道另
案工程無論題銷咨銷各案于三汛後將一年總用銀數
彙奏一次並將上三年另案所用銀數多寡分
晰比較以備查核等因奏奉
諭旨依議欽此通行遵照在案又
奏准于道光八年十二月內接准部咨奏奉
上諭嗣後彙奏另案內除歲搶修定款分別註銷外
另案工程俱入單內聲明比較等因欽此欽遵在

立案。以查一道光十一年黄河另案工程，南河以原
奏內稱大汛長水二十七尺，共計七丈六尺四寸，並因
秋雨滂沱，山河匯注，兩岸險工疊出，直過霜清，
始行搶救平穩，用過銀數多於往年等語，已于上年
十月間繕具清單奏聞。
至隄立案各運河閘壩引渠土石隄埽各工，凡
攸關水利，隨即修浚，保隄亦經南河以隨時撙節。
別
奏。臣等辦理該年黄運兩河工程，除歲搶修
欽定毋庸比較外，其一切另案不敷，開歸道廳
較上三年為多，河北道廳比九年雖多，較八、十
兩年均少，兗沂道廳比八、十兩年稍多，較九年仍

少。運河道庫奏案比八年徵存銀九十兩零，俱少

於奏案比八九兩年為存銀，十年減少，原核之該

道遂並造送之案不敷，比銀清冊前奏，以

後核之無異，理合循例繕具清單黃冊具

奏伏乞

皇上垂鑒，敕部存核施行。謹

奏

道光十二年四月二十日奉

硃批：工部知道，單併發。欽此

四月十五日

## 查明東省運河等廳各工並減水閘座請分別估修

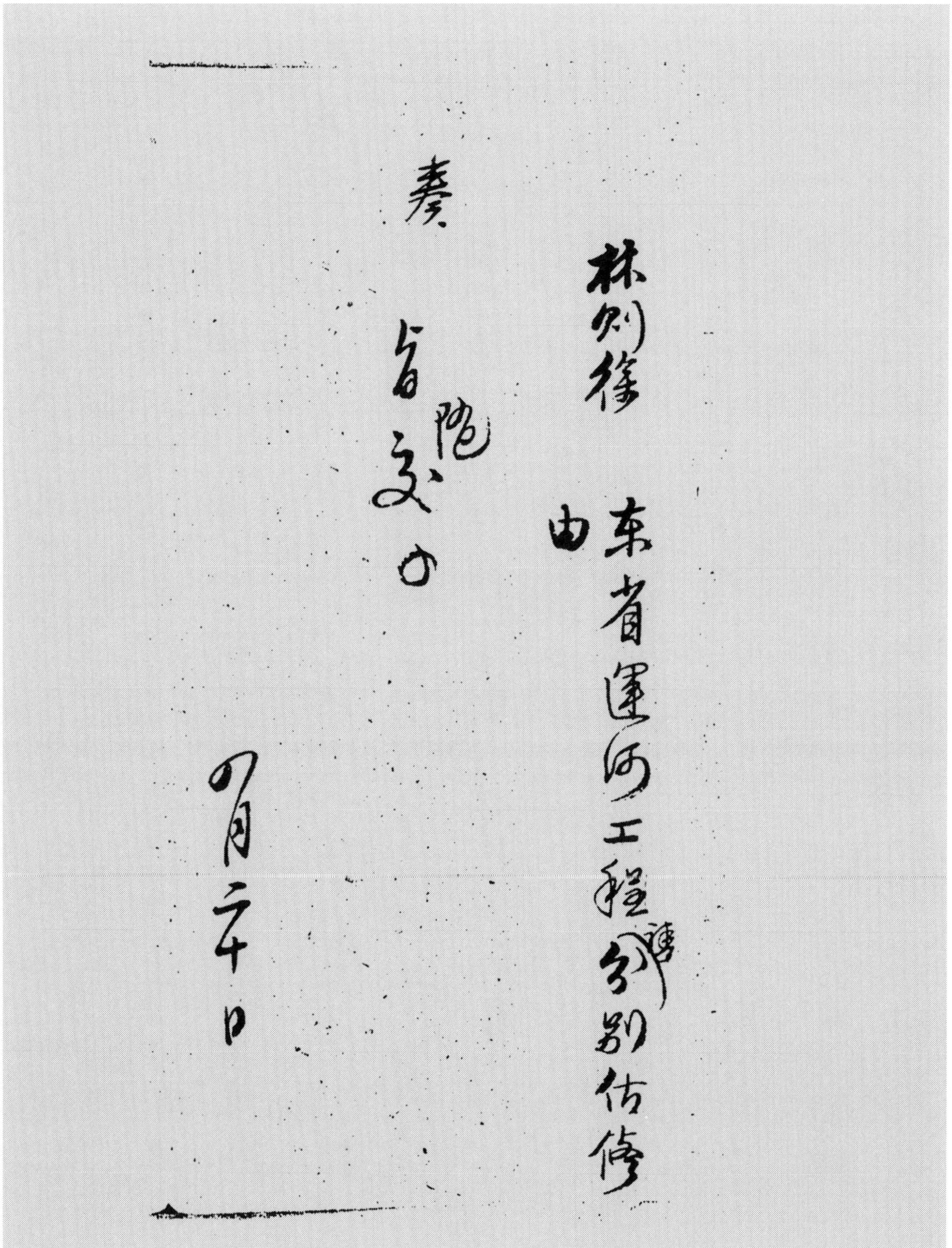

林則徐

東省運河工程請分別估修　由

奏

旨隨交內

四月廿日

河東河道總督林則徐奏摺　查明東省運河等廳各工並減水閘座請分別估修

道光十二年四月十五日

河東河道總督調任江蘇巡撫臣林則徐跪

奏為查明東省運河等廳土石埽工並減水閘

座亟應擇要分別減准估修恭摺奏祈

聖鑒事竊照東省運河各廳上年預估閘工經臣於

正月間奏籌辦緣由以外運河請修工程隨時

切實勘減固不任以可緩之工浮估濫報而實有

關於運道瀦蓄者亦必須擇要估修茲查運

河廳濟寧州汛運河兩岸隄工為漕船往來行

縴要道內有濟字七號等隄工十四段湊長一千

八百七十丈連年汛水衝激雨淋風刷卑殘殊

甚若不趕為幫築勢必縴挽難通按工確估

共需土方例價銀七千五百八十兩零不俟歷

鉅嘉汛運河東岸蜀山湖一區瀦蓄汶水分濟
南北運河為北路最要水櫃全賴隄堰高整
方足以資捍衛現查該湖嘉字十八二十及二十七
號隄運碎石隄工自嘉慶二十五年及道光五
年補修後歷經汛漲淘刷隄身抽掣空虛碎
石傾塌蟄陷率多滲漏率水之處如以其冬雪
大水旺湖隄在在喫緊危險堪虞計該工三段湊
長三百九十八丈萬難緩修除選用舊石外循照上
屆成案估添碎石夫土共需例幫價銀四千
九百八十三兩零又上河廳聊城堂博二汛運河
兩岸聊字四號等舊隄十段湊長一千三百九
十六丈同為川漕要津近年蓄洩敵衛水勢

椿木撞刷，兼之風雨剝蝕，坍卸殘損，卑薄已甚，
亟應幫寬加高，逐一填坑培實，共估需例價銀六千
七百八十兩零。又臨清閘外衛河兩岸民堰，前
於道光二年鑲做埽壩，
奏准保固限滿，作爲有工無着，緩急情形隨時
奏明修理。茲查上河廳臨清汛鐵腿莊挑水壩
並椿連防風埽工一段，下河廳夏津汛渡口驛甲
馬營汛恩縣四夏莊汛第九屯廿七等埽工三段，
武城汛迴溜頂衝，自道光八年鑲修後，已歷四年，
舊埽墊塌殘甚，亟應接出一層，修做丈尺，分別拆
修加鑲，以資利運衛民，計該二廳應修埽工
四段，連節省八束，共估需工料銀四千四百七

十三兩零又汶河廳滕汛滕字石工十九號剅
昌莊雙孔涵水閘一座自道光元年接修歷經
山水泛漲收納入湖水急溜猛衝刷摟淘以致
兩岸金門由身雁翅石墻多情石並皆臌裂滲
水鋪底石塊衝掀參差兼年椿損壞底樁朽腐
不能築載亟應啟以拆修以資收蓄上搭橋樑以通
縴挽又嶧汛嶧字五號碎石隄工一段長四十丈
二尺十載未修碎石傾卸頂土含多石係土戧殘
矮尤甚必須照舊補修寬整除選用舊石外估除
料匠夫工連減閘橋工並築壩戽水共需例幫價
下平銀四千四百十七兩零由運河道李思繹節次刪
減覈實造冊具詳前來臣逐加確核委係必不

## 河東河道總督林則徐奏摺　查明東省運河等廳各工並減水閘座請分別估修

道光十二年四月十五日

可緩之工統計共需估銀二萬四千二百六十
餘兩，寔已減之又減，並無絲毫浮冒。仰懇
皇上天恩，准於山東司庫照數撥銀發辦，俾得及時興工，
均須於重運未到、風水未來以前一律趕完安也。
批解運河道，於庫存項下墊發，再由司分別給領
攢辦。恭候
命下，即移咨撫臣，飭司撥運道庫歸款找發。臣仍督
同該道嚴催署廳依限速竣，不任稍有草率遲延。
新任河臣接收後，分案據實核驗請奏。
御覽。所有東省運河等廳估修土石埽工並減水閘
座緣由，理合恭摺具
奏。伏乞

皇上聖鑒訓示再查運河近年奏辦工程一年之
內用已不出十萬兩而外工每在上半年今歲奏
要已估奏案通計六萬兩零合併陳明謹
奏
道光十二年四月二十日奉
硃批　欽此
四月十五日

河東河道總督林則徐奏摺　查明道光十二年三月份各湖存水尺寸

道光十二年四月十五日

河東河道總督林則徐奏摺　**查明道光十二年三月份各湖存水尺寸**

林則徐　湖水

奏〇

四月二十日

河東河道總督調任江蘇巡撫臣林則徐跪

奏爲查明三月分各湖存水尺寸謹繕清單恭摺

奏祈

聖鑒事竊照嘉慶十九年欽奉

上諭湖水收放尺寸每月查開清單具奏一次等因欽此查

二月分湖水尺寸經臣開單

奏報在案茲據運河道李恩繹詳三月分各湖存水尺

寸開摺咨報前來臣查微山湖二月分存水一丈三尺九

寸三分三月內水無消長仍存水一丈三尺九寸三分

較十一年三月水大一尺寸八分其餘昭陽等七湖或

通注下游或啟放草閘斗門鋪灌運河底水

消水二分至七寸計昭陽湖存水六尺二寸南陽湖存

水四尺一寸南旺湖存水五尺二寸七分獨山湖存水六尺
三寸馬場湖存水四尺一寸九分蜀山湖存水丈一尺五寸
三分馬踏湖存水四尺九寸九分較之十一年三月大自二寸
八分及二尺二寸不等現屆重運經臨以各湖所
存之水備濟當屬短絀臣仍督飭道廳相機宣
蓄嚴諭各閘按法啟閉務使節水速漕兩無
貽誤以仰副
聖主重籌利運之至意所有三月分湖水尺寸謹繕清單
恭摺具
奏伏乞
皇上聖鑒謹
奏

河東河道總督林則徐奏摺 查明道光十二年三月份各湖存水尺寸

道光十二年四月十五日

道光十二年四月二十日奉

硃批：知道了。欽此。

四月十五日

河東河道總督林則徐清單 **道光十二年三月份各湖存水實在尺寸清單**

清單

謹將道光十二年三月分各湖存水實在尺寸

逐一開明恭呈

御覽

運河西岸自南而北四湖水深尺寸

一微山湖以誌椿水深一丈二尺為度因湖底

淤墊三尺實存水九尺即合一丈二尺之數

本年二月分存水一丈三尺九寸三分三月

內水無消長仍存水一丈三尺九寸三分較

十一年三月水大一尺一寸八分

一昭陽湖本年二月分存水六尺三寸三月內

因遞注微湖消水一寸實存水六尺二寸較

十一年三月水大七寸

一南陽湖本年二月分存水四尺二寸三月內
因遮注昭微二湖消水一寸實存水四尺一
寸較十一年三月水大七寸

一南旺湖本年二月分存水五尺七寸三分三
月內因開壩後啟放傅家單閘鋪灌運河底
水消水四寸六分實存水五尺二寸七分較
十一年三月水大二尺二寸二分

運河東岸自南而北四湖水深尺寸

一獨山湖本年二月分存水六尺四寸三月內
因開壩後啟放水口鋪灌運河底水消水一
寸實存水六尺三寸較十一年三月水大五
寸

一馬場湖本年二月分存水四尺五寸三月内因開壩後啟放單閘斗門鋪灌運河底水消水三寸一分實存水四尺一寸九分較十一年三月水大一尺

一蜀山湖定誌收水一丈一尺為度本年二月分存水一丈一尺八寸三分三月内因開壩後啟放單閘鋪灌運河底水消水七寸實存水一丈一尺一寸三分較十一年三月水大二寸八分

一馬踏湖本年二月分存水五尺一分三月内因開壩後啟放單閘鋪灌北行運河底水消水二分實存水四尺九寸九分較十一年三

河東河道總督林則徐清單　道光十二年三月份各湖存水實在尺寸清單　道光十二年四月十五日

月水大三寸
覽

上諭　林則徐查明東省運河等廳土石埽工等興修工程著吳邦慶驗收

道光十二年四月二十日内閣奉
上諭林則徐奏請修要工一摺山東省運河等廳土
石埽工並減水閘座據林則徐查明寔係必不可緩
之工亟應擇要興修著照所請運河廳濟寧州汛
縴道内舊工十四段估需土方例價銀七千五百
八十五兩零鉅嘉汛蜀山湖臨運碎石陡工三段
估需例帮價銀四千九百八十三兩零上河廳聊
城堂博二汛官隄十段估需例價銀四千七百八
十兩零又上河廳下河廳應修埽工四段連節省
八東估需工料銀四千四百七十三兩零泇河廳
滕汛滕字石工十九號劉昌莊雙孔減水閘一座
嶧汛嶧字五號碎石隄工一段估需例帮價銀二千四

百四十七兩零統計五案共銀二萬四千二百六十餘兩准其于山東司庫照數撥發責令該工員等于重運未到汛水未長以前一律赶緊修完不准稍有草率遲延工竣著吳邦慶親往驗收倘有偷減情弊即嚴參懲處以重要工欽此

## 睢寧通判王葵初請於霜降安瀾後再給咨赴部引見

奏○

林則徐片

再現任河南睢寧通判王葵初於試署期內

題請實授案內奉部調取引

見先經前河臣嚴烺咨明吏部請俟本年秋汛後再行送部

查案嗣准部覆以俟汛已在半年以上例不准

咨部展限等因應即飭令照例欽遵將睢寧一

廳埽壩本屬緊要現在睢南下汛四五堡常有

埽壩生險轉瞬大汛屆臨尤須本任人員熟悉工程守汛

專責成未便更易生手致有貽誤惟有仰懇

天恩准令該員王葵初俟本年霜降安瀾後再

行給咨赴部以重要工起見理合附片陳明伏乞

聖鑒謹

河東河道總督林則徐奏片 睢寧通判王葵初請於霜降安瀾後再給咨赴部引見

道光十二年四月二十日

奏

道光十二年四月二十日奉

硃批依議吏部知道欽此

## 河東河道總督林則徐奏片　查驗睢寧上南蘭儀商虞各廳險工鑲壓穩實

9

努力修

再，臣前於查報桃汛安瀾摺內，聲明俟
歷驗要緊工程，詳慎籌畫，隨勘得南岸睢寧
廳睢州下汛四五堡一帶，現因對岸生灘，大
溜側注五堡西挑，埽被刷甚緊，間有塌卸，
亟應擇要鑲護，該工廳現存雜料物尚足，
已飭該道督廳相機要辦，不任稍有靡費。此
外如上南河廳柴壩汛十堡至十一堡舊隄頭
激溜，舊埽六段上年霜降以後水落溜圍，更
須匯塌，補鑲新埽內外二埽，均分上下段。蘭
儀廳蘭陽汛蔡家樓舊隄廂面樓遠五堡
至八堡大隄北面舊有積水，灰堤通達大河水

河東河道總督林則徐奏片 查驗睢寧上南蘭儀商虞各廳險工鑲壓穩實

道光十二年四月二十日

面積寬深風浪撞刷堪虞鑲做防風埽長一千三百六十五丈商虞廳虞城上汛十六堡順埧迎下空檔內去年霜後搶灘埽並匯及提坡鑲埽五段以上各工先據該管廳歸道陸續具稟各埽鑲壓穩實當經前河臣批准有案臣到工查無虛捏辦理搶護合宜除諄飭各道預籌防守大汛至宜以免臨時周章外理合附片陳明伏乞

聖鑒謹

奏

道光十二年四月二十日奉

硃批知道了欽此

河東河道總督林則徐奏摺

## 酌議裁汰東省泉河通判請留原任張漢於東河補用

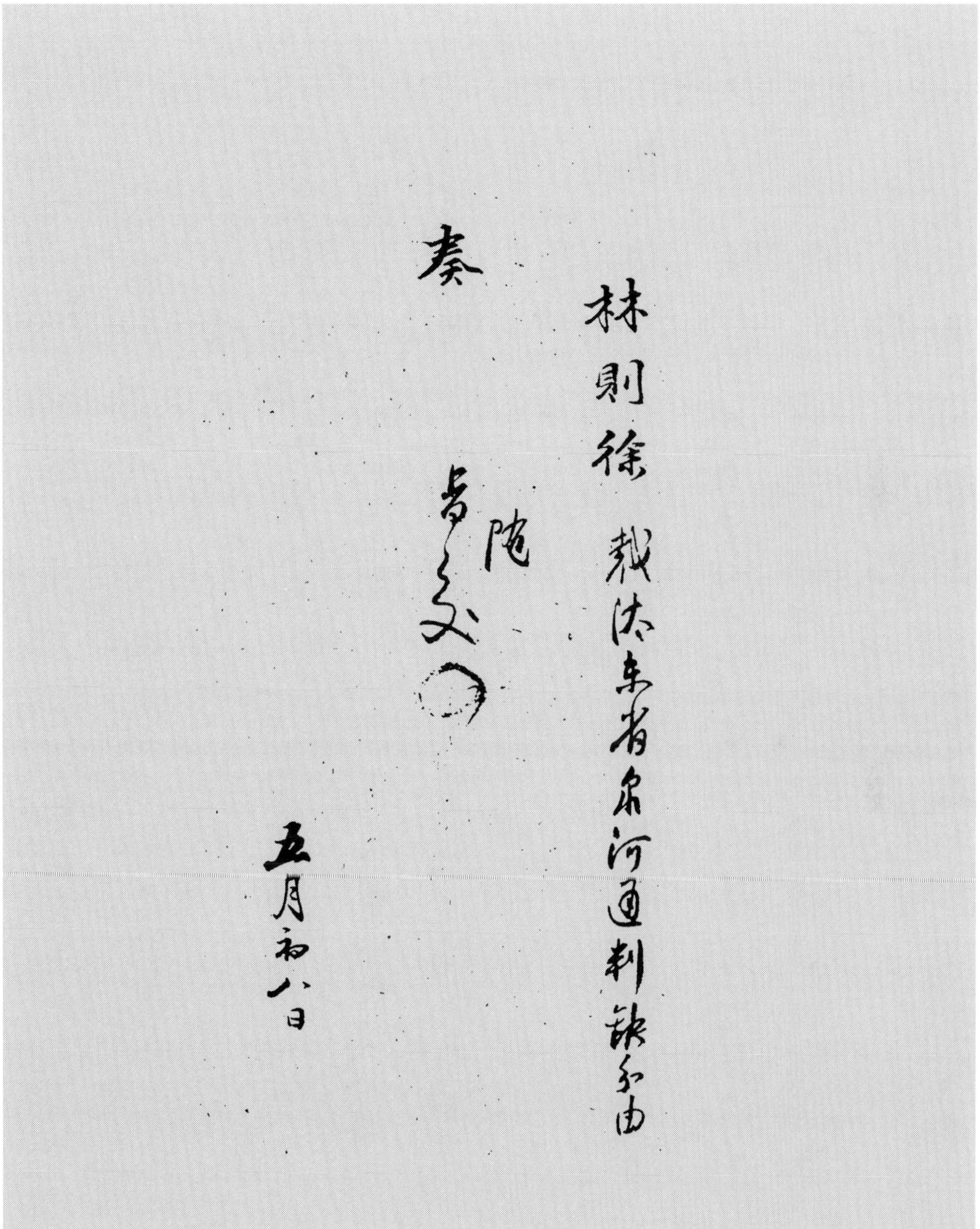
林則徐　裁汰東省泉河通判缺緣由
奏
隨
旨交
五月初八日

河東河道總督林則徐奏摺　酌議裁汰東省泉河通判請留原任張漢於東河補用

道光十二年五月初一日

河東河道總督調任江蘇巡撫臣林則徐跪
奏為酌議裁汰東省泉河道判員缺恭摺具
奏仰祈
聖鑒事竊准部咨欽奉
上諭著各直省督撫及各河督鹽政悉心核議於所
轄之文武閑員如有可裁者酌量裁汰據實奏聞等
因欽此仰見我
皇上澄叙官方循名核實之至意伏查河東總河一所轄文
員分隸豫東兩省黄運兩道計所員六十一缺佐
雜九十三缺緣所處皆係河防運道機宜故缺
分均屬繁要除道員例應請
旨外其自丞倅以逮閘官俱為在外揀選題調之缺

臣在任數月往來工次留心察看其河所汛各缺
雖不無由斷增添但隄岸綿長河面寬闊治務
所趨無空現在瞬交大汛不敢輕議刪除惟查有
運河道所屬泉河通判一缺增設於雍正四年
維時因濟寧等十七州縣泉源亟應濬治是以
特設專員今東省各屬上中下泉共九百有零
源遠流長濟運正可無缺而管泉之佐雜額
設之泉夫歷來仍歸有泉州縣管率經理該
通判除每年查泉之外本任無甚要事與其虛
設一員循例稽查莫若各歸該管知府就近督
飭疏濬似覺呼應較靈惟查道光二年曾經
奏准將捕河所轄之戴村壩工程改歸泉河所兼

飭弁查戴村壩水勢情長與運河同知所奏之
分水口呼吸相通，前屬併運河同知管轄，亦可
無悞。據運河道李恩繹具詳前來，相應請
旨將泉河通判員缺裁汰，以昭核實，而歸簡易。現任通
判張漢年壯才明，該缺既裁，應請撤回留於東河遇
缺即補。其泉河通判衙署應否拆變，舊設書役應
如何分別留減之處，容再飭道議詳，另行咨部辦理。
至各州縣泉源，如恐日久不無湮廢，請自道光十二年
為始，責成運河道於每年春秋二季周歷勘查
一次，飭令司泉各員勸加疏導，助濟運行。如各處
泉地有應行修濬之工，即由該管知府勘明，逕行
詳司核辦，以與撫以往返札商，意見相同，謹擬

實情，摺具

奏。伏乞

皇上聖鑒訓示。至此外有無可裁之缺，請俟新任河臣再

行察看核辦，合並陳明。謹

奏。

道光十二年五月初八日奉

硃批：有旨。

欽此。

河東河道總督林則徐奏片　**委任朱長垣護理山東運河道印務**

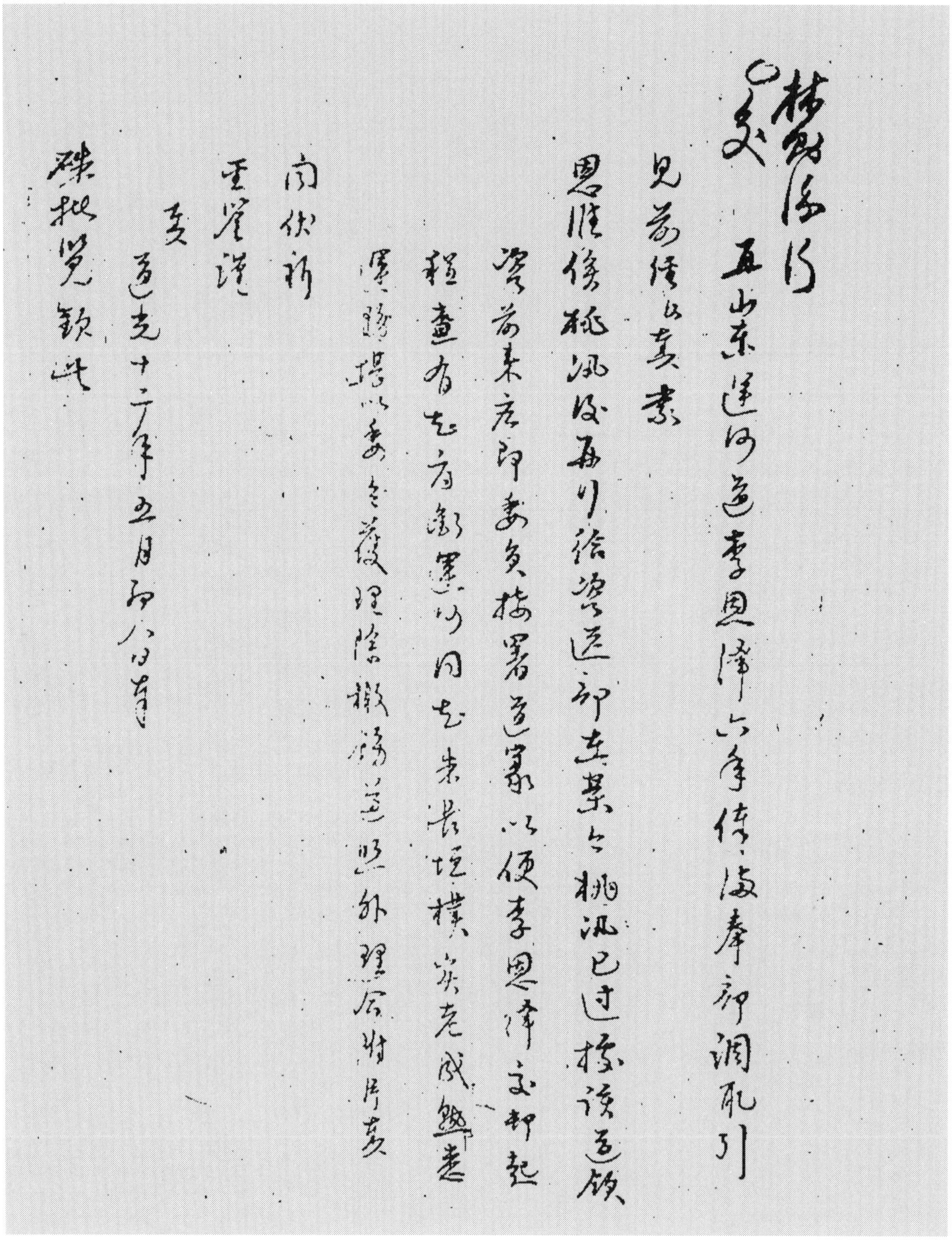
林則徐片
又
再山東運河道李恩澤上年傳旨奉部調取引
見前經具奏
恩准俟桃汛後再行給咨送部在案今桃汛已過據該道領
咨前來應即委員接署道篆以便李恩澤交卸起
程查有兗沂曹濟道朱長垣樸實老成熟
諳隄河委令護理除撤飭遵照外理合附片具
奏伏祈
聖鑒謹
奏
道光十二年五月初八日奉
硃批覽欽此

河東河道總督林則徐奏摺　**請以徐貫一陞署河標中營都司楊廷標陞署左營守備**

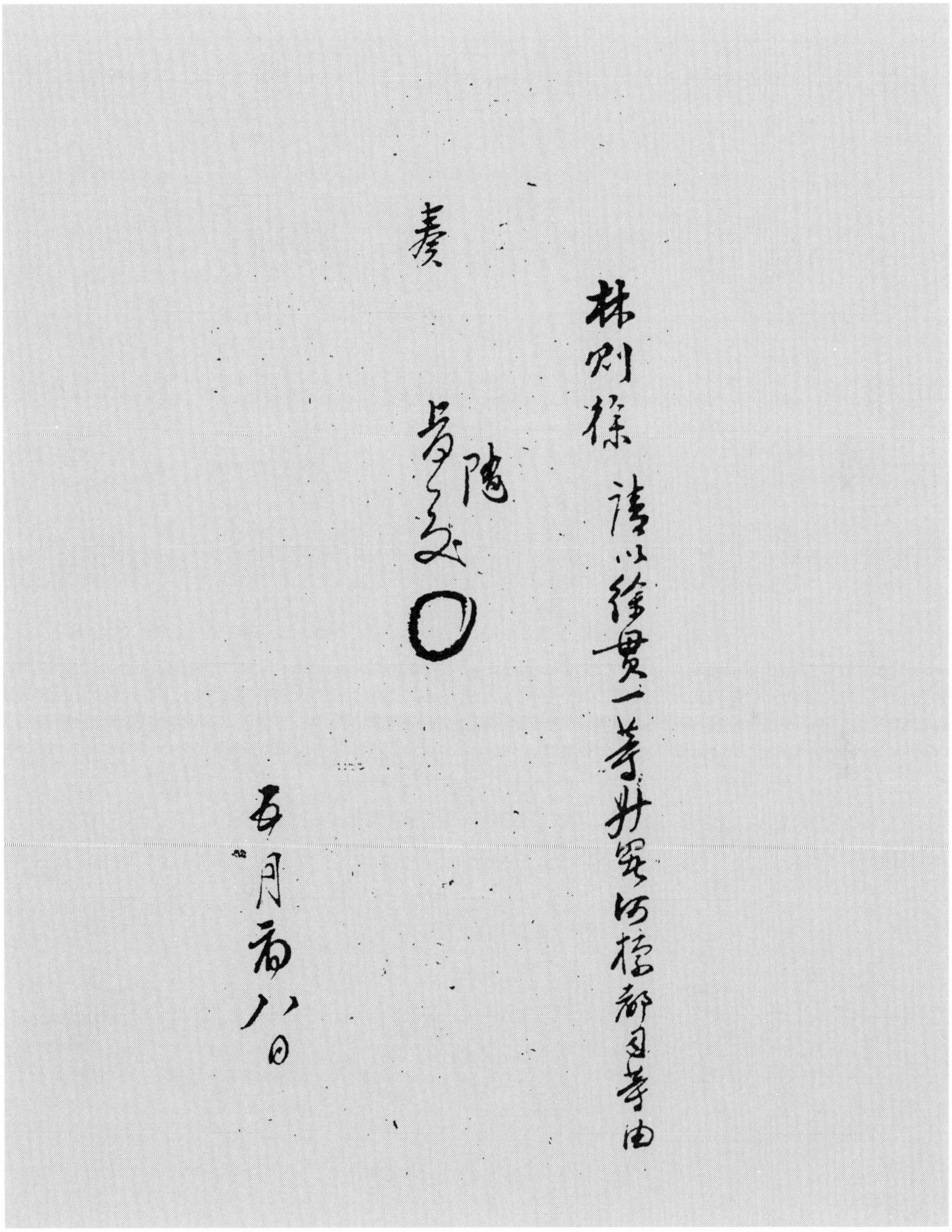

林則徐　請以徐貫一等升署河標都司等由

奏

隨

旨呈覽 ○

五月初八日

河東河道總督林則徐奏摺 請以徐貫一陞署河標中營都司楊廷標陞署左營守備

道光十二年五月初一日

河東河道總督調任江蘇巡撫臣林則徐跪
奏為河標都司守備員缺緊要仰懇
聖恩俯准陞署以重操防而裨河運事竊照臣
標中營都司李文泰因病出缺經前河臣嚴
烺以署左營守備徐貫一請陞並以署千
總楊廷標陞署左營守備咨部經該二員俱係
河營出身人員與例雖有未符俟山東撫標鎮標
內有相當缺出此等即照案對調繕疏具
題在案茲准部覆徐貫一雖籍隸五百里以
內與例不符徐貫一既未准陞楊廷標亦毋
庸議所有中營都司員缺仍令照例題
補等因伏查臣標額設都司二缺守備三

缺除操演營伍之外均有巡防河汛催儹重
空漕船之責較別營之專司操防者尤為
緊要非在標年久熟諳河務之員難
期勝任統計現任都守各員除城守營
都司韋秉本由中營都司調補外其城守
營守備韓正恆年例未符右營守備李鳳集
亦係本籍實無合例堪以陞調之員惟查有
現署左營守備徐貫一曉暢營務辦事實心
歷俸已滿三年以之陞署中營都司洵堪得力
所遺左營守備員缺臣於各營千總內詳加遴
選非籍隸本州即人地未宜惟有中營千
總楊廷標年力富強操防勤奮堪以陞署該

河東河道總督林則徐奏摺　請以徐貫一陞署河標中營都司楊廷標陞署左營守備　道光十二年五月初一日

二員同係河標行伍出身於一切修濬防汛機
宜最為熟習但均係本省籍貫有礙稍有未
符謹查嘉慶十三年前河臣馬慧裕曾以籍隸
本州之程國林
奏請陞署左營守備奏明俟左營守備缺出再
行又個另請實授又道光二年前河臣嚴烺
亦以本籍之孫煜一
題請暫行陞署中營都司奏明俟標鎮及
標有相當缺出另行咨商對調俾便本部
議准在案今徐貫一等事同一例合無仰懇
皇上天恩俯念員缺緊要人地實在相需一時合例
無人准以徐貫一陞署中營都司楊廷標

陞署員左營守備，實於操防漕運兩有裨
益。如蒙
俞允，臣即給咨該員等送部引
見，恭候
欽定。並給署劄，令其任事，仍咨商山東撫臣於東
省都司內從容察看，如有明白河漕之揀
選一員，與徐貫一對調，其楊廷標一員照例
俟臣標右營守備缺出再行調補，以符定
制。除該員等履歷業經咨部外，所有循例並參
奏罰案件，臣因漕運緊要之際，誠恐接鎮各
標一時接員未諳，請致員缺久懸，不揣冒昧，恭
摺具

奏是否可行伏乞
皇上聖鑒訓示謹
奏
道光十二年五月二十八日奉
硃批　欽此
五月初一日

## 河東河道總督林則徐奏摺 頭進重運軍船全行過濟日期

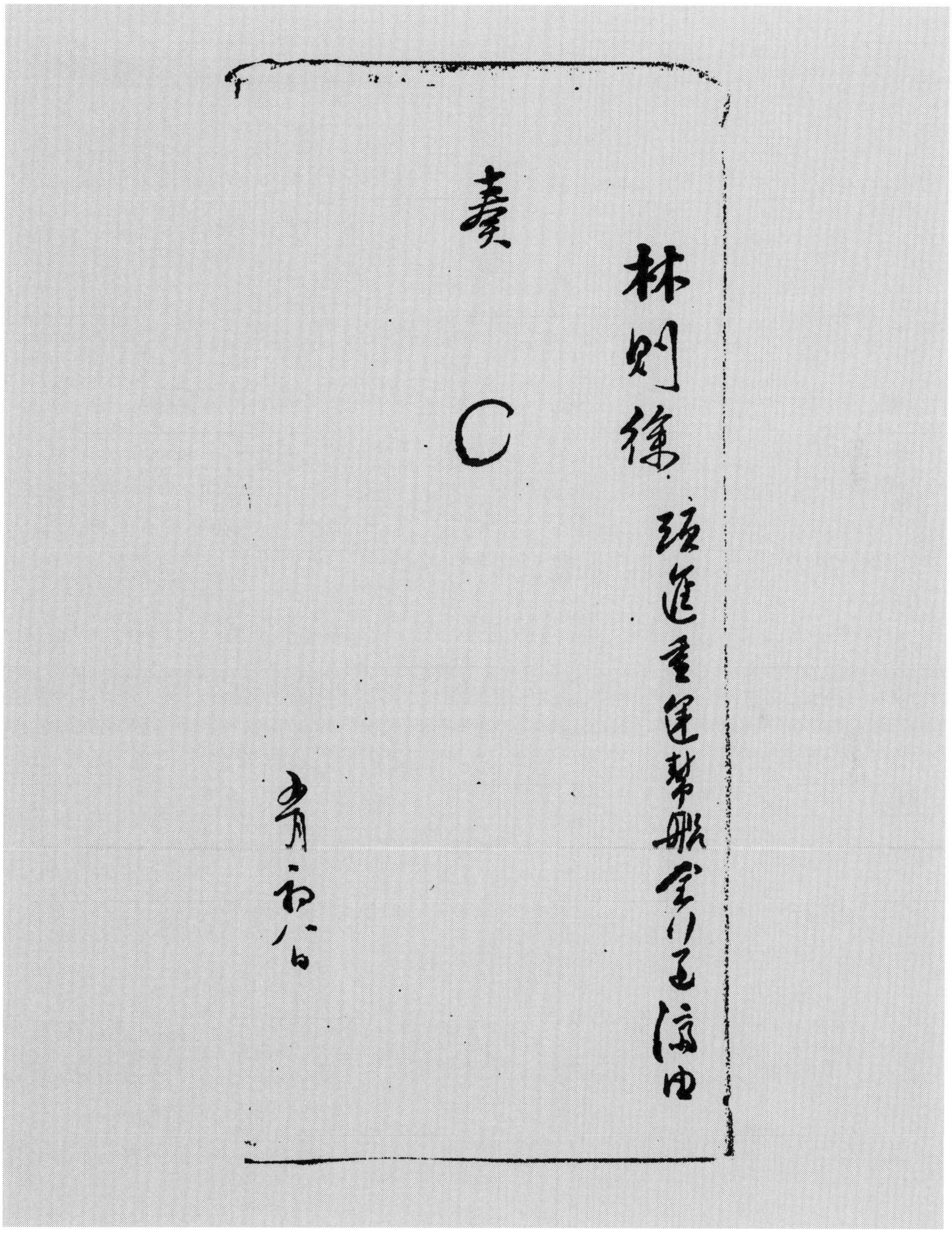
奏

林則徐 頭進重運幫船全行過濟由

五月初八日

河東河道總督林則徐奏摺 頭進重運軍船全行過濟日期
道光十二年五月初一日

河東河道總督調任江蘇巡撫臣林則徐奏摺　頭進重運軍船全行過濟日期
道光十二年五月初一日

河東河道總督調任江蘇巡撫臣林則徐跪
奏為頭進重運軍船全行過濟頭首幫先已趕出
臨清閘口現仍督飭加緊提催恭摺奏祈
聖鑒事竊照本年重運首幫入境臣將前經日恭摺
奏報在案旋查頭進最後之寧太幫船于四月二十
一日挽入山東茌林莊境現在閘河水勢深通各
幫行走極為遄速已于四月三十日將頭進各幫
軍船全數催過濟寧之天井閘北上頭首幫諸
江前船四十八隻據報于二十五日挽出臨清閘口在
後各幫亦皆銜尾遄進接以次出閘雖閘外衛
水未長而古澱之處剝船足敷轉輸計可無虞阻滯
惟二進各幫未經跟接入境現將先已渡黃北

來之銅鉛船隻提上韓莊閘後擬由湖口大壩
暫時酌量加板以節湖瀦俟後有二進漕船接
續渡黃之信再行啟板稽瀉以俾營鎮道廳
相機宣蓄加緊程催趲接後起重船一律迅
行無阻以期全漕早達

天庾仰慰

宸懷所有頭進重運軍船全過濟境趕催出閘交
緣由理合繕摺具

奏伏乞

皇上聖鑒再據河南陝州呈報萬錦灘黃河于
四月十三日陡長水二尺一寸即經飭令道廳
加意防護現已逐漸報消至盡臻平穩合並

陳明謹

奏

道光十二年五月初一日

硃批知道了欽此

五月初一日

河東河道總督林則徐奏摺　**校閱甄別河標四營官兵**

林則徐校閱河標官兵由

奏

◯

五月初一日

河東河道總督林則徐奏摺　校閲甄別河標四營官兵
道光十二年五月初一日

河東河道總督調任江蘇巡撫臣林則徐跪
奏為校閲河標四營官兵悉心甄別仍飭勤加訓練以肅
戎旅恭摺奏祈
聖鑒事竊照東河所轄各營除兵丁專司修防官兵素習
椿埽向不考驗弓馬外其河標中左右城守四營歷
係將副將遊擊各一員都司二員守備三員千把
外委四十三員馬步兵丁除裁減外實存一千六百
一十三名例由河臣校閲考核臣上冬到任已屆年
終又值督催挑河之際至春以來兩次出赴黃河兩
所驗料防工未及調考當經嚴諭將備勤加教演
以備不時考驗如臨時多不如式不特弁兵立予降革
並該管將備亦干參處旋據各營按旬報操幾無

虛日現當整飭營伍之際必不敢以文飾在即補
存此視隨於檔汛清及調集將備弁兵於四月十七
至二十日悉心校閱先令合操陣勢隊伍進止均屬整
齊旋放連環鳥鎗聲勢亦皆聯絡試驗籐牌刀棍
長矛等項撲讓擊刺俱稱便捷復將馬步弓箭
逐一考校中營中靶在七分以上左右城守三營亦
在六分以上惟弓力軟者居多當場分別等第
諭以自重弓力如弓在六力以上而中數多者列為
超等優加獎賞即中數稍減而弓力甚强仍列在
中多而弓軟者之列以示勉勵旋據各將備稟稱弁
兵咸知踴躍多習硬弓且又恐其浮收虛填特為
校准定式以憑核驗大抵挽强命中多一分練習即

多一分技能，臣諭飭標營以現當天暖之時，果能練
進弓力，則秋冬弓燥手柔，收效更倍。察看各營大
小兵弁人材，弓馬皆堪造就，尚無衰老不戰之人。
其實在出色者，登記冊檔，以備挑拔。技勇平常者，弁
則分別降責，兵則責革示懲。亦有年力精壯而技
藝稍生者，勒限演習，另候覆驗。又臣前在陝西
河南兩省，曾見演習連環戰陣，係陝甘督臣楊遇春
所製，有進無退，兵勢更覺精强。臣已照繪陣圖，逐
加貼說，現在發交標營演習講求，以冀倍臻勇鋭。
伏查河標所屬汛地有三百六十餘里之長，分設
四十四汛，催漕搶護差事，雖繁而現在各營將領
訓練尚為認真，臣仍督飭勤加操演，毋得曠時

務使紀律嚴明咸成勁旅以仰副
聖主整飭戎行之至意至各營馬匹火藥軍裝器械
等項驗與冊報相符合併陳明所有校閱河標各
營官兵緣由謹繕摺具
奏伏乞
皇上聖鑒謹
奏
道光十二年五月初八日奉
硃批知道了欽此
五月初一日

河東河道總督林則徐奏片　**添造天門烏戟砲位施放得力**

〇林則徐片

再練兵必先利器一切軍裝砲械非但不可殘缺尤必
期于適用乃可以資訓練而利戎行查臣標四營舊設
砲位無多前此以兗州鎮標所製天門烏戟兩種
砲位施放得力諭令參將備弁照添造以備隨陣操
演茲列位成後經飭催製備完全擇期查驗不
得有名無實茲驗得標四營共添造天門砲十六
位烏戟炮十六位每位重五十六斤及三十二三斤不
等製造均屬合式試行施放亦皆得力其所需工
料經費業經捐廉辦理無須另行請款開銷嗣
後操演即令將此項砲位與舊砲輪流施放亦不必議
添火藥米糧隨飭各該營一律遵照勤加演習

理合附片奏
聞。再，砲位現係搭廠存儲，免其遇雨損銹，合併陳明，
伏祈
聖鑒。謹
奏。
道光十二年五月初八日奉
硃批：所辦甚好，著照所請，欽此。

上諭　**林則徐所奏酌裁冗員著裁汰河東泉河通判員缺**

道光十二年五月初八日内閣奉

上諭林則徐遵旨覆奏酌裁冗員一摺河東運河道屬泉河通判事務較簡著即裁汰其現任通判張漢撤回留於東河遇缺即補該部知道欽此

# 上諭 林則徐所奏河標都司守備著徐貫一楊廷標陞署

道光十二年五月初八日内閣奉
上諭林則徐奏升署河標都司守備一摺著照所請
河東河標中營都司員缺准其以徐貫一升署所
遺左營守備員缺准其以楊廷標升署俱照例送
部引見並著先給署劄任事該部知道欽此

河東河道總督林則徐奏片

## 江蘇委員赴東豫採買米麥運脚不敷酌借河庫存項

〇林則徐片
交
再臣前准兩江督臣陶澍函稱江省現值
青黃不接之時
奏明委員分赴東豫採買米麥運接實屬減價
平糶昨因適臣巡防桃汛赴工即於界連東豫
之沿河劉家口地方糧行聚集委所親督委
員買麥二萬石先行分起運回接濟迨臣
旋至濟城江省委員亦已到東復經購買米
麥三萬石零並准山東撫臣訥經額咨
奏明動碾濟寧州衛廿倉穀以免市價增昂即現
立碾穀及採買已有成數分艘雇船裝運

惟委員攜來銀兩除支給米穀麥價外核計
運腳尚有不敷臣即於運河道庫存項
下暫行酌量借給俾得趕緊運回以資民
食一面知會江省仍由江寧藩司照數解
還歸款理合附片陳明謹
奏
道光十二年五月初八日奉
硃批覽欽此

上諭　著訥爾經額林則徐等將習教人犯解部質明琦善等續拏各犯

軍機大臣　字寄
直隸總督琦　兩江總督陶　山東巡撫訥
江蘇巡撫林　道光十二年五月初九日奉
上諭本日軍機大臣會同富俊及審（刑部）擬尹老須即尹
資源習教煽惑一案已明降諭旨將尹老須等明
正典刑矣其解到之齊老營田忠馬維程二麻子
或年貌不符或住址稍異案犯亦不能供指仍逓
回查明保輝前經行提之劉景業李克昌狄文奎
狄漢符凝旺馬士成馬士標陳正業陳標賀學容
著訥爾經額陶澍林則徐將該犯等迅速解部質
明另結此案尹老須習教傳徒至數千人之多所
有現犯供出轉邀入教之領文表等人數衆多未

便紛紛提訊且案內名單早經銷燬犯供又不能悉指姓
名恐尚不免遺漏著琦善訥爾經額按照刑部單開各
犯供出姓名住址就近查拏根究辦理再劉功徒弟南北
各有八股除查明頭目傳老嶺宋文光羅庭英吳得榮劉
老騰五名犯案治罪田蓋忠張淙禹王輝九王金玉董
老維葛老亮張洛東七名先經病故外惟孫老書
一犯僅認習教傳徒二人恐其尚有徒衆至史三
省供出轉傳未到案之張世彥張老明梁復初劉
淙誠李可貴等亦難保無轉傳情事著與未獲之
王知仁金老貫二名併交琦善訥爾經額查辦以淨根
株毋貽後患將此各諭令知之欽此遵
旨寄信前來

上諭　兩淮私鹽侵害浙鹾著陶澍林則徐等緝拏並籌畫章程具奏

道光十二年五月十三日內閣奉
上諭給事中邰正笏奏兩淮艒板等船私鹽侵害浙鹾請飭妥議章程協力堵緝一摺據稱江省常州鎮江等府毘連大江爲浙西引鹽門户順治年間於京口地方設立官廳盤驗鹽船嚴拏夾帶私鹽立法至善乃日久視爲具文兵役得規故縱以致浙西引地綵銷兼之上年江省奏開治江孟瀆德勝澡港三河便於舟楫往來即有江北梟徒駕駛艒板黑魚腮等船裝載私鹽絡繹進口更有地方棍徒勾引招接私設秤手行家到處販賣一遇官役查拏冒稱灾民肆行強横反向官鹽商鋪索詐搶奪因此商無轉輸店多閉歇始於常鎮兩府蔓

延蘇州松江太倉各屬浙西引地自上年七月以来缺銷十餘萬引絀課數十餘萬兩且三河對峙淮鹽呂四等場鳥販片帆飛渡尤為便捷請飭江浙文武大員會同覈議等語著陶澍程祖洛林則徐富呢揚阿悉心妥議或照京口盤鹽廳之例在於沿江隘口移駐一二員弁專司盤驗或於三河之中酌擇一河通行舟楫其餘二河以及支港概釘木柵不准通舟或修建閘座派委妥員司其啟閉以資捍禦此外如鎮屬丹徒丹陽各口濱臨大江淮私直達亦著籌畫堵截章程具奏又據稱常鎮二府鹽行浙省地屬江南與松所事同一律必

須地方官協力巡查並著陶澍等督率員弁一體
認真緝私如有稍分畛域膜視浙鹺唯浙江巡撫
據實糸奏將該上司一併議處至淮揚漏私營弁
有故縱情弊尤須嚴加考覈其浙商亦毋許藉詞
諉卸停運懈巡總期於鹽務大有裨益欽此

## 河東河道總督林則徐奏摺　南糧頭進尾幫出閘二進首幫入境過濟日期

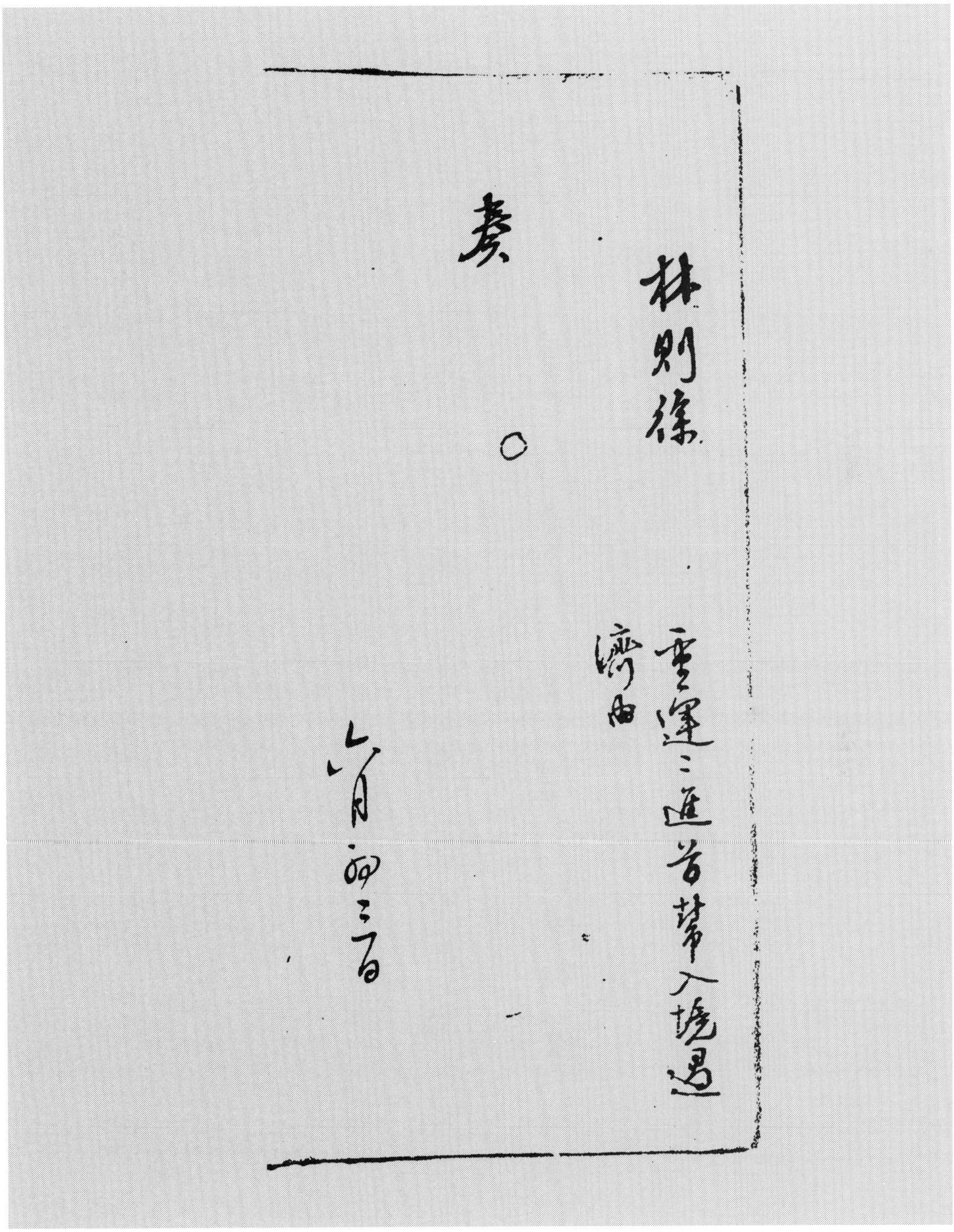
林則徐
奏
重運二進首幫入境過
濟由
知道了



河東河道總督林則徐奏摺　南糧頭進尾幫出閘二進首幫入境過濟日期
道光十二年五月二十二日

河東河道總督林則徐奏摺 南糧頭進尾幫出閘二進首幫入境過濟日期 道光十二年五月二十二日

河東河道總督臣林則徐跪

奏為南糧重運頭進尾幫出南二進首幫入境過濟

飛泝各幫跟接北上現仍嚴飭調劑水勢加緊趲催

奏摺

奏祈

聖鑒事竊臣前次奏報重運頭進軍船全行催過濟

城之後因江境渡黃脫檔正擬蓄加湖板以節湖

瀦適據江二進各幫業已跟接倒塘北渡寧前徽

湖存水本充特恐照例宣放不敷江境漕行復經飛

飭加河廳將啟湖板實水迎濟旋據稟報二進

江淮衛所幫軍船于五月初六日晚入東境黃林莊

隨于十二日催過濟城之天井閘北上其後各幫亦皆跟

晴雨來南旺水勢裕如，船行順速。其所進尾幫，據于
十三日催出臨清閘，止餘有插檔之銅鉛木簰
均可以次出閘，不令稍有延致阻滯。船即閘外衛河
古淺之處，帶剥前進，亦可無虞。統核截至五月十五
日出東境者六幫，十二日出臨清閘者十九幫，至二十
日過濟者二十七幫，二十一日入東境者四十二幫，以後銜尾
飭道廳隨時調劑水勢，加緊提催，以速浦運，總期全漕
早抵通倉，上紓
宸廑。所有重運頭進尾幫出閘、二進首幫入境過濟
各緣由，理合恭摺具
奏，伏乞
皇上聖鑒。謹

河東河道總督林則徐奏摺　南糧頭進尾幫出閘二進首幫入境過濟日期

道光十二年五月二十二日

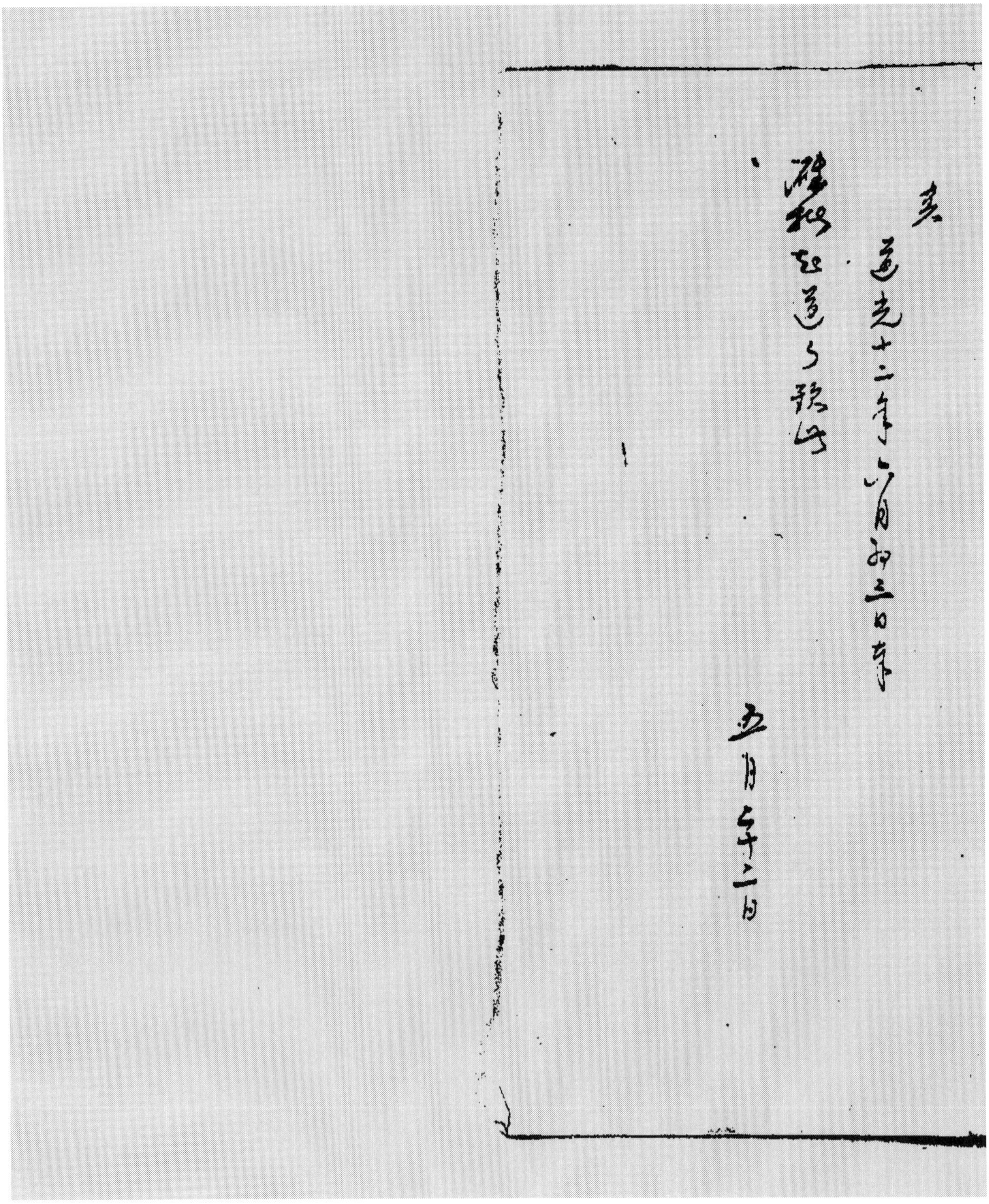

奏

道光十二年六月初三日奉

硃批知道了欽此

五月二十二日

河東河道總督林則徐奏摺　**查明道光十二年四月份各湖存水尺寸**

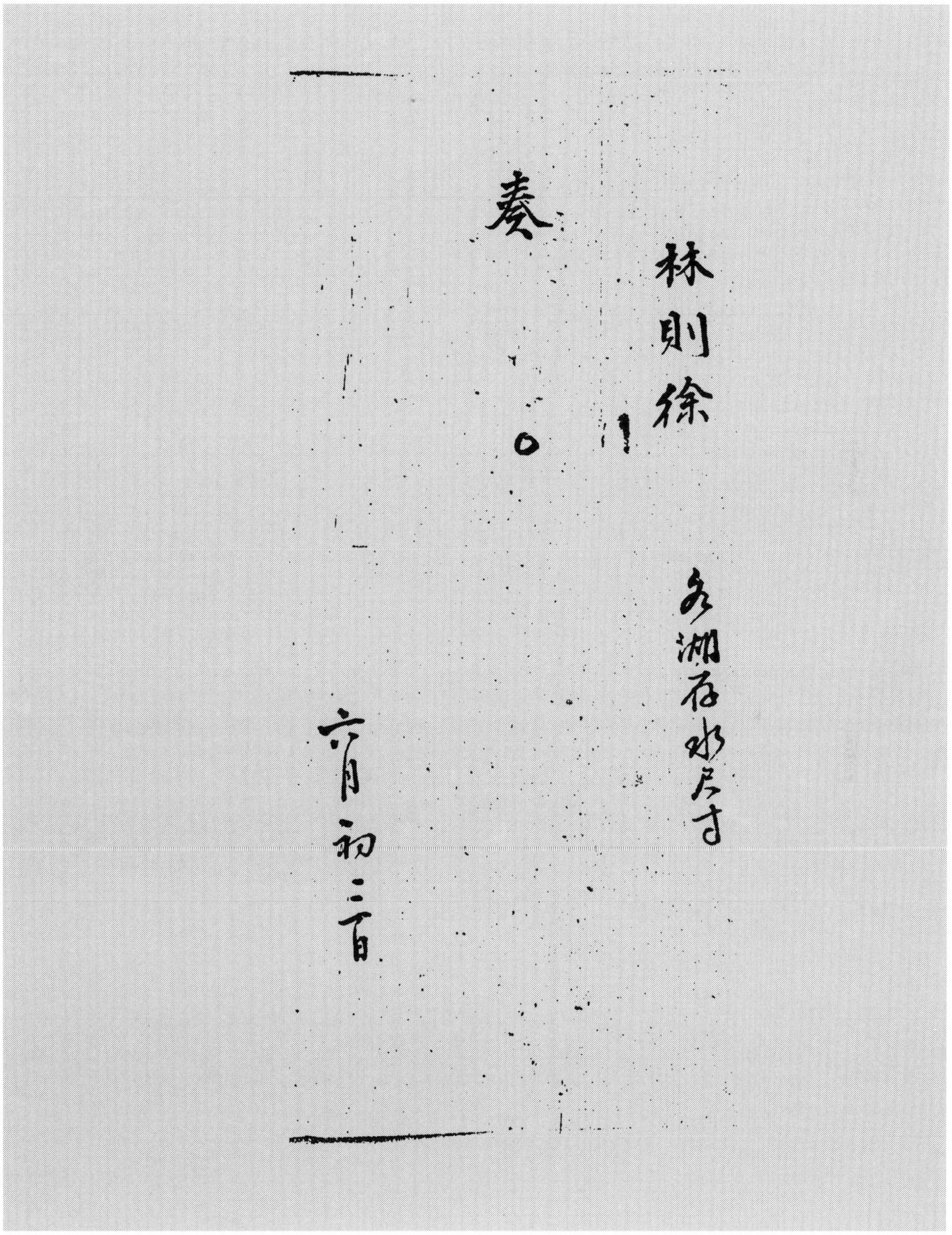
林則徐
各湖存水尺寸
奏
六月初三日



河東河道總督林則徐奏摺　查明道光十二年四月份各湖存水尺寸　道光十二年五月二十二日

## 河東河道總督林則徐奏摺　查明道光十二年四月份各湖存水尺寸
道光十二年五月二十二日

河東河道總督調任江蘇巡撫臣林則徐跪
奏為查明四月分各湖存水尺寸謹繕清單
恭摺
奏祈
聖鑒事竊照嘉慶十九年欽奉
上諭湖水所收尺寸每月查開清單具奏一次等因
欽此查三月分湖水尺寸經臣開單
奏報在案兹據護運河道朱長垣將四月分各
湖存水尺寸開摺禀報前來臣查微山湖三月
分存水一丈三尺九寸三分四月內因啟放湖
口閘接濟重運幫船清水八寸分實存水一
丈三尺五分較上年同月水大七寸九分收外

昭陽等七湖或遞注下游或啟放單閘斗門水口

宣濟重運，清水一寸至八寸二分，計昭陽湖存水五尺八寸，南陽湖存水三尺七寸，南旺湖存水四尺七寸五分，獨山湖存水六尺二寸，馬場湖存水三尺三寸三分，蜀山湖存水一丈四寸四分，馬踏湖存水四尺七寸七分，較上年四月大有三寸七分及二尺二寸五分不等。現當重運盤行，正須湖水接濟，只惟有督飭道廳加意籌宣，嚴諭各閘按法啟閉，不任稍有虛消。此後大雨時行，仍當相機收納以仰副

聖主慎重漕湖之至意。所有四月分各湖存水尺寸，謹繕清單恭摺具



河東河道總督林則徐奏摺 查明道光十二年四月份各湖存水尺寸

道光十二年五月二十二日

河東河道總督林則徐奏摺　查明道光十二年四月份各湖存水尺寸

道光十二年五月二十二日

奏伏乞

皇上聖鑒謹

奏

道光十二年五月初二日奏

五月二十二日

硃批覽欽此

河東河道總督林則徐清單

# 道光十二年四月份各湖存水實在尺寸清單

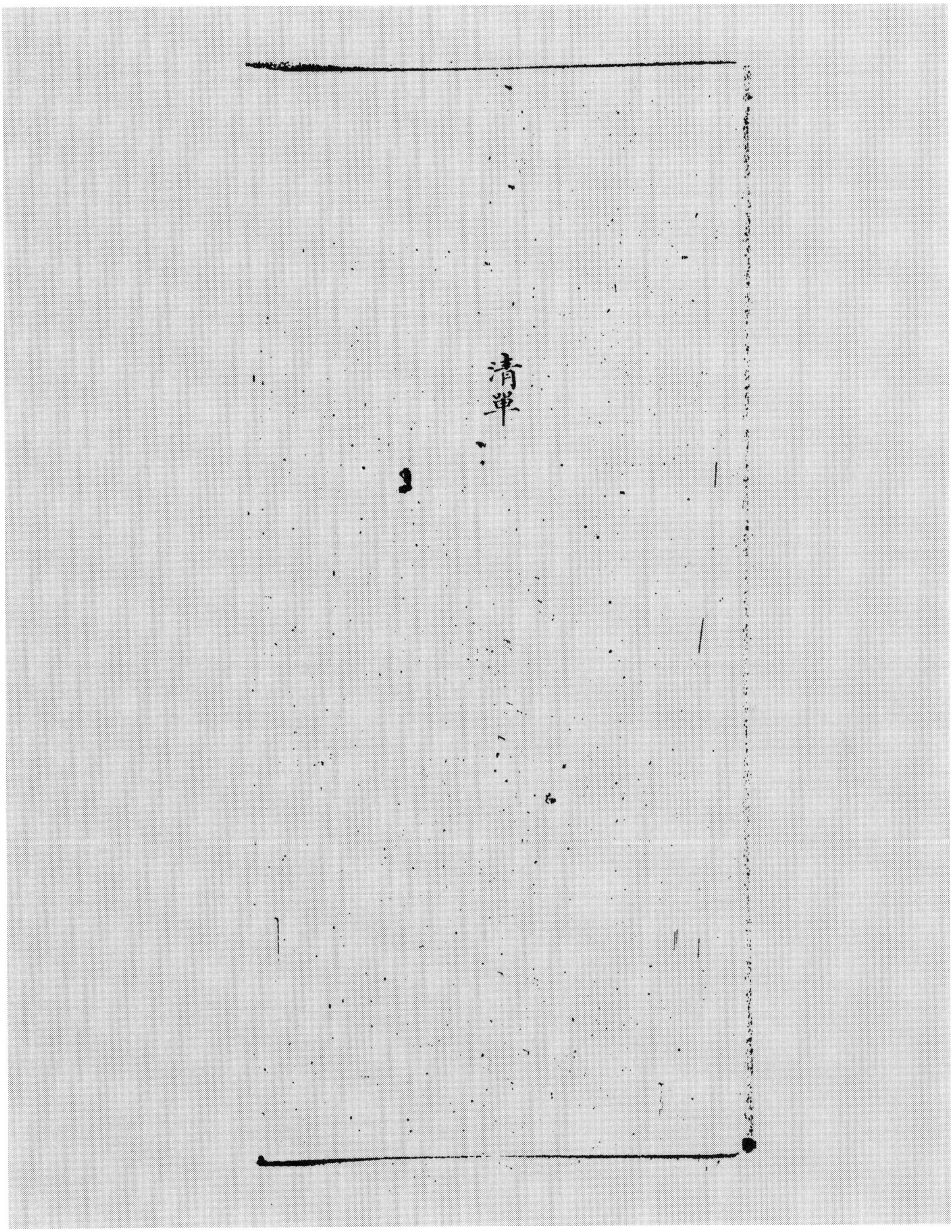
清單

## 河東河道總督林則徐清單 道光十二年四月份各湖存水實在尺寸清單

道光十二年五月二十二日

謹將道光十二年四月分各湖存水實在尺寸
逐一開明恭呈
御覽
運河西岸自南而北四湖水深尺寸
一微山湖以誌樁水深一丈二尺爲度因湖底
淤墊三尺實存水九尺即合一丈二尺之數
本年三月分存水一丈三尺九寸三分四月
内因啓放湖口閘接濟重運幫船消水八寸
八分實存水一丈三尺五分較十一年四月
水大七寸九分
一昭陽湖本年三月分存水六尺二寸四月内
因遞注微湖消水四寸實存水五尺八寸較

河東河道總督林則徐清單　道光十二年四月份各湖存水實在尺寸清單　道光十二年五月二十二日

十一年四月水大八寸

一南陽湖本年三月分存水四尺一寸四月內因遞注昭微二湖消水四寸實存水三尺七寸較十一年四月水大八寸

一南旺湖本年三月分存水五尺二寸七分四月內因啟放傳家單閘接濟重運幫船消水五寸二分實存水四尺七寸五分較十一年四月水大二尺二寸五分

運河東岸自南而北四湖水深尺寸

一獨山湖本年三月分存水六尺三寸四月內因啟放水口接濟重運消水一寸實存水六尺二寸較十一年四月水大六寸

## 河東河道總督林則徐清單　道光十二年四月份各湖存水實在尺寸清單　道光十二年五月二十二日

一馬場湖本年三月分存水四尺一寸九分四月內因啟放斗門單閘宣濟重運消水八寸六分實存水三尺三寸三分較十一年四月水大七寸五分

一蜀山湖定誌收水一丈一尺為度本年三月分存水一丈一尺一寸三分四月內因啟放利運單閘宣濟重運消水六寸九分實存水一丈四寸四分較十一年四月水大三寸七分

一馬踏湖本年三月分存水四尺九寸九分四月內因啟放單閘宣濟北行漕船消水二寸二分實存水四尺七寸七分較十一年四月

水大五寸三分

知道了

上諭　著梁章鉅俟林則徐到任後再行開缺回籍

道光十二年五月二十三日内閣奉

上諭梁章鉅奏因病陳請開缺一摺梁章鉅著俟林

則徐到任後再行開缺回籍調理所遺蘇州布政

使員缺著陶澍林則徐揀員奏署欽此

## 河東河道總督吳邦慶奏片　與林則徐熟商拋護碎石歲料防險力求撙節

吳邦慶片

再臣前於四月十五日承准軍機大臣字寄

四月初四日奉

上諭東河歷年拋護碎石歲料防險各項並未節

省豈不虛靡吳邦慶與林則徐見面詳細詢

問如果信拋碎石化險為平以後歲料斷可節

省豈不甚善著林則徐虛衷稽覈籌拋磯使

溜向外趨埽即可省所奏不為無見著吳邦慶於

到任後實力講求並由驛覆奏欽此又是月二十三日

續准軍機字寄四月初九日奉

上諭東河工歲需已有定額從又添撥大

汛防險石二十萬兩又有另案請撥之費近

河東河道總督吳邦慶奏片 與林則徐熟商抛護碎石歲料防險力求撙節

道光十二年六月初四日

又再抛碎石工程連年加增，多靡帑項。吳邦慶
覆體察情形，可省則省，即係必需要工，亦應
分晰詳查，核減具奏，切勿任聽工員因仍浮
冒等因。欽此。臣親行途次，接見林則徐，與之
悉心熟商，據稱碎石防護險工歷有實效，
惟遇極險工段始行抛用，原非逐段皆抛。
至既用碎石，即應省料，理當如是。但東河
河勢趨向靡常，何處生工，似難豫擬，惟隨
時察看，亦應可減歸節省者，若築壩挑溜，本
係成法，此則全在工員深悉機宜，善為擒溜
勢，先為預籌等語。臣抵任後即須周歷，免
歷體察情形，廣諮博訪，總當核撙重防

守之中力求撙節錢糧之道，等容隨時撙

實具

奏，理合附片陳明，伏乞

聖鑒。謹

奏。

道光十二年六月初四日奉

硃批：但係應辦之工，務須親身查勘驗收，慎

勿憚勞，庶可得一實字，勉之又勉。欽此。

上諭　著直隸兩江等省督撫查拏餘犯妥為辦理無枉無縱

軍機大臣　字寄
直隸總督琦　兩江總督陶　山東巡撫訥
河南巡撫楊　江蘇巡撫林　安徽巡撫鄧
道光十二年六月初六日奉
上諭京師入夏以來甚形亢旱現在節過夏至望澤
彌殷月前兩次設壇並親禱
三壇小雨廉纖未慰農望昨經躬祀
社稷壇虔誠步禱風威雖斂尚未渥霈甘霖朕甚懼焉
因思致旱之由必有所自本年辦理王法中吉三
白尹老須孟老蔵等案節經各該省緝拏
犯遂委員差役紛紛四出擾及閭閻亦難保其必

上諭　著直隸兩江等省督撫查拏餘犯妥為辦理無枉無縱
道光十二年六月初六日

無百姓皆吾赤子若一身習教累及一家一家習
教累及一鄉即此恐已上干
天和朕夙夜兢兢遇災而懼思除莠本以安良若莠未
必除良善轉因之擾累朕心非特有所不忍實有
所不敢現在渠魁已明正典刑嗣後除實在逆情
已露有確實憑據為國法所不宥仍行嚴辦行外
其前次令該督撫查拏案內餘犯著琦善陶澍訥
爾經額楊國楨林則徐鄧廷楨善體朕意妥為辦
理無枉無縱此等無知愚民本應平日化導俾父
詔其子兄勉其弟薰其德而善良及觸罹法網始
行懲治已非朕移風易俗之本懷若復概行波及
拖累株連試問於心安乎旱既太甚萬目時艱有

可以上格
天心者朕必見之施行以冀和甘速霈轉歉爲豐該督
撫等務副朕敬
天恤民之至意將此由四百里各諭令知之欽此遵
旨寄信前來

## 上諭　著直隸山東江蘇督撫飭屬稽查驅逐英吉利夷船

軍機大臣　字寄
直隸總督琦　兩江總督陶　山東巡撫訥
江蘇巡撫程林　道光十二年六月初七日奉
上諭本日據富呢揚阿奏暎咭唎國夷船由閩至浙
飄至鎮海欲赴寧波海關銷貨當飭該管道府明
白曉諭不准該夷船通商咨會提鎮督令分巡各
弁兵前往驅逐該夷船挂帆開行放洋而去又飛
咨江南山東直隸督撫飭屬巡防毋令攔入並將
未能先事豫防之備弁等奏請交部議處等語暎
咭唎夷船向不准其赴閩浙貿易今值南風司令
竟敢乘便飄入內洋希圖獲利自不可稍任更張
致違定例雖經該省驅逐出境難保其不此逐彼

寬著琦善陶澍訥爾經額林則徐嚴飭所屬巡防將弁認真稽查倘該夷船擱入内洋立即驅逐出境斷不可任其就地銷貨並嚴禁内地奸民及不肖將弁等圖利交接務使弊絶風清以肅洋政將此各諭令知之欽此遵

旨寄信前來

# 奏報接任江蘇巡撫日期

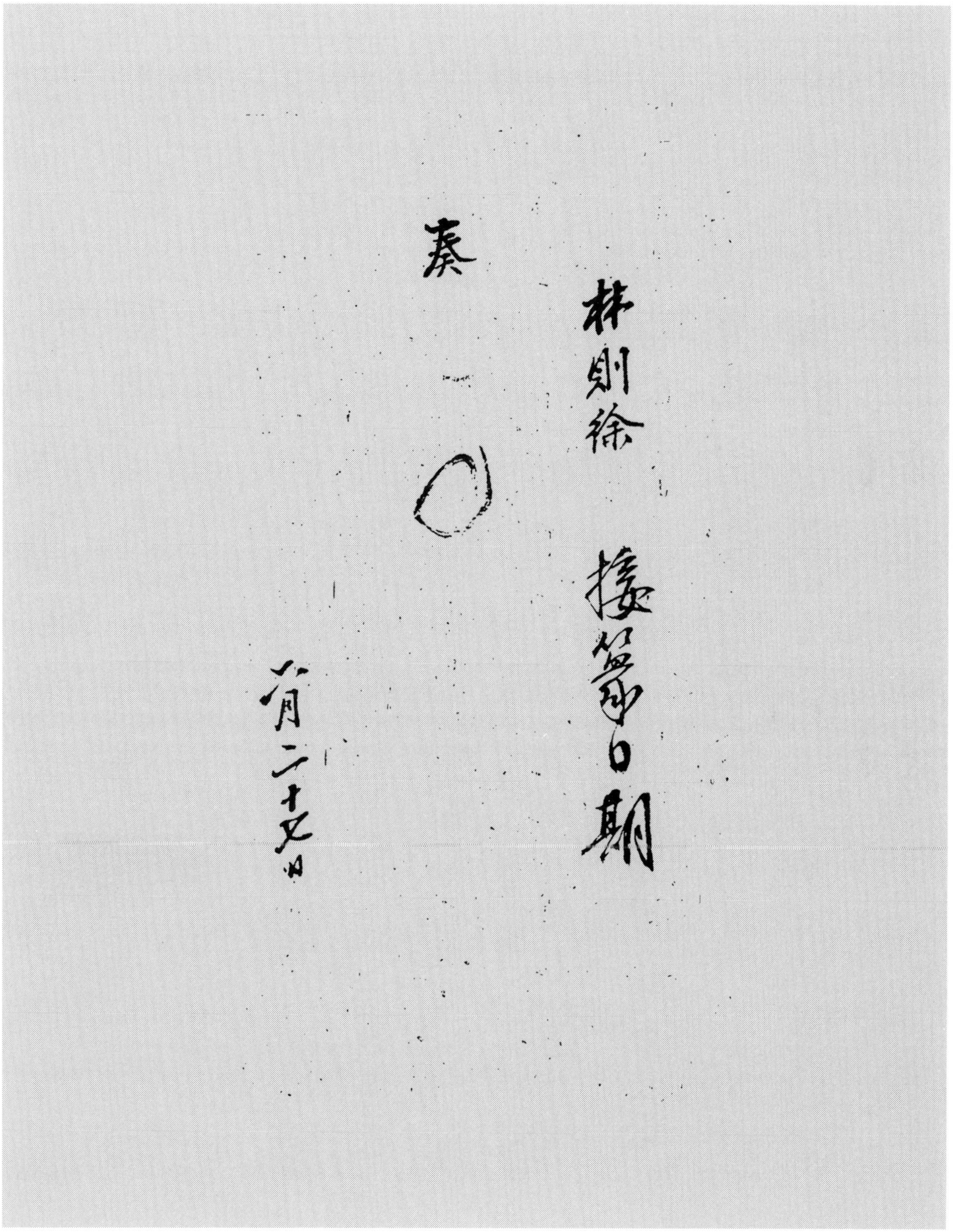
奏
林則徐接篆日期
〇
六月二十九日

江蘇巡撫臣林則徐跪
奏爲恭報微臣到蘇接篆日期叩謝
天恩仰祈
聖鑒事竊臣欽奉
恩命補授江蘇巡撫於五月二十五日交卸河東督篆
務即日起程來蘇當經恭摺奏
聞在案茲于六月初八日行抵蘇州准護撫臣梁章鉅
飭委揚州府知府黃在厚臣標中軍參將吳祥
保恭齎江蘇巡撫關防暨
王命旗牌書籍文卷移交前來臣即于是日恭設香
案望
闕叩頭祗領任事伏念臣才識庸愚前荷

臣曾任江蘇藩臬，利病本所咸知，只以尚未能
周咨，今蒙
簡畀封圻重任，刑錢賦訟統歸綜核，愈難悚惶，愈切圖
思刑錢本相爲表裏，而江蘇刑錢事件其繁爲
至於相將，蓋一省設有蘇藩司錢者最爲繁重，
而漕務已成痼疾，積穰待理，尤難速也。
臣惟
洞鑒若概繩之以法，則不獨紳衿之浮勒，旗丁之
刁難，胥吏之侵漁，莠民之挾制，均爲法所不宥，即
凡漕舡經由處所，與一切干涉漕政衙門，在在皆有
把持，幾于無可整頓，所最堪憐憫者，獨在小户
之良民耳。乃至極敝之餘，大户已抗日多，而小
户之良民日以苦，所謂利藪，今變爲漏卮危羸

俗半屬虛名挪墊移貼償遷延與清釐愈大之
州縣倉庫愈不完善其致弊之故人人能言而救
弊方人人束手因循則伊于胡底振創則主見誤公
是刑名之難實因錢漕之弊而滋甚也以身膺重
任揆當極力挽回斷不敢稍存畏難之見且
荷次謝
恩摺內欽奉
硃批為人難待人尤難汝當為朕之苦衷一切勉力而行
毋負委任朕有厚望焉欽此再三跪誦感極涕
零自揣具有天良宜何報稱竭忠誠上副
鴻慈委任惟有持清勤以端其本慎怵弛以善其施
整頓錢漕先從正其清厘倉庫尤貴截流專挑

法本不敢以姑息為玩心，立設法本不敢以拘
牽礙全局。且值災荒之後，元氣未復，正須培
養樹猶，自亦宜求治過急，致法盡泯。一切地方
公事與諸同和衷商榷，設誠致行，使刑不致相妨而
適相為用。庶幾積疲漸振，治效漸臻，以答
高厚生成于萬一。至臣入境以後，察看民情均甚安
貼。二麥收成中稔，雖上年被水之處種植亦多，
而客販雲集，加以採買平糶源源接濟，市價已
見平減。日來連得雨澤，農田正在插秧。惟上游
時疫流行，江淮亦被傳染，以在途次會晤督臣陶
澍，亦已廣施方藥救濟，頗多現在督飭各屬清
理一讞獄。臣惟老疾勤修職業，以召時和祈穰。

並以祛疹瘵冀副我
聖主恤保民傷之至意所有微臣接篆日期除恭疏
題報外理合繕摺具
奏伏乞
皇上聖鑒謹
奏
道光十二年六月二十四日奉
硃批知道了欽此
六月初十日

兩江總督陶澍江蘇巡撫林則徐奏摺　仍委任額騰伊署理蘇州藩司

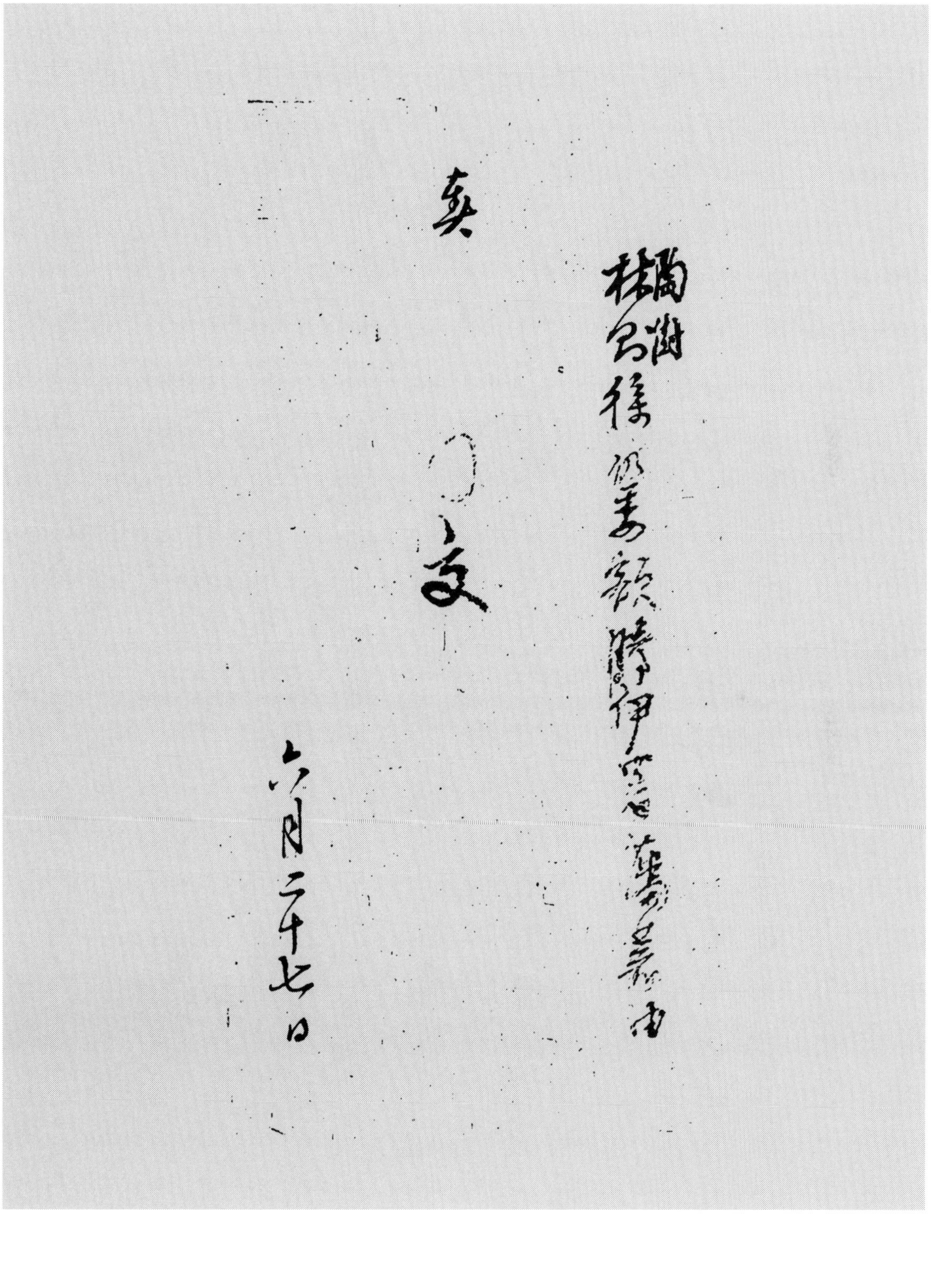
陶澍
林則徐仍委額騰伊署蘇藩由
奏
發
六月二十七日

兩江總督陶澍江蘇巡撫林則徐奏摺　仍委任額騰伊署理蘇州藩司
道光十二年六月初十日

兩江總督臣陶澍
江蘇巡撫臣林則徐跪
奏為江蘇藩司員缺請以現署之員接署仰祈
聖鑒事竊准吏部咨開五月二十五日欽奉
上諭梁章鉅奏因病陳請開缺一摺梁章鉅著俟
林則徐到任後再行開缺回籍調理所遺蘇
州布政使員缺著陶澍林則徐揀員奏署欽此
遵查藩司梁章鉅先奉
諭旨護理江蘇巡撫經臣陶澍會同隨任撫臣程
祖洛奏委臬司額騰伊署理藩篆在案
該司自署篆以來辦理一切公事均屬認真
今梁章鉅因病奏掌

兩江總督陶澍江蘇巡撫林則徐奏摺　仍委任額騰伊署理蘇州藩司

道光十二年六月初十日

恩准回籍調理所有江蘇藩司員缺應請仍令

額騰伊接署以資熟手除[illegible]篆已外

臣等謹合詞恭摺具

奏伏乞

皇上聖鑒謹

奏

道光十二年六月二十七日奉

硃批覽欽此

六月初十日

上諭 著林則徐飭屬巡防稽查驅逐英吉利夷船

軍機大臣 字寄
江蘇巡撫林 道光十二年六月十一日奉
上諭據梁章鉅奏暎咭唎國夷人乘坐大船一隻夾
板小船一隻約共百餘人由浙省鎮海乘風駛至
江省大洋邊境二十日停泊江南羊山洋面現經
該護撫派委太湖協副將鮑起豹候補知府程銓
馳赴海口協同該鎮道驅逐不任逗留並督飭該
管營縣於各出口處所嚴密稽查毋使偷漏交接
其隸防各營汛員弁另行參辦等語所辦甚好暎
咭唎夷船向不准其赴江浙等省貿易今值南風
司令飄入內洋希圖獲利前經閩浙二省驅逐出
境茲又突入江南洋面情殊可惡斷不容任其片

刻停泊稍滋事端著林則徐嚴飭所屬營弁嚴密
巡防認真稽察如有夷船進泊立即驅逐出境並
責成地方官一體嚴查出示曉諭沿海居民毋許
與之交接如有內地奸民及不肖將弁冀圖獲利
私與勾結即嚴行懲辦將此諭令知之欽此遵
旨寄信前來

江蘇巡撫林則徐題本 補授江蘇巡撫謝恩

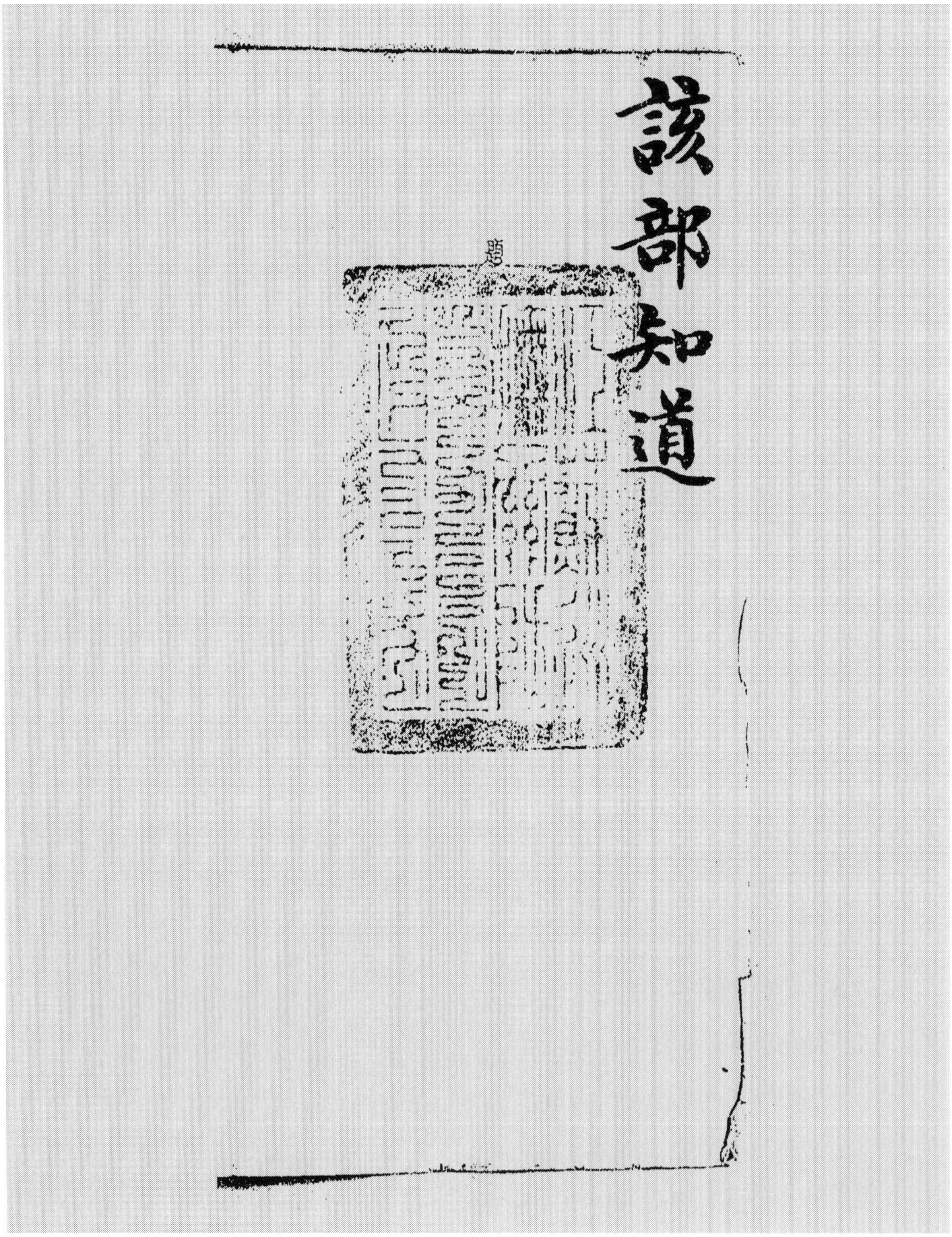
該部知道

題

江蘇巡撫林則徐題本 補授江蘇巡撫謝恩
道光十二年六月十三日

兵部侍郎兼都察院右副都御史巡撫江蘇等處地方提督軍務總理糧儲臣林則徐謹
題爲恭謝
天恩事竊臣欽奉
諭旨補授江蘇巡撫除將接印任事日期恭疏
題報外伏念臣閩嶠下士材質庸愚仰蒙
聖恩特達之知擢授河東總河竭慮殫誠正虞隕越
洊復荷
恩綸補授江蘇巡撫事繁責重報稱愈難臣惟有勉
竭駑駘實心整頓以冀仰報
高厚鴻慈於萬一所有微臣感激下忱理合循例恭
疏具
題叩謝

江蘇巡撫林則徐題本　補授江蘇巡撫謝恩
道光十二年六月十三日

天恩伏乞
皇上聖鑒謹具題
聞

道光十二年六月十三日兵部侍郎兼都察院右副都御史巡撫江蘇等處地方提督軍務總理糧儲臣林則徐

江蘇巡撫林則徐題本　補授江蘇巡撫謝恩
道光十二年六月十三日

兵部侍郎兼都察院右副都御史巡撫江蘇等處地方提督軍務總理糧儲臣林則徐謹
題爲恭謝
天恩事竊臣欽奉
諭旨補授江蘇巡撫除將接印任事日期恭疏
題報外伏念臣閩嶠下士村質庸愚仰蒙
聖恩特達之知洊擢河東總河竭慮殫誠正虞隕越
迺復荷
恩綸補授江蘇巡撫事繁責重報稱愈難臣惟有勉
竭駑駘實心整頓以冀仰報
高厚鴻慈於萬一所有微臣感激下忱理合循例恭
疏具
題叩謝
天恩謹具題
聞

## 兩江總督陶澍江蘇巡撫林則徐奏摺　英吉利國夷船已押送出境並知會前途挨次押令南回

奏

兩江總督陶澍江蘇巡撫林則徐奏摺　英吉利國夷船已押送出境並知會前途挨次押令南回
道光十二年六月二十日

兩江總督臣陶澍
江蘇巡撫臣林則徐 跪

奏為查明暎咭唎國夷船業已押送出境並知會
前途挨次押令南回以符定例恭摺覆
奏仰祈
聖鑒事承准軍機大臣字寄道光十二年六月初九
日奉
上諭富呢揚阿奏暎咭唎國夷船由閩至浙欲赴寧
波海關銷貨當飭驅逐開行等語暎咭唎國夷船
向不准其赴閩浙貿易今值南風司令竟敢乘便
飄入內洋希圖獲利自不可稍任更張致違定例
雖經該省驅逐出境難保其不此逐彼竄着琦善
陶澍訥爾經額林則徐嚴飭所屬巡防將弁認真

## 兩江總督陶澍江蘇巡撫林則徐奏摺 英吉利國夷船已押送出境並知會前途挨次押令南回

道光十二年六月二十日

稽查倘該夷船攔入內洋立即驅逐出境斷不可
任其就地銷貨並嚴禁內地奸民及不肖將弁等圖
利交接務使弊絕風清以肅洋政等因欽此查前
項夷船臣陶澍於清江回省途次接據蘇松鎮
總兵關天培松太道吳其泰等稟稱該夷有大
船一隻約有七八十人小船一隻約二十餘人
因被閩浙兩省驅逐於五月二十二日乘風駛
入江南羊山洋面停泊經前護撫臣梁章鉅
奏明在案臣思夷情狡詐貪圖貿易顯違定例無
恐內地奸民乘機勾串別滋事端不可不嚴為
防範現當南風司令若竟任其放洋不即設法
截阻一經驅逐勢必乘風而北由山東遝抵天

兩江總督陶澍江蘇巡撫林則徐奏摺 英吉利國夷船已押送出境並知會前途挨次押令南回 道光十二年六月二十日

津又添往返臣陶澍比即飭委常鎮道王瑞徵
馳往吳淞海口會同該管鎮道密派巡洋舟師
三面迎住使之不得近岸兼斷其駛北之路一
面整頓兵威嚴禁沿海小船毋許接近夷船以
防暗地銷售夷貨並令海營多備巡船押護至
浙省交替俾令挨次由閩折回粵省臣林則徐
赴任過鎮會晤商及驅逐所見相同初八日抵
任江蘇復加劄飛飭速辦即據該鎮道等報稱
曉諭該夷人等以
天朝禁令祇准在廣東貿易其餘各省皆不准買賣
令其作速回帆該夷自閩浙而至江南未能抵
岸未免心存希冀比見蘇松鎮船隻排列海上

地方兵役嚴查小船不准攏近該夷性本多疑時刻扒上桅桿瞭望見沿海一帶塘岸布列官兵頗露惶懼該船有胡夏米甲利畧通漢語即向巡船聲稱伊等並非匪人因想求交易而來今蒙曉諭伊等已經悔悟不敢再求買賣現值風狂雨大實在不能開船只求俟風色稍轉即速開船回去等語迨六月十一日晚間風色稍轉西南即促令開行該夷船不敢逗遛即起椗開帆向東南折戧而去蘇松鎮總兵關天培親自督押另飭遊擊林明瑞押赴浙江交界以便交替護送該鎮現報於十二日申刻押護出境入浙江洋面該夷船前在江洋因風暫泊甚屬

安靜並未進口滋事內地民人亦無與夷船私
相交易之事臣等現已飛咨前途一體派列巡
船押護南行俾令由浙至閩回返粵東以免此
逐彼竄上副
聖主肅清洋政至意再該夷船乘風寄泊羊山洋面
該營弁失於防範旋即并力堵截不准進口此
時押送出境辦理尚為妥速應請免其開叅除
咨會浙江福建接替押送外臣等謹會同江南
提督臣王應鳳恭摺具
奏伏乞
皇上聖鑒謹
奏

另有旨

道光十二年六月　二十　日

江蘇巡撫林則徐奏摺

## 追補江蘇三次清查案內虧墊銀數查辦限滿未完之員

林則徐

追補陳查案內虧墊銀數由

奏

三文

六月十八日

江蘇巡撫林則徐奏摺　追補江蘇三次清查案內虧墊銀數查辦限滿未完之員
道光十二年六月二十五日

江蘇巡撫臣林則徐跪

奏為追補江蘇省三次清查案內虧墊銀數查

限滿未完之員照章程辦理仰祈

聖鑒事竊查檔案卷內江寧蘇州兩藩司詳稱三次

清查追補各款部議章程分年截數

奏報一次現屆查辦道光十二年七限完欠之期據江寧

布政使趙盛奎蘇州布政使顧騰伊將追完

銀數及限滿未完之員造冊詳請具

奏經前撫臣梁章鉅移交前來臣查江蘇省

上屆六限

奏報江淮藩庫未補銀一百二十三萬七千九

百九十五兩零蘇松藩庫未補銀七十七萬六千

兩一十一兩零。今查該州等册報七限截數，江
淮等府共追完銀三千九百五十一兩零，蘇
松等府共追完銀二萬二千二百九十七兩零，現
飭歸補原缺年款。惟參革知州王克勤一員，
前因未完桃源、江都任内官欠正項限滿無完，
業經參革監追。該參員於未經參追之先，已赴
淮安結報一筆告貸，現在飭查州縣押
解來省追辦。又參革知州武祖一員，因未完上
元等任追賠正項限滿無完，參革監追。繼因
虧欠正項逾限無完，應行併案監追。該參員
為於未經參追之先，赴山東河南各處設措節
經飭咨查明截留辦理追辦，現尚未准咨覆。又

參革知縣范仲吳一員未完宿遷任內虧欠，已屆限滿無完，業於五次奏報案內革職監追，計已無完，現飭查明另行定擬。又參革知縣裘增美一員於虧缺阜寧地價案內革職監追，後屆限欠追賠，分款限滿無完，係案監追，因限滿仍無完，按照挪移定例治罪，事在嘉慶二十五年八月二十日大赦以前，應否援免，當經奏奉諭旨：裘增美照例發近邊充軍，不准援免，所虧未完銀兩歸入無著攤補，茲因該犯已轉行臬司地發配在案。所有該參員未完之數應歸償無著案項下接續攤補。又參革知縣周煒一

員前因未完革職留任內應欠追賠
銀兩逾限無完奏請照追分已限滿現飭查
照章程核明例案另办至所有應領變價攤
民役欠存款皆未全完很飭趕緊催追完
款再據提江蘇省歲餘彌補無著民欠係蘇
州藩司所屬業據按年提足外江寧藩司
所屬係已陸續提補皆已追出五年未完民
二年五萬五十一兩零以年未完民四千三百一十
二兩零又年未完民二十二萬二千八百兩零八年未
完民七萬八千七兩零九年未完民一千六百一十兩零
十年未完民二千二百五十八兩零十一年未完
民三千六百六十兩零現在歲小追繳江蘇

內屬原報之著償但長責各款應等項
該屬冊報共銀一十萬二千四百八十五兩零案
內蘇州該屬冊報共銀七萬六千六十一兩零應
俟原報各著提補清楚之後再行照案接償
提補除將遵照部咨查追等名咨部
清冊先行送部查核外該江寧省三次清
查案內又限追補銀兩係屬未完之員另立
章程查明緣由理合會同兩江總督臣陶澍
合詞恭摺具
奏伏乞
皇上聖鑒謹
奏　道光十二年七月十一日奉
硃批　該部知道欽此
六月二十五日

江蘇巡撫林則徐奏片　請委曾錫齡署理新陽縣知縣

錄副

林則徐片

再，新陽縣知縣苗臨濟，應解本年上忙銀兩完數

較少，據藩司詳請撤任，所遺員缺，應即委員接署。

查有新選安縣知縣因委查賑務，尚未到任之曾錫

齡，堪以飭委署理。據兩司會詳前來，除批飭遵照

外，理合循例附

奏，伏乞

聖鑒。謹

奏。

道光十二年七月十六日奉

硃批：覽。欽此。

江蘇巡撫林則徐奏片　**奏報江蘇省道光十二年五月份收捐監生銀數**

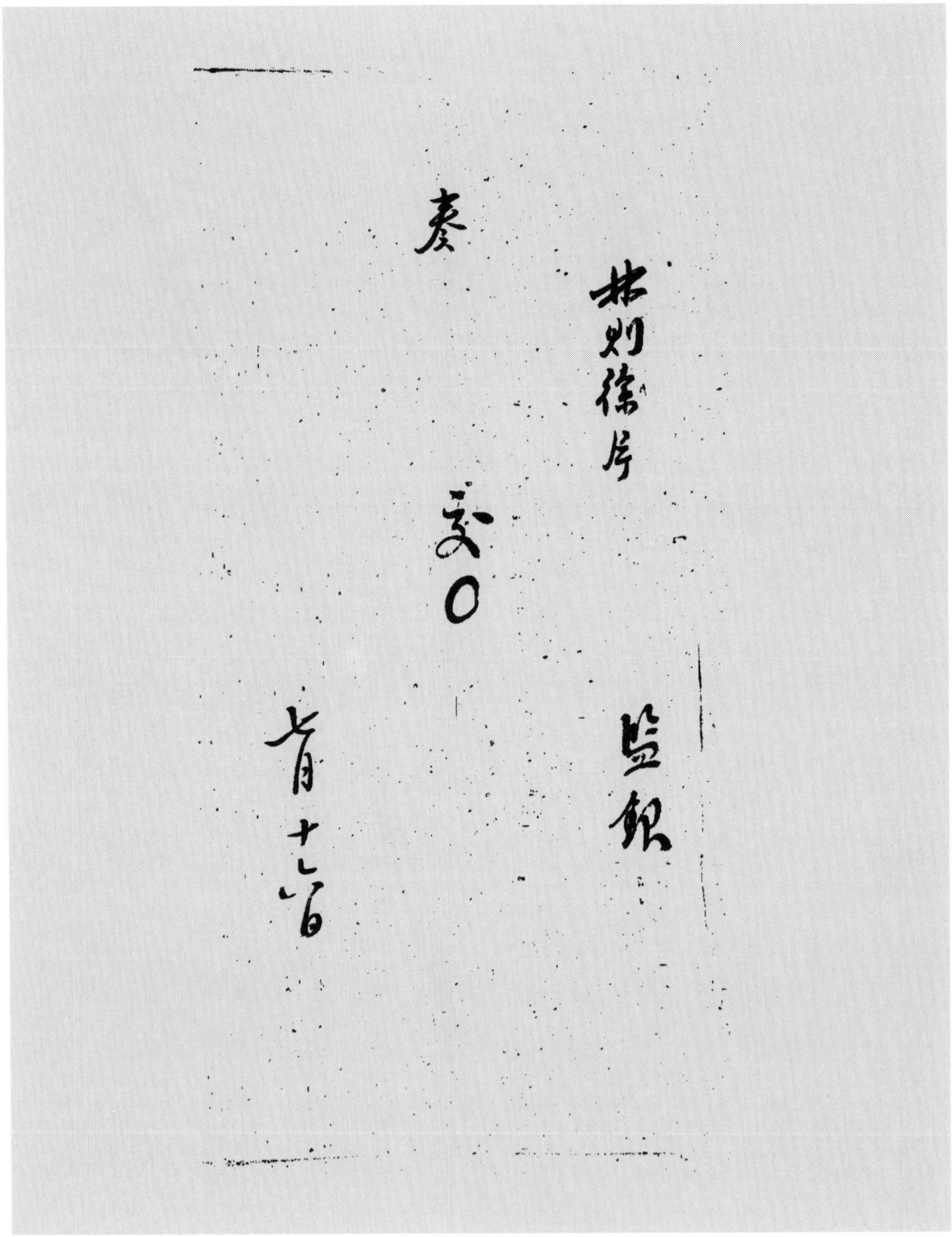

林則徐片　監銀

奏○

奏

旨　十七日

再江寧蘇州兩藩庫收捐監生銀數截至道光十二
年四月底止業經前護撫臣梁章鉅附
奏在案查江寧藩庫自嘉慶五年開捐至道光十二年
四月底共收捐監生銀三百一十六萬五千二百六兩
除節次撥解及提歸封貯外存銀二萬九千四十六
兩茲五月分又收捐監生十六名計銀一千七百二十
八兩共存銀三萬七百七十四兩蘇州藩庫自嘉慶
五年至道光十二年四月底共收捐監銀四百七
十四萬二千四百九十八兩除節次撥解及提歸封
貯並請留備用外存銀六萬三千九百五十八兩茲本
五月又收捐監生五十一名計銀五千五百八兩共存銀六萬
九千四百六十六兩前准部咨捐輸收足十萬兩再行

解部候收並另兩歸補封貯等因此次江蘇兩藩庫
所收捐監銀兩俱應解部候收有成數再行委解
理合附片陳明謹
奏
道光十二年七月十六日奉
硃批户部知道欽此

## 奏報江蘇省五月份雨水糧價情形

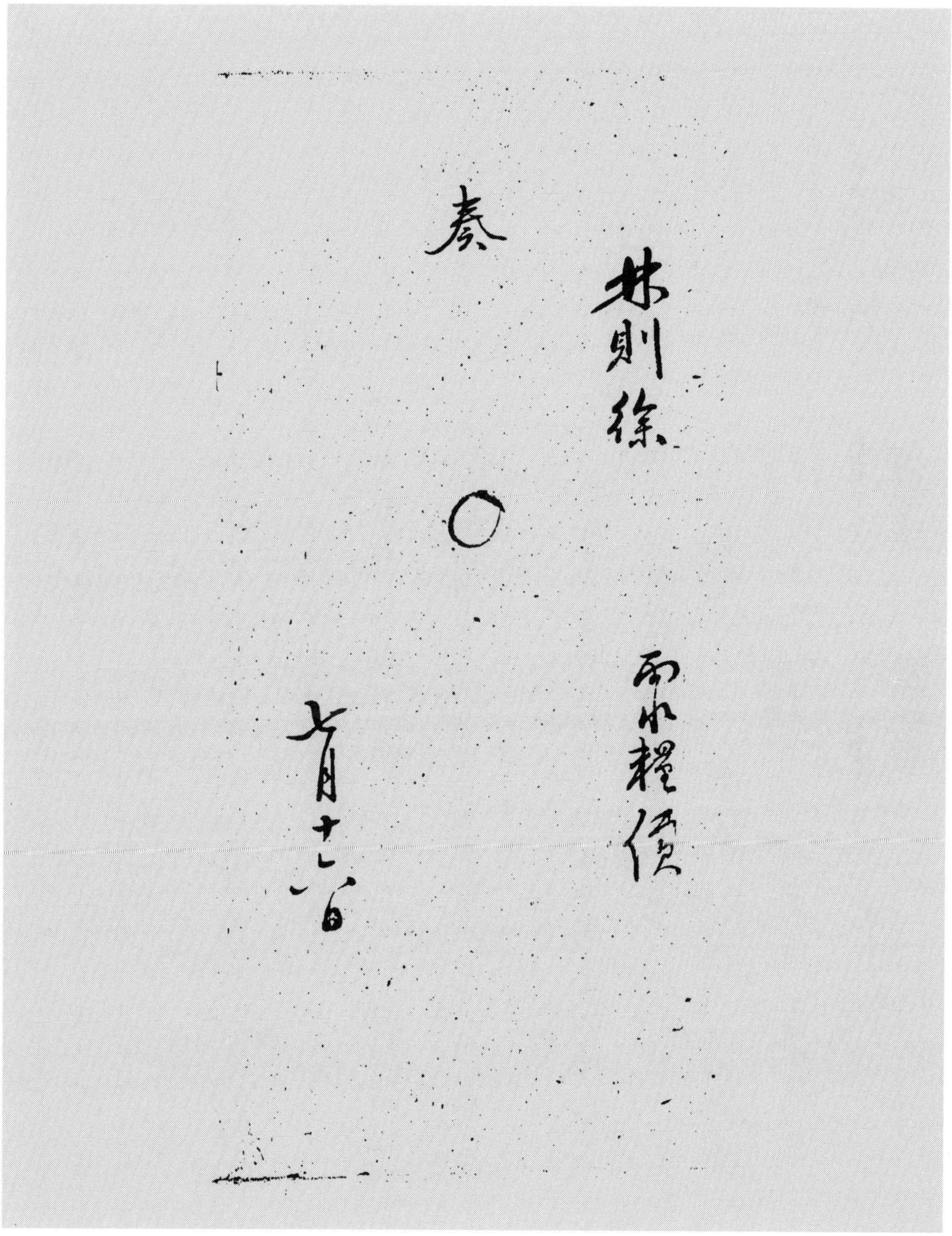
林則徐　雨水糧價
奏
○
七月十七日

江蘇巡撫臣林則徐跪

奏為恭報五月分雨水糧價情形仰祈

聖鑒事竊照江蘇省本年四月分雨水糧價及二麥情形

業經前護撫臣梁章鉅恭摺

奏報在案茲查據報卷內據各屬先後具報五月上旬

初二四七八九十等日中旬十三四五六七八二十等日下旬

二十三四五六七九等日或斷續得有微雨或得透雨

一二寸至四五寸不等正值栽插秧苗之際低田均已

霑足高田亦可翻犁本年節氣較遲自山東來

蘇沿途天氣甚涼及至吳門頓形炎熱禾苗漸見

長發時疫亦覺減輕至通省糧價江寧常州鎮江

淮安揚州徐州太倉通州八屬州縣俱報

平減餘與上月相同地方安謐堪以仰慰
宸懷理合恭摺具
奏並繕五月分糧價清單敬呈
御覽伏乞
皇上聖鑒謹
奏
道光十二年七月十六日奉
硃批知道了欽此

六月二十五日

江蘇巡撫林則徐清單　**江蘇省道光十二年五月份糧價清單**

清單

謹將江蘇省道光十二年五月分米糧時價開
繕清單敬呈
御覽
計開
江寧府屬 價貴中
上米每倉石價銀三兩一錢二分至三兩六
錢 與上月同
中米每倉石價銀三兩二分至三兩二錢九
分 較上月賤一錢一分
糙米每倉石價銀二兩七錢五分至三兩一
錢 較上月賤一錢
小麥每倉石價銀一兩六錢五分至二兩三

錢五分　較上月賤二錢五分
大麥每倉石價銀九錢至一兩五錢五分
較上月賤二錢
黄豆每倉石價銀二兩至二兩六錢　與上
月同
蘇州府屬　價貴中
上米每倉石價銀二兩六錢至三兩一錢
與上月同
中米每倉石價銀二兩五錢至二兩七錢
與上月同
糙米每倉石價銀二兩四錢至二兩五錢
與上月同

小麥每倉石價銀一兩五錢至二兩二錢，與上月同

大麥每倉石價銀七錢五分至一兩，與上月同

黄豆每倉石價銀一兩六錢三分至二兩三錢，與上月同

松江府屬　價貴中

上米每倉石價銀二兩三錢七分至三兩一錢，與上月同

中米每倉石價銀二兩三錢至二兩八錢，與上月同

糙米每倉石價銀二兩二錢五分至二兩五

錢 與上月同
小麥每倉石價銀一兩四錢至一兩七錢
與上月同
大麥每倉石價銀八錢五分至一兩 與上
月同
黃豆每倉石價銀一兩四錢至二兩 與上
月同
常州府屬 價貴中
上米每倉石價銀二兩六錢至二兩七錢五
分 與上月同
中米每倉石價銀二兩五錢五分至二兩六
錢五分 與上月同

糙米每倉石價銀二兩四錢至二兩五錢
與上月同
小麥每倉石價銀一兩九錢至二兩一錢
較上月賤一錢七分
大麥每倉石價銀一兩至一兩二錢 較上
月賤八分
黄豆每倉石價銀二兩一錢至二兩二錢
與上月同
鎮江府屬 價貴中
上米每倉石價銀二兩五錢至三兩二錢
與上月同
中米每倉石價銀二兩三錢至三兩一錢

與上月同
糙米每倉石價銀二兩一錢至三兩　與上
月同
小麥每倉石價銀一兩七錢至二兩一錢
較上月賤一錢
大麥每倉石價銀一兩三錢至一兩四錢
較上月賤一錢
黄豆每倉石價銀二兩二錢至二兩三錢
與上月同
淮安府屬　價貴中
上米每倉石價銀二兩九錢六分至四兩一
錢　較上月賤三錢五分

中米每倉石價銀二兩八錢七分至四兩五分　較上月賤一錢五分
糙米每倉石價銀二兩七錢五分至三兩八錢五分　較上月賤五分
小米每倉石價銀一兩六錢四分至二兩二錢　較上月賤五錢
小麥每倉石價銀一兩七錢至二兩六錢五分　較上月賤五分
大麥每倉石價九錢七分至一兩七錢五分　較上月賤五分
黄豆每倉石價銀一兩八錢至二兩六錢　較上月賤二錢五分

秫秫每倉石價銀一兩二錢二分至一兩六
錢　較上月賤三錢

揚州府屬　價貴中

上米每倉石價銀二兩九錢至三兩四錢
較上月賤一錢

中米每倉石價銀二兩七錢至三兩三錢
較上月賤一錢

糙米每倉石價銀二兩五錢至三兩二錢
較上月賤一錢

小麥每倉石價銀一兩四錢五分至二兩一
錢　較上月賤五錢

大麥每倉石價銀六錢至一兩二錢四分

較上月賤四錢一分
黃豆每倉石價銀一兩七錢五分至二兩四錢　與上月同
秫秫每倉石價銀一兩四錢　與上月同
徐州府屬　價貴中
大米每倉石價銀三兩九錢五分至四兩二錢五分　與上月同
小米每倉石價銀二兩四錢至三兩八錢五分　較上月賤一分
小麥每倉石價銀一兩七錢至二兩八錢五分　與上月同
大麥每倉石價銀九錢至一兩五錢五分

較上月賤五分
黄豆每倉石價銀一兩五錢五分至二兩六
錢五分　與上月同
秫秫每倉石價銀一兩三錢至二兩　較上
月賤一分
太倉州併屬　價貴中
上米每倉石價銀二兩八錢至三兩三錢五
分　與上月同
中米每倉石價銀二兩六錢五分至四兩一
錢　較上月賤一錢
糙米每倉石價銀二兩四錢五分至三兩八
錢　較上月賤一錢

小麥每倉石價銀一兩一錢五分至二兩二錢　較上月賤一錢五分
大麥每倉石價銀一兩五分至一兩三錢　較上月賤二錢
黄豆每倉石價銀一兩七錢至三兩五分　與上月同
海州併屬　價貴中
上米每倉石價銀三兩七錢七分至四兩六錢　與上月同
中米每倉石價銀三兩二錢至四兩四錢五分　與上月同
糙米每倉石價銀三兩一錢四分至三兩九

錢與上月同

小米每倉石價銀二兩二錢五分至三兩二

錢與上月同

小麥每倉石價銀二兩一錢七分至三兩一

錢與上月同

大麥每倉石價銀九錢六分至二兩六錢

與上月同

黄豆每倉石價銀一兩九錢至三兩六錢

與上月同

秫秫每倉石價銀九錢五分至一兩九錢

與上月同

通州併屬價貴中

上米每倉石價銀三兩一錢至三兩四錢
較上月賤一錢五分
中米每倉石價銀二兩九錢至三兩二錢五
分
較上月賤一錢五分
糙米每倉石價銀二兩八錢至三兩一錢五
分
較上月賤一錢五分
小麥每倉石價銀二兩至二兩五錢
與上
月同
大麥每倉石價銀一兩一錢五分至一兩五
錢
較上月賤二錢
黄豆每倉石價銀一兩九錢至二兩四錢
與上月同

海門廳　價貴中

上米每倉石價銀六兩　較上月賤二錢

中米每倉石價銀五兩八錢　較上月賤二錢

糙米每倉石價銀五兩五錢　較上月賤二錢

小麥每倉石價銀三兩二錢　較上月賤五錢

大麥每倉石價銀二兩二錢　較上月賤五錢

黃豆每倉石價銀三兩五錢　較上月賤一錢

覽

# 請定壬辰科江南鄉試校閱章程並預防勦襲之弊

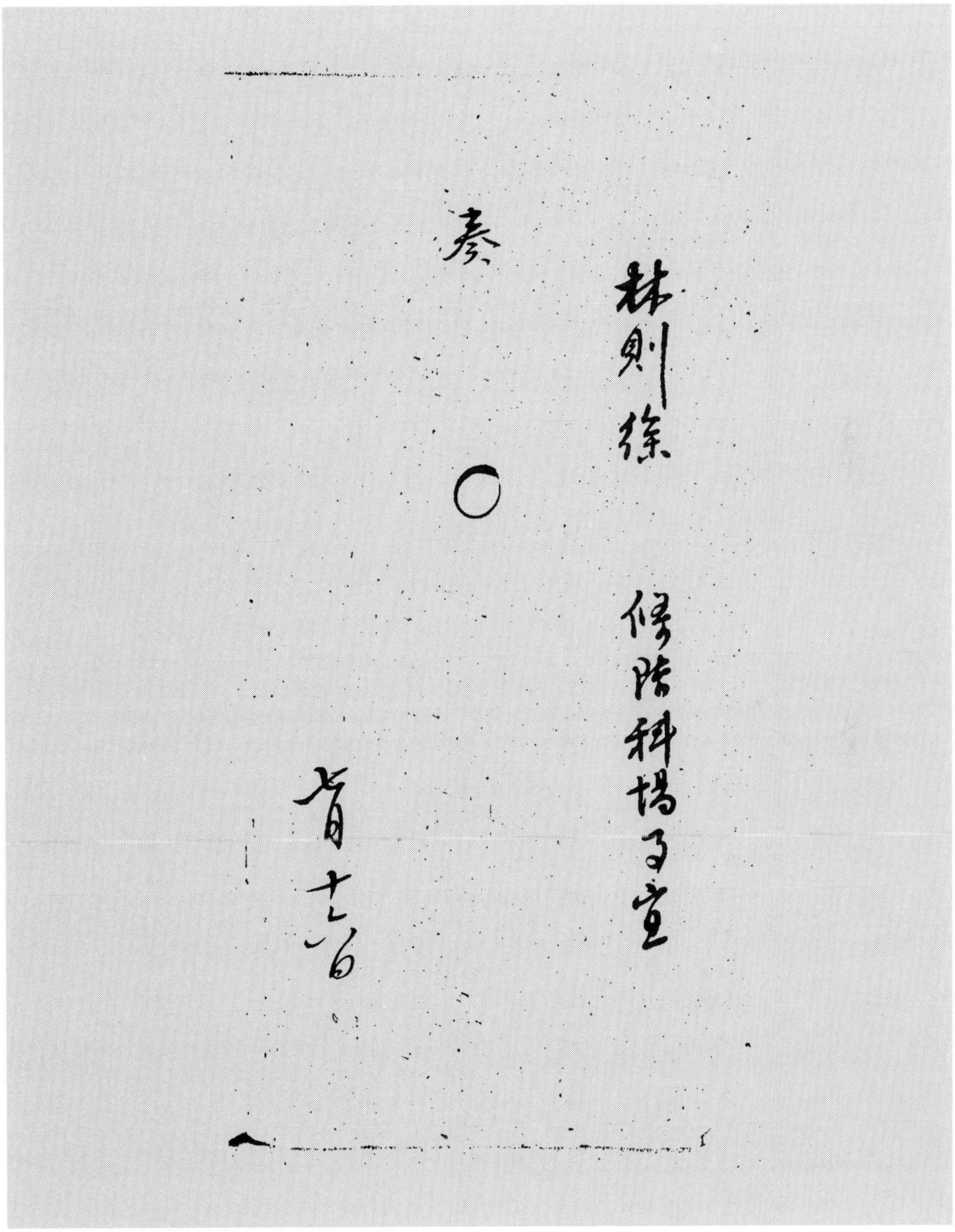
林則徐
條陳科場事宜
奏
○
旨
十七日

## 江蘇巡撫林則徐奏摺 請定壬辰科江南鄉試校閱章程並預防勦襲之弊

道光十二年六月二十五日

江蘇巡撫臣林則徐跪
奏為鄉試屆期請定同考官校閱章程並預防士子勦
襲雷同之弊恭摺
奏祈
聖鑒事竊臣欽奉
上諭本年壬辰科江南鄉試著派林則徐入闈監臨欽
此臣到蘇接篆已近闈期當即遵照科場條例將
監臨應辦事宜預為備置伏查本年四月內欽奉
上諭三載賓興為掄才大典各直省主試經朕特加簡
任宜何如滌慮洗心認真校閱務求為國得人
順天等同考官及會試同考官俱係翰詹科道部

屬該員等甲第素高又經朕親加校試尚無荒謬之
人充選所以得人較盛各直省同考官則年老舉人
居多勢不能振作精神盡心閱卷即有近科進
士亦不免任事簿書米谷文理日就荒蕪各省督
撫雖照例考試簾官仍恐視爲具文全恃主試搜
閱落卷庶可黜去瓦而拔真才嗣後各直省督撫
務將簾官認真考校不得以年老荒謬之員濫行
充數等因欽此又上年十月內欽奉
上諭著各直省督撫將書肆小本板片概行銷燬其
貢院左右如有公然售賣小本文策者枷責嚴加
備士子尚有不知檢束懷挾徼倖者即著斥革
其恃衆逞強不服約束者枷號示衆治以應得之咎

士子中式後除策學援引經史語句相同毋庸議外
其四書經文有全篇勦襲舊文者一經磨勘官簽
出立即斥革務期永絕此弊以端士習等因欽此
仰見我
皇上慎重掄才清釐積弊之至意竊查江南為人文
淵藪入闈士子多至一萬四五千人額設同考
官十八房每房約須校閱八百餘卷稍有艸率
即恐遺漏況試日有限科房官每存爭先薦卷
之見以為薦早則獲售者多薦遲則中額已滿
難于入彀故于則搶分卷到手輒將首藝中幅
略觀大概謂之望氣其合意者彙為一束以備
加圈呈薦稍不稱意即置落卷之列不再下筆

原其初心仍欲俟佳卷薦完再將落卷覆加
細看以求去取乃頭場薦卷未畢而二三場試
卷已陸續送入內簾因不趕覓已落之字號速
經文策內一併加圈並隨頭場呈薦蓋恐別房
之薦卷三場均已齊全而該房僅先頭場亦
難早供考官比校則取中即不及別房之多是以相
率效尤務以趕早薦完為各房之捷訣直至
三場薦卷俱已畢事然後將先前畧觀大意
之落卷批點塞責彼時中卷已定豈無闌珊縱
或見為佳文亦諉諸其人之命於是誤分段落者
有之誤讀破句者有之並文紀荒謬僅點首藝
開講數句而即擯棄者其批駁之詞亦日欠精警

只因少出題目之故批語竟可豫先書就不論
何等文字皆得以之姑校閱情形寧棄
取於俄頃之間判升沉於恍惚之際誠如
聖諭迴思未第之先亦為士子何異乃落卷漠不關
情設身處地於心何忍以前任京職曾充鄉試考
官二次會試考官一次自揣學疏識淺惟求細
心勤閱應少屈抑人才歷在闈中刊刻批語
板片刷成批帘分別首藝次藝三藝及詩凡
頭場四篇逐篇皆有批語被黜之卷必將此何
疵類之處分篇批出自錄底本不使有一篇批
語相同者此次以職任監臨考試簾官必擇文
理優長精神振作之員不敢以年老荒庸濫門

充數外，節撥時日，逐篇分批之章程，責令該簾官循照辦理。除二三場批語不拘外，首場四篇必使逐一批出，凡泛泛不切字樣，如欠精警、少出色之類，概不許用。蓋三藝統批，往往藉口膚括，轉不切當；逐篇分批，則於此一篇之得失利病，非了然於心，不能了然於口。該簾官受此繩束，不敢草率了事，于寒才必有裨益。至揭曉之後，自仍將落卷復加查核，如首場文藝非有大疵，僅是數行而止者，據實參奏，予以處分，尤足以儆惰心而免物議。惟思首場三文一詩，每卷約有二千餘字，如果認真校閱，則竭一日之力，只能以四十本為度，每房卷帙八百餘本，約須五旬始可了一首場。查例載，大省于九月十五日內揭曉，不得無任僨。如尋諸近科揭曉之期，往往

趕早此次號送新舉

諭令主考官須將落卷全行校閱江南卷帙冗煩則揭曉

之期自應照例以九月十五日為斷如臨時尚虞匆促或

再仰懇

聖恩寬展數日總不出九月中旬之期庶主考房官均得將卷

心細閱真才自不致有遺失至士子敦品自愛者固

多而希圖僥倖者亦復不少科場搜檢自當從嚴惟

人數至一萬數千之多雖係全無遺漏且法之因搜檢

而愈形擁擠因擁擠而不免稽遲查嘉慶癸酉科江南

鄉試因前場封門大遲奏請改定是於認真搜檢

之中又須不誤日時方為兩得惟是查夾帶之弊仍有

三場一則考策文中典故以及經解策料雖有所記

資而尚須運用一則坊刻小本試文之類明知不可抄襲
以圖捷擬成篇一則分倩多人將四書題文全行製就携
帶入場見題即抄不費思索聞近科以此倖獲者頗不
乏人是以平時言館地者教讀之外別有作文席每
撰一篇自二三百文至洋千一圓不等文名愈著之士攬作
愈多且恐人爭托其名以售文藝大率脫胎舊日並非
獨出心裁而一篇或售賣兩家一稿文傳抄數手如斯之
類必犯雷同但簾官眼力不齊雷同者未必均在一房
故有通篇一樣之文此中而彼黜者且前在江西典試取
中之文已經發刻及搜閱落卷竟查出許多雷同將
已刻中後經黜去雖彼時未被倖獲而事後無所
未經究懲不知自愛之徒仍存僥倖萬一之想查錄

旧律中例有斥革之条，但南墨祇刻首題，其通榜中式
之文榜後即已解部，未必人人得見，即内有錄旧雷同之
卷，而事無左証，孰肯壞其已成之名。是以勦襲僥倖
之徒無忌憚。惟于場内閲卷之際对出雷同，即記檔冊於
撤闈後加以懲儆，庶可杜其惡習。且本科欽遵

諭旨將落卷逐行校閲，雷同勦襲者更無所逃。及詳核行
主考覆查，記其字號，揭曉之後發收查办，除累字接
引語句毋庸議外，其四書經文雷同至三行以上者，正途貢
監生員照考察事例以次降等罰令对讀，其係俊秀
監生之仍不許應試。至全篇雷同勦襲者，毋論正途
俊秀，概行斥革，永不准考。如此則士子皆有畏懼之心，不
敢錄旧而倩人作文者，恐其無益有害，則壞挾之

與以可乏陳而真才愈以羣出矣此臣職在監臨意存杜
弊不揣冒昧敬陳愚見是否可行伏乞
皇上聖鑒訓示謹
奏
道光十二年七月十六日奉
硃批　欽此
六月二十五日

兩江總督陶澍江蘇巡撫林則徐奏摺　**請以姚瑩補長洲縣知縣**

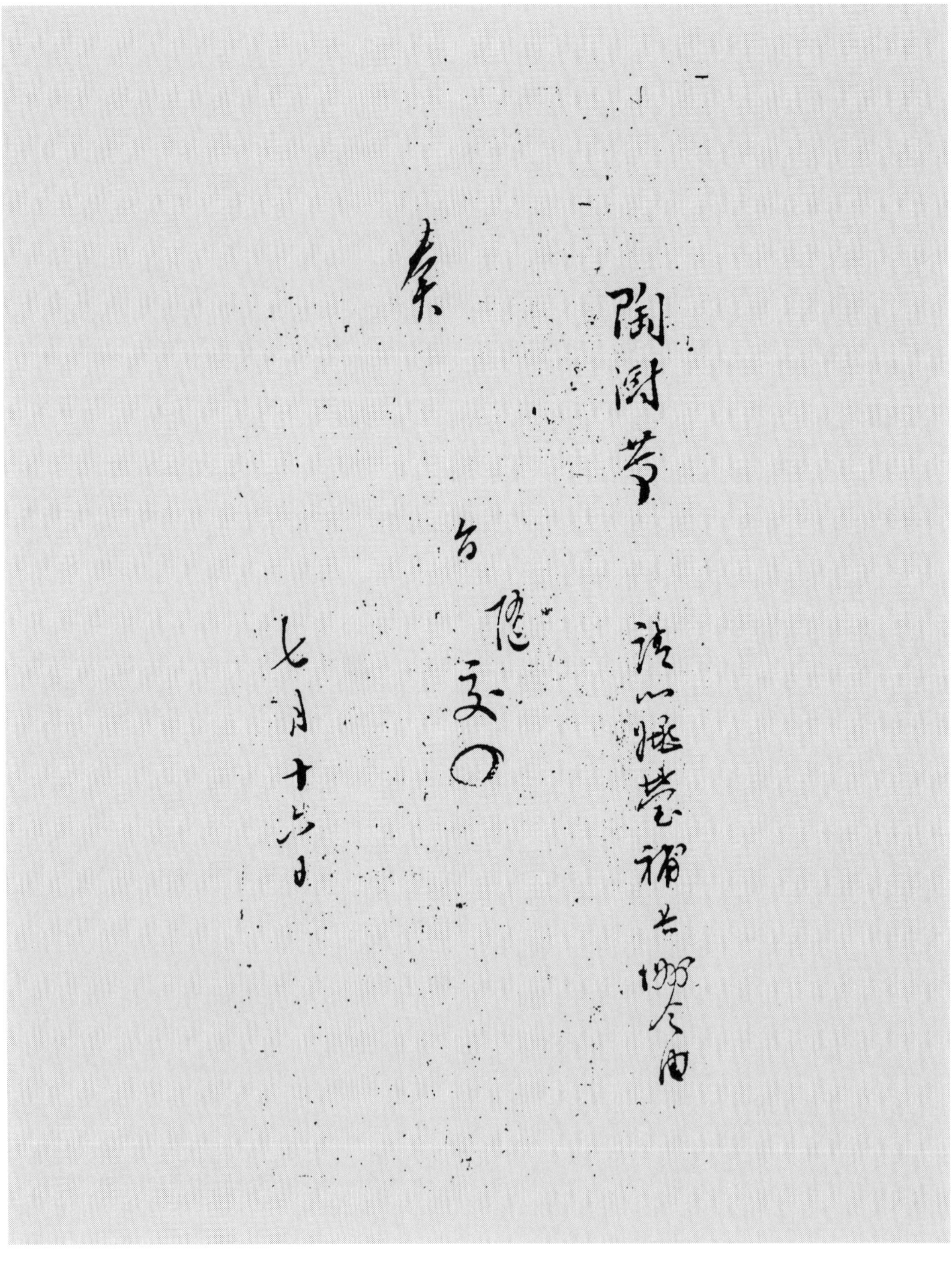

陶澍等　請以姚瑩補長洲令由

奏

七月十六日

兩江總督臣陶澍
江蘇巡撫臣林則徐跪

奏為首邑需員，恭懇

聖恩俯准補授，以裨地方事。竊照長洲縣知縣陳玉成，經臣

陶澍會同前兼署撫臣梁章鉅

奏請升補泰州知州，荷蒙

恩允。所遺長洲縣知縣員缺，係衝繁疲難四項相兼，例

應在外揀調。且地居首邑，政務殷繁，時有發審案

件，非精明諳練之員，不足以資治理。臣等與藩臬兩

司于通省知縣內逐加遴選，非現居要缺，即人

地未宜。其合例堪調之員，惟查有揀發補

知縣姚瑩，年四十八歲，安徽桐城縣進士，歸班選授

福建平和縣知縣，調龍溪縣，後調臺灣縣

兼署臺灣府海防同知調署噶瑪蘭通判因
案革職先在噶瑪蘭洋面拏獲洋盜十
一名奏蒙
恩准送部引
見奉
旨改爲降二級用旋又捐復引
見奉
旨照例用欽此道光十一年七月奉
旨發往江蘇差遣補用八月二十九日到省因係
回空糧船出力保
奏欽奉
上諭姚瑩著不論班次儘先補用欽此該員老成

幹練為守道所倚重
旨不論班次儘先補用之員且前在福建曾任海疆
緊要知縣以之請補省會要缺知縣實屬勝任
前次出有金壇縣選缺該員亦在應補之列
但當准部覆應歸插班補用不積之於補班次今
長洲縣為省會要缺人地更屬相宜與例亦
符擬屬具冊同咨詳請
奏前來臣等札商意見同合合無仰懇
皇上天恩俯准以揀發存補知縣姚瑩補授長
洲縣知縣實于省會要缺有裨臣等亦可收
指臂之助如蒙
俞允該員所遺補知縣請補知縣銜缺相應毋

簡選部引
見以專謹合詞恭摺具
奏伏乞
皇上聖鑒訓示謹
奏
道光十二年七月十六日奉
硃批　欽此
六月二十五日

江蘇巡撫林則徐題本

## 題請將沭陽縣錢家集縣丞移駐高流鎮兼管鹽捕水利

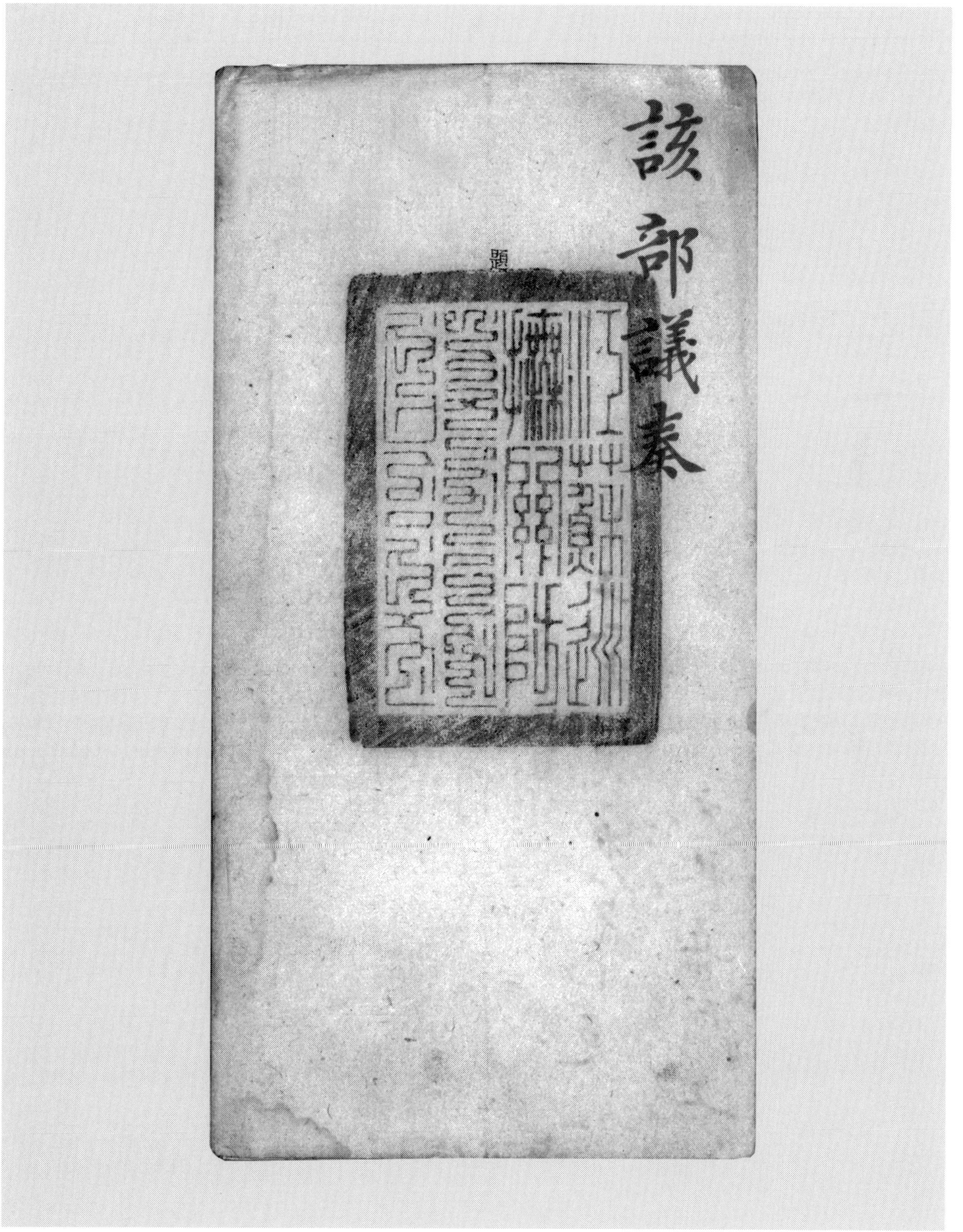

江蘇巡撫林則徐題本　題請將沭陽縣錢家集縣丞移駐高流鎮兼管鹽捕水利
道光十二年六月二十八日

兵部侍郎兼都察院右副都御史巡撫江蘇等處地方提督軍務總理糧儲臣林則徐謹
題為籌議移駐縣丞兼管鹽捕水利詳請具
題頒給關防以昭信守事。查接管卷內，臣在江寧
布政使任內，會同江蘇按察使顏腾伊、兩淮鹽
運使俞德淵、前任護理淮海道王廷彥詳稱，據
前任海州知州謝肇灜詳據沭陽縣知縣王夢
齡詳稱：竊照沭陽縣地處海濱，界連山東，時有
盜賊梟匪出沒。其西北之高流鎮一帶，接壤郯
城、海州、桃源、宿遷等處，尤為海州、房山等處鹽
車必由之路。秋冬之間，更多匪棍聚集滋事。卑
職駐劄縣城，相距各該處自柒捌玖拾里至百
數拾里不等，又不能常川巡歷，迨經訪聞，會營

窵寥無如長途馳往勢難掩人耳目及至到彼
該匪等先已聞風遠颺俟兵役旋回仍復漸聚
實有鞭長莫及之虞伏思甲縣分防水利縣丞
壹員自乾隆貳拾叁年間由縣城移駐錢家集
管理六塘等河堤埝保護民田嗣將堤埝設立
堤長照業食佃力之例
奏歸民修該縣丞因租住民房坍塌旋亦移駐縣
城每年不過於夏秋之際查勘修防此外別無
專管事件查錢家集已設有都司壹員足資控
制惟西北高流鎮一帶並無營汛衙署應請將
該縣丞移駐高流鎮原設差役不敷應用請由
縣於民壯內抽撥肆名捕役內抽撥兩名鹽快

江蘇巡撫林則徐題本　題請將沭陽縣錢家集縣丞移駐高流鎮兼管鹽捕水利　道光十二年六月二十八日

内抽撥兩名連該縣丞原設皁隸肆名共拾貳
名作爲弓兵所有附近各鎮責令隨時巡查彈
壓其原管六塘等河堤埝仍令按時勘催修防
該管境内如有匪徒鹽梟酗酒賭博均令查拏
解縣訊究盜賊等案將典史協緝處分卸歸縣
丞係緝捕有失事係在該縣丞先期報明查勘
河堤公出期内亦准免其疏防處分廉俸仍循
其舊應建衙署由縣幫廉建蓋如此一爲轉移
旣無礙於水利地方鹽務亦均有裨益查甲縣
境内統計貳拾柒鎮橫肆百捌拾餘里除東南
之十字橋黄軍營棗子埠錢家集馬廠讀書鎮
塘溝鎮興隆鎮高家溝低村韓山華冲上寺下

寺東流北下及西北之王家莊桑墟漢坊等拾
玖鎮或有營汛或距縣較近仍由典史巡防營
轄外其隔河西北隅之高流廟頭苗家集劉家
集顏家集新店倉新挑河賢官亭等捌鎮距縣
較遠又無營汛應歸該縣丞分防移駐之後該
管境內倘有盜刦案件及安置徒犯脫逃等事
各按地界開具承緝職名仍由卑職兼轄詳參
以專責成合將劃定分防地界繪具圖說移造
印模清冊詳送頒給鹽捕水利關防以昭信守
等情由州覆核轉詳到司道據此臣在江寧布
政使任內會查得沭陽縣地處濱海界連山東
時有盜賊梟匪出沒其西北之高流鎮一帶接

江蘇巡撫林則徐題本 題請將沭陽縣錢家集縣丞移駐高流鎮兼管鹽捕水利

道光十二年六月二十八日

壞郯城海州桃源宿遷等處爲海州房山等處
鹽車必由之路秋冬之間更多匪棍聚集滋事
該縣駐劄縣城相距各該處自柒捌玖拾里至
百數拾里不等又不能常川巡歷實有鞭長莫
及之虞伏查設官分職原當因地制宜該縣錢
家集縣丞所管堤埝久歸民修止須夏秋查勘
飭防已非舊時緊要且錢家集設有都司足資
控制今高流鎮一帶巡防喫緊擬該縣請將縣
丞移駐卽將隔河西北隅離縣較遠又無營汛
之高流廟頭苗家寨劉家集顔家集新店倉新
挑河賢官亭等捌鎮劃歸該縣丞巡防由縣於
民壯內抽撥肆名捕役鹽快內各抽撥兩名連

縣丞原設阜隸肆名作爲弓兵隨時巡查其原
管六塘等河堤埝仍令按時勘估修防公出期
内倘有失事案件免其疎防處分應建衙署由
縣幫廉建蓋遇有匪徒鹽梟酗酒賭博等事均
令查拏解縣訊究如有盜賊等案將典史兼轄
處分仰歸該縣丞叅緝繪造劃分圖說印模清
冊請換給鹽捕水利關防前來係屬慎重地方
起見似應俯如所請辦理相應會詳伏候核
題等情經歷任前撫臣程祖洛查核所擬印模字
樣錯誤並擬撥弓兵數目不符卽經批飭確查
另詳復據江寧布政使趙盛奎等查明詳覆另
造印模呈送請核入前詳具

## 江蘇巡撫林則徐題本　題請將沭陽縣錢家集縣丞移駐高流鎮兼管鹽捕水利

道光十二年六月二十八日

題前護理撫臣梁章鉅未及具
題移交到臣該臣查得沭陽縣地處海濱界連山
東時有盜賊梟匪出沒其高流鎮一帶接壤郯
城海州桃源宿遷等州縣爲海州房山等處鹽
車必由之路秋冬之間更多匪棍聚集滋事該
縣駐劄縣城相距各該處未捌玖拾里至百數
拾里不等勢不能常川巡歷實有鞭長莫及之
虞伏查設官分職原當因地制宜該縣錢家集
縣丞所管堤埝久歸民修止須夏秋查勘飭防
已非舊時緊要且錢家集設有都司足資控制
今高流鎮一帶巡防喫緊據該縣請將縣丞移
駐即將離縣較遠又無營汛之高流廟頭苗家

塞劉家集顏家集新店倉新挑河賢官亭等捌
鎮劃歸該縣丞巡防由縣抽撥民壯肆名捕役
貳名鹽快貳名連縣丞原設皁隸肆名共拾貳
名作爲弓兵隨時巡查其原管六塘等河堤埝
仍令按時勘催修防公出期內倘有失事案件
免其疏防處分應建衙署由縣幫廉建蓋遇有
匪徒鹽梟酗酒賭博等事均令查拏解縣訊究
如有盜賊等案將典史兼轄處分卽歸該縣丞
叅繕繪造劃分圖說印模清冊請換鑄鹽捕水
利關防由臣前在江寧布政使任內會詳請
題經陞任前撫臣程祖洛因所擬印模字樣錯誤
批擬撥弓兵數目不符批飭確查另詳復據江

寧布政使趙盛奎等查明詳覆並另造印模清
冊呈送請核入前詳具
題前護理撫臣梁章鉅未及具
題移交到臣覆核無異除將劃分圖說印模清冊
分送部科查核外謹會同兩江總督臣陶澍合
詞具
題伏乞
皇上聖鑒勑部議覆鑄給關防施行謹題請
旨

## 江蘇巡撫林則徐題本　題請將沭陽縣錢家集縣丞移駐高流鎮兼管鹽捕水利

道光十二年六月二十八日

道光拾貳年陸月貳拾捌日兵部侍郎兼都察院右副都御史巡撫江蘇等處地方提督軍務總理糧儲臣林則徐

兵部侍郎兼都察院右副都御史巡撫江蘇等處地方提督軍務總理糧儲臣林則徐謹
題為籌議移駐縣丞兼管鹽捕水利詳請具
題須給關防以昭信守事該臣查得沭陽縣地處
海濱界連山東時有盜賊梟匪出沒其高流鎮
一帶為海州房山等處鹽車必由之路更多匪
棍聚集滋事該縣駐劄縣城實有鞭長莫及之
虞伏查設官分職原當因地制宜該縣錢家集
縣丞所管堤埝久歸民修已非舊時緊要且錢
家集設有都司足資控制今高流鎮一帶地方
緊要據該縣請將縣丞移駐即將離縣較遠之文
無營汛之高流廟頭苗家寨劉家集顏家集新
店倉新挑河賢官亭等捌鎮劃歸該縣丞巡防
由縣抽撥民壯捕役鹽快捌名連縣丞原設皂
隸肆名共拾貳名作為弓兵隨時巡緝其原管

江蘇巡撫林則徐題本　題請將沭陽縣錢家集縣丞移駐高流鎮兼管鹽捕水利

道光十二年六月二十八日

河堤仍令按時查勘公出期內倘有失事案件
免參疏防應建衙署由縣幫廉建蓋遇有梟匪
酗酒賭博均令查拏解縣訊究如有盜賊等案
將典史兼轄處分即歸該縣丞參繹繪造劃分
圖說印模清冊請換鑄鹽捕水利關防由臣前
在江寧布政使任內會詳請
題經陞任前撫臣程祖洛因所擬印模字樣錯誤
並擬撥弓兵數目不符批飭確查另詳茲據江
寧布政使趙盛奎等查明詳覆並另造印模清
冊呈送請核入前詳具
題前護理撫臣梁章鉅未及具
題移交到臣覆核無異除將劃分圖說印模清冊
分送部科查核外謹會題請
旨

# 題明江西候補同知福裕途次宿遷縣病故日期

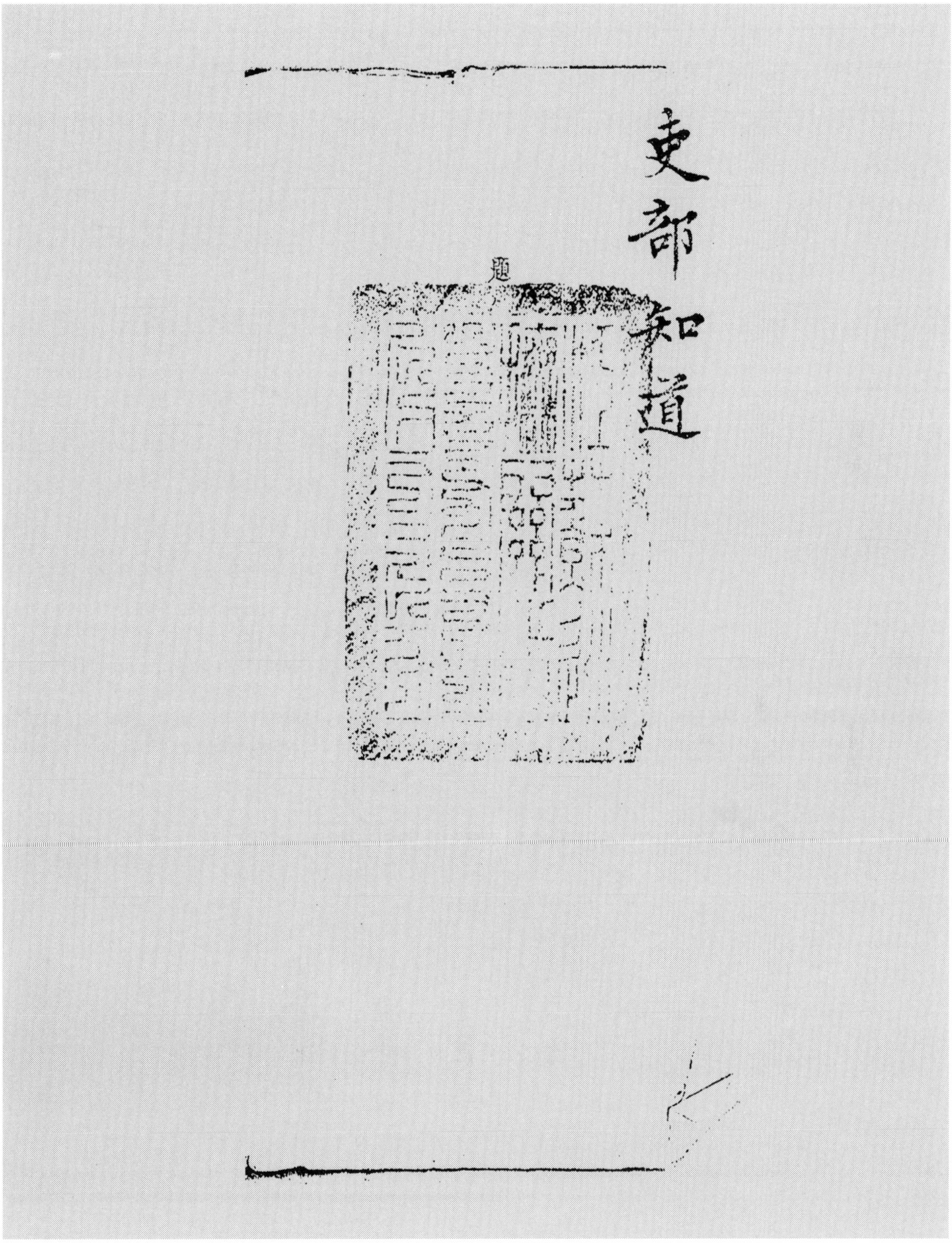

江蘇巡撫林則徐題本　題明江西候補同知福裕途次宿遷縣病故日期
道光十二年六月二十八日

兵部侍郎兼都察院右副都御史巡撫江蘇等處地方提督軍務總理糧儲臣林則徐謹
題為報明病故事據宿遷縣知縣李萬倉詳稱道
光拾貳年陸月拾肆日據江西候補同知家人
邱升身稱竊家長福裕係蒙古鑲藍旗定全佐
領下人蒙委攢押江西前幫拾叁幫起運道光
拾壹年分漕糧挑通交納後感冒成病行至宿
遷縣地方醫治無效於陸月拾肆日病故理合
稟明轉報等情到縣相應據情詳候核
題等情到臣據此該臣查得江西候補同知福裕
係蒙古鑲藍旗定全佐領下人攢押江西漕糧
挑通交納後感冒成病行至宿遷縣地方醫治
無效於道光拾貳年陸月拾肆日病故據宿遷

江蘇巡撫林則徐題本　題明江西候補同知福裕途次宿遷縣病故日期　道光十二年六月二十八日

縣知縣李萬倉詳報前來除揭報吏部科臣江
西撫臣外臣謹具
題伏乞
皇上聖鑒勅部查照施行謹具題
聞

道光十二年六月二十八日兵部侍郎兼都察院右副都御史巡撫江蘇等處地方提督軍務兼理糧餉臣林則徐

江蘇巡撫林則徐題本　題明江西候補同知福裕途次宿遷縣病故日期

道光十二年六月二十八日

兵部侍郎兼都察院右副都御史巡撫江蘇等處地方提督軍務總理糧儲臣林則徐謹

題爲報明病故事該臣查得江西候補同知福裕
係蒙古鑲藍旗定全佐領下人借押江西漕糧
抵通交納後感冒成病行至宿遷縣地方醫治
無效於道光拾貳年陸月拾肆日病故據宿遷
縣知縣李萬倉詳報前來除咨移吏部科暨江
西撫臣外謹具題

聞

三法司核擬具奏

## 江蘇巡撫林則徐題本　審明宜興縣民毛宣揚等傷斃毛順觀案分別定擬

道光十二年六月二十八日

兵部侍郎兼都察院右副都御史巡撫江蘇等處地方提督軍務總理糧儲臣林則徐謹
題為報驗事查接管卷內據署江蘇按察使葆謙
詳據署常州府知府黃在厚詳據宜興縣知縣
練廷璜詳稱查接管卷內道光拾壹年拾月初
柒日據地保毛順高報據民人毛雙高投稱拾
月初伍日毛得生向伊父毛順觀索找稻價洋
錢爭鬧用木板凳撞傷伊父右後肋伊父轉向
扯奪板凳毛宣揚恐伊父受虧用木棒向毛得
生嚇毆誤傷伊父顖門等處殞命等語往查屬
實報候驗究等情到縣據經代理縣李逖三帶
領吏件親詣屍所如法相驗據件作陸珊喝報
已死毛順觀問年伍拾壹歲驗得仰面致命顖

門相連額顱木器傷壹處斜長貳寸伍分寬伍
分深肆分皮破骨損血污合面不致命右後肋
木器傷壹處斜長壹寸陸分闊肆分青紅色餘
無故委係受傷身死報畢李述三親驗無異弔
取兇器木棒比對傷痕相符塡格取結屍飭棺
殮隨訊據地保毛順高供與報詞同據鄰證毛
全大毛順大同供道光拾壹年拾月初伍日小
的們工作回家遇見毛順觀與毛得生在毛潤
皋店內爭毆毛宣揚用木棒向毛得生毆打誤
傷毛順觀顖門連額顱倒地小的們趕上勸住
問說因毛得生向毛順觀索找稱價洋錢爭毆
毛宣揚幫護誤傷的話小的們當把毛順觀扶

回醫治不料毛順觀傷重當夜就死了屍子毛
雙高赴案報驗的並没起釁别故小的們勸阻
不及是實據應訊毛潤皋供開香店生理道光
拾壹年拾月初伍日毛順觀在小的店内坐歇
毛得生路過看見進内向毛順觀索討稻價洋
錢肆角毛順觀不肯找付正在吵鬧適毛宣揚
走進查問幫著毛順觀要毛得生情讓毛得生
村斥毛宣揚多管仍向毛順觀索討毛順觀混
罵毛得生順拏小的店内木板凳撞傷毛順觀
右後肋毛順觀轉身拉奪板凳毛宣揚恐怕毛
順觀受虧拏了撐門木棒向毛得生毆打毛得
生閃避致誤傷毛順觀顖門連額顱倒地是毛

仝大們勸散扶回不料毛順觀當夜就因傷死
了並沒起釁別故是實據屍子毛雙高供已死
毛順觀是父親毛宣揚是無服族叔毛得生是
無服族兄父親向毛得生買得私稻叁石欠找
洋錢肆角未還小的是曉得的道光拾壹年拾
月初伍日毛得生怎樣向父親索討用木板凳
撞傷父親右後肋毛宣揚恐父親受虧用木棒
向毛得生嚇毆誤傷父親顋門連額顱小的先
沒看見傍晚回家向父親查問纔曉得的不料
父親傷重當夜就死了小的赴案報驗的並沒
起釁別故求究抵據毛得生供年叁拾歲無服
族叔毛順觀向小的買過私稻叁石照時價每

百洋錢壹圓捌角共計伍圓肆角毛順觀當付
洋錢伍圓餘欠肆角屢討不還道光拾壹年拾
月初伍日小的路過毛潤皋香店見毛順觀在
內進去索討毛順觀要小的情讓不肯找付小
的不允彼此爭鬧適毛宣揚走到查問幫著毛
順觀也叫小的情讓小的斥他多管仍向毛順
觀討要毛順觀混罵小的生氣順拏木板凳走
到毛順觀身右撞了他後肋壹下毛順觀轉身
向小的拉奪板凳毛宣揚拏取木棒向小的背
後毆打小的把頭閃側誤傷毛順觀額門連額
顱喊痛倒地是毛全大們趕上勸散不料毛順
觀傷重當夜就死了小的止毆毛順觀右後肋

壹下並沒別故是實據光犯毛宣揚供宜興縣人年叁拾叁歲父母俱故哥子毛興大兄弟毛邪佐分居各爨小的並沒妻子傭工度日已死毛順觀是無服族兄素好沒嫌道光拾壹年拾月初伍日小的路過毛潤皐香店見毛得生與毛順觀在內爭鬧走進查問毛得生說毛順觀向他買過私稻叁石說明每石照時價洋錢壹圓捌角共該洋錢伍圓肆角毛順觀當付洋錢伍圓餘欠肆角屢討不還的話小的聽聞毛順觀要毛得生情讓也幫著毛順觀向毛得生說可以讓他毛得生村斥小的多管仍向毛順觀討要毛順觀混罵毛得生順拏木板凳走到毛

順觀身右撞傷毛順觀後肋毛順觀轉身向毛
得生拉奪板凳小的恐怕毛順觀受虧順取撐
門木棒向毛得生身後嚇毆那知毛得生把頭
閃側誤傷毛順觀額門連額顱倒地是毛全大
們勸散不料毛順觀傷重當夜就死了實是幫
毆誤傷並非有心欲殺也沒起釁別故及另有
在場幫毆的人是實各等供據此將犯收禁代
理縣李逑三未及詳報於拾月拾叁日卸事卑
職到任錄供報蒙飭審等因道光拾壹年拾壹
月拾肆日據禁卒稟報毛宣揚在監患病醫治
詳咨於拾貳月拾伍日報痊時届封篆未及審
解開印後隨提覆訊除各供為與前審無異不

一

敘外該宜興縣知縣練廷璜審看得民人毛宣
揚誤傷無服族兄毛順觀身死壹案緣毛宣揚
籍隸宜興與無服族兄毛順觀素好無嫌毛順
觀向無服族姪毛得生買得私稻叁石言明照
時價每石洋錢壹圓捌角共該洋錢伍圓肆角
毛順觀當付洋錢伍圓餘欠肆角屢討未償道
光拾壹年拾月初伍日毛得生路過毛潤皐香
店見毛順觀在內進向索討毛順觀欲毛得生
情讓不肯找付毛得生不允彼此爭鬧毛宣揚
走至查問幫著毛順觀亦向毛得生聲言可以
讓他毛得生村斥毛宣揚多管仍向毛順觀索
討毛順觀混罵毛得生順取木板凳走至毛順

覬身右揸傷其後肋毛順覬轉身向毛得生拉
拳板凳毛宣揚恐毛順覬受虧順取撐門木棒
向毛得生身後嚇毆毛得生將頭閃側誤傷毛
順覬顖門連額顱倒地經毛全大等勸散詎毛
順覬傷重即於是夜殞命報經前代理縣李述
三驗訊未及通詳卸事卑職練廷璜抵任詳奉
批飭審解遵復提犯研鞫據供前情不諱詰非
有心欲殺亦無起釁別故及在場幫毆之人案
無遁飾查律載同姓服盡親屬相毆至死以凡
論又因鬬毆而誤殺旁人者以鬬殺論鬬殺者
絞監候又他物毆人成傷笞肆拾又卑幼犯尊
長加壹等各等語此案毛宣揚因毛得生向毛

江蘇巡撫林則徐題本　審明宜興縣民毛宣揚等傷斃毛順觀案分別定擬
道光十二年六月二十八日

順觀索找稻價洋錢爭毆該犯恐毛順觀受損
順取下棒向毛得生嚇毆誤傷毛順觀身死實
屬誤殺查毛順觀先被毛得生用木凳撞傷右
後肋傷甚輕微惟被該犯用木棒毆傷顖門連
額顱骨指爲重您以擬抵已死毛順觀係毛宣
揚無服族兄至死應同凡論毛宣揚應合依因
鬪毆而誤殺旁人者以鬪殺論鬪殺者絞監候
律擬絞監候秋後處決毛得生用木板凳撞傷
無服族叔毛順觀右後肋照他物毆人成傷加
登等罪止笞伍拾惟因毛順觀欠找洋錢不還
輒不善爲理討致釀人命殊有不合應照不應
重律杖捌拾折責發落毛全大等勸阻不及應

無庸議毛順觀欠少洋錢身死勿徵無干省釋
屍棺飭埋兇器木棒隨招解驗等情由府審解
到司該署江蘇按察使孫謙提犯親審核擬無
異解候勘
題等情招解到護撫臣梁章鉅提犯審供相符未
及具
一
題移交到臣覆核無異該臣看得宜興縣民毛宣
揚誤傷無服族兄毛順觀身死壹案緣毛宣揚
籍隸宜興與無服族兄毛順觀素好無嫌毛順
觀向無服族姪毛得生買得私稻叁石言明照
時價每石洋錢壹圓捌角共該洋錢伍圓肆角
毛順觀當付洋錢伍圓餘欠肆角屢討未償道

先拾壹年拾月初伍日毛得生路過毛潤臯香
店見毛順觀在内進向索討毛順觀欲毛得生
情讓不肯找付毛得生不允彼此爭鬧毛宣揚
走至查問幫落毛順觀亦向毛得生聲言可以
讓他毛得生村斥毛宣揚多管仍向毛順觀索
討毛順觀混罵毛得生順取木板凳走至毛順
觀身右撞傷其後肋毛順觀轉身向毛得生拉
奪板凳毛宣揚恐毛順觀受虧順取撑門木棒
向毛得生身後嚇毆毛得生將頭閃側誤傷毛
順觀顖門連額顱倒地經毛全大等勸散詎毛
順觀傷重即於是夜殞命報驗訊詳審供不諱
究非有心欲殺亦無起釁别故及在場幫毆之

江蘇巡撫林則徐題本　審明宜興縣民毛宣揚等傷斃毛順觀案分別定擬

道光十二年六月二十八日

入案無違飾查律載同姓服盡親屬相毆至死
以凡論又因鬪毆而誤殺旁人者以鬪殺論鬪
殺者絞監候又他物毆人成傷笞肆拾又卑幼
犯尊長加壹等各等語此案毛宣揚因毛得生
向毛順觀索找稻價洋錢爭毆該犯恐毛順觀
受虧順取木棒向毛得生嚇毆誤傷毛順觀身
死實屬誤殺查毛順觀先被毛得生用木凳撞
傷右後肋傷甚輕微惟被該犯用木棒毆傷顖
門連額顱骨損為重應以擬抵已死毛順觀係
毛宣揚無服族兄至死應同凡論毛宣揚合依
因鬪毆而誤殺旁人者以鬪殺論鬪殺者絞監
候律擬絞監候秋後處決毛得生用木板凳撞

傷無服族叔毛順觀右後肋照他物毆人成傷
加壹等罪止笞伍拾惟因毛順觀欠找洋錢不
還出不善爲理討致釀人命殊有不合應照不
應重律杖捌拾折責發落毛全大等勸阻不及
應無庸議毛順觀欠少洋錢身死勿徵無干省
釋屍棺飭理兇器木棒發回銷毀臣謹具
題伏乞
皇上聖鑒敕下三法司核覆施行再此案審限應以
道光拾壹年拾月初柒報驗之日起前代理縣
李述三未及詳報於拾月拾叁日卸事計歷審
柒日該縣是日到任例得接日扣展扣至拾貳
年貳月拾叁日滿又除犯病封印各壹月自歸

江蘇巡撫林則徐題本　審明宜興縣民毛宣揚等傷斃毛順觀案分別定擬

道光十二年六月二十八日

由府解司在限陸日府司院分限各壹個月統
總扣至陸月拾玖日全限屆滿尚有日並任加
展日期可扣合並陳明謹題請
旨

道光[illegible]處地方提督軍務總理糧儲臣林則徐

兵部侍郎兼都察院右副都御史巡撫江蘇等處地方提督軍務總理糧儲臣林則徐謹
題爲報驗事該臣看得宜興縣民毛宣揚誤傷無服族兄毛順觀身死壹案緣毛宣揚與無服族兄毛順觀素好無嫌毛順觀向無服族姪毛得生買豬欠價屢討未償道光拾壹年拾月初伍日毛得生路遇毛順觀向索毛順觀欲懇情讓不允爭鬧毛宣揚走至勸言可讓毛得生村斥毛宣揚多管仍向毛順觀索討毛順觀混罵毛得生潮取木扳趕至毛順觀身右稍傷其後勸毛順觀轉身向毛得生拉奪扳發毛宣揚恐毛順觀受傷順取撐門木棒向毛得生身後勢毆毛得生將頭閃側誤傷毛順觀顖門連額顱倒地是夜殞命報驗審供不諱毛宣揚依因鬬毆而誤殺旁人者以鬬殺論鬬殺者絞律擬絞監候秋後處決謹題請
旨

江蘇巡撫林則徐題本　**審明儀徵縣客民張順通傷斃戴上太案擬絞監候**

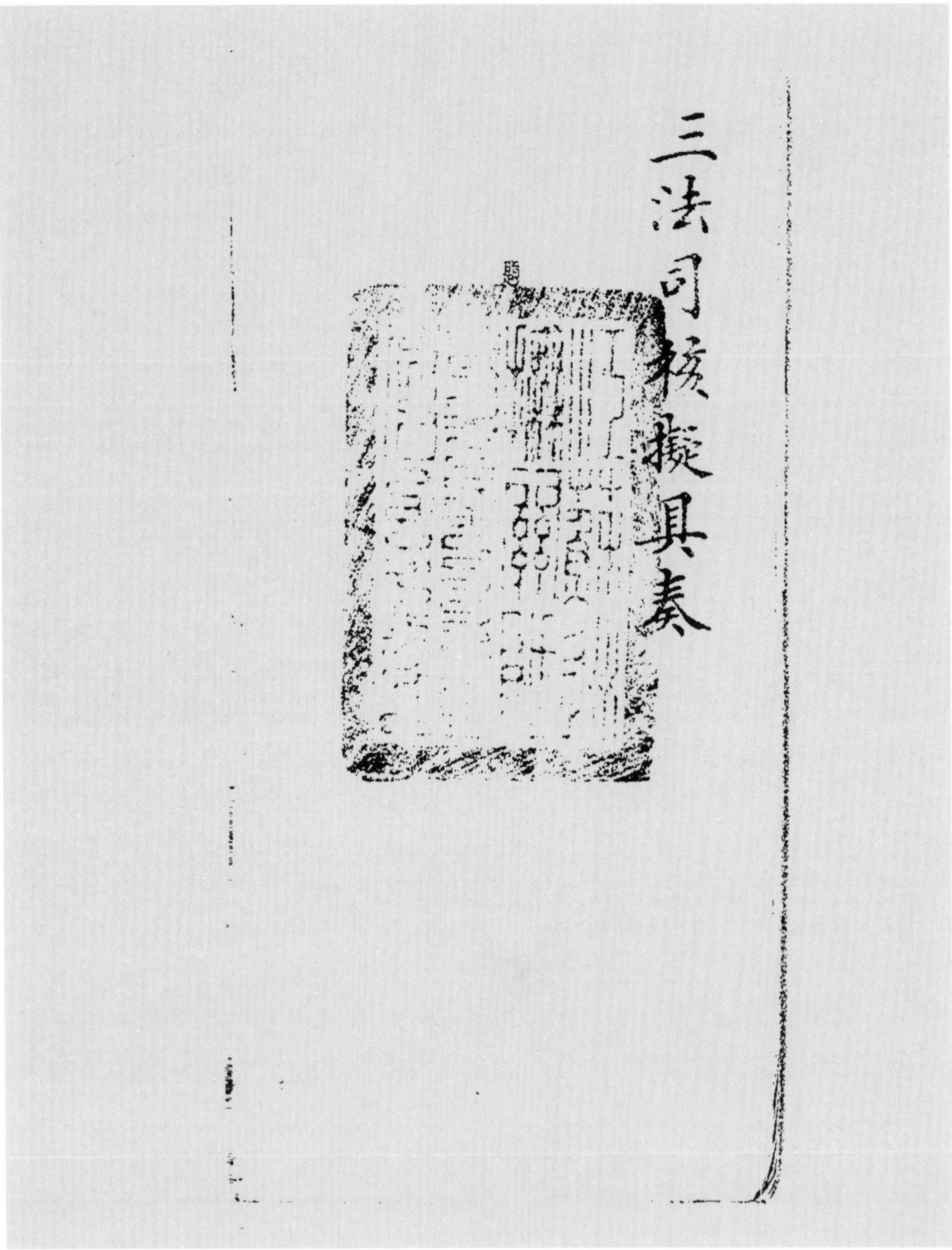
三法司核擬具奏

兵部侍郎兼都察院右副都御史巡撫江蘇等處地方提督軍務總理糧儲臣林則徐謹
題爲稟報事查接管卷內據署江蘇按察使陳鑾
詳據署揚州府知府王青蓮詳據儀徵縣知縣
王用賓詳稱道光拾壹年拾壹月初柒日據地
保戴德稟據民人成寶投稱伊與任登順夥駕鹽
船本月初伍日船內燒鍋之戴上太因向水手
張順通索欠口角張順通持刀向戳戴上太奪
刀劃傷手心延至初柒日因傷身死等語查
屬實報候驗究等情到縣隨帶刑仵親詣屍所
如法相驗據仵作閻太喝報已死戴上太問年
叁拾歲驗得不致命右手心刀傷壹處長壹寸
劃分外皮捲肉縮內深至骨有血污餘無故委

係受傷身死報畢親驗無異弔取兇刀比對傷
痕相符填格取結屍飭棺殮隨訊據地保耿德
供與報詞同據見證石成寶任隆順同供小的
們夥駕鹽船已死戴上太同兄弟戴上恒在小
的們船上燒飯張順通是水手借欠戴上太錢
壹千文未還小的們是曉得的道光拾壹年拾
壹月初伍日小的們在後艙聽聞戴上太在中
艙向張順通索錢口角小的們趕出查看見戴
上太右手拉住張順通手內的刀兩相爭奪連
忙上前勸散那知戴上太手心已受刀傷到初
柒日傷重死了小的石成寶投保報驗的並沒
起釁別故小的們救阻不及是實據屍弟戴上

恒供湖南沅陵縣人已死戴上太是哥子與小的同在任陞順們船上燒鍋有同船水手張順通借欠哥子錢壹千文未還道光拾壹年拾壹月初伍日船泊儀徵縣地方哥子在船內如何向張順通索錢口角張順通怎樣持刀向戳兩相扭奪以致哥子右手心受傷那時小的有事上岸並不在場聞信回船問明醫治不料哥子傷重到初柒日死了船主石成寶赴案報驗的並沒別故求究訊據兇犯張順通供年貳拾柒歲湖南沅陵縣人父親張心春母親李氏弟兄叁人大哥子張順明與父母在籍二哥張順琴已故小的向在任陞順們船內充當水手與已

死戴上太素好無嫌小的曾借戴上太壹千錢
未還道光拾壹年拾壹月初伍日船泊儀徵縣
地方戴上太向小的索討小的回覆無錢戴上
太逼要償還出言村罵小的回罵戴上太趕向
小的揪打小的順手解手刀嚇戳刀口向上戴
上太用右手把刀抓住拉奪小的恐被奪去要
斛用力拉回那知奪勢過猛致傷戴上太手心
鬆手經石成寶們趕上勸散不料戴上太傷重
延至初柒日因傷死了石成寶就赴案報驗的
實因戴上太索錢被毆順取小刀嚇戳拉奪致
傷並沒起釁別故也非有心致死是實各等供
據此將犯收禁餘人保釋錄供報蒙飭審等因

江蘇巡撫林則徐題本　審明儀徵縣客民張順通傷斃戴上太案擬絞監候

道光十二年六月二十八日

遵提覆訊悉各供均與前審無異不敘外該儀
徵縣知縣王用賓審看得客民張順通戳傷戴
上太身死壹案緣張順通籍隸湖南沅陵縣在
任從順等鹽船充當水手與同船燒鍋之戴上
太素好無嫌張順通借欠戴上太錢壹千文未
還道光拾壹年拾壹月初伍日船至儀徵縣地
方戴上太向張順通索討張順通無錢懇緩戴
上太逼令還錢出言詈罵該犯回詈戴上太趕
攏揪打張順通情急順取解手刀向戳刀口向
上戴上太用右手抓住彼此爭奪致傷戴上太
手心旋經石成寶等勸散詎戴上太傷重延至
初柒日因傷身死報縣驗訊通詳奉批飭審遵

復提犯研鞫淨供前情不諱詰非有心欲殺亦
無起釁別故似無遁飾查律載鬬毆殺人者不
問手足他物金刃並絞監候等語此案張順通
因戴上太索欠被毆用刀向戳拉奪致傷身死
自應按律問擬張順通合依鬬毆殺人者不問
手足他物金刃並絞律擬絞監候秋後處決石
成贊等勸阻不及應無庸議借欠錢文照數追
還屍棺給屬領埋兇刀隨招解驗等情由府審
解到司該署江蘇按察使彥德提犯親審核擬
無異解候勘
題等情招解到護撫臣梁章鉅提犯審供相符未
及具

題移交到臣覆訊無異該臣看得儀徵縣客民張
順通戳傷戴上太身死壹案緣張順通籍隸湖
南沅陵縣在任陞順等鹽船充當水手與同船
燒鍋之戴上太素好無嫌張順通借欠戴上太
錢壹千文未還道光拾壹年拾壹月初伍日船
至儀徵縣地方戴上太向張順通索討張順通
無錢懇緩戴上太逼令還錢出言詈罵該犯回
詈戴上太起意揪打張順通情急順取解手刀
向戳不日宣上戴上太用右手抓住彼此爭奪
致傷戴上太手心旋經石成寶等勸散詎戴上
太傷重延至初柒日酉傷身死報驗訊詳審供
不諱詰非有心欲殺亦無起釁別故似無遁飾

查律載鬬毆殺人者不問手足他物金刃並絞
監候等語此案張順通因戴上太索欠理毆用
小刀向戳拉奪致傷身死自應按律問擬張順
通合依鬬毆殺人者不問手足他物金刃並絞
律擬絞監候秋後處決石成寶等勸阻不及應
無庸議借欠錢文照數追還屍棺給屬領埋兇
刀發回貯庫謹具
題伏乞
皇上聖鑒勅下三法司核覆施行再此案審限應以
道光拾壹年拾壹月初柒日驗之日起除封印
壹月又自縣由府解司程限拾壹日統應扣至
拾貳年陸月拾捌日全限屆滿尚有旦兹任加

江蘇巡撫林則徐題本　審明儀徵縣客民張順通傷斃戴上太案擬絞監候

道光十二年六月二十八日

奏日期另行合並陳明謹題請

旨

道光拾貳年陸月貳拾捌日兵部侍郎兼都察院右副都御史巡撫江蘇等處地方提督軍務總理糧儲臣林則徐

江蘇巡撫林則徐題本　審明儀徵縣客民張順通傷斃戴上太案擬絞監候

道光十二年六月二十八日

兵部侍郎兼都察院右副都御史巡撫江蘇等處地方提督軍務總理糧儲臣林則徐謹

題爲稟報事。該臣看得儀徵縣客民張順通戳傷

戴上太身死壹案。緣張順通在任瀅順等鹽船

充當水手，與同船之戴上太素好無嫌。張順通

借欠戴上太錢壹千文未還。道光拾壹年拾壹

月初伍日船至儀徵縣地方，戴上太向張順通

索討，張順通懇緩，戴上太詈罵，該犯回詈，戴上

太趕攏揪打，張順通情急順取解手刀向戳，刀

尖上戴上太肩右手，抵往爭奪，致傷戴上太

手心，並戴上太傷重，延至初柒日因傷身死。案

驗審供不諱。張順通合依鬭毆殺人律擬絞監候，

秋後處決。謹題請

旨。

清單 擬賞平定回疆方略名單

硃

擬

賞名單

四阿哥

五阿哥

儀親王永璇

惇親王綿愷

惠郡王綿愉

睿親王仁壽

肅親王敬敏

定親王奕紹

成郡王載銳

慶郡王綿慜

大學士長齡

硃

曹振鏞
富俊
盧蔭溥
協辦大學士文孚
瑪呢巴達喇
李鴻賓
尚書潘世恩
禧恩
王鼎
耆英
汪守和
那清安
王宗誠

明山
戴敦元
穆彰阿
朱士彦
博啓圖
左都御史昇寅
白鎔
侍郎奕經
杜塄
桂輪
湯金釗
敬徵
申啓賢

阿爾邦阿
李宗昉
舒英
桂齡
色克精額
陳用光
凱音布
鐵麟
王楚堂
鄂順安
史致儼
恩銘

硃

戴宗沅

常大

吳椿

裕誠

南書房程恩澤

祁寯藻

池生春

伊犁將軍玉麟

總督琦善

陶澍

楊遇春

鄂山

程祖洛
盧坤
阮元
河道總督張井
吳邦慶
巡撫林則徐
鄧廷楨
訥爾經額
阿勒清阿
楊國楨
史譜
富呢揚阿

魏元烺
周之琦
楊懌曾
吳榮光
朱桂楨
祁𡎴
伊里布
嵩溥
衍聖公孔慶鎔

臣等遵
旨恭擬
頒賞
欽定平定回疆剿捦逆裔方畧八十分謹開列清单
恭呈
御覽伏候
欽定謹
奏

江蘇巡撫林則徐題本

## 題明南河大挑試用知縣鄭世光病故日期

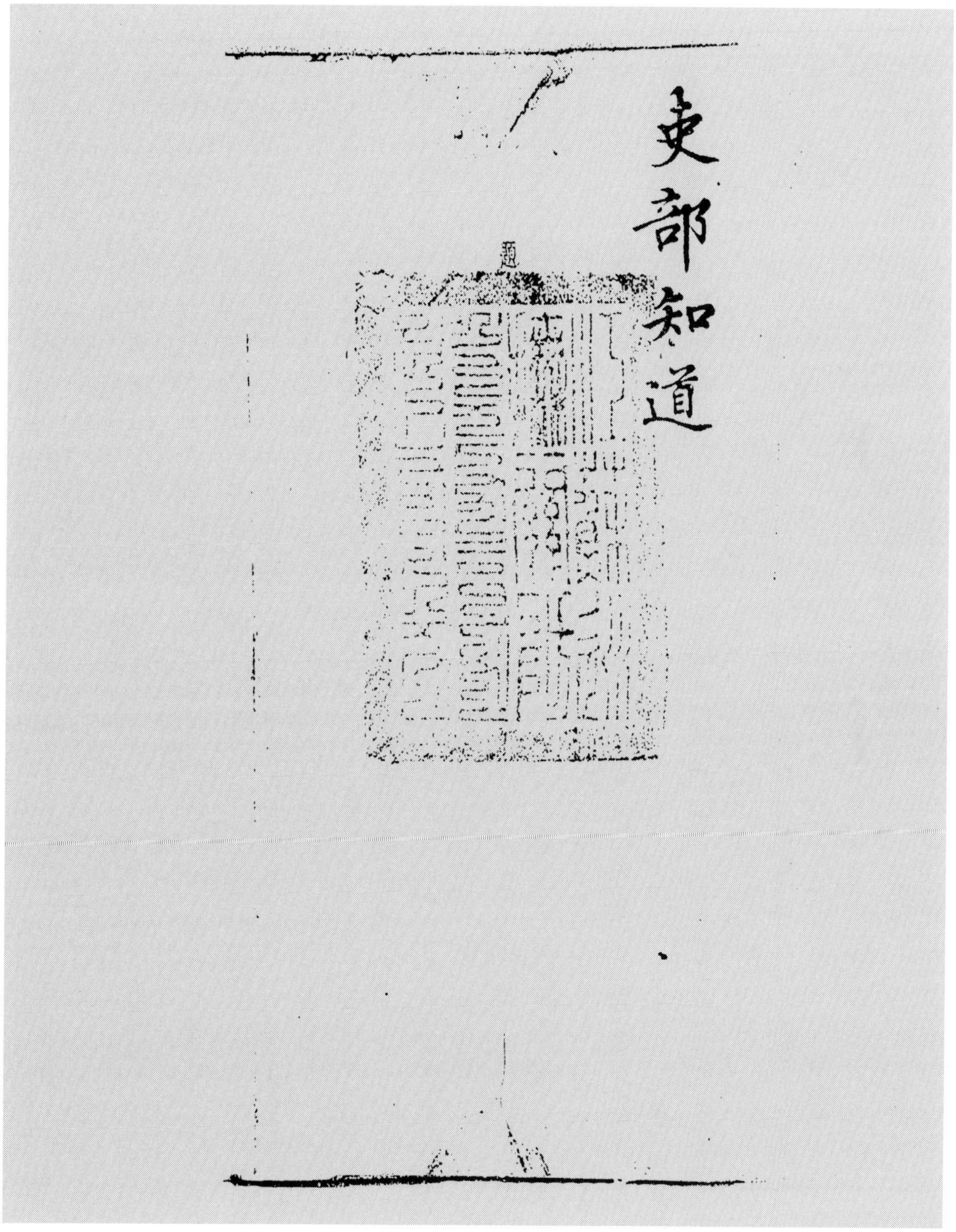
題
吏部知道

江蘇巡撫林則徐題本　題明南河大挑試用知縣鄭世光病故日期
道光十二年七月初三日

兵部侍郎兼都察院右副都御史巡撫江蘇等處地方提督軍務總理糧儲臣林則徐謹
題爲報明病故事。道光拾貳年陸月初捌日，據清
河縣知縣王國佐呈稱：伍月貳拾柒日，據試用
知縣鄭世光家人周升稟稱：竊家長鄭世光，福
建閩縣人，由附生中式嘉慶己卯科舉人。道光
陸年丙戌科會試後，大挑壹等，揀發河工，引
見，奉
旨以知縣用，簽掣南河。道光陸年陸月拾叁日到工，
試用期滿，甄別堪膺民社。今家長於道光拾貳
年伍月貳拾伍日在清河縣清江浦地方病故，
稟乞轉報等情。合將鄭世光病故日期呈報等
情到臣。據此，該臣查得南河大挑試用知縣鄭

世光於道光拾貳年伍月貳拾伍日在清河縣
清江浦地方病故移據清河縣知縣王國佐呈報
前來臣謹恭疏具
題伏乞
皇上聖鑒勅部查照施行謹具題
請旨

道光拾貳年柒月初參日兵部侍郎兼都察院右副都御史巡撫江蘇等處地方提督軍務兼理糧餉臣林則徐

# 江蘇巡撫林則徐題本　題明南河大挑試用知縣鄭世光病故日期

道光十二年七月初三日

兵部侍郎兼都察院右副都御史巡撫江蘇等處地方提督軍務總理糧儲臣林則徐謹

題為報明病故事。該臣查得南河大挑試用知縣

鄭世光於道光拾貳年伍月貳拾伍日在清河

縣清江浦地方病故，據清河縣知縣王國佐呈

報前來，謹具題

聞。

江蘇巡撫林則徐題本

## 題參江寧縣知縣王埰等疎防盜案限滿贓犯無獲

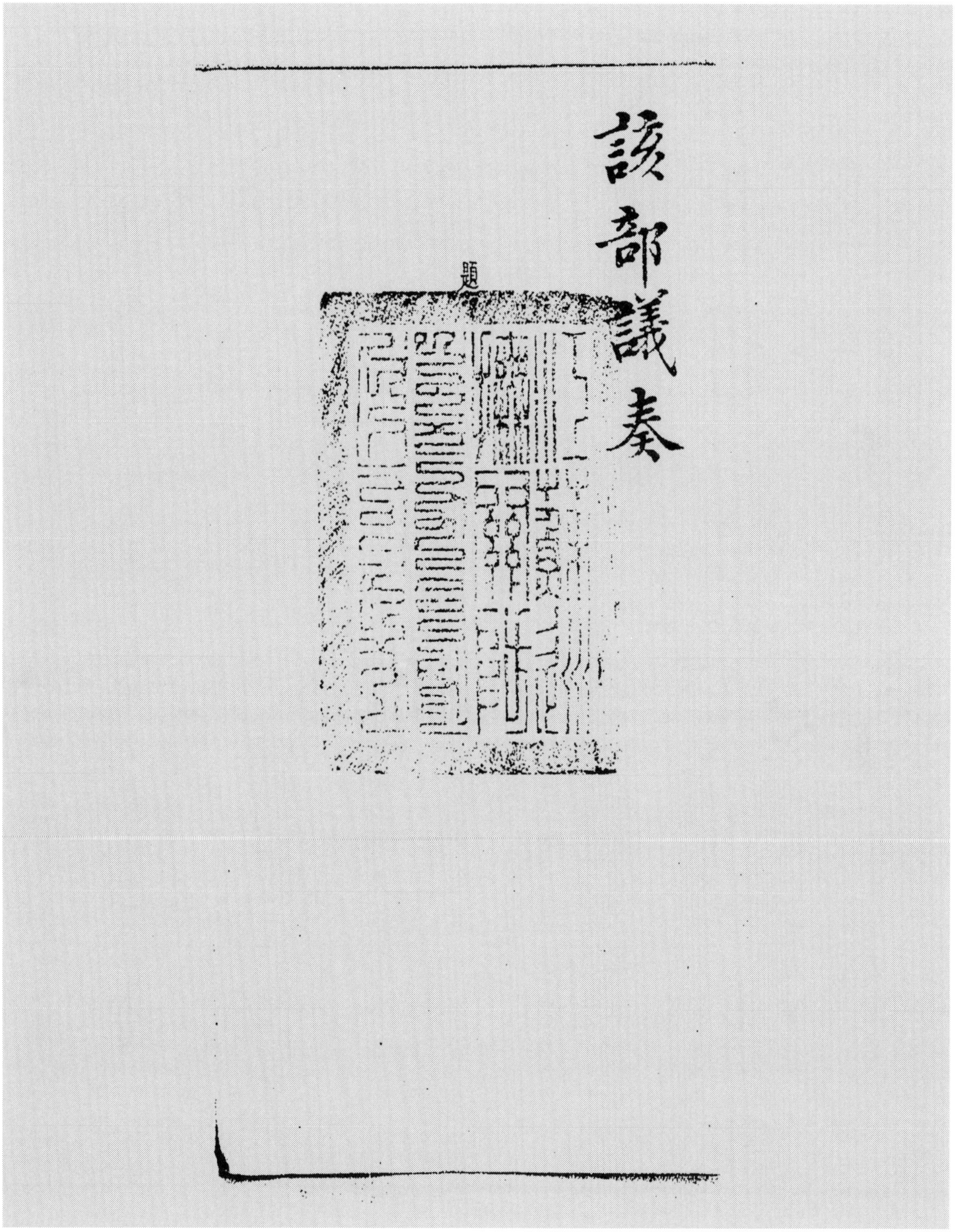
題

該部議奏

江蘇巡撫林則徐題本　題參江寧縣知縣王埰等疎防盜案限滿贓犯無獲

道光十二年七月初三日

## 江蘇巡撫林則徐題本 題參江寧縣知縣王採等疏防盜案限滿贓犯無獲

道光十二年七月初三日

兵部侍郎兼都察院右副都御史巡撫江蘇等處地方提督軍務總理糧儲臣林則徐謹
題爲詳參疏防文職事查接管卷內據署江蘇按
察使裕謙詳據江寧府知府趙炳言詳據江寧
縣知縣王採詳稱道光拾壹年拾壹月拾貳日
據溧水縣民陳國盛呈稱伊代人走信由安徽
廬州雇船至溧水交卸拾壹月初捌日傍晚船
至江寧銅井夾江口守風因浪大誤撞先泊該
處划船詎划船上有不識姓名數人過船搶去
銀信衣物開船逃逸追趕無蹤報候勘緝等情
到縣據經會營詣勘陳國盛船艙門扇均無損
痕該處係屬曠野並無鄰船停泊提訊事主船
戶入等供與報詞相同傳牙估計失贓值銀壹

百捌拾捌兩叁錢錄供通詳奉批緝拏在案茲
查此案防限屆贓犯無獲合將印捕職名開報等
情由府道遞開督緝兼轄職名請參到司除飭
勒緝贓犯務獲究報外該署江蘇按察使裕謙
查得江寧縣事主陳國盛被竊銀錢衣物估贓
通貫壹案疎防例限肆箇月應以道光拾壹年
拾壹月初捌失事之日起扣至拾貳年叁月初
捌日滿贓犯無獲所有文職疎防職名印官係
江寧縣知縣王琛捕官係江寧縣江寧司巡檢
謝寶銘督捕係同城江寧府南捕通判劉文徹
督緝係同城江寧府知府趙炳言兼轄係同城
前署江寧鹽巡道王瑞徵理合開報查督捕通

判劉文淑先於拾壹年拾壹月初壹日經藩司
委辦江北賑務帶印公出至拾貳年貳月初捌
日回署此案失事之日係在公出期內例得邀
免又前署道王瑞徵已於拾壹年拾壹月拾柒
日未經限滿之先卸事係署事官不復回任應
請議結前任鹽巡道署按察使薛謙係接督緝
之員例無處分相應詳候核參再此案失事處
所離城捌拾伍里離汛柒里並無墩堡防兵合
并聲明等情到護撫臣梁章鉅未及具
題移交到臣覆核無異該臣查得江寧縣事主陳
國盛被搶銀錢衣物估贓逾貫壹案疎防例限
肆箇月應以道光拾壹年拾壹月初捌失事之

日起扣至拾貳年叁月初捌日滿贓犯無獲開
列疎防職名詳叅前來除飭勒緝贓犯務獲究
報外所有文職疎防職名印官係江寧縣知縣
王埰捕官係江寧縣江寧司巡檢謝邁銘督捕
係同城江寧府南捕通判劉文澂督緝係同城
江寧府知府趙炳言兼轄係同城前署江寧鹽
巡道王瑞徵相應列叅聽候部議再查督捕通
判劉文澂先於拾壹年拾壹月初壹日經藩司
委辦江北賑務帶印公出至拾貳年貳月初捌
日回署此案失事之日係在公出期內例得邀
免又前署道王瑞徵已於拾壹年拾壹月拾柒
日未經限滿之先卸事係署事官不獲回任應

江蘇巡撫林則徐題本　題參江寧縣知縣王埰等疎防盜案限滿贓犯無獲

道光十二年七月初三日

請議緝結前任鹽巡道現署按察使蔣讓容接管
緝之員例無處分至此案失事處所離城捌拾
伍里離汛柒里並無撥堡防兵合並陳明臣謹
具
題伏乞
皇上聖鑒勅部議覆施行謹題請
旨

江蘇巡撫林則徐題本　題參江寧縣知縣王埰等疏防盜案限滿贓犯無獲

道光十二年七月初三日

兵部侍郎兼都察院右副都御史巡撫江蘇等處地方提督軍務總理糧儲臣林則徐謹
題爲詳參疏防文職事該臣查得江寧縣事主陳
國盛被搶銀錢衣物估贓逾貫壹案疏防例限
肆箇月應以道光拾壹年拾壹月初捌失事之
日起扣至拾貳年叁月初捌日滿贓犯無獲開
列疏防職名詳參前來除飭勒緝贓犯務獲究
報外所有文職疏防職名印官係江寧縣知縣
王埰捕官係江寧縣江寧司巡檢謝鎔督捕
係同城江寧府南捕通判劉文淑督緝係同城
江寧府知府趙炳言兼轄係同城前署江寧鹽
巡道王端擬相應列參謹題請
旨

道光[illegible]兵部侍郎兼都察院右副都御史巡撫江蘇等處地方提督軍務總理糧儲臣林則徐

江蘇巡撫林則徐題本　**補參川沙撫民同知鄭其忠等疎防盜案限滿獲犯尚未及半**

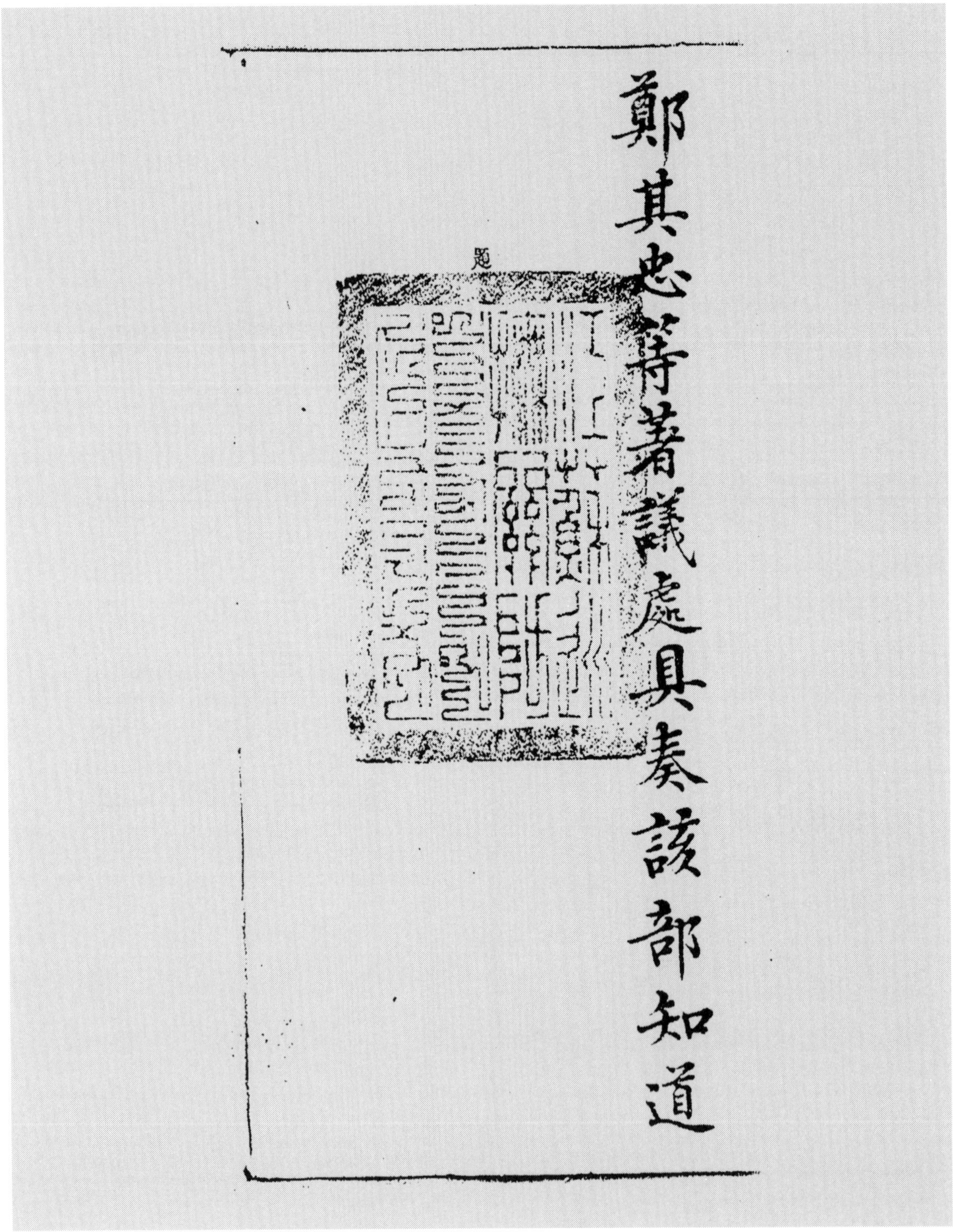
鄭其忠等著議處具奏該部知道

題

兵部侍郎兼都察院右副都御史巡撫江蘇等處地方提督軍務總理糧儲臣林則徐謹

題爲補參疎防文職事。據署江蘇按察使葆謙詳

稱：據松江府知府沈兆澐詳據川沙撫民同知

鄭其忠牒稱：道光玖年拾月拾貳日，據通州民

彭順先等報稱：伊管駕張祥泰商船攬載豆貨，

於拾月初捌晚駛至廳境木毛沙閣淺，初玖日

早有漁船水手藉稱代剝貨物過船，搶去豆石，

報候緝究等情。並據船户陳冠周報同前由。到

廳。據經會營詣勘，失事處所離八團外灘約貳

拾餘里，係屬川沙廳管轄内洋洋面，並無墩鋪

防兵。繪圖附卷，提訊船户人等，供與報詞無異。

飭差勒拏贓匪，務獲去後。旋於拾叁日，據兵捕

拏獲蔣士成等捌名起贓解廳訊供估贓值銀
叁拾捌兩伍錢造冊通詳旋據船戶陳冠周控
奉批飭解府訊據蔣士成葉咸金張士榮張耀
棕張揚狗夏幗文蔣保和蔡必衆等供在漁船
充當水手因張祥泰商船在洋閣淺該犯等各
自駛櫳攬剝正在計論剝價有逸犯蔡南山起
意搶奪該犯等同未獲之龔老振馬四戴茂生
夏五觀顧貴淋錢貴潮何秉文丁咸林張捈觀
丁老廷莊南丁小狗曹瑞隴錢發觀錢寶英一
共貳拾肆人過船搬搶豆石等供將各犯依邊
海採捕船戶乘危搶奪得財爲從杖壹百徒叁
年例各杖壹百徒叁年聲明事犯到官雖在道

光拾壹年正月拾貳日欽奉
恩旨以前不准援減等情詳奉批飭定地解配在案
查此案首夥貳拾肆人僅於限內拏獲夥犯捌
名獲犯尚未及半且有首犯未獲仍應開叅合
將印捕疎防職名詳候補叅等情由府道遞開
督緝兼轄各職名前來除飭勒緝首夥逸犯蔡
南山等務獲究報並移取武職職名另詳請叅
外該署江蘇按察使孫謙查得川沙廳搶犯蔣
士成等在內洋乘危搶奪張祥泰商船豆石獲
犯尚未及半查案疎防例限肆箇月應以道光
玖年拾月初玖失事之日起扣至拾年貳月初
玖日滿首犯無獲所有文職疎防職名印官係

川沙撫民同知鄭其忠捕官係川沙廳司獄董
學淳督緝係不同城前任松江府知府蘇廷玉
兼轄係不同城前任蘇松太道陸䕃奎再督緝
知府蘇廷玉已於玖年拾貳月初捌日未經限
滿之先調任蘇州府卸事不復回任應請議結
署府王青蓮是日到任係接督緝之員例無處
分又兼轄巡道陸䕃奎亦於拾年正月貳拾貳
日未經限滿之先調署淮運司卸事於拾年叁
月貳拾玖日回任疎防例限接扣至拾年肆月
拾伍日屆滿相應聲明伏候核奪等情到臣據
此該臣查得川沙廳搶犯蔣士成等在內洋乘
危搶奪張祥泰商船豆石獲犯尚未及半壹案

疏防例限肆箇月應以道光玖年拾月初玖失
事之日起扣至拾年貳月初玖日滿首犯無獲
開列疏防職名補參前來除飭勒緝首夥逸犯
蔡南山等務獲究報外所有文職疏防職名印
官係川沙撫民同知鄭其忠捕官係川沙廳司
獄董學淳督緝係不同城前任松江府知府蘇
廷玉兼轄係不同城前任蘇松太道陸蔭奎再
督緝知府蘇廷玉已於玖年拾貳月初捌日未
經限滿之先調任蘇州府卸事不復回任應行
議結署府王青蓮是日到任係接督緝之員例
無處分又兼轄巡道陸蔭奎亦於拾年正月貳
拾貳日未經限滿之先調署淮運司卸事於拾

年叁月貳拾玖日回任疎防例限接扣至拾年
肆月拾伍日届滿相應聲明列衆臣謹具
題伏乞
皇上聖鑒勅部議覆施行謹題請
旨

道光拾貳年柒月初叁日兵部侍郎兼都察院右副都御史巡撫江蘇等處地方提督軍務兼理糧餉臣林則徐

江蘇巡撫林則徐題本　補參川沙撫民同知鄭其忠等疏防盜案限滿獲犯尚未及半
道光十二年七月初三日

兵部侍郎兼都察院右副都御史巡撫江蘇等處地方提督軍務總理糧儲臣林則徐謹
題爲補參疏防文職事該臣查得川沙廳搶犯蔣
士成等在内洋乘危搶奪張祥泰商船豆石獲
犯尚未及半壹案疏防例限肆個月應以道光
玖年拾月初玖失事之日起扣至拾年貳月初
玖日滿首犯無獲開列疏防職名補參前來除
飭勒緝首夥逸犯蔡南山等務獲究報外所有
文職疏防職名印官係川沙撫民同知鄭其忠
補官係川沙廳司獄董學淳督緝係不同城前
任松江府知府蘇廷玉兼轄係不同城前任蘇
松太道陸蔭奎相應列參謹題請
旨

上諭　唐瞻淇所告案著交林則徐秉公審訊定擬

道光十二年七月初六日奉

旨此案著交林則徐親提人證卷宗秉公審訊按律

定擬具奏原告唐瞻淇該部照例解往備質欽此

江蘇巡撫林則徐題本

# 原參前任蘇州布政使誠端等員續完熟田錢糧請開復

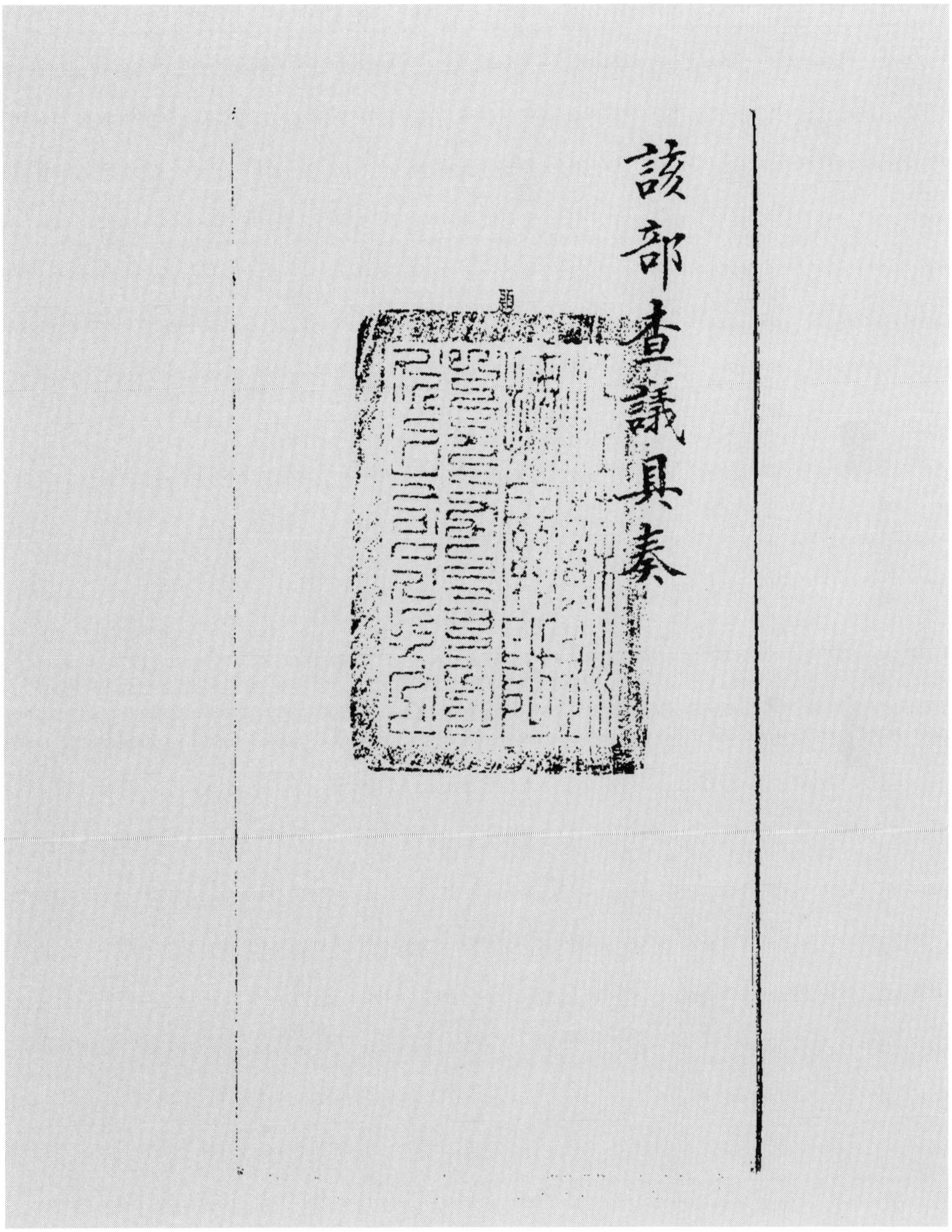
題

該部查議具奏

兵部侍郎兼都察院右副都御史巡撫江蘇等處地方提督軍務總理糧儲臣林則徐謹

題爲奏銷案內未完熟田錢糧各官叅後續完詳

請具

題開復事查接管卷內據署蘇州布政使額騰伊

詳稱竊照蘇松等屬道光伍年地丁等項正耗

錢糧案經依限造具

奏銷款冊詳奉核

題奉准部文內開吏部查定例地丁錢糧經徵州

縣官欠不及壹分者停其陞轉罰俸壹年戴罪

徵收布政使知府欠不及壹分者停其陞轉罰

俸陸箇月戴罪督催又定例官員承追不作指

分之雜項錢糧未完初叅降俸貳級戴罪催追

又定例各官任內有承督未完案件於限內離
任者以罰俸壹年完結又定例錢糧未完各官
參後續報全完者扣除免議等語除續報全完
各官均照例扣除免議前代理丹徒縣朱洵代
理不及壹月卸事及病故各員均無庸議外應
將經徵接徵未完不及壹分之前署新陽縣事
試用知縣傅璋前任江陰縣知縣王克勤署江
陰縣事試用知縣王澐前署靖江縣事常熟縣
知縣張敦道均照例停其陞轉罰俸壹年戴罪
徵收督催未完不及壹分之前任江蘇布政使
誠端江蘇布政使賀長齡蘇州府知府額騰伊
常州府知府程鍾齡鎮江府知府羅琦均照例

停其陞轉罰俸陸箇月戴罪督催學租項下未
完之代理縣丹徒縣事試用知縣潘宗耀署丹
徒縣事邳宿運河通判謝肇瀛均照例降俸貳
級戴罪催追張敦道係署事官傅璋潘宗耀俱
係試用署事之員王克勤以簡缺改補俱於未
經限滿之先卸事均應照離任官例張敦道於
現任內罰俸壹年傅璋潘宗耀王克勤各於補
官日罰俸壹年賀長齡已調山東布政使額騰
伊已陞江安糧道羅奇已陞淮海道謝肇瀛係
署事官王澐係試用署事之員其應照例議結
之處均俟復參案內聲明卸事日期吏部再行
核議等因除雜稅項下未完正耗銀兩於

奏從前據續解全完業經將原報開參經徵崑山
縣知縣馮東泰接徵代理靖江縣縣丞彭應照
又新陽縣經徵署事試用知縣傅璋接徵知縣
德宣等各職名專案詳咨扣除免議又官生空
缺項下未完銀兩亦據續解全完已將原報開
參新陽縣經徵署事試用知縣傅璋接徵知縣
德宣等職名詳咨扣除免議又學租項下未完
正耗銀兩亦據照數續完清款業將原參未完
之鎮洋縣學經徵訓導仲振猷職名詳咨扣除
免議並將前署丹徒縣事邵宿遲河通判謝肇
濂奉議降俸貳級戴罪催追之案專案詳
題開復外茲查地丁項下原報未完熟田正耗銀

兩除鎮江府屬丹徒縣道光玖年秋禾被災遞
緩外其餘熟田銀兩均經前司催據各屬徵解
全完造具道光伍年復叁年限並限外續完款
冊詳請具
題業奉部覆令將冊開限外卸事各官原叅議處
之案專案題請開復等因伏查該年
奏銷案內原叅奉議各官除已經病故之前任新
陽縣知縣德宣前任靖江縣知縣楊桂前署靖
江縣知縣張敦通前任丹徒縣知縣王臺前署
丹徒縣知縣潘宗耀均無庸再行核議開復外
應請將地丁項下全完之前任蘇州布政使誠
端前任蘇州布政使賀長齡又護署藩司額騰

伊前在蘇州府任内督催各分數并前任常州
府知府程鍾齡前任鎮江府知府羅琦前署新
陽縣知縣傅璋前任江陰縣知縣王克勤前署
江陰縣知縣王澐等各員原參處分具
題開復相應造冊詳候
題咨核銷再冊開鎮江府屬丹徒縣道光玖年秋
禾被災遞緩銀兩該縣續於道光拾年并拾壹
年均被災歉業經先後詳參具
奏并
題明緩徵各在案應從道光拾貳年秋後起分限
帶徵應俟屆限飭屬依限趕徵完解應請扣滿
年限查明完欠另行補報考成等情前護撫臣

梁章鉅未及具
題移交到臣該臣查得蘇松等屬道光伍年地丁
等項正耗錢糧奏銷案內未完熟田銀兩除鎮
江府屬丹徒縣道光玖年秋禾被災遞緩外其
餘未完熟田銀兩均據徵解全完先經造具復
參年限並限外續完款冊詳
題奉准部覆令將冊開限外卸事各官原參議處
之案
題請開復等因伏查該年奏銷案內原參奉議各
官除已經病故之前任新陽縣知縣德宣前任
靖江縣知縣楊桂前署靖江縣知縣張敦道前
任丹徒縣知縣王臺前署丹徒縣知縣潘宗耀

均無庸再行核議開復外應請將地丁項下全
完之前任蘇州布政使誠端前任蘇州布政使
賀長齡現署蘇州布政使顔藤伊前在蘇州府
任內督催各分數并前任常州府知府程鍾齡
前任鎮江府知府羅琦前署新陽縣知縣傅璋
前任江陰縣知縣王克勤前署江陰縣知縣王
澐等各員原參處分據署蘇州布政使顔藤伊
造冊詳
題開復并據聲明冊開鎮江府屬丹徒縣道光玖
年秋禾被災遞緩銀兩該縣續於道光拾年并
拾壹年均被災歉業經先後詳請具
奏并

題明緩徵各在案應從道光拾貳年秋後起分限
帶徵應俟屆限飭屬依限趕徵完解應請加滿
年限查明完欠另行補報考成等情移交前來
臣覆核無異除冊分送户吏貳部查核外相應
具
題伏乞
皇上聖鑒勅部核覆施行謹題請
旨

江蘇巡撫林則徐題本 原參前任蘇州布政使誠端等員續完熟田錢糧請開復

道光十二年七月初八日

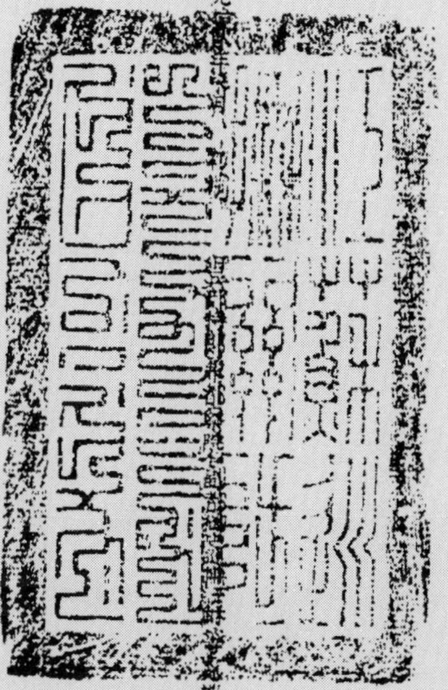

道光[illegible]兵部侍郎兼都察院右副都御史巡撫江蘇等處地方提督軍務總理糧儲臣林則徐

兵部侍郎兼都察院右副都御史巡撫江蘇等處地方提督軍務總理糧儲臣林則徐謹
題為奏銷案內未完熟田錢糧各官參後續完詳
請具
題開復事該臣查得蘇松等屬道光伍年地丁等
項正耗錢糧奏銷案內未完熟田銀兩除鎮江
府屬丹徒縣道光玖年秋禾被災緩徵外其餘
未完熟田銀兩均據徵解全完先經造具復參
年限並限外續完款冊詳
題奉准部覆令將冊開限外卸事各官原參議處
之案
題請開復等因伏查該年奏銷案內原參奉議各
官除已經病故之前任新陽縣知縣德宣前任
靖江縣知縣楊桂前署靖江縣知縣張執道前
任丹徒縣知縣王臺前署丹徒縣知縣潘宗耀
均無庸再行核議開復外應請將地丁項下全

完之前任蘇州布政使誠端前任蘇州布政使
賀長齡現署蘇州布政使額騰伊前在蘇州府
任內督催各分數并前任常州府知府程鍾齡
前任鎮江府知府羅靖前署新陽縣知縣傅璋
前任江陰縣知縣王克勤前署江陰縣知縣王
澐等各員原參處分擬署蘇州布政使額騰伊
造冊詳
題
開復并聲明冊開鎮江府屬丹徒縣道光玖
年秋禾被災遞緩銀兩該縣續於道光拾年并
拾壹年均被災歉業經先後詳請具
奏并
題明緩徵各在案應從道光拾貳年秋後起分限
帶徵應俟屆限飭屬依限趕徵完解應請加滿
年限查明完欠另行補報考成等情移交前來
臣覆核無異除冊送部查核外謹題請
旨

江蘇巡撫林則徐題本

## 核銷蘇松常鎮太五府州屬道光二年份動存常平倉米穀各數

該部察核具奏

## 江蘇巡撫林則徐題本 核銷蘇松常鎮太五府州屬道光二年份動存常平倉米穀各數

道光十二年七月初八日

兵部侍郎兼都察院右副都御史巡撫江蘇等處地方提督軍務總理糧儲臣林則徐謹

題爲報銷常平倉穀事查接管卷内據署蘇州布政使額騰伊詳稱竊照各屬常平倉項下存貯穀石例應每歲造具管收除在四柱款冊同減存行月米石糶價盈餘現存司庫銀兩造冊詳

題歷届遵辦在案今據蘇州松江常州鎮江太倉伍府州屬之長洲等叁拾肆廳州縣開報道光貳年分常平倉穀動存各數到司核查道光貳年常平倉項下共該額貯穀柒拾叁萬石舊管道光元年常平倉穀報銷冊報存倉穀叁拾陸萬肆千叁百叁拾捌石伍斗玖升玖合伍勺壹抄新收穀壹千壹百伍拾壹石伍斗陸升肆合

玖勺開除穀貳千柒百伍拾柒石陸斗壹升陸
勺實在存倉穀叁拾陸萬貳千柒百叁拾貳石
伍斗伍升叁合捌勺壹抄加上届冊報松太貳
府州屬嘉慶拾叁年動撥江寧省倉災缺兵糧
米未還穀陸千肆百伍拾肆石肆斗肆升捌合
肆勺又松太貳府州屬嘉慶拾玖年平糶未買
穀叁千捌拾捌石玖斗捌升又蘇松太叁府州
屬常熟等州縣動撥嘉慶拾玖年蘇城陸冬煑
賑米應買穀陸千石又蘇松太叁府州屬嘉慶
貳拾年借撥江寧省倉兵米應還穀壹千柒百
陸拾壹石貳斗玖升柒合又蘇松鎮太肆府州
屬嘉慶貳拾年借撥本省兵糧米應還穀柒千

壹百柒石陸斗陸升伍合肆勺又蘇松太叁府州屬嘉慶貳拾年借撥本省局糧米應還穀玖百石又蘇松太叁府州屬嘉慶貳拾年借撥本省恤孤米應還穀壹千貳百柒拾叁石陸斗肆升柒合肆勺又常鎮貳府屬嘉慶貳拾伍年借撥江寧省倉災缺兵糧米應還穀叁千貳拾貳石陸斗捌勺又太倉州屬嘉慶貳拾伍年借撥江道行月米應還穀壹千肆百捌拾捌石又各屬貳次清查案内註銷折價應買穀捌萬陸千肆百玖拾貳石陸斗壹升肆合伍勺又蘇州府屬長洲元和貳縣貳次清查案内註銷丹徒縣大解各年隆冬貢賑米應買穀伍千肆百石又

常州府屬荆溪縣貳次清查案內虧缺折價應
買穀叁千柒百叁拾柒石壹斗壹升玖合又松
常貳府屬官墊民欠案內豁免註銷應買穀壹
萬壹千柒百捌拾伍石伍斗貳升貳合柒勺又
蘇州府屬元和縣請豁嘉慶拾叁年貢賑不敷
米應買穀伍百捌拾陸石捌斗捌升陸合又蘇
州府屬昭文縣李鱗平糶案動缺豁免應買穀
肆千肆百陸拾肆石伍斗伍升伍合肆勺又松
常太叁府州屬道光元年借撥災缺江道行月
米應還穀壹千捌百肆拾叁石叁合又各屬叁
次清查案內折價另行籌追穀壹拾陸萬伍千
肆百陸拾叁石玖斗捌升陸合玖勺玖抄又鎮

江府屬丹徒縣嘉慶拾叁年平糶未買穀叁千
貳百肆拾陸石捌斗捌升伍合叁勺陸抄又蘇
州府屬震澤縣嘉慶拾玖年平糶未買穀壹千
捌百貳拾石又松江府屬奉賢縣嘉慶貳拾年
平糶未買穀陸百貳拾捌石貳斗貳升統共應
存穀陸拾柒萬玖千貳百玖拾柒石玖斗捌升
伍合柒勺陸抄內有昭文縣溢額穀壹千陸百
貳拾石柒斗柒升貳合捌勺又溧陽縣溢額穀
壹萬伍千肆百捌拾肆石伍斗貳升叁合貳勺
計長洲等叁拾貳州廳縣歷年支給囚遞軍流
等項口糧動缺穀陸萬柒千捌百柒石叁斗壹
升貳勺肆抄相應分晰轉造司冊並遵例將節

奉部文於冊首敘明詳送具
題又崇明縣備崇備糶米壹萬石抵穀貳萬石另
造四柱冊同送又各年減存行月米石糶價盈
餘銀兩實在存庫無項又買補平糶盈餘銀兩
實在存庫無項分造清冊附呈達部此案報銷
應於道光叁年伍月內詳
題應俟該年四遞報銷及上屆倉穀報銷造冊詳
題後接續造報所有遲延職名已於嘉慶貳拾伍
年倉穀報銷案內聲明在案合並聲明等情前
護撫臣梁章鉅未及具
題移交前來該臣查得各屬常平倉穀例應按年
造冊

## 江蘇巡撫林則徐題本　核銷蘇松常鎮太五府州屬道光二年份動存常平倉米穀各數

道光十二年七月初八日

題報所有道光貳年動存米穀各數并減存行月
米石糶價盈餘銀兩案經檄行照例造報今據
署蘇州布政使額騰伊詳稱蘇州松江常州鎮
江太倉伍府州屬長洲等叁拾肆廳州縣常平
倉項下共該額貯穀柒拾叁萬石舊管道光元
年常平倉穀報銷冊報存倉穀叁拾陸萬肆千
叁百叁拾捌石零新收穀壹千壹百伍拾壹石
零開除穀貳千柒百伍拾柒石零實在存倉穀
叁拾陸萬貳千柒百叁拾貳石零加上屆冊報
松太貳府州屬嘉慶拾叁年動撥江寧省倉災
缺兵糧米未還穀陸千肆百伍拾肆石零又松
太貳府州屬嘉慶拾玖年平糶未買穀叁千捌

江蘇巡撫林則徐題本　核銷蘇松常鎮太五府州屬道光二年份動存常平倉米穀各數

道光十二年七月初八日

拾捌石零又蘇松太叁府州屬常熟等州縣動
撥嘉慶拾玖年蘇城陞冬賞賑米應買穀陸千
石又蘇松太叁府州屬嘉慶貳拾年借撥江寧
省倉兵米應還穀壹千柒百陸拾壹石零又蘇
松鎮太肆府州屬嘉慶貳拾年借撥本省兵糧
米應還穀柒千壹百柒石零又蘇松太叁府州
屬嘉慶貳拾年借撥本省局糧米應還穀玖百
石又蘇松太叁府州屬嘉慶貳拾年借撥本省
籼米應還穀壹千貳百柒拾叁石零又常鎮
貳府屬嘉慶貳拾伍年借撥江寧省倉災缺兵
糧米應還穀叁千貳拾貳石零又太倉州屬嘉
慶貳拾伍年借撥江道行月米應還穀壹千肆

百捌拾捌石又各屬貳次清查案內註銷折價
應買穀捌萬陸千肆百玖拾貳石零又蘇州府
屬長洲元和貳縣貳次清查案內註銷丹徒縣
欠解各年隆冬賣賑米應買穀伍千肆百石又
常州府屬荆溪縣貳次清查案內虧缺折價應
買穀叁千柒百叁拾柒石零又松常貳府屬官
墊民欠案內豁免註銷應買穀壹萬壹千柒百
捌拾伍石零又蘇州府屬元和縣請豁嘉慶拾
叁年賣賑不敷米應買穀伍百捌拾陸石零又
蘇州府屬昭文縣李翻平糶案動缺豁免應買
穀肆千肆百陸拾肆石零又松常太叁府州屬
道光元年借發災缺江道行月米應還穀壹千

捌百肆拾叁石零又各屬叁次清查案內折價
另行籌追穀壹拾陸萬伍千肆百陸拾叁石零
又丹徒縣嘉慶拾叁年平糶未買穀叁千貳百
肆拾陸石零又震澤縣嘉慶拾玖年平糶未買
穀壹千捌百貳拾石又奉賢縣嘉慶貳拾年平
糶未買穀陸百貳拾捌石零統共應存穀陸拾
柒萬玖千貳百玖拾柒石零內有昭文縣溢額
穀壹千陸百貳拾石零又溧陽縣溢額穀壹萬
伍千肆百捌拾肆石零計長洲等叁拾貳州廳
縣歷年支給因遣軍流等項口糧動缺穀陸萬
柒千捌百柒石零分晰轉造司冊並遵例將節
奉部文於冊首敍明詳送具

題又崇明縣儲崇備糶米壹萬石另造四柱冊同
各年減存行月米石糶價盈餘及買補平糶盈
餘銀兩實在存庫無項分造清冊附呈達部并
聲明此案報銷應於道光叁年伍月內辦
題應俟該年因遲報銷及上屆倉穀報銷造冊詳
題後接續造報所有遲延職名於嘉慶貳拾伍年
倉穀報銷案內聲明等情移交前來臣覆核無
異除冊送部查核外相應繕具
題伏乞
皇上聖鑒勅部核覆施行謹題請
旨

江蘇巡撫林則徐題本　核銷蘇松常鎮太五府州屬道光二年份動存常平倉米穀各數

道光十二年七月初八日

道光[illegible]提督軍務總理糧儲臣林則徐

兵部侍郎兼都察院右副都御史巡撫江蘇等處地方提督軍務總理糧儲臣林則徐謹
題為報銷常平倉穀事竊臣查得各屬常平倉穀
例應按年造冊
題報所有道光貳年分動存米穀各數并減存行
月米石糶價盈餘銀兩業經撥行照例造報今
據署蘇州布政使額騰伊詳稱蘇州松江常州
鎮江太倉五府州屬長洲等叁拾肆廳州縣常
平倉須下舊管道光元年冊報存倉穀叁拾陸
萬肆千叁百叁拾捌石零新收穀壹千壹百伍
拾壹石零開除穀貳千柒百伍拾柒石零實在
存倉穀叁拾陸萬貳千柒百叁拾貳石零分斷
轉造司冊並崇明縣備崇備糶米壹萬石另造
四柱冊同減存行月米石糶價盈餘及買補平
糶盈餘銀兩實在存庫無項分造清冊詳
題移交前來臣覆核無異除冊送部外謹題請
旨

江蘇巡撫林則徐奏摺　**揚州關一年期滿短收盈餘銀兩着落照數賠補**

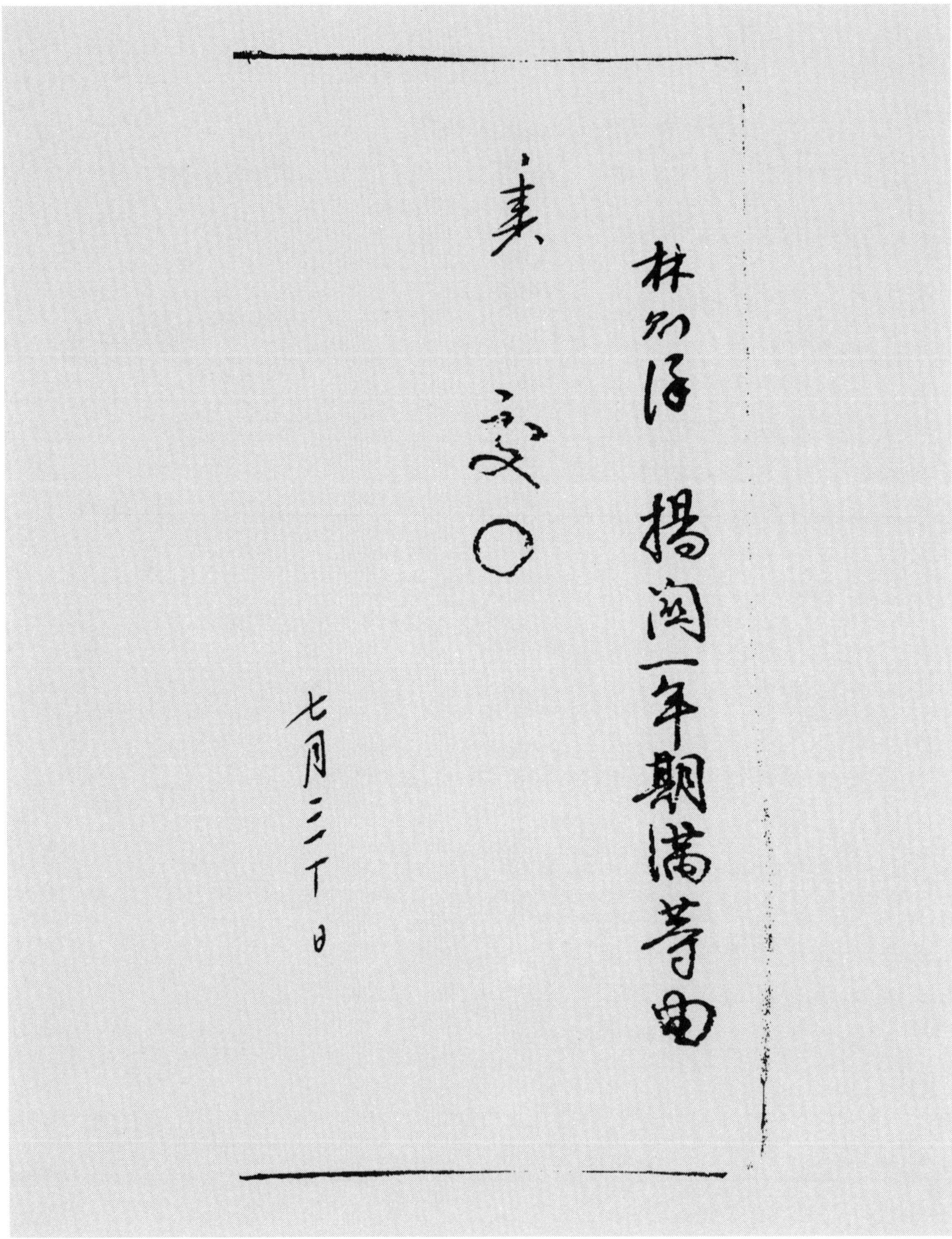
林則徐　揚關一年期滿等由
奏　交○
七月二十日

江蘇巡撫林則徐奏摺　揚州關一年期滿短收盈餘銀兩着落照數賠補
道光十二年七月十三日

江蘇巡撫臣林則徐跪
奏為揚關一年期滿短收盈餘銀兩着落賠補
仰祈
聖鑒事竊臣前准部咨嘉慶四年三月欽奉
上諭各關情形不同而有盈餘處所自應照查近年
加增最多之處分別核減自此次定額之後倘各關每
年盈餘於新定之額再有短絀即令著落賠補若
於定額之外或有多餘亦即儘收儘解其三年比較之例
永行停止欽此等因並奉
欽頒定揚關盈餘銀六萬八千兩額於嘉慶六年大年
七月內又准戶部咨奉
旨揚州關酌減盈餘銀兩著定為七萬一千兩等因欽

此銀兩係在案前接管揚關事常鎮通
海道王瑹徵詳據揚關由南自道光十一年六月
初十日起至本年六月初九日止一年期滿內前
任前關道張岳崧自道光十一年六月初十日
起至本年三月二十二日卸事前一日止徵收銀
八萬三千二百四兩零又遵
旨免徵四省米船米麥豆稅銀二萬七千七百十七兩
又上年江淮等屬被水成災奏
恩旨招商採買米麥運往災區銷售均予免稅當
計共免徵商民米麥稅銀一萬一百五十四兩零該
道王瑹徵自本年三月二十二日接徵起至六月
初九日期滿止共徵收銀二萬九千三百八兩零又免

徵商民米稅銀三千五百三十二兩零統計先後兩
任因閘實徵免徵共銀十五萬三千九百五十三兩
零除正額銀九萬二千七百九十一兩零並部徵
定外計盈餘銀六萬一千一百六十二兩零核與
欽定盈餘銀七萬一千兩之數計少收銀九千八百三十七兩
零較之上年短收銀四萬餘兩相去固屬懸殊
究未能照額徵足自應照例分按在任月日賠補
情詳請具
奏前來臣查揚關短收加察諸已悉情形前經節次
徵收簿冊及現填冊檔逐一核對並無徵多報少
情弊所有短收盈餘銀九千八百三十七兩零內
前任管關道張岳崧應短銀七千七百五十兩零該

江蘇巡撫林則徐奏摺　揚州關一年期滿短收盈餘銀兩着落照數賠補

道光十二年七月十三日

道旦隨繳應賠銀二千一百三十一兩零應即照
例著令按限賠繳再查新例短收盈餘以六成
作為額內以四成作為額外本年短收銀兩應合全部
外不應議賠合應請免其置議除飭將支解各款
另行詳
題外理合恭摺具
奏伏乞
皇上聖鑒謹
奏
道光十二年七月二十日奉
硃批戶部議奏欽此
七月十二日

# 奏報江蘇省道光十二年六月份雨水糧價情形

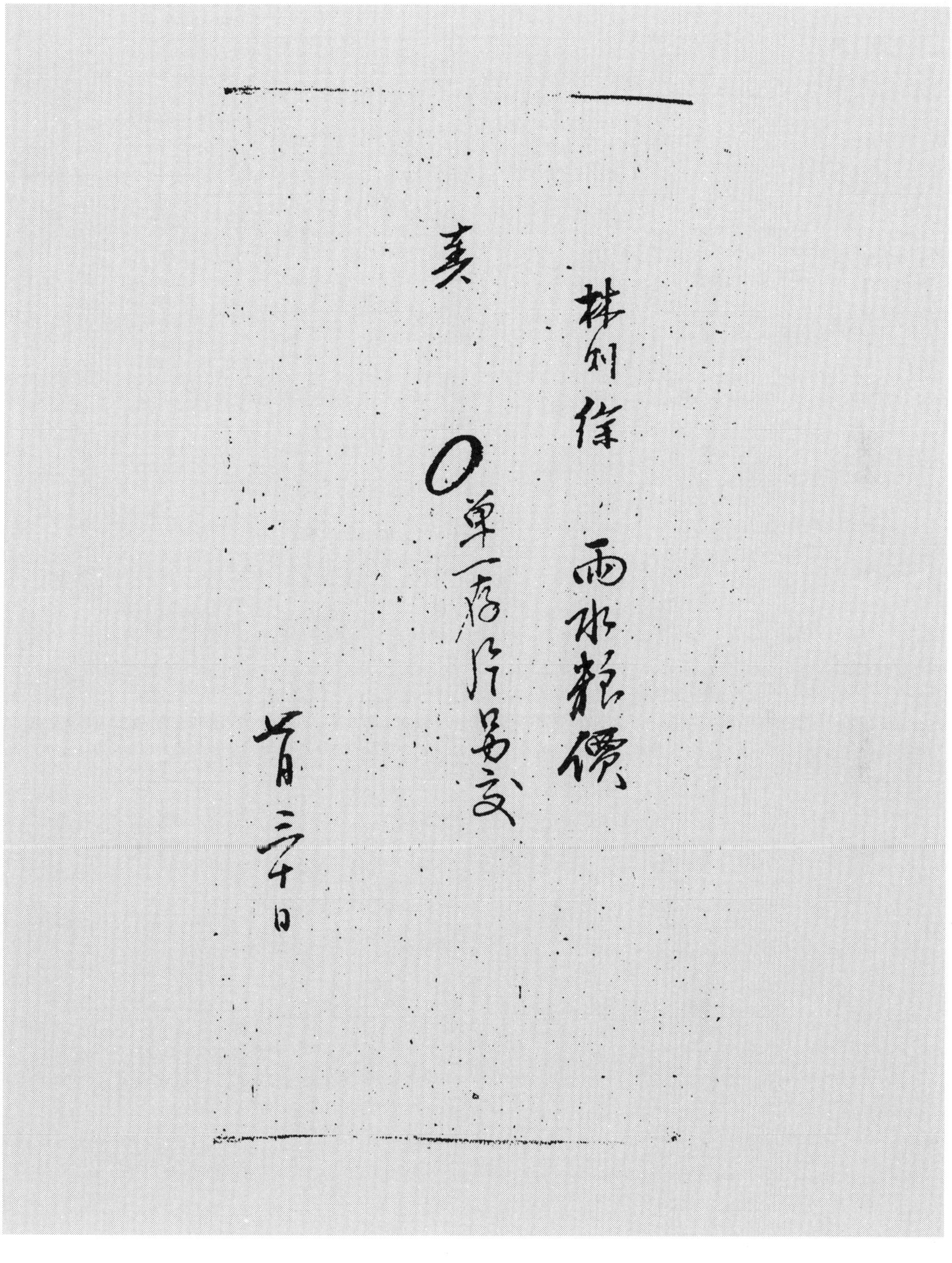
林則徐　雨水糧價

奏

○單一摺片另發

旨　三十日

江蘇巡撫林則徐奏摺　奏報江蘇省道光十二年六月份雨水糧價情形
道光十二年七月十三日

江蘇巡撫臣林則徐跪
奏為奏報六月分雨水糧價情形仰祈
聖鑒事竊照江蘇省本年五月分雨水糧價經臣恭摺
奏報在案茲據各屬先後稟報六月上旬初一至
十日中旬十一至二十下旬二十一至二十九等日
或得雨微或得透雨自一二三寸至八寸一尺
三寸不等江南該郡低田均以霑足現在禾
苗暢茂極為青葱惟高田得雨未透者尚
資車灌江以北諸郡如淮安府之山陽阜寧清
河桃源安東揚州府屬之高郵寶應徐州府屬
之沛縣碭山邳州宿遷睢寧海州并所屬之
沭陽等州縣因連旬雨澤稍多低田間有積水

江蘇巡撫林則徐奏摺 奏報江蘇省道光十二年六月份雨水糧價情形 道光十二年七月十三日

現係各該州縣上忙陸續清款趕緊速還無礙秋
成至通省糧價江寧淮安揚州徐州鎮江太倉
海門六府州所屬較平減蘇州松江二府屬稍
有加增常州通州二府州屬互有貴賤均與上年
相仿地方安謐堪以仰慰
宸懷理合恭摺具
奏並繕六月份糧價清單恭呈
御覽伏乞
皇上聖鑒謹
奏
道光十二年六月二十九日
硃批知道了欽此
七月十三日

江蘇巡撫林則徐清單　**江蘇省道光十二年六月份糧價清單**

謹將江蘇省道光十二年六月分米糧時價開
繕清單敬呈
御覽

計開

江寧府屬 價貴中

上米每倉石價銀二兩九錢五分至三兩五
錢 較上月賤一錢

中米每倉石價銀二兩八錢五分至三兩二
錢 較上月賤九分

糙米每倉石價銀二兩七錢至三兩 較上
月賤一錢

小麥每倉石價銀一兩六錢至二兩二錢

較上月賤一錢五分
大麥每倉石價銀九錢至一兩四錢五分
較上月賤二錢
黄豆每倉石價銀一兩九錢至二兩六錢
與上月同
蘇州府屬　價貴中
上米每倉石價銀二兩六錢至三兩三錢
較上月貴二錢
中米每倉石價銀二兩五錢至二兩八錢
較上月貴一錢
糙米每倉石價銀二兩四錢至二兩七錢
較上月貴二錢

小麥每倉石價銀一兩五錢至二兩二錢
與上月同
大麥每倉石價銀七錢五分至一兩　與上
月同
黃豆每倉石價銀一兩六錢三分至二兩四
錢　較上月貴一錢
松江府屬　價貴中
上米每倉石價銀二兩四錢七分至三兩二
錢　較上月貴一錢
中米每倉石價銀二兩四錢至二兩九錢
較上月貴一錢
糙米每倉石價銀二兩三錢五分至二兩七

錢　較上月貴二錢
小麥每倉石價銀一兩四錢至一兩七錢
與上月同
大麥每倉石價銀八錢五分至一兩　與上
月同
黄豆每倉石價銀一兩四錢至二兩　與上
月同
常州府屬　價貴中
上米每倉石價銀二兩六錢至二兩八錢
較上月貴五分
中米每倉石價銀二兩五錢五分至二兩七
錢　較上月貴五分

糙米每倉石價銀二兩四錢至二兩六錢
較上月貴一錢
小麥每倉石價銀一兩九錢至二兩　較上
月賤一錢
大麥每倉石價銀九錢五分至一兩二錢
與上月同
黄豆每倉石價銀二兩一錢至二兩二錢
與上月同
鎮江府屬　價貴中
上米每倉石價銀二兩四錢至三兩二錢
與上月同
中米每倉石價銀二兩二錢至三兩一錢

與上月同
糙米每倉石價銀二兩至三兩 與上月同
小麥每倉石價銀一兩七錢至二兩 較上
月賤一錢
大麥每倉石價銀一兩二錢至一兩四錢
與上月同
黃豆每倉石價銀二兩二錢 較上月賤一
錢
淮安府屬 價貴中
上米每倉石價銀二兩九錢六分至三兩九
錢 較上月賤二錢
中米每倉石價銀二兩八錢七分至三兩六

錢五分　較上月賤四錢
糙米每倉石價銀二兩六錢至三兩三錢
較上月賤五錢五分
小米每倉石價銀一兩六錢至二兩　較上
月賤二錢
小麥每倉石價銀一兩三錢五分至一兩六
錢七分　較上月賤九錢八分
大麥每倉石價銀九錢至一兩五分　較上
月賤七錢
黄豆每倉石價銀一兩七錢至二兩五錢
較上月賤一錢
秫秫每倉石價銀一兩一錢三分至一兩六

錢 與上月同

揚州府屬 價貴中

上米每倉石價銀二兩八錢至三兩一錢五分 較上月賤二錢五分

中米每倉石價銀二兩六錢至三兩 較上月賤三錢

糙米每倉石價銀二兩四錢至二兩九錢 較上月賤三錢

小麥每倉石價銀一兩四錢五分至一兩八錢五分 較上月賤二錢五分

大麥每倉石價銀六錢至一兩一錢 較上月賤一錢四分

黄豆每倉石價銀一兩七錢至二兩四錢
與上月同
秫秫每倉石價銀一兩四錢 與上月同

徐州府屬 價貴中
大米每倉石價銀三兩九錢五分至四兩二
錢 較上月賤五分二
小米每倉石價銀二兩四錢至三兩八錢四
分 較上月賤一分
小麥每倉石價銀一兩五錢五分至二兩六
錢五分 較上月賤二錢
大麥每倉石價銀九錢至一兩三錢五分
較上月賤二錢

黄豆每倉石價銀一兩五錢五分至二兩六
錢 較上月賤五分
秫秫每倉石價銀一兩二錢八分至二兩
與上月同
太倉州併屬 價貴中
上米每倉石價銀二兩八錢至三兩三錢五
分 與上月同
中米每倉石價銀二兩六錢五分至四兩一
錢 與上月同
糙米每倉石價銀二兩四錢五分至三兩八
錢 與上月同
小麥每倉石價銀一兩一錢五分至二兩一

錢 較上月賤一錢
大麥每倉石價銀一兩五分至一兩三錢
與上月同
黄豆每倉石價銀一兩七錢至二兩五分
與上月同
海州併屬 價貴中
上米每倉石價銀三兩七錢七分至四兩六
錢 與上月同
中米每倉石價銀三兩二錢至四兩四錢五
分 與上月同
糙米每倉石價銀三兩一錢四分至三兩九
錢 與上月同

小米每倉石價銀二兩二錢五分至三兩二錢 與上月同
小麥每倉石價銀二兩一錢四分至三兩一錢 與上月同
大麥每倉石價銀九錢四分至一兩六錢 與上月同
黄豆每倉石價銀一兩九錢至三兩六錢 與上月同
秫秫每倉石價銀九錢五分至一兩九錢 與上月同
通州併屬 價貴中
上米每倉石價銀三兩一錢至三兩五錢

較上月貴一錢
中米每倉石價銀二兩八錢至三兩三錢五
分　較上月貴一錢
糙米每倉石價銀二兩七錢至三兩二錢五
分　較上月貴一錢
小麥每倉石價銀二兩至二兩五錢　與上
月同
大麥每倉石價銀一兩一錢五分至一兩三
錢　較上月賤二錢
黃豆每倉石價銀一兩九錢至二兩四錢
與上月同
海門廳　價貴中

上米每倉石價銀五兩六錢　較上月賤四錢

中米每倉石價銀五兩四錢　較上月賤四錢

糙米每倉石價銀四兩九錢　較上月賤六錢

小麥每倉石價銀二兩　較上月賤一兩二錢

大麥每倉石價銀一兩二錢　較上月賤一兩

黄豆每倉石價銀三兩二錢　較上月賤三錢

覽

## 江蘇巡撫林則徐奏摺　審擬句容縣民婦高劉氏抱控伊夫被毆傷斃案

林則徐審擬民婦高劉氏控案由

奏○交

七月二十日

## 江蘇巡撫林則徐奏摺 審擬句容縣民婦高劉氏抱控伊夫被毆傷斃案

道光十二年七月十三日

江蘇巡撫臣林則徐跪
奏為遵
旨審明定擬仰祈
聖鑒事。竊照江蘇句容縣民婦高劉氏遣抱告陳
控伊夫高鍾馨被胞姪高必華毆傷斃命
一案，先照律嚴擬，按其情節參差，擬經部審覆奏。奉
諭旨：此案業經林則徐親提人證秉公嚴審，按
律定擬具奏。抱告陳伍氏該部照例解往備質。欽
此。遵查此案原係高必華因向高鍾馨討索舊欠肩
爭走回，高鍾馨從後趕上拒奪，用鐵鋤致高鍾馨壓
墜受傷身死，將高必華依律擬絞監候，解由司詳
經前護撫臣梁章鉅勘

題在案。旋任接准移交，據按察使來君復據蘇州
府知府程鑄等訊明，由署臬司詳請稱審，來日
隨親提原被犯證逐加研鞫。緣高劉氏籍隸句
容縣，死高鍾鏊之妻。高鍾鏊有胞弟高鍾禧
出繼與其堂叔小功服叔高樾鍾爲子，降服緦麻。
高鍾禧之子高洪華與高鍾鏊已屬服制盡。
年據道光十年分向高樾鍾之妻吳氏物故，
高鍾鏊當住幫理喪務，據取方桌一張，該言令
作爲價。高洪華索時事他未理，理會十七年七月
二十一日高洪華因上前向扶桌，居用榥及高鍾鏊
所取之桌，往向索還。高鍾鏊斥之，高洪華答
以伊祖母存日並無分給桌子之言，兩爭肩角方

某乃走高鍾鰲從後趕上揪住某角扭奪高
汝華站腳不住連某帶汝仰跌高鍾鰲亦仰面
帶跌以致某角磨傷高鍾鰲右肩甲又因地
上釘有磨某木樁致墊傷右後肋喊痛經高
鍾鰲之妻高劉氏聞聲趕至將高鍾鰲扶
歸詎高鍾鰲傷重旋即殞命高劉氏遣抱
經縣探物驗訊通詳時有族人高中全向高
劉氏許說以高鍾鰲係為某翻跌磕致死不應
高汝華抵命高劉氏之嫂高許氏爭辯被
此樹攔高劉氏生氣遂相高汝華瞅踢伊左小
腹傷身死并高中全均係伊兇等情赴郡
府控告經該府訊係事并控高中全避不到案

將高汝華按律詳辦。復有族人高樾堂因汝淦
成不向高劉氏加阻，反代作指，將汝淦成村斥。高
劉氏又捏汝淦成被高樾堂等毆打，求著詞赴府
續控。該府提訊未到，高劉氏又令高汝華已經挾控之恨
不甘，又照歷控情節，遣汝淦成赴都察院呈控。奉
諭旨交臣審辦。臣提集犯證，親加研訊，據高樾堂等供悉前
情不諱。伏查本案以屍傷為憑，據高鍾鰲被
高汝華腳踢致死命，與原驗木器傷痕不符，且
高劉氏詞稱高鍾鰲右脇下傷圍圓五寸七分，長
三寸三分，更與腳踢情形不相脗合，是高鍾鰲之死
由於壓撞，已可概見。詰訊高劉氏，據供高鍾鰲
實係向高汝華奪梟失跌，壓撞致傷身死。因

不允高以華已經同控一時痛夫情切因將伊牽
砌質之在場人鄭念無從牽手匯作此案
高鍾盤因高以華討索眉目役以控奪一同失
跌致被壓壓受傷身死業已歷訊明確查高
以華為人後之子孫與本生親伯高鍾盤已
無服制應同凡論高以華應請仍照原擬依
鬥毆殺人不問手足他物金刃並絞監候新律擬絞
監候秋後處決高劉氏並不查明高以華已擬
律擬絞輒行砌詞牽控雖訊由痛夫情切而控
詞業已失實高劉氏應請照申訴不實律杖一
百係婦人照律收贖係從並不勸阻亦聽從
擬無控之處不合應照不應重律杖八十折責

其高善埃等訊未將伊治風聲於左免置議高
中全餘叙樣查無究其情餘房等干擬以釋
除備錄供招送部查覆外謹恭摺具
奏伏乞
皇上聖鑒敕部議覆施行再犯供在京信移查事
省無庸開明犯無二次查無楯相符合併陳明
謹
奏
道光十二年七月二十四日奉
硃批刑部議奏欽此
七月十二日

## 江蘇巡撫林則徐奏摺　審明宜興縣革貢路同申因案審虛刊刻冤狀定擬

道光十二年七月十三日

林則徐

審擬路同申刊刻冤狀案由

奏

旨

三十日

江蘇巡撫臣林則徐跪

奏為遵

旨審明革貢因案審虛刊刻冤狀按例定擬恭摺

奏祈

聖鑒事竊照宜興縣革貢生路同申被殷森控告挾

恨唐墨罷捏刊冤狀牽列幕友丁晉燔串桂

斷等情一案經前撫臣程祖洛將控詞審出情

刑奏奉

上諭程祖洛奏貢生因案審虛刊佈冤狀牽列幕

友丁晉燔一摺此案宜興縣貢生路同申與

殷森因爭地訐訟尚未斷結輒與其子士英路兆襄

刊佈冤狀牽涉官吏婪私追詳控告研訊尹復自

行飭吳彥彥均應辰根究著又路好徐取提人
證彥宗秉秉府審確情按律定擬具奏去後據桂
復錄此即經護撫臣梁章鉅案錄行司提之日到任
後據提人證由蘇臬司蔡會同署藩司勝
伊審擬解前來臣即親提人證審緣彥宗秉
公研鞫係路同申蔣隸宜興縣學貢
貢路姓共有四房路同申係長房子孫分房均
之有宗祠根在四房路懷彬經建祠其墳基
坐落該來山灘字號係在四房子孫管業與路
同申等於嘉慶九年四月赴陽湖縣
將路懷墳賣併代進姜夾周守成出為說
合陸路懷派下分長房亦元善進族議明

將墳旁餘地續賣洽八分，得價建祠立堂，保
一百七十六千寫立絕契，戚子路同申之弟路梓先
亦書名畫押。殷森將奴父殷仲超牌坊安葬
所，今同字民出賣。其時路同申外出，迨後回家
向知，即以子孫不應擅賣祖墳地畝，並因伊弟
路梓先主使說將伊名押塗錯，經族長路應曾
呈縣飭提。路同申所同族衆聯名赴縣，其呈
內有原賣列名之路桂森亦翻悔請贖，經前署
縣知縣唐協訊斷，並逐繳價回贖，殷森不服，呈府
批飭確詳。前府陳肇霞斷令殷森出契管
業，不准回贖。嗣路同申復請徐書凱雲松叙稿，捏殷森騰
札飭道照路同申不與路桂森赴案質，送呈其批

有路敏確於十一年四月十六日赴殷森僧庵賄
囑殷增啟因與殷森挂名婚姻起意挖遷殷伴
起棺柩淺之楊茅詳該七圖遂找路同申捏稱殷
森係伊姪媳因嫌向不利夫家遂指路同申未經
信從殷增啟赴縣具呈捏稱殷森自願遷葬
並令路同申轉僱其船指引挖遷路同申信以
為實遂同路林桂代僱馬保大等夫船於四月
十九日至墳山路同申指同受所殷增啟棺開
路經周守成門首被周守成望見信知殷森係
殷伴遂堵土令馬保大等將棺柩扛抬下船
私處均道詳將殷增啟由其殷森赴臬司衙
門控於路同申串通挖掘棺柩偷葬　究係何殷

增啟之弟媳殷蔣氏向信赴城適遇里書殷加
元之子因與殷森有嫌尋令殷蔣氏捏以殷森之
母殷陸氏令殷增啟寫逼推等詞赴府具呈因脫
殷增啟之名遂將殷蔣氏嫡姪即以前呈係殷加元
等冒遞等情控府飭究路同申恐被查辦遂
赴司衙門親訴律前控司程祖洛押發該府審訊
飭交與史殿寶因病取保張路同申因案審
虛慮干重罪並將殷森行賄串謀等捏
成子冒捏串誣枉勘各情以伸子冤路同申即路從
衆士名寫成冤狀單將平素往來親友并
宴姓周南橋及浣白君梅如赴會館等一併
砍入令刻字匠諸金鏡照刻一板付給洋詩一

因路萬文面向蔡升之手紙尚未散佈經伊子
路霖再三勸阻悔悟將板毀銷此路同申因被控
掩飾情虛畏罪捏刊冤狀之原委也所經訴各
情節但訪聞起出殘板及所存冤狀通字批偽帖
州府訊供并原稿市肆書吏蘇州府確審路同申
不待被證質訊自認狂率經前撫臣程祖洛親
提訊供無異等
諭臬司審辦旋據該司等研訊詳解前來臣提
集人證當堂研鞫不但丁青人等供無得辭
實即其所列各證亦自稱並無干預被牽
之高梅如趙雲從素係行醫教讀為生並未
充當院司書吏質之路同申備首認誣情原詐冤

呈路同申冤狀所列行賄各層如果全無其事何致平空捏砌恐幕友丁香實有賄串枉斷為梅如等雖非書吏亦在蘇招撞騙以致路同申屈同案例不可不徹底嚴究隨又逐層細詰據府書姚雲松堅供積係革貢錢協亦並非幕中內稿那有為路同申出名賄通幕友之語並據殷森供伊於前約往書充候補隨役但到任甚久何肯復向行賄甚至詳許數千之多全係路同申捏造又據書梅如趙雲濱等各供殷森冒壞涉訟伊等遣赴蘇城即使來者出狀伊等何信書知在蘇外撞騙勒詐復向路同申反覆問導令將所刊行賄各情據實供指毋任

將貴路同申堅稱五月被控情急一時糊塗捏造
趙雲程等姓名自平昔風聞實不能指出確
據如有屋折室肯隨思不社自甘重犯等語矣
口不移案云匿帖查例載將曖昧不明如之姦罪
情將人名字報覆私帖貼附近之罪又律
載尊長受卑幼控揭開棺揭見屍者總麻杖
一百徒三年小功以上各遞減一等各等語此案
路同申於殷森向路盛元等買地築墳事不干
己事輒聽信錯契藏伊弟名押投殷江瑞徒復
輕信殷增啓之言指引撥棺被控畏罪挾嫌
捏造薛友丁香錢未錢姓名妄刊冤狀羅織多人
實屬陰險雖訊未散佈旋即悔悟銷毀仍應按例問

捐之革貢生路同申合依將曖昧不明無據之情
污人名節報復私讎者發附近充軍例發附近
充軍到配杖一百折責安置殷增啟挾嫌發掘小
功服弟殷仲超棺柩並未見屍例無治罪專條
應比律酌減問擬殷增啟應照尊長發卑幼墳
塚開棺槨見屍者緦麻杖一百徒三年小功以
上遞減一等例再酌減一等應杖八十徒二年
業已在禁病故應毋庸議路桂森係原禀有
名之人混行勸悔未控殷加元因服殷增啟罷名
隱令將出飾詞具呈誘令鋪不察虛實代刊冤
狀均屬不合應照不應重律杖八十折責發
及路褒所路汝袞於伊父路同申刊刻冤狀先不

憾詎即勸令錯毀尚云不合至先科范所革生
員亦係聞復門丁顧鈺夏昆行役湯亮等訊無
賄串枉斷情弊至與訊未行賄之殷森及無
辜被牽之高梅如等均免置議馬係大等文
係捏稱並不知係私描亦免置議殷森所冤
路同申等擅將伊與宗薛所承懷曲
無好衙者如本州府原斷仍給殷森管業將文
卷內舊案檢齊發還所得刻字銅板並印出
告條板及刷印冤狀均飭燒燬殷姓增叙左歌婦
壞訊無據情弊者毋庸提訊未到人證並免
傳提以省拖累除供招送部查覆外所有審明
定擬緣由理合恭摺具

奏伏乞
皇上聖鑒
敕部覈覆施行謹
奏
道光十二年七月十三日奉
硃批刑部議奏欽此
七月十三日

兩江總督陶澍江蘇巡撫林則徐奏摺　請以曾錫齡調補無錫縣知縣

道光十二年七月十三日

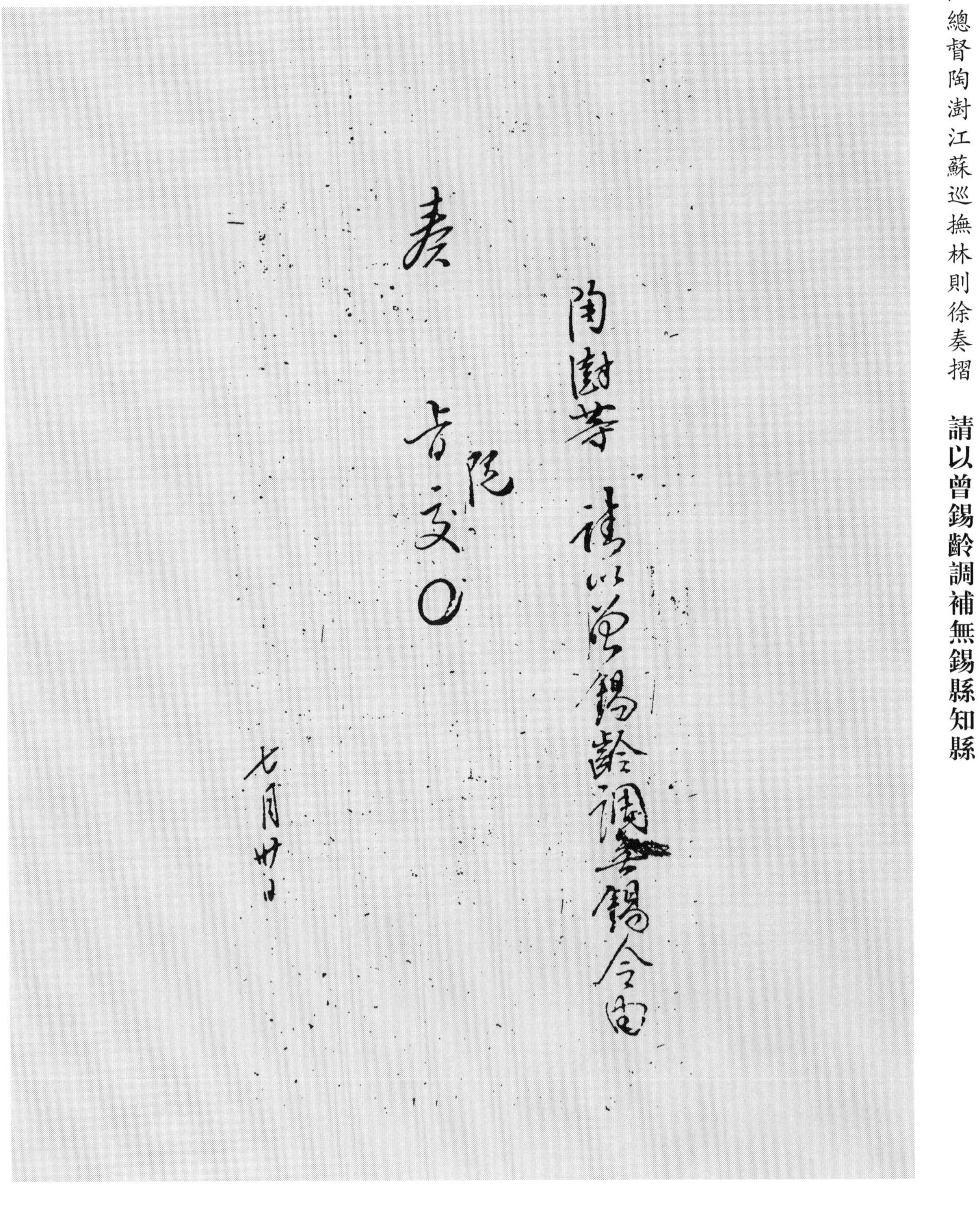
陶澍等 請以曾錫齡調無錫令由

奏

旨 覽 交○

七月廿日

兩江總督陶澍江蘇巡撫林則徐奏摺　**請以曾錫齡調補無錫縣知縣**

兩江總督陶澍江蘇巡撫林則徐奏摺　請以曾錫齡調補無錫縣知縣
道光十二年七月十三日

兩江總督臣陶澍
江蘇巡撫臣林則徐跪
奏為要缺知縣需員，恭懇
聖恩俯准調補，以裨地方事。竊照無錫縣知縣潘賡光
經臣陶澍會同升任撫臣程祖洛
奏請調署吳縣知縣，已蒙
恩准。所遺無錫縣知縣員缺，係衝繁難兼三要缺，例應在外
揀選調補。該縣地當孔道，政務殷繁，必得精明幹
練之員方足以資治理。臣等於[illegible]通省無
知縣內逐加遴選，非現居要缺，即人地未宜，[illegible]
合例堪調之員，惟查有婁縣知縣曾錫齡，年五十歲，
河南固始縣進士，即用知縣，分發到江，補婁縣知縣，
丁憂服闋，選授江西新昌縣知縣，調補婁縣繁缺

兩江總督陶澍江蘇巡撫林則徐奏摺　請以曾錫齡調補無錫縣知縣
道光十二年七月十三日

該員于丁憂服闋咨部投供於道光十一年八月初四日
引
見奉
旨依擬用欽此十月到省經升任撫臣程祖洛委赴[illegible]
[illegible]翔事件再經查辦事務該員回省委赴任所
委署理新陽縣[illegible]事務接收後科數為[illegible]該員
明習吏事穩練諳詳以之調補無錫縣知縣洵堪勝
任惟查該員到[illegible]本任二年[illegible]計與例稍有未符
但該員曾任江西[illegible]知縣今調補無錫縣繁缺人
地實在相宜例得專摺
奏請據藩臬兩司會詳前來臣等札商意見相同
合無仰懇

皇上天恩俯念要缺需員准以婁縣知縣曾錫齡調補
補無錫縣知縣實於地方有裨益
命允准其係現任知縣請調知縣銜缺相當毋庸送部
引
見其前任內尚有罰俸五案現飭查照將罰俸銀兩
完繳另行造冊咨部銷案至所遺婁縣知縣
係屬簡缺應歸部選江蘇現有應補人員應請留
外容另遴員請補合併陳明謹合詞恭摺具
奏伏乞
皇上睿鑒訓示謹
奏
道光十二年七月三十日奉

兩江總督陶澍江蘇巡撫林則徐奏摺　請以曾錫齡調補無錫縣知縣

道光十二年七月十三日

硃批

欽此

七月十三日

## 上諭 著湯金釗等閱看林則徐原摺悉心校閱搜查落卷選拔真才

軍機大臣 字寄
江南正考官侍郎湯 副考官檢討龔 道光
十二年七月十六日奉
上諭據林則徐奏請定同考官校閱章程並豫防士
子諸弊一摺本年鄉試將屆期該撫職任監臨
所有考試簾官自應悉心校閱其入闈各員當不
致以年老衰庸濫行充數惟賓興為掄才大典前
經降旨令各直省主試搜閱落卷誠以三年大比
一經屈抑又須三年竟有終身淪棄者該主試均
係經朕特加簡任尤當加倍認真著湯金釗等督
率各同考官細心分校不得以僅點數行即行擯
棄以致草率從事監臨之責在點名搜檢整肅場

規主試之責在遴拔真才稽查弊竇均各責無旁貸原摺著鈔給閱看除室礙難行無庸議外著湯金釗等悉心校閱搜查落卷嚴去取而拔真才方為不負委任將此諭令知之欽此遵
旨寄信前來

上諭 著林則徐等嚴禁所屬各州縣違例浮收

軍機大臣 字寄
江蘇巡撫林 浙江巡撫富 道光十二年七
月十六日奉
上諭有人奏江蘇浙江近年浮收之弊日甚一日即
如湖州府所屬之烏程歸安兩縣烏程歲徵地丁
銀十一萬六千兩有奇歸安歲徵地丁銀十萬四
千兩有奇該縣從無聽民自封投櫃之事總係折
收錢文現在市價庫平紋銀一兩約計合制錢一
千二三百文而赴縣完納錢糧則庫平紋銀一兩
需交制錢二千四五百文之多官吏侵漁閭閻被
累其他府所屬惟山僻小縣間或聽民自封投櫃
至缺分較大州縣浮收勒折視習爲固然牢不可破

況浮收既甚則應完正課轉有不敷致多積欠是
地方官便私適以悞公而累民即以病國等語各
州縣官徵收錢糧自應恪遵功令聽民自封投櫃
何得顯違例禁任意浮收以小民有限之脂膏供
官吏無窮之朘削日甚一日伊於何底著林則徐
等嚴禁所屬各州縣違例浮收倘敢仍蹈故轍即
指名嚴參示懲總當極力挽回不可稍存畏難之
見如各州縣中有前項情弊此時再不嚴行懲辦
州縣更無所畏忌矣勉之慎之將此各諭令知之
欽此遵
旨寄信前來

江蘇巡撫林則徐奏片

## 江南堵截布列森嚴英吉利國胡夏米船業已押往浙江

○

林則徐片

再，暎咭唎國夷船於六月十一日駛過南面，派撥
兵船押赴浙洋交替，業經臣暨陶澍會銜
具
奏，並將洽會粵省查辦緣由附片陳明在案。茲
承准軍機大臣字寄，道光十二年六月十一日奉
上諭：據林則徐奏，暎咭唎國夷人乘坐大船一隻、夾板
小船一隻，約共七八十人，由浙省鎮海乘風駛至江省東
洋，迨二十日停泊江南羊山洋面，現經該撫撥
派委太湖協副將鮑起豹、候補知府程鑑
馳赴海口協同該鎮等驅逐，不任停泊，並督飭該管
營縣於各出口要隘嚴密稽查，毋使偷漏接濟
其蹤隨處營汛兵弁等乃易辦等語，所辦甚好

江蘇巡撫林則徐奏片 江南堵截布列森嚴英吉利國胡夏米船業已押往浙江

道光十二年七月十六日

咦咭唎夷船向不准其赴江浙等省貿易，今復乘南風司令
飄入內洋，希圖獲利，前雖經閩浙二省驅逐出境，旋
又竄入江南洋面，情殊可惡，斷不容任其片刻停泊。稍
涉事請督撫剴切嚴飭所屬營弁嚴密巡防，認
真稽察。如有夷船進口，立即驅逐出境，並責成地方
官一體嚴查，出示曉諭沿海居民毋許與之交接。如
有內地奸民及不肖將弁冀圖獲利，私與勾結，
即嚴行懲辦。將此諭令知之。欽此。查該夷船此
次竄擾江南洋面，因見兵船堵截森嚴，岸上
文武官兵布列，不得散銷貨，並不敢逗留，即
內地小船亦禁出口，絕無與夷船交接，洋面極
為肅清。據此時值南風，該夷船被逐之後

江蘇巡撫林則徐奏片　江南堵截布列森嚴英吉利國胡夏米船業已押往浙江

道光十二年七月十六日

飭此洋船夷暨以奏令水師押往浙江挨次
遞送回粵並以詢問該夷船人數一并來甘因
在廣東爭佔馬頭殺逐回果不敢回國咨會粵
省知照該國得行撤回以免此路逐次往窺茲蒙
訓諭才經同時即恭錄轉行文武遵辦認真稽察
嚴密巡防不敢因該夷船業已押回稍任鬆懈
以仰副
聖主整肅海疆之意所有欽遵辦理緣由謹附片
陳
奏伏乞
聖鑒謹
奏

江蘇巡撫林則徐奏片 江南堵截布列森嚴英吉利國胡夏米船業已押往浙江

道光十二年七月十六日

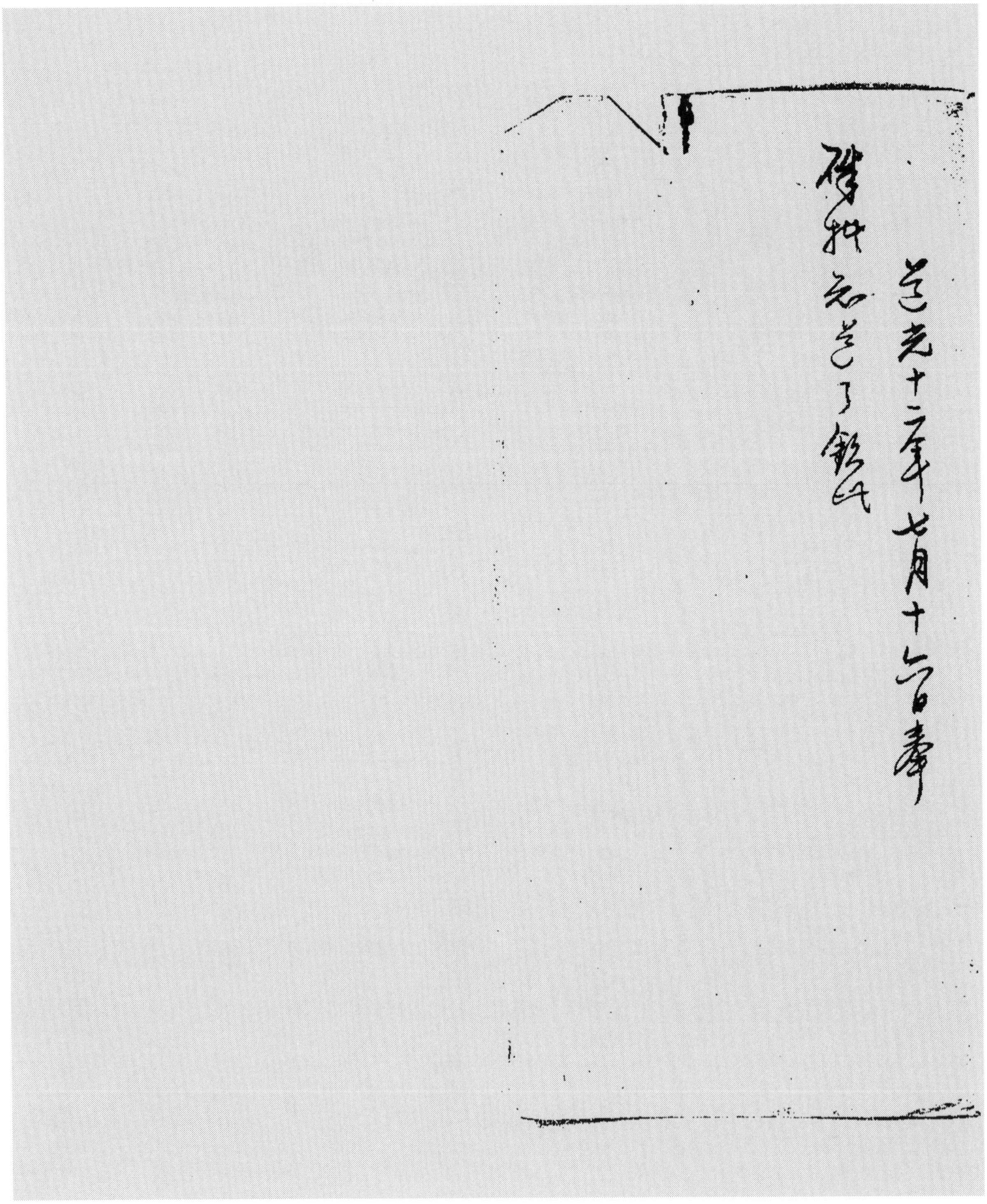

道光十二年七月十六日奉

硃批知道了欽此

## 上諭　陶澍林則徐違例舉薦著交部議處

道光十二年七月二十日内閣奉
上諭前據陶澍等奏請以長洲縣知縣陳玉成升補
泰州知州旋經吏部奏明與例不符降旨不准行
是陳玉成係應回本任之員長洲縣知縣並未出
缺陶澍等遽請以揀發候補知縣姚瑩補授長洲
縣知縣殊屬不合陶澍林則徐著交部照例議處
陳玉成着仍回長洲縣本任姚瑩即撤回另補該
部知道欽此

兩江總督陶澍江蘇巡撫林則徐奏摺　**請仍以陳玉成陞補泰州知州**

兩江總督陶澍江蘇巡撫林則徐奏摺 請仍以陳玉成陞補泰州知州 道光十二年七月二十日

兩江總督臣陶澍
江蘇巡撫臣林則徐 跪

奏為沿海知州員缺緊要仍請遴員陞補以重地

方仰祈

聖鑒事竊照泰州缺出前經臣陶澍會同護撫臣梁

章鉅請以長洲縣知縣陳玉成陞補蒙

恩俞允旋經吏部議駁欽奉

諭旨前據陶澍等奏請以陳玉成陞補江蘇泰州知

州當經降旨允准茲據吏部查明知州應調缺出

例應以現任人員調補如調補無人准以候補人

員補授如候補無人方准以應陞人員請陞泰州

知州係應調之缺該督等摺內業經聲明應調無

人惟該省現有候補知州張心淵該督原奏內並

未詳細聲明遽請以長洲縣知縣陳玉成陞補與
例不符陳玉成著撤回本任所有泰州知州一缺
該督等另選合例人員奏請補用陶澍等著該部
照例議處欽此伏查江蘇省屬知州止有泰州高
郵州邳州三缺均係衝繁要缺並無簡缺知州
調補一層固無庸議其張心淵一員先於清河
縣任内拏獲假照案内要犯送部引
見奉
旨發往原省以知州儘先補用回省後仍赴清河縣
任嗣經委署揚河通判因所管馬棚灣漫口革
職始將清河縣本缺開補該員留工効力合龍
後

奏奉
諭旨前署揚河通判知州銜陞用知州清河縣知縣
張心淵著開復原官仍留原省候補欽此查該員
前此獲犯雖以知州補用尚未得缺仍回清河
縣任迨緣事革職欽奉
諭旨開復原官留省候補有知州銜陞用知州清河
縣知縣字樣是該員所謂原官本係實缺之知
縣所謂知州尚係候陞之虛銜當奉
旨儘先以知州補用時尚未離知縣本任而一經革
職開復轉得為候補之知州竟可不論繁簡遇
缺即補似與欽奉
諭旨所載知州銜清河縣知縣原文未符是以臣陶

澍於前次敘摺時未將該員列入候補知州臣
林則徐於到任後並以該員革職開復候補應
否補還知縣原官再行遵
旨陞用知州抑或毋庸補還即予陞用之處例無明
文咨請部示尚未接准議覆臣等覆查泰州係
沿海繁疲難兼三要缺上年馬棚灣漫口該州
被水成災元氣未復亟須拊循兼以場鹽經過
泰壩為掣運總滙之所最關緊要張心淵前因
漫口革職於下河民情未洽臣等再四遴商惟
查有長洲縣知縣陳玉成年强才明辦事穩練
歷俸早滿三年並無違礙處分且曾任如皐寶
山等缺沿海緝私事宜均所熟諳以之陞補泰

州洵屬人地相需臣等為地擇人非敢違例瀆
請合無仰懇
皇上格外天恩俯准仍以長洲縣知縣陳玉成陞補
泰州知州實於沿海要缺有裨如蒙
俞允該員係
大計卓異人員仍照例併案送部引
見恭候
欽定至陳玉成所遺長洲縣缺臣等業以儘先補用
曾任海疆要缺知縣之姚瑩專摺請補並懇
聖恩俯准補授以資治理合併聲明伏乞
皇上聖鑒訓示謹
奏

兩江總督陶澍江蘇巡撫林則徐奏摺 請仍以陳玉成陞補泰州知州
道光十二年七月二十日

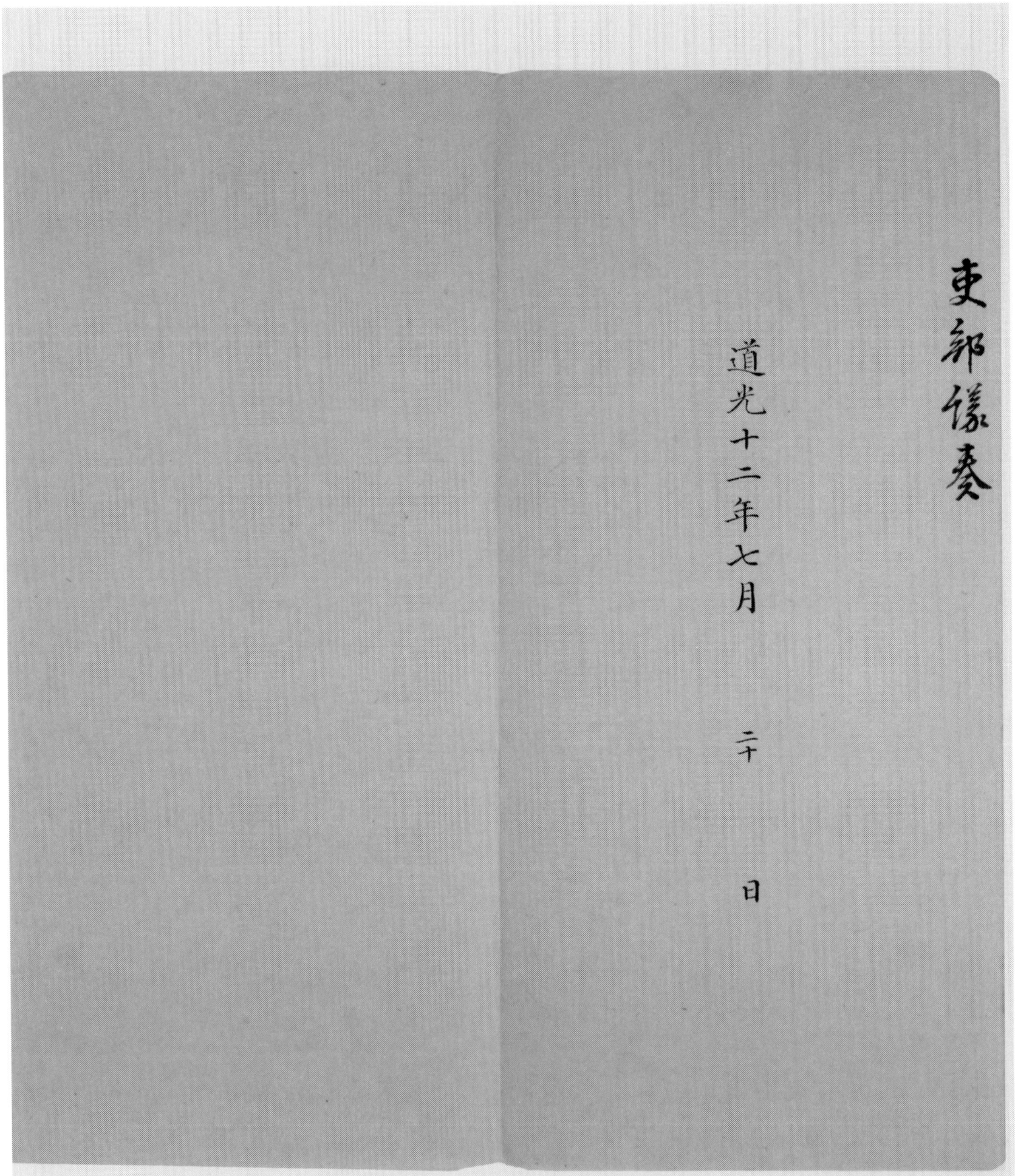
吏部議奏

道光十二年七月 二十 日

江蘇省各屬交代逾限未清案酌請展限剋期釐剔

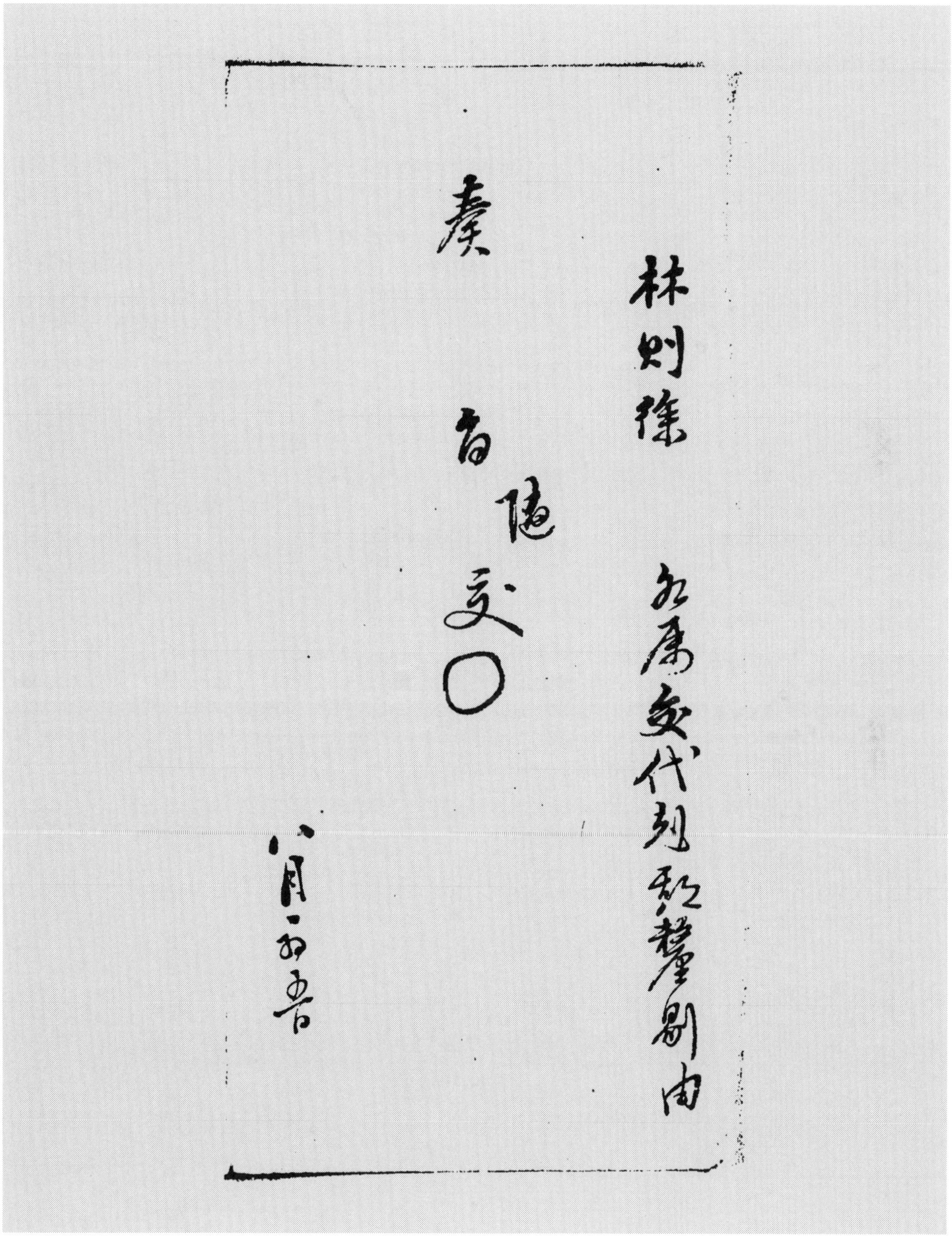
林則徐
各屬交代剋期釐剔由
奏
旨隨交○
八月初五日

江蘇巡撫林則徐奏摺 江蘇省各屬交代逾限未清案酌請展限剋期釐剔

道光十二年七月二十日

江蘇巡撫臣林則徐跪
奏為江蘇各屬交代逾限未清酌議剋期釐剔
以免混淆恭摺
奏祈
聖鑒事竊照各屬倉庫錢糧均關
國帑江蘇省自三次清查以後即以交代為盤查
凡遇交卸應由前後接收之員將款徹底盤查
接收清楚依限出具印結造冊詳咨若遲逾二
參期限即應隨時勒參至交代結報之後所有存
庫銀兩無論數目多寡總應儘數提解司庫
核實方為正辦臣自到任後查得江蘇各屬交
代案多遲至二參始行由司詳送印結先請

咨部共九項錢糧米穀款冊或因開造舛錯又
符駁查另送或以存庫未清遂至積壓日久未
核辦冊詳咨者有已逾二參冊結均未詳咨
者查其所以耽擱遲延之故實緣江蘇錢漕
款目繁雜甲于他省各屬正署更替以及非
一任必須接任接款逐細核算始能確遲逾無
不盡在因現在核計已咨即結未送款冊者
四案已逾二參冊結未到者二十一案冊結已咨而
存庫未清者十九案皆係臣未經到任以前之案
代其中若否續有造送批解之案現經飭令
兩藩司分別催提詳覆俟覆到尚須細核而
人因監臨闈務即日前往江寧若此時不俟核

照樣辦理未免無所區別 查道光六年間山
東省交代逾限之代因撫臣甫到奏蒙
諭旨予限清釐在案 江蘇省事同一律應請將各案
到任以前逾限未結及未送款冊存庫未清
各案交代責成飭藩司認真釐剔實力鉤稽
限于本年九月底將冊結分案全行送到其存庫
已經解清各款並即造具詳細冊同送以
便以于開務定發因某逾案查核如數目並無
糾纏即將冊結詳部倘有虧挪情弊即將原虧
之員揆實
奏參統于十月以前如出新斷不稍任隱混遲延
所有上年年終應行

奏報交代存庫一案查上届係于七月內
出奏茲因交案交代尚未查清並請展至十
月內再行具
奏如此剋期理交務期自不敢含混遲延倘有
虧挪交難求實者出所交款目亦可鑱析條
下應呈以照核實既以還有交代悉依限出
結造冊詳咨一面將存庫銀兩趕緊提清另
造完銀細冊詳咨送部如有遲延二參期限既不
結報接替之人不將前任虧缺核實揭出即將前
後任一并嚴參以杜取巧影射隱飾除行江蘇
兩藩司遵照外理合恭摺具
奏伏乞

皇上聖鑒謹

奏

道光十二年八月初五日奉

硃批、 欽此

七月二十日

## 赴江寧監臨鄉試起程日期

林則徐

監臨起程日期

奏

七月初五日

江蘇巡撫臣林則徐跪

奏為監臨文闈事務業經起程日期仰祈

聖鑒事竊照本年壬辰科補行江南鄉試臣奉

命監臨闈務所有一切事宜有可在蘇核辦者已陸續

辦出其入場前應會商籌定事件應在江寧辦理自

須先期前往臣現將緊要案件趕緊清理于七

月二十四日自蘇州起程前往江寧監臨事程督

率提調監試各員詳慎辦理臣衙門日行事件循

照向例委署蘇州藩司臣顏履敬代拆代行其關

招解命盜要案仍令委署藩司代勘發回以免積壓

仍由臣核辦

題咨事件凡有緊要者仍隨時包封送至臣署

核辦所有臣起程辦理闈務日期理合專摺具
奏伏乞
皇上聖鑒謹
奏
道光十二年八月初五日奏
硃批知道了欽此

七月二十日

兩江總督陶澍江蘇巡撫林則徐奏摺

**遵旨查明英吉利國胡夏米船復行北駛緣由**

陶澍
覆奏英咭唎夷船由
奏
八月初五日

兩江總督陶澍江蘇巡撫林則徐奏摺 遵旨查明英吉利國胡夏米船復行北駛緣由
道光十二年七月二十日

兩江總督臣陶澍
江蘇巡撫臣林則徐跪
奏爲遵
旨詳查暎咭唎國夷船復行北駛緣由據實覆
奏仰祈
聖鑒事竊臣等承准軍機大臣字寄道光十二年七月初
四日奉
上諭據訥爾經額奏登州鎮總兵周志林咨稱六月十
八日劉公島洋面有夷船一隻乘風駛至詢係前在江
蘇等省被逐之船等語陶澍等既奏稱將該夷船押
護南下不任北駛何以復竄入山東境界着陶澍
詳查據實具奏等因欽此臣等跪誦之下兢惕莫深
伏查該夷船於六月十三日自江南羊山洋面開帆

當飭蘇松鎮總兵關天培押出江境南下一面飛
咨浙江撫臣暨提鎮一體飭押回南旋據關天
培具報於十二日申刻押護出境入浙江洋面是
以臣等據情具
奏嗣因未得浙洋接護之信當又檄查蘇松鎮兵
船究已押至浙江何處洋面並該夷船作何下
落去後復於前二十七八等日據接該鎮關天
培稟稱據外委林明瑞報稱押送夷船於六月十三
日黎明過浙江定山洋面已離江南二百餘里該
夷船向東南深水大洋遠去查江南洋面東過
馬蹟陳錢即屬浙江洋汛其深水大洋直達
夷境水深五六十托江省兵船不能寄碇即浙省

兵船亦不能查緝守候，是以另換小船於四西南

差千總陳拖華等尋至舟山，迎見定海鎮陳

步雲告知情形，該鎮即飭兵船趕往驅逐等情，

並准江南提督王應鳳咨同前由。續又接准浙江

撫臣富呢揚阿、提臣戴雄各咨稱，准定海鎮咨

開，六月十五日蘇松鎮差弁前來稱，夷船向東

南外洋而去，查飭兵船瞭望，未見蹤跡。查外

夷之船，押逐出境，未便飭由內洋行走，致令諳

識沙線，而經放出外洋，即一望無際，四通八達，船

由風駛，倏而東南，倏而西北，不能自主，亦不能寄

椗，即船同行，轉瞬之間，可以相去數十里，彼此各

不相同見，故該夷船一致外洋，兵船即無從

兩江總督陶澍江蘇巡撫林則徐奏摺 遵旨查明英吉利國胡夏米船復行北駛緣由

道光十二年七月二十日

押逐等語，臣等查江南兵船押逐夷船已過浙
江羊山洋面，因深係大洋，小䑸互相接替，故換
小船遣弁知會，業已迎見定海鎮兵船，自能接
續，而浙省沿程外洋小䑸寄椗等候押逐，亦
係實在情形。是月十八日竄至山東劉公島洋
面之夷船，諒係由羊山東南之深水大洋乘風
徑由北駛，所謂該夷船由內洋竄北，則斷不能
飛越江省汛地，蘇松鎮即或迴護遲報，而迤北之
狼山鎮及東海廳灣等營節經飭查，斷無不見蹤
跡之理。其六月十三日甫過浙江羊山洋面，十八日已
東境，若由內洋，必小䑸外去之速，其而由外洋
抵竄無疑。惟該鎮關天培等雖已押逐出境，距

江南洋面已有二萬餘里之遥並經咨會定海鎮
一律押逐但究未據將夷船明白交替亦有商之
咨相應請
旨飭蘇松鎮總兵關天培率營尤當林明瑞仍照踪
防例交部議處並諭夷船去逐彼處躡跟隨
現准山東撫臣咨會六月十九日該夷船復由劉公島
洋面開向西東大洋而去雖保不仍來江境且
某臣廣飭水師巡船至於交界洋面認真瞭
探如遇該夷船到境即行接次押回毋任往來
游弋務查明該夷船北竄情形謹合詞恭
寔覆
奏伏乞

兩江總督陶澍江蘇巡撫林則徐奏摺　遵旨查明英吉利國胡夏米船復行北駛緣由
道光十二年七月二十日

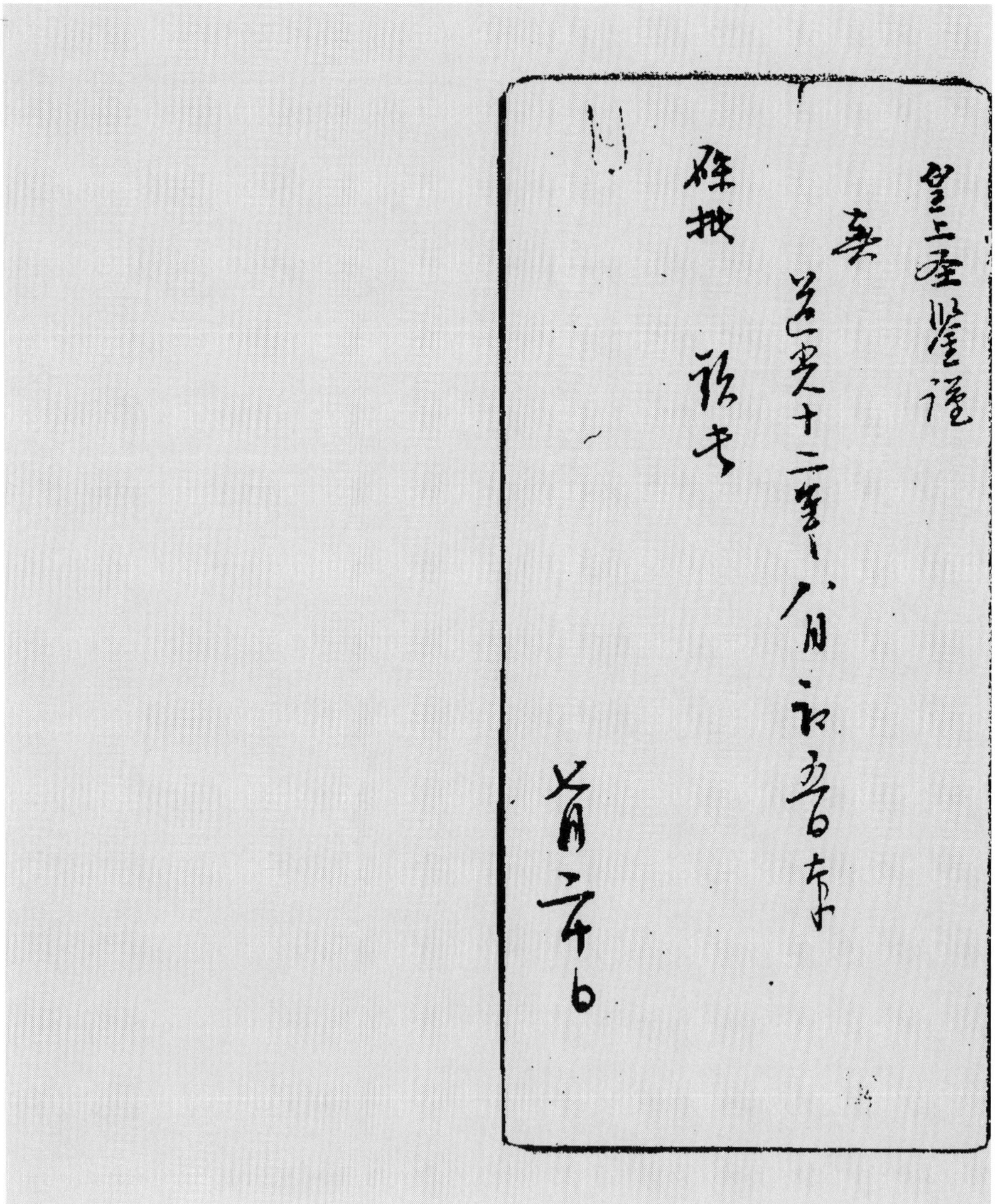
皇上聖鑒謹
奏
道光十二年八月初五日奉
硃批　欽此

## 兩江總督陶澍江蘇巡撫林則徐奏摺　遵旨酌裁文職閒員

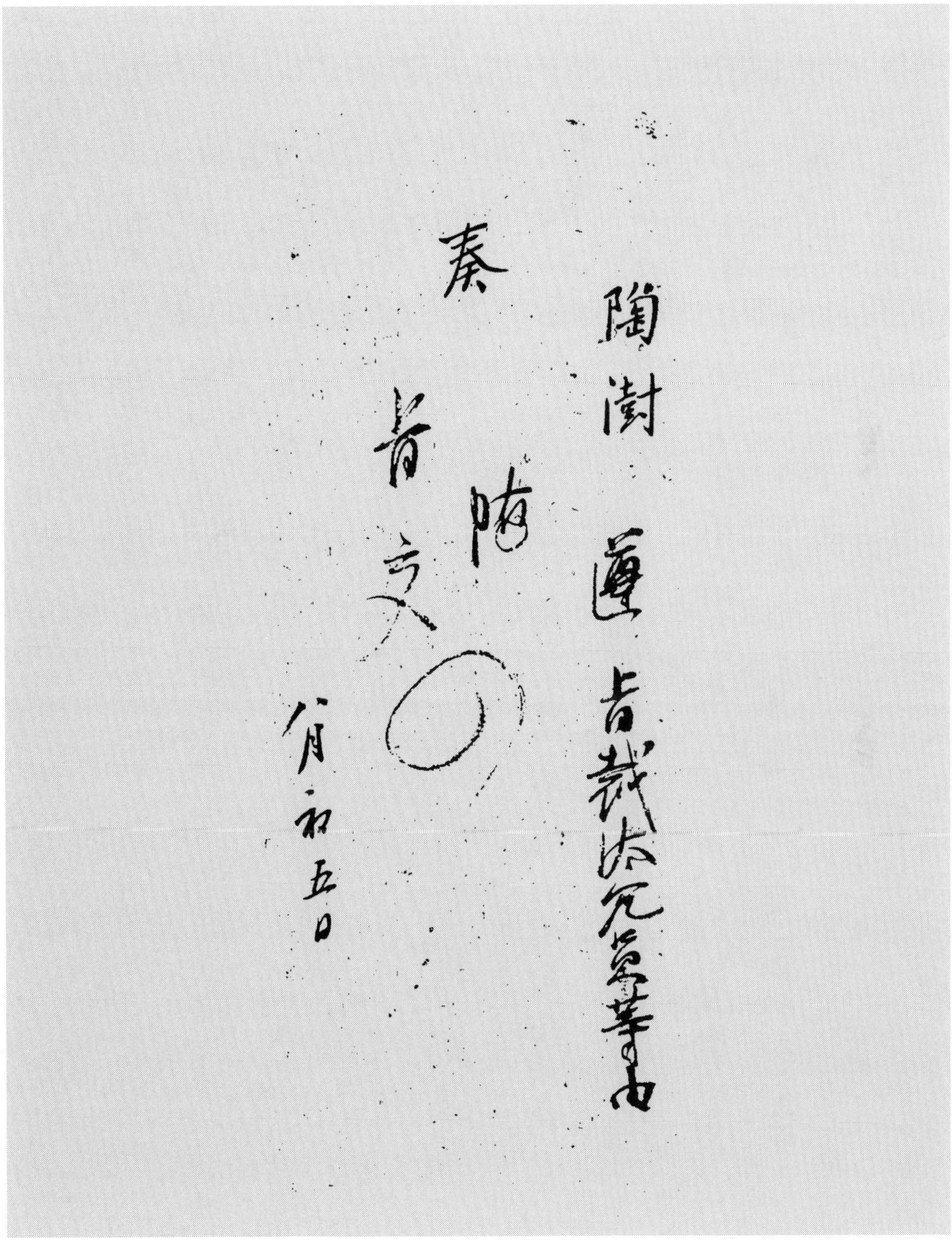
陶澍　遵旨裁汰冗員等由
奏
陶
旨　文
八月初五日

兩江總督陶澍江蘇巡撫林則徐奏摺　遵旨酌裁文職閒員
道光十二年七月二十日

兩江總督臣陶澍
江蘇巡撫臣林則徐跪
奏為遵
旨酌裁文職閒員核實覆
奏仰祈
聖鑒事竊准吏部咨開欽奉
上諭各直省督撫於所轄文職閒員如可裁汰酌量
裁汰核實奏聞請旨用副朕慎簡官僚勤恤民隱
至意等因欽此伏查江蘇省地方遼闊賦重政繁近
來生齒日多民事增劇原設道府丞倅州縣正印
各官分任地方事宜凡征收錢糧及審辦命盜等
案在在均關緊要各有專司實無閒冗可裁之
缺教職雖僅司訓課而江蘇學額較廣歷建是資

亦難裁汰，惟於佐雜各缺中逐加酌核，查得華
亭縣主簿一缺，僅管水利，如遇挑河等事，例應
移知詳辦，此外並無巡防分汛專責，堪以裁汰。該
主簿所司水利事務，應就近改歸該縣縣丞兼管。
又鎮江府照磨一缺，祇有稽查渡江救生船隻，別無
專管事務，亦屬可裁，其所司稽查救生船事宜改歸
鎮江府知事兼管。又金壇縣湖溪司巡檢一缺，該處
居民甚少，並無衙門，巡檢在縣城賃房居住，殊無
分防之實。又江寧府照磨一缺，除差委外，並無專
管事宜。又揚州府檢校一缺，祇有稽查邗溝閘
座暨夫役閒事宜，可以改歸揚州府經歷就近兼
管。此外別無專司之缺。以上三缺，亦可一併裁汰。該三

名按額設如專省設令歸併一切文卷稅務
交該歸並之員管理該遺缺之員罷及應繳
敕書
印信等件俟奉到准之日照例查辦至此外佐雜各
缺分若繁簡時有不同仍當體察情形隨時酌
量辦理再現任華亭縣知縣王廷蒼業經請升奉
知照該選華亭縣知縣王廷蒼毋庸再行揀員
請補其現任鎮江府照磨余錫濤並擅知捐
淡川巡檢陳皓江寧府照磨李春奎請署揚州
府經歷林鳳喈均請照例撤回留省遇缺即補據
江蘇藩臬兩司會詳前來臣等往返札商意見
相同理合據實具奏
伏請

台佾淮將華亭知縣王厚鎮江府照磨王壇知胡瀠汀
巡檢江寧府照磨揚州府經歷五缺裁汰以付
聖主慎簡官僚循名核實至意所有酌裁閒員緣由
謹會同恭摺具
奏伏乞
皇上聖鑒謹
奏
道光十二年八月初五日奉
硃批　欽此

有旨

兩江總督陶澍江蘇巡撫林則徐奏摺　請以吳時行調署武進縣知縣
道光十二年七月二十日



兩江總督陶澍江蘇巡撫林則徐奏摺　**請以吳時行調署武進縣知縣**

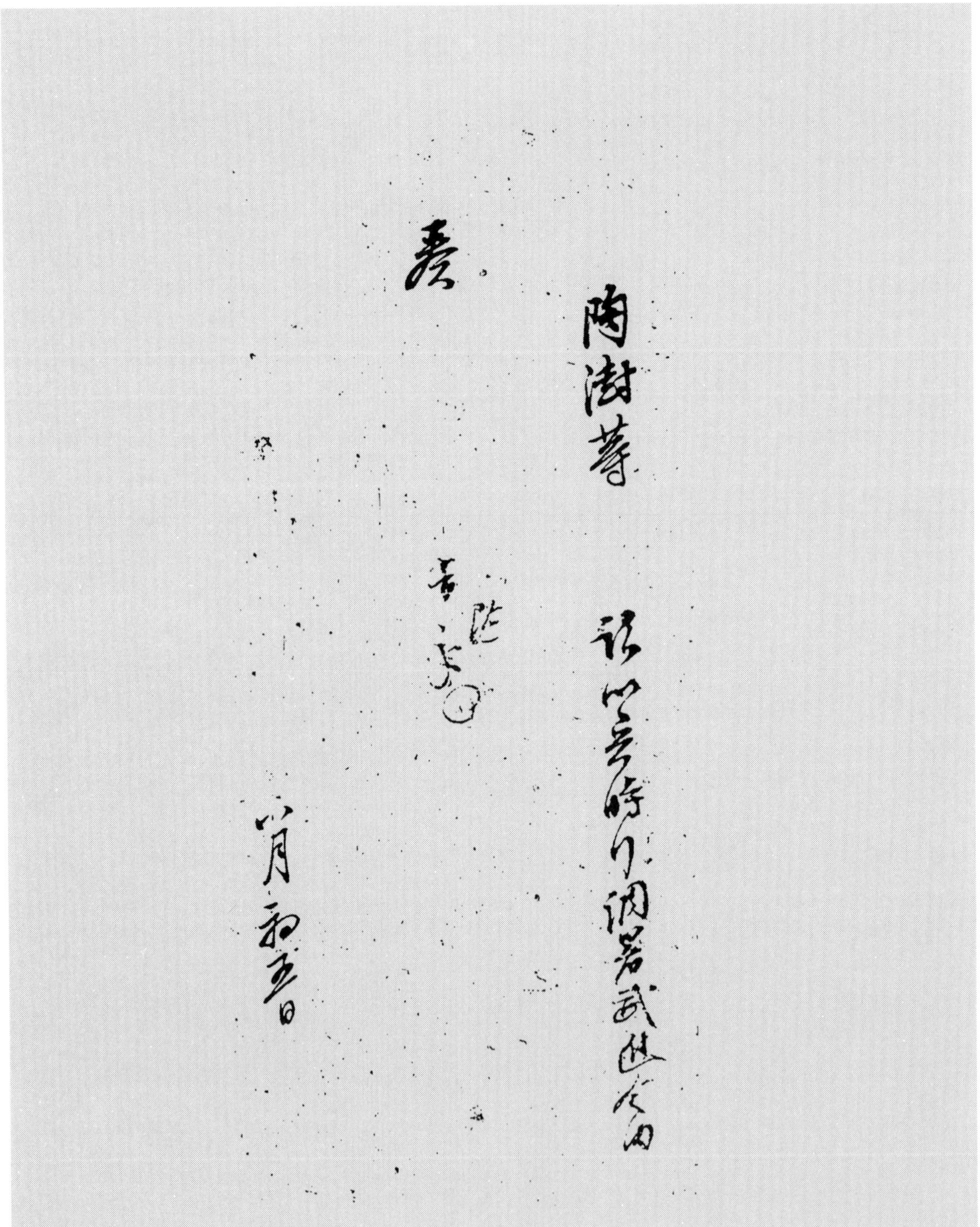

兩江總督臣陶澍
江蘇巡撫臣林則徐 跪
奏為要缺知縣需員恭懇
聖恩俯准調署以裨地方事。竊照武進縣知縣程生偉
才難治劇，經臣陶澍會同升任藩司臣程祖洛
奏請以中簡扶出另量補用，所遺武進知縣係劇
要疲難兼四要缺，例應在外揀選調補。該缺地當
孔道，政務殷繁，民情狡詐，非精明幹練之吏，方足以資治
理。臣等於通省現任及新補知縣中逐加遴選，非
現居要缺即人地未宜，實無合例堪調堪補之人。
惟查有崑山縣知縣吳時行，年三十五歲，籍隸
安徽歙縣，舉人，大挑一等，分發南河，
奏准改歸江蘇以地方知縣補用，借署通州知州

兩江總督陶澍江蘇巡撫林則徐奏摺　請以吳時行調署武進縣知縣

道光十二年七月二十日

判調巡崑山縣知縣道光九年九月初八日到任該員
才具明練辦事細心以之調署武進縣知縣洵
堪勝任惟該員甫奉
題請實授歷俸未滿三年與例稍有未符但人地
實在相需例得專摺
奏請援藩臬兩司會詳前來臣等往返籌商
是相同合無仰懇
皇上天恩俯念要缺需員准以崑山縣知縣吳時行
調署武進縣知縣於要缺實有裨益仍照例另
請實授如蒙
俞允該員所遺缺知縣請調元和縣衛鍇相署毋庸送
部引

見其任內一切因公處分逐例毋庸核計現經將罰俸
銀兩完繳清楚另行造冊詳部銷案至所遺崑山
縣知縣係屬繁難中缺例應歸部選江蘇現有應
補人員應請另外另案遴員請補合並陳明謹
合詞恭摺具
奏伏乞
皇上聖鑒訓示謹
奏
道光十二年八月初四日奉
硃批 欽此
七月二十日

江蘇巡撫林則徐題本

## 題明大挑試用知縣光謙親母病故例應丁憂

吏部知道

題

兵部侍郎兼都察院右副都御史巡撫江蘇等處地方提督軍務總理糧儲臣林則徐謹
題爲報明丁憂事道光拾貳年柒月拾陸日據上
元縣知縣保先烈詳稱柒月拾壹日據大挑試
用知縣光謙家人張升呈稱竊家長光謙係安
徽桐城縣人由增生中式嘉慶癸酉科第玖拾
伍名舉人道光陸年丙戌科會試後大挑壹等
引
見奉
旨以知縣用籤掣福建親老告近改掣江蘇道光柒
年玖月初壹日到省試用期滿甄别以知縣補
用因在署高郵州任內馬棚灣漫口有協防之
責部議降肆級調用留工當差工竣掌

江蘇巡撫林則徐題本 題明大挑試用知縣光謙親母病故例應丁憂
道光十二年七月二十日



奏准開複仍留江蘇地方補用有親母程氏迎養
省寓茲於道光拾貳年柒月拾壹日在寓病故
家長係屬親子並無過繼例應丁憂家長有胞
兄光啓係附生現在原籍理合聲明備具親供
呈乞詳報等情到縣據此相應將親供鈐印詳
送具
題等情到臣據此該臣查得大挑試用知縣光謙
有親母程氏迎養在寓茲於道光拾貳年柒月
拾壹日病故該員係屬親子並無過繼例應丁
憂據上元縣知縣保先烈取具親供詳報前來
除將親供揭移部科暨安徽福建無臣外臣謹
具

題伏乞

皇上聖鑒敕部查照施行謹具題

聞

道光十二年七月二十日兵部右侍郎兼都察院右副都御史巡撫江蘇等處地方提督軍務總理糧儲臣林則徐

兵部侍郎兼都察院右副都御史巡撫江蘇等處地方提督軍務總理糧儲臣林則徐謹
題爲報明丁憂事該臣查得大挑試用知縣光謙
有親母程氏迎養在寓兹於道光拾貳年柒月
拾壹日病故該員係屬親子并無過繼例應丁
憂據上元縣知縣保先烈取具親供詳報前來
除將親供揭移部科暨安徽福建撫臣外謹具
題
聞

江蘇巡撫林則徐題本

## 題參高郵州知州王澐等疏防盜案限滿贓犯無獲

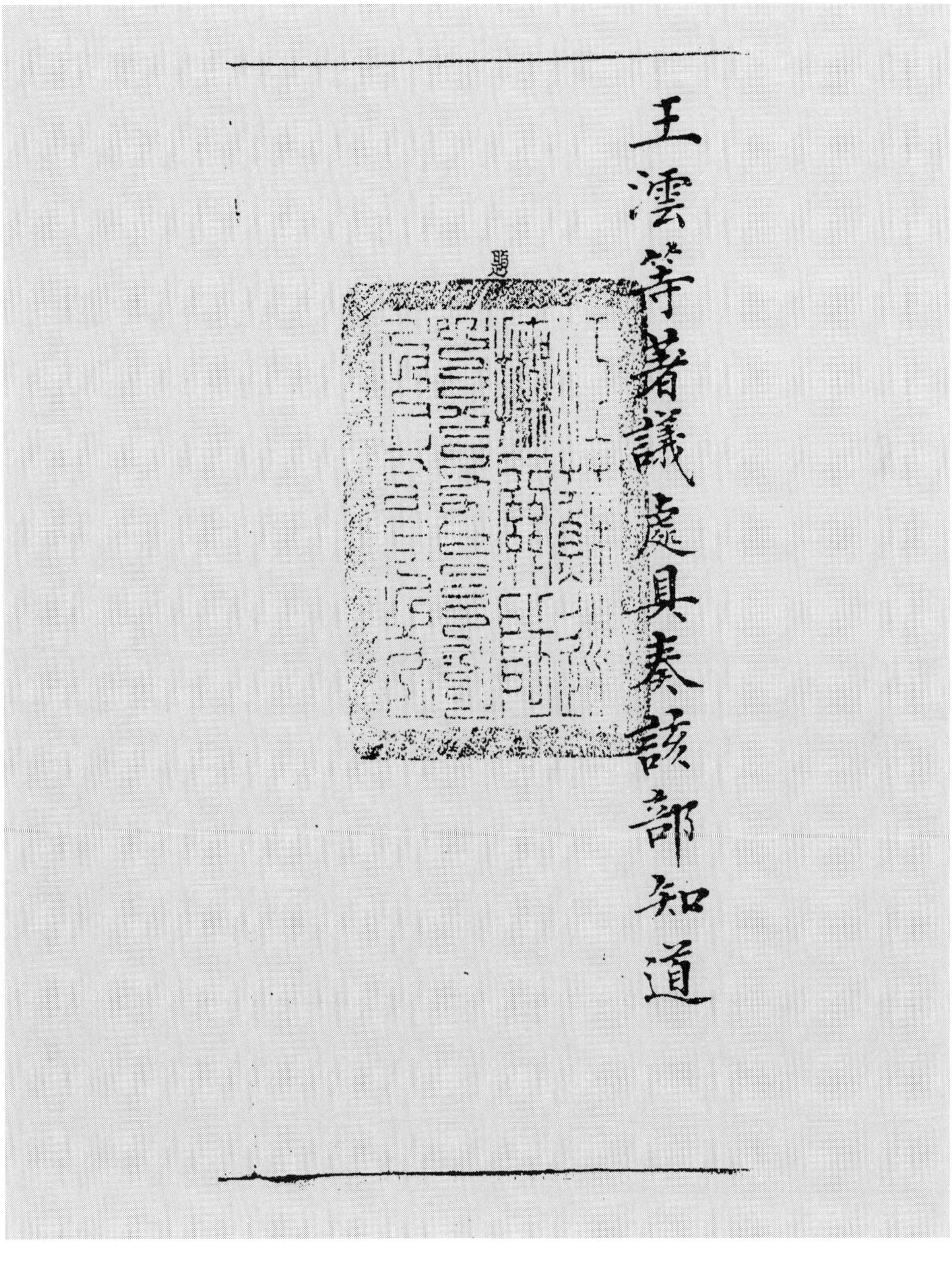
王澐等著議處具奏該部知道

題



江蘇巡撫林則徐題本　題參高郵州知州王澐等疏防盜案限滿贓犯無獲

道光十二年七月二十日

兵部侍郎兼都察院右副都御史巡撫江蘇等處地方提督軍務總理糧儲臣林則徐謹
題爲詳參疎防文職事據署江蘇按察使孫謙詳
稱據署揚州府知府王青蓮詳據高郵州知州
王澐詳稱道光拾貳年正月初陸日據地保王
松報據事主祝九如投稱伊船停泊永安鎮河
内北岸正月初伍夜被匪割斷船纜將船放至
河心撬開艙門進艙伊驚醒起來一時心慌磕
跌受傷喊叫捉賊賊人不理強劫艙内錢文伊
子祝桑和從後艙鳧水上岸喊同岸鄰閻門出
捕匪始逃逸往查屬實報候勘緝並據祝九如
開單呈報到州當經會營詣勘被劫情形飭仵
驗得祝九如左額角有擦傷壹處油皮破胷膛

有痕傷壹處微青色左手腕左膝各有擦傷壹
處均未破填單附卷飭據調冶估計失贓值銀
叁百拾貳兩錄供通詳業批緝並在案茲查疏
防限屆贓盜無獲合將印捕職名開報等情由
府開列督緝督捕職名到司並准淮揚道開移
兼轄職名前來除飭查事主傷痕曾否平復由
州逕報勒緝贓盜務獲究報外該署江蘇按察
使陳諫查得高郵州事主祁九如停船被劫錢
文壹案疏防例限肆箇月應以道光拾貳年正
月初伍失事之日起扣至伍月初伍日屆滿贓
盜無獲所有疏防文職職名印官係高郵州知
州王澐捕官係高郵州吏目林玉成督捕係不

江蘇巡撫林則徐題本　題參高郵州知州王澐等疏防盜案限滿贓犯無獲
道光十二年七月二十日

同城揚州府總捕同知趙廷熙督緝係不同城
署揚州府事鎮江府知府王青蓮兼轄係不同
城署淮揚道王貽象相應開報伏候核參再查
事處所離城柒拾里離汛肆拾里並無墩鋪防
兵合并聲明等情到臣據此該臣查得高郵州
事主況九如停船被劫錢文壹案疏防例限肆
箇月應以道光拾貳年正月初伍失事之日起
扣至伍月初伍日屆滿贓盜無獲開列疏防職
名請參前來除飭勒緝贓盜務獲究報外所有
疏防文職職名印官係高郵州知州王澐捕官
係高郵州吏目林玉成督捕係不同城揚州府
總捕同知趙廷熙督緝係不同城署揚州府事

鎮江府知府王青蓮兼轄徐不同城署淮揚道
王貽象相應列參再失事處所離城柒拾里離
汛肆拾里並無塘舖防兵合並陳明謹具
題伏乞
皇上聖鑒勅部議覆施行謹題請
旨

道光[illegible]兼都察院右副都御史江蘇巡撫臣林則徐

江蘇巡撫林則徐題本　題參高郵州知州王澐等疏防盗案限滿贓犯無獲

道光十二年七月二十日

兵部侍郎兼都察院右副都御史巡撫江蘇等處地方提督軍務總理糧儲臣林則徐謹

題為詳參疏防文職事。該臣查得高郵州事主祁

九如停船被劫錢文壹案，疏防例限肆箇月，應

以道光拾貳年正月初伍失事之日起，扣至伍

月初伍日限滿，盜無獲。開列疏防職名，請參前

來。除飭勒緝贓盜務獲究辦外，所有疏防職名

印官係高郵州知州王澐，捕官係高郵州吏目

林玉成，督捕係不同城揚州府總捕同知趙廷

熙，督緝係不同城署揚州府事鎮江府知府王

青蓮，兼轄係不同城署淮揚道王貽象，相應列

恭謹題請

旨。

江蘇巡撫林則徐題本

## 題報蘇松等屬道光十一年份入額陞科田畝並應徵銀米數

該部察核具奏

題

## 江蘇巡撫林則徐題本 題報蘇松等屬道光十一年份入額陞科田畝並應徵銀米數

道光十二年七月二十日

兵部侍郎兼都察院右副都御史巡撫江蘇等處地方提督軍務總理糧儲臣林則徐謹

題爲請寬陞科等事。據署蘇州布政使額騰伊詳

稱：案於雍正拾貳年拾月奉文，凡可開墾田地，

聽民盡力報陞，毋許勒索阻撓，仍督率地方官

勸加勸諭，廣爲開墾，統俟歲底將壹年墾過地

畝并陞科年分，以及額糧數目造冊

題報等因，遵照在案。所有各屬道光拾壹年分陞

科田地，前經通飭查報。今據金山縣業戶胡載

華等報陞折實糧田壹百捌拾玖畝壹釐伍絲，

捌忽，共應徵本色米貳拾伍石貳斗陸升叁合

捌勺，折色銀壹拾玖兩肆錢捌分壹釐，遇閏加

徵改漕等米貳升壹合叁勺，稅糧徭里等銀壹

錢叁分伍釐減徵改折灰石漕贈等米伍升壹
合玖勺漕贈十銀伍釐以增抵減外實減徵米
叁升陸勺加徵銀壹錢叁分又據青浦縣業戶
仲爵瀧等報陞折實田蕩叁頃玖拾玖畝肆分
柒釐叁毫貳絲叁忽共應徵本色米伍拾柒石
伍斗壹升玖合折色銀肆拾肆兩肆分伍釐遇
閏增徵米貳升肆合叁勺銀貳錢玖分捌釐減
徵米壹斗壹升伍合玖勺銀壹分貳釐以增抵
減外實減米玖升壹合陸勺實增銀貳錢捌分
陸釐均據該管道府縣層層覆勘加結詳請入
額陞賦前來相應循照新訂全書科則驗算轉
造應陞銀米款冊同屬冊結一并詳送具

題并請將送到司屬冊結咨部至該貳縣呈報新
漲田蕩業由各該縣勘丈明確并經該管道府
逐加覆核並無違礙水利避重就輕以多報少
越占情事前經專案造具陞科銀米司冊先行
詳准入額造報彙詳請
題在案現於道光拾壹年
奏銷冊內分別入額造報合並聲明等情據此該
臣查得蘇松等屬道光拾壹年入額陞科田地
前經通飭查報去後今據署蘇州布政使額騰
伊詳稱據金山縣業戶胡載華等報陞折實糧
田壹百捌拾玖畝零共應徵本色米貳拾伍石
零折色銀壹拾玖兩零遇閏加徵改漕等米貳

升零稅攬磘里等銀壹錢零減徵改折灰石漕
贈等米伍升零漕贈十銀伍釐以增抵減外實
減徵米叁升零加徵銀壹錢零又據青浦縣業
戶仲鑄臧等報陞折實田蕩叁頃玖拾玖畝零
共應徵本色米伍拾柒石零折色銀肆拾肆兩
零遇閏增徵米貳升零銀貳錢零減徵米壹斗
零銀壹分零以增抵減外實減米玖升零實增
銀貳錢零循照全書科則驗算轉造應陞銀米
款冊同屬冊結一并詳送具
題
并聲明陞科田地由各該縣勘丈明確并經該
管道府逐加覆核並無違礙水利避重就輕以
多報少越占情事前經專案造具陞科銀米司

冊先行詳准入額造報彙詳請

題在案現於道光拾壹年

奏銷冊内分別入額造報等情前來臣覆核無異

除冊結送部查核外理合循例具

題伏乞

皇上聖鑒勅部查核施行謹具題

聞

江蘇巡撫林則徐題本　題報蘇松等屬道光十一年份入額陞科田畝並應徵銀米數

道光十二年七月二十日

道光[illegible]處地方提督軍務總理糧儲臣林則徐

兵部侍郎兼都察院右副都御史巡撫江蘇等處地方提督軍務總理糧儲臣林則徐謹

題爲請寬陞科等事。該臣查得蘇松等屬道光拾
壹年入額陞科田地，據署蘇州布政使額騰伊
詳稱，據金山縣業戶胡載華等報陞折實糧田
壹百捌拾玖畝零，共應徵本色米貳拾伍石零，
折色銀壹拾玖兩零，遇閏加徵改漕等米貳升
零，稅糧徭里等銀壹錢零，減徵改折灰石漕贈
等米伍升零，漕贈十銀伍釐，以增抵減外，實減
徵米叁升零，加徵銀壹錢零。又據青浦縣業戶
仲德龍等報陞折實田蕩叁頃玖拾玖畝零，共
應徵本色米伍拾柒石零，折色銀肆拾肆兩零，
遇閏增徵米貳升零，銀貳錢零，減徵米壹斗零，
銀壹分零，以增抵減外，實減米玖升零，實增銀
貳錢零，循照全書科則轉造應陞銀米款冊詳

題前來。臣覆核無異，除冊結送部外，謹具

題

聞

江蘇巡撫林則徐題本　**審明鎮洋縣民李四傷斃竊樹賊人華三案擬絞監候**（首缺）

墳向託小的看管還圍扦種楊枝樹薛因屢次
被人偷折時刻留心道光拾壹年貳月拾叁
日傍晚小的往墳查看見這華三在西首偷折
樹薛小的當向喝阻華三不理仍然折取小的
就趕攏拾取折下樹枝嚇毆適傷華三右太陽
經鄰人沈明、未趕來勸散不料華三傷重走
到邱文璧田內倒地不多一會就死了實因華
三偷折墳薛喝阻不理嚇毆致傷斃命並非有
心致死也沒起釁別故及在場幫毆的人是實
各等供據此將李四帶回收禁餘人保釋詳蒙
批飭審解等因遵提覆鞫除各供均與前審無
異不敘外該署鎮洋縣知縣曾承顯審看得李

四毆傷竊樹賊人華三身死壹案緣李四籍隷
鎮洋與泰州人華三素不認識李四向為楊雙
喜看管祖墳週圍杆種樹株因屢被偷折時刻
留心道光拾壹年柒月間華三因原籍被水帶
領妻子坐船出外覓食拾貳月拾叁日下午行
抵鎮洋縣境因缺少柴草華三上岸至楊雙喜
祖墳偷折樹株李四見而喝阻華三不理仍然
折取李四即拾折下樹枝嚇毆致傷華三右太
陽穴經鄰人沈明等勸散詐華三傷重行至邱
文璧田内倒地伊妻華王氏尋見問悉前情華
三旋即身死報縣驗訊通詳奉批飭審遵復提
犯研鞫據供前情不諱詰非有心欲殺亦無起

江蘇巡撫林則徐題本　審明鎮洋縣民李四傷斃竊樹賊人華三案擬絞監候

道光十二年七月二十日

釁別故案無涉飾查例載賊犯曠野白日盜田
園桒草木石等類被事主鄰佑毆打致死者不
問是否登時有無看守各照擅殺罪人律擬絞
監候等語此案李四爲揚雙喜看管祖墳有典
守之責與事主無異因華三偷竊墳藾喝阻不
理輙毆致傷身死應按律問擬李四合依賊犯
曠野白日盜田園桒草木石被事主鄰佑毆打
致死不問是否登時有無看守照擅殺罪人律
擬絞例擬絞監候秋後處決華三偷竊墳藾本
干律擬業已被毆身死應毋庸議無干省釋屍
棺飭屬領埋兇器樹枝解驗等情由州審解到
司該署江蘇按察使蔡謙提犯親審核擬無異

江蘇巡撫林則徐題本　審明鎮洋縣民李四傷斃竊樹賊人華三案擬絞監候　道光十二年七月二十日

解候勘
題等情招解到護撫臣梁章鉅提犯審供相符未
及具
題移交到臣覆核無異該臣看得鎮洋縣民李四
毆傷竊樹賊人華三身死壹案緣李四籍隸鎮
洋與泰州人華三素不認識李四向爲楊雙喜
看管祖墳週圍杆種樹蘺因屢被偷拆時刻留
心道光拾壹年柒月間華三因原籍被水帶領
妻子坐船出外覓食拾貳月拾叁日下午行抵
鎮洋縣境因缺少柴草華三上岸至楊雙喜祖
墳偷拆樹蘺李四見而喝阻華三不理仍然拆
取李四即拾拆下樹枝嚇毆致傷華三右太陽

穴經鄰人沈明等勸散詎華三傷重行至邱文
璧田内倒地伊妻華王氏尋見問悉前情華三
旋即身死報驗訊詳審供不諱詰非有心欲殺
亦無起釁別故案無遁飾查例載賊犯曠野白
日盜田園桒草木石等類被事主鄰佑毆打致
死者不問是否登時有無看守各照擅殺罪人
律擬絞監候等語此案李四爲楊雙喜看管祖
墳有典守之責與事主無異因華三偷竊墳籬
喝阻不理嚇毆致傷身死應按律問擬李四合
依賊犯曠野白日盜田園桒草木石被事主鄰
佑毆打致死不問是否登時有無看守照擅殺
罪人律擬絞例擬絞監候秋後處决華三偷竊

江蘇巡撫林則徐題本 審明鎮洋縣民李四傷斃竊樹賊人華三案擬絞監候 道光十二年七月二十日

增華本干律擬業已被毆身死應毋庸議無干
省釋屍棺飭埋兇器樹枝發回銷毀臣謹具
題伏乞
皇上聖鑒勅下三法司核覆施行再此案審限應以
道光拾壹年拾貳月拾肆報官之日起除封印
壹月又自縣由州解司程限叁日統應扣至拾
貳年柒月拾柒日全限屆滿合並陳明謹題請
旨

## 江蘇巡撫林則徐題本　審明鎮洋縣民李四傷斃竊樹賊人華三案擬絞監候

道光十二年七月二十日

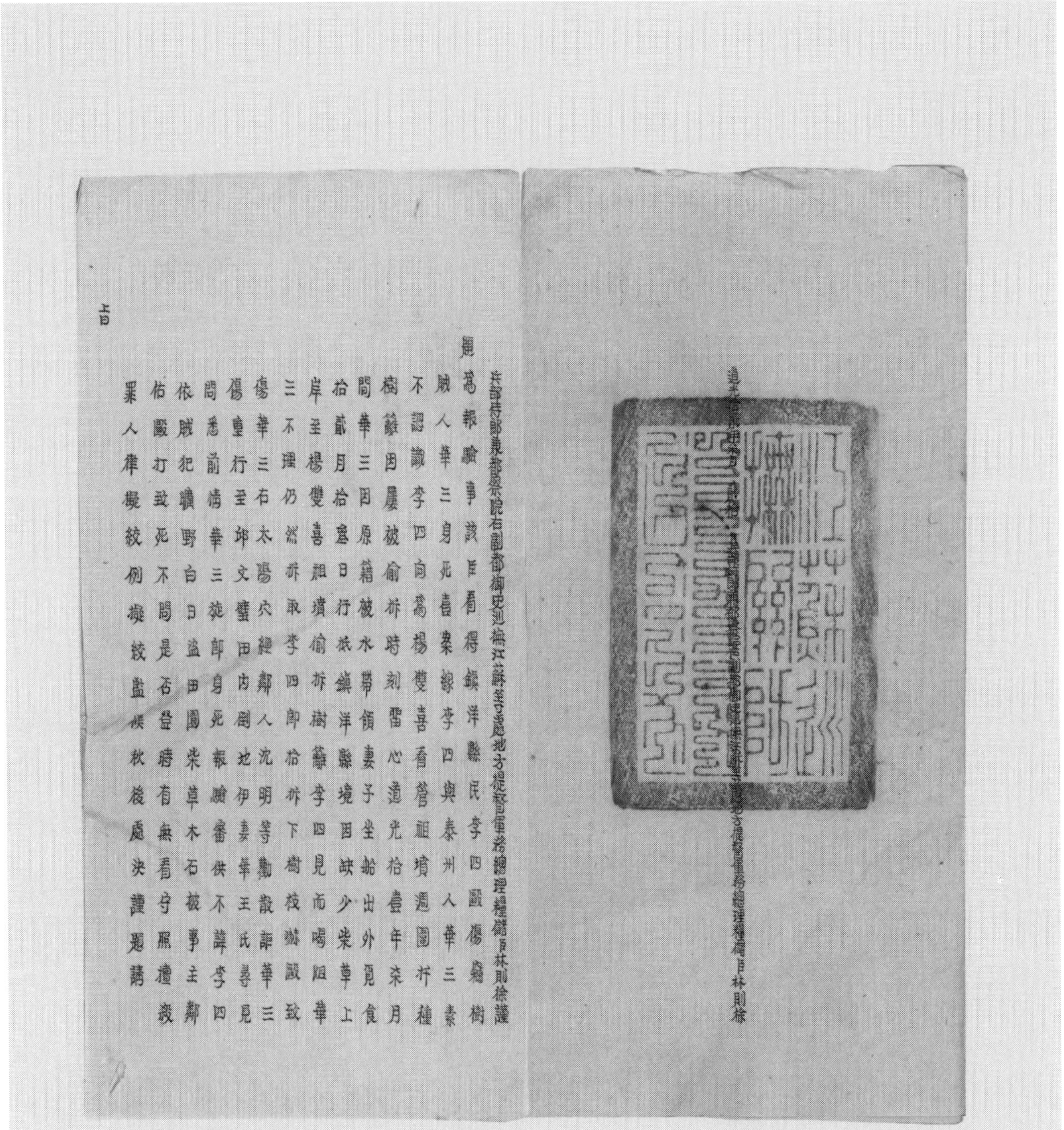

道光[illegible]提督軍務總理糧儲臣林則徐

兵部侍郎兼都察院右副都御史巡撫江蘇等處地方提督軍務總理糧儲臣林則徐謹

題爲報驗事該臣看得鎮洋縣民李四毆傷竊樹

賊人華三身死一案緣李四與泰州人華三素

不認識李四向爲楊雙喜看管祖墳週圍竹種

樹籬因屢被偷竊時刻留心道光拾壹年柒月

間華三因原籍被水帶領妻子坐船出外覓食

拾貳月拾叁日行抵鎮洋縣境因缺少柴草上

岸至楊雙喜祖墳偷竊樹籬李四見而喝阻華

三不理仍然竊取李四即拾竹下樹枝嚇毆致

傷華三右太陽穴經鄰人沈明等勸散詎華三

傷重行至邱文豐田內倒地伊妻華王氏尋見

問悉前情華三旋即身死報驗審供不諱李四

依賊犯曠野白日盜田園柴草木石被事主鄰

佑毆打致死不問是否登時有無看守照擅殺

罪人律擬絞例擬絞監候秋後處決謹題請

旨

## 江蘇巡撫林則徐題本　審明銅山縣民徐瀺治傷斃畢芮案擬絞監候

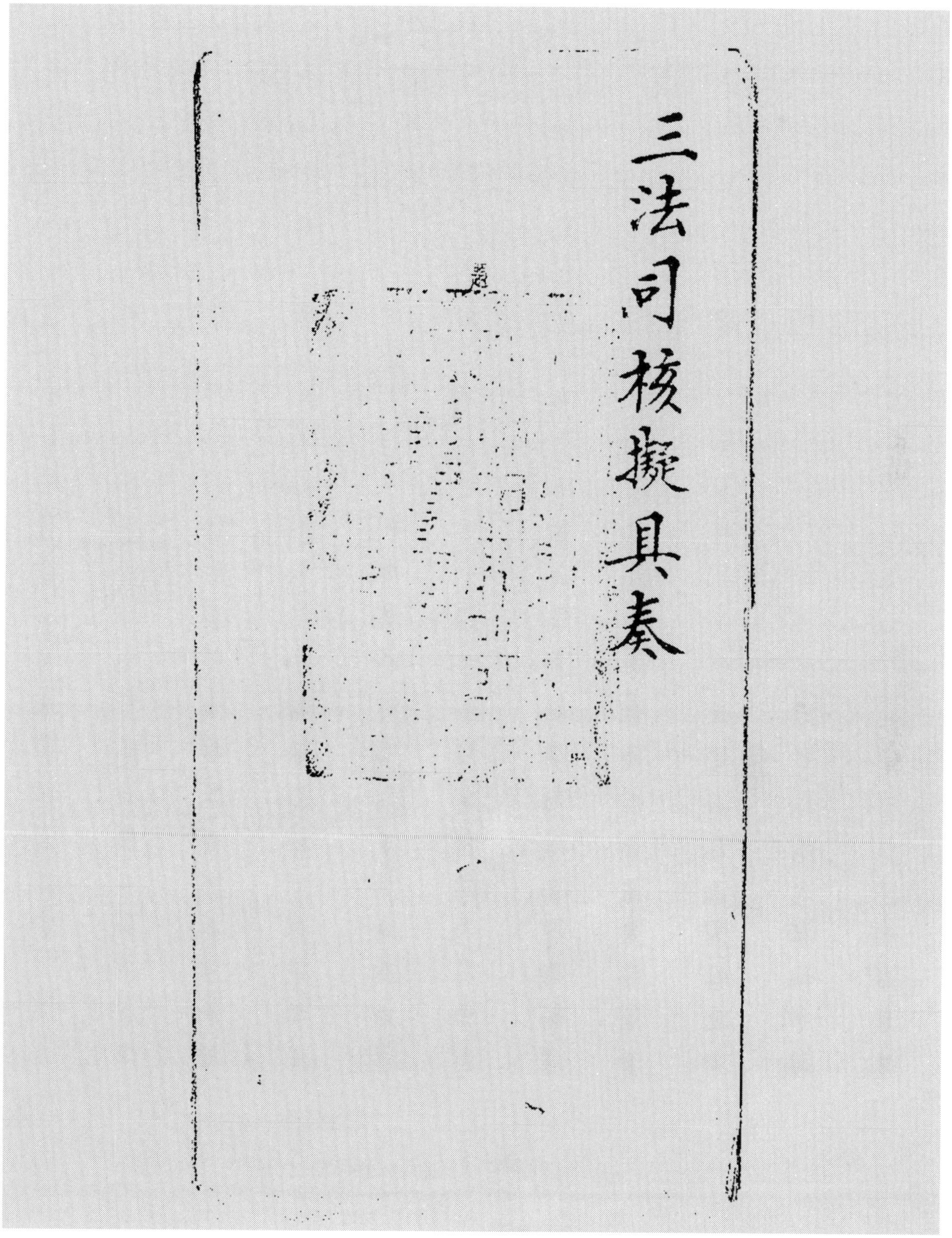
三法司核擬具奏



江蘇巡撫林則徐題本　審明銅山縣民徐瀺治傷斃畢芮案擬絞監候
道光十二年七月二十日

## 江蘇巡撫林則徐題本 審明銅山縣民徐瀠治傷斃畢芮案擬絞監候

道光十二年七月二十日

兵部侍郎兼都察院右副都御史巡撫江蘇等處地方提督軍務兼理糧餉臣林則徐謹

題為詳明事查接管卷內據署江蘇按察使裕謙

詳據徐州府知府劉鴻翱詳據署銅山縣知縣

王文炳詳稱道光拾壹年拾月拾陸日據地保

王柱報稱據民人畢英投稱拾月拾伍日伊弟畢

芮因向徐瀠治吳傳世索欠爭吵伊聽聞趕往

幫護伊弟被徐瀠治用刀戳傷伊被吳傳世戳

傷經鄰人侯樹元等趨至勸散詎伊弟傷重旋

即身死等語往查屬實現將徐瀠治帶案聽候

驗究等情隨帶吏仵押犯前詣屍所如法相驗

據仵作宋得鳴報已死畢芮問年叁拾伍歲驗

得仰面不致命左腿刃傷壹處長捌分寬叁分

深至骨骨不損血污餘無致妄係受傷身死報
畢芮詳驗無異飭差先將小刀比對屍傷相符填
格取結屍飭棺殮又驗得畢英左肋有刀傷一處
處皮破血污填單附卷遂訊據地保王桂供與
報詞同據鄰證侯尉元王平洞供道光拾壹年
玖月裏徐瀧治同吳傳世向畢芮賒欠肉錢
百玖拾文沒還小的們是知道的拾月拾伍日
吳傳世到徐瀧治家閒談畢芮去向徐瀧治們
討欠爭吵畢芮哥子畢英走去幫護與徐瀧治
們爭毆小的們聞知趕去查看見徐瀧治用刀
戳傷畢芮左腿同他吳傳世也用刀扎畢英戳
傷小的們連忙上前勸開不料畢芮傷重不多

一會就死了並沒別故小的們勸阻不及是實
緣屍兄畢英供畢芮是小的兄弟與徐瀧治鄰
近居住並沒嫌隙道光拾壹年玖月初玖日兄
弟宰豬壹口徐瀧治同吳傳世向兄弟賒去豬
肉該錢貳百玖拾文屢討沒還拾月拾伍日兄
弟因見吳傳世在徐瀧治家閒談走去討欠徐
瀧治們沒錢央緩兄弟不依爭吵小的聞知走
去幫護斥說徐瀧治們不是徐瀧治不服要向
小的毆打兄弟把徐瀧治髮辮揪住掀按被徐
瀧治用刀戳傷左腿倒地小的也被吳傳世用
刀戳傷左肋當有鄰人侯啟元們趕來勸開不
料兄弟傷重不多一會就死了小的投保報驗

的並沒別故求究係兇犯徐瀧治供銅山縣
人年卅捌歲父親徐世洪母親吳氏年俱陸拾
壹歲兄弟徐瀧輝小的並沒妻子與畢芮鄰近
居住並沒嫌隙道光拾壹年玖月初玖日畢芮
宰豬壹口小的同吳傳世向畢芮賒取豬肉該
錢貳百玖拾文屢討沒還拾月拾伍日吳傳世
到小的家閒談畢芮走來向小的們討欠小的
們沒錢央緩畢芮不依爭吵畢芮的哥子畢英
聽聞走來幫護斥說小的們不是小的們不服
彼此爭毆畢芮揪住小的髮辮揿按小的順拔
身佩小刀嚇戳適傷畢芮左腿倒地吳傳世也
用刀把畢英戳傷是鄰人侯尚元們走來勸散

不料畢芮傷重不多一會就死了並非有心致
死也沒起謀別故及另有在場幫毆的人吳傳
世現逃何處不知道小刀已蒙起案是實各等
供據此將徐瀶治收禁兇器小刀貯庫畢英傷
痕飭醫調治一面勒緝吳傳世詳究錄供報蒙
批飭審解道光拾貳年貳月初肆日據禁卒稟
報徐瀶治在監患病醫治詳咨於叁月初陸日
報痊查逸犯吳傳世弋獲無期現犯未便久羈
傳驗畢英傷痕業已平復隨提犯證覆審各供
均與前審無異不敘外該署銅山縣知縣王文
炳審看得民人徐瀶治戳傷畢芮身死壹案緣
徐瀶治籍隸銅山與畢芮鄰近居住素無嫌隙

道光拾壹年玖月初玖日畢芮牽豬壹口徐瀣
治與吳傳世向畢芮賒取豬肉錢貳百玖拾
文屢討未還拾月拾伍日吳傳世至徐瀣治家
閒談畢芮往向索討詈欠徐瀣治等無錢懇緩
畢芮不依爭吵畢芮之兄畢英聞知往護斥說
徐瀣治等之非徐瀣治等不服爭毆畢芮揪住
徐瀣治髮辮掙拔徐瀣治順拔身佩小刀嚇戳
適傷畢芮左腿肚畢英亦被吳傳世用刀戳
傷左肋經侯樹元等趕至勸散詎畢芮傷重旋
於殞命報驗訊詳蒙批飭審查逸犯吳傳世弋
獲無期遵部提犯研鞫據供前情不諱究非有
心欲殺亦無起釁別故及另有在場幫毆之人

## 江蘇巡撫林則徐題本　審明銅山縣民徐瀧治傷斃畢芮案擬絞監候

道光十二年七月二十日

案無逭飭查律載鬬毆殺人者不問手足他物
金刃並絞監候等語此案徐瀧治用刀戳傷畢
芮身死應按律問擬徐瀧治合依鬬毆殺人者
不問手足他物金刃並絞律擬絞監候秋後處
決畢英傷已平復徐瀧治所欠畢芮豬肉錢文
照數追還侯樹元等勸阻不及應無庸議無干
省釋屍棺飭屬領埋逸犯吳傳世緝獲另結兇
器小刀解驗等情由府審解到司該署江蘇按
察使蔡謙提犯親審核擬無異解候勘
題等情招解到護撫臣梁章鉅提犯審供相符未
及具
題移交到臣覆核無異該臣看得銅山縣民徐瀧

江蘇巡撫林則徐題本　審明銅山縣民徐瀧治傷斃畢芮案擬絞監候

道光十二年七月二十日

治戳傷畢芮身死壹案緣徐瀧治籍隸銅山與
畢芮鄰近居住素無嫌隙道光拾壹年玖月初
玖日畢芮牽豬壹口徐瀧治與吳傳世向畢芮
賒取豬肉該錢貳百玖拾文屢討未還拾月拾
伍日吳傳世至徐瀧治家閒談畢芮往向索討
前欠徐瀧治等無錢懇緩畢芮不依爭吵畢芮
之兄畢英聞知往護斥說徐瀧治等之非徐瀧
治等不服爭毆畢芮揪住徐瀧治髮辮被徐
瀧治順拔身佩小刀嚇戳適傷畢芮左腿倒地
畢英亦被吳傳世用刀戳傷左肋經保樹元等
趕至勸散詎畢芮傷重旋即殞命報驗訊詳審
供不諱究非有心欲殺亦無起釁別故及另有

江蘇巡撫林則徐題本 審明銅山縣民徐瀼治傷斃畢芮案擬絞監候

道光十二年七月二十日

在場幫毆之人案無遁飾查律載鬬毆殺人者
不問手足他物金刃並絞監候等語此案徐瀼
治用刀戳傷畢芮身死應按律問擬徐瀼治合
依鬬毆殺人者不問手足他物金刃並絞律擬
絞監候秋後處決畢英傷已平復徐瀼治所欠
畢芮箱內錢文照數追還侯寄元等勸阻不及
應無庸議無干省釋屍棺飭屬領埋逸犯吳傳
世飭緝獲日另結兇器小刀發回詳庫戶謹具
題伏乞
皇上聖鑒勅下三法司核覆施行再此案審限陸箇
月應以道光拾壹年拾月拾陸報驗之日起除
封印犯病各壹月自縣由府解司程限貳拾柒

日茨應扣至拾貳年柒月拾叁日全限屆滿合

並陳明謹題請

旨

道光[illegible]臣林則徐

## 江蘇巡撫林則徐題本　審明銅山縣民徐瀧治傷斃畢芮案擬絞監候

道光十二年七月二十日

兵部侍郎兼都察院右副都御史巡撫江蘇等處地方提督軍務總理糧儲臣林則徐謹
題為審明事該臣看得銅山縣民徐瀧治戳傷畢
芮身死壹案緣徐瀧治與畢芮鄰近居住素無
嫌隙道光拾壹年玖月初玖日畢芮宰猪壹口
徐瀧治與吳傳世向畢芮賒取豬肉該錢壹百
玖拾文屢討未還拾月拾伍日吳傳世至徐瀧
治家閒談畢芮往向索討前欠徐瀧治等無錢
懇緩畢芮不依爭吵畢芮之兄畢英聞知往護
亦說徐瀧治等之非徐瀧治等不服爭毆畢芮
揪住徐瀧治髮辮掇按徐瀧治順接身佩小刀
嚇戳適傷畢芮左腿倒地畢英亦被吳傳世用
刀劃傷左胳膊畢芮傷重旋即殞命報驗訊詳
審供不諱徐瀧治依鬪毆殺人律擬絞監候秋
後處決謹題請
旨

**圖書在版編目（CIP）數據**

清宮林則徐檔案匯編.2/ 中國第一歷史檔案館　福建省林則徐研究會　編.－福州：海峽文藝出版社，2016.12

ISBN 978－7－5550－0603－9

Ⅰ.①清…　Ⅱ.①中…②福…　Ⅲ.①林則徐（1785~1850）—檔案資料—匯編　Ⅳ.①K827＝52

中國版本圖書館 CIP 數據核字（2015）第 193268 號

**清宮林則徐檔案匯編　2**

中國第一歷史檔案館　福建省林則徐研究會　編

**責任編輯**　茅林立　陳　婧
**美術編輯**　劉小岳
**出版發行**　海峽出版發行集團
海峽文藝出版社
**經　　銷**　福建新華發行(集團)有限責任公司
**社　　址**　福州市東水路 76 號 14 層　**郵編**　350001
**發 行 部**　0591－87536797
**印　　刷**　福建新華印刷有限責任公司　**郵編**　350011
**廠　　址**　福州市福新中路 42 號
**開　　本**　889 毫米 × 1194 毫米　1/16
**字　　數**　673 千字
**印　　張**　31
**版　　次**　2016 年 12 月第 1 版
**印　　次**　2016 年 12 月第 1 次印刷
**書　　號**　ISBN 978－7－5550－0603－9
**定　　價**　300.00 元